¿POR QUÉ DORMIMOS?
La nueva ciencia del sueño

¿POR QUÉ DORMIMOS?
La nueva ciencia del sueño

Matthew Walker

Traducción de
Begoña Merino
Estela Peña Molatore

Diseño de portada: Planeta Arte & Diseño / Christophe Prehu
Fotografía de portada: © iStock

Título original: *Why We Sleep*

© Matthew Walker

La presente edición ha sido licenciada a Ediciones Culturales Paidós por los propietarios de los derechos mundiales en español, Capitán Swing (Madrid), por mediación de Oh! Books Agencia Literaria.

© Traducción: Begoña Merino y M. Estela Peña

La presente traducción ha sido licenciada a Ediciones Culturales Paidós por el propietario de los derechos, Capitán Swing (Madrid), por mediación de Oh! Books Agencia Literaria.

Derechos reservados

© 2020, Ediciones Culturales Paidós, S.A. de C.V.
Bajo el sello editorial PAIDÓS M.R.
Avenida Presidente Masarik núm. 111,
Piso 2, Polanco V Sección, Miguel Hidalgo
C.P. 11560, Ciudad de México
www.planetadelibros.com.mx
www.paidos.com.mx

Primera edición en formato epub: febrero de 2020
ISBN: 978-607-747-890-4

Primera edición impresa en México: febrero de 2020
ISBN: 978-607-747-889-8

No se permite la reproducción total o parcial de este libro ni su incorporación a un sistema informático, ni su transmisión en cualquier forma o por cualquier medio, sea este electrónico, mecánico, por fotocopia, por grabación u otros métodos, sin el permiso previo y por escrito de los titulares del *copyright*.

La infracción de los derechos mencionados puede ser constitutiva de delito contra la propiedad intelectual (Arts. 229 y siguientes de la Ley Federal de Derechos de Autor y Arts. 424 y siguientes del Código Penal).

Si necesita fotocopiar o escanear algún fragmento de esta obra diríjase al CeMPro (Centro Mexicano de Protección y Fomento de los Derechos de Autor, http://www.cempro.org.mx).

Impreso en los talleres de Litográfica Ingramex, S.A. de C.V.
Centeno núm. 162-1, colonia Granjas Esmeralda, Ciudad de México
Impreso y hecho en México – *Printed and made in Mexico*

Índice

PARTE 1

ESO A LO QUE LLAMAMOS SUEÑO

1. Dormir... 21

2. Cafeína, desfase horario y melatonina. Perder
   y recuperar el control de tu ritmo de sueño 22

3. Definir y provocar el sueño. La dilatación del
   tiempo y qué aprendimos de un bebé en 1952 52

4. Camas de monos, dinosaurios y dormir la siesta con
   medio cerebro. ¿Quién duerme? ¿Cómo y cuánto
   dormimos? 74

5. Cambios en el sueño a lo largo de la vida.
   El sueño antes del nacimiento 100

PARTE 2

¿POR QUÉ DEBEMOS DORMIR?

6. Shakespeare y tu madre ya lo sabían.
   Los beneficios que dormir brinda al cerebro 135

7. Demasiado extremo para el *Libro Guinness de los récords*.
   El cerebro y la privación del sueño 167

8. Cáncer, ataques al corazón y una vida más corta.
   La privación del sueño y el cuerpo 205

PARTE 3
¿CÓMO Y POR QUÉ SOÑAMOS?

9. Rutinariamente psicótico. Soñar durante la fase REM — 239

10. Soñar como terapia nocturna — 254

11. La creatividad y el control de los sueños — 269

PARTE 4
DE LAS PASTILLAS PARA DORMIR A LA SOCIEDAD TRANSFORMADA

12. Cosas que chocan durante la noche. Trastornos del sueño y muertes causadas por no dormir — 289

13. iPad, sirenas de fábrica y tragos. ¿Qué te impide dormir? — 322

14. Perjudicar o favorecer tu sueño. ¿Pastillas o terapia? — 343

15. Sueño y sociedad. Lo que la medicina y la educación están haciendo mal; lo que Google y la NASA están haciendo bien — 360

16. Una nueva estrategia para dormir en el siglo XXI — 392

Conclusión. Dormir o no dormir — 413

Apéndice. Doce consejos para un sueño saludable — 415

Permisos de las ilustraciones — 419

Agradecimientos — 421

PARTE 1

ESO A LO QUE LLAMAMOS SUEÑO

A Dacher Keltner,
por inspirarme a escribir.

ESO A LO QUE LLAMAMOS SUEÑO

1
Dormir...

¿Te parece que dormiste lo suficiente la semana pasada? ¿Puedes recordar la última vez que te despertaste sin la alarma del despertador, sintiéndote como nuevo y sin necesitar cafeína? Si la respuesta a alguna de esas preguntas es «no», no estás solo. Dos tercios de los adultos de los países desarrollados no llegan a las ocho horas recomendadas de sueño nocturno.[1]

Dudo que esta información te sorprenda, pero puede que sí lo hagan sus consecuencias. Dormir habitualmente menos de seis o siete horas por noche destroza tu sistema inmunitario, multiplicando por más de dos tu riesgo de sufrir cáncer. Las horas de sueño insuficientes son un factor clave del estilo de vida que determina si desarrollarás o no la enfermedad de Alzheimer. Un sueño inadecuado (incluso reducciones moderadas durante solo una semana) altera los niveles de azúcar en sangre de forma tan profunda que podrían considerarte prediabético. Dormir poco aumenta las probabilidades de que tus arterias coronarias se bloqueen y se vuelvan frágiles, predisponiéndote a sufrir alguna enfermedad cardiovascular, un ictus o un fallo cardíaco congestivo. En consonancia con la sabiduría profética de Charlotte Brontë de que «una mente alterada provoca una almohada inquieta», la interrupción del sueño tiene aún una mayor influencia en las principales afecciones psiquiátricas, como la depresión, la ansiedad y el suicidio.

---

[1] La Organización Mundial de la Salud y la Fundación Nacional del Sueño estipulan un promedio de ocho horas de sueño por noche.

¿Has notado deseos de comer más cuando estás cansado? No es una coincidencia. No dormir lo suficiente aumenta la concentración de una hormona que te hace sentir hambriento, a la vez que suprime otra que avisa de la saciedad. A pesar de estar lleno, quieres seguir comiendo. Los adultos con deficiencia de sueño tienen la receta segura para aumentar de peso, y también los niños. Peor aún: si intentas hacer dieta, pero no duermes lo suficiente mientras la haces, será inútil, porque la mayoría del peso que pierdas corresponderá a la masa corporal magra, no a la grasa.

Si tomamos en cuenta los efectos que todo esto tiene en la salud, resulta más fácil aceptar un vínculo comprobado: cuanto menos duermas, más corta será tu vida. La vieja máxima de «ya dormiré cuando esté muerto» es completamente desafortunada. Si adoptas esa mentalidad, morirás antes y la calidad de esa vida (más corta) será peor. La liga de la privación del sueño solo puede estirarse hasta poco antes de romperse. Tristemente, los seres humanos son la única especie que se priva del sueño deliberadamente, sin que ello les represente una auténtica ventaja. Todos los aspectos del bienestar y las innumerables costuras del tejido social están siendo erosionados por este estado de descuido del sueño, lo cual resulta tremendamente costoso, tanto desde un punto de vista humano como económico. Tanto es así que la Organización Mundial de la Salud (OMS) ha declarado una epidemia de pérdida de sueño en las naciones industrializadas.[2] No es casualidad que los países en los que el tiempo de sueño se ha reducido más dramáticamente durante el siglo pasado, como los Estados Unidos, el Reino Unido, Japón y Corea del Sur, y varios países de Europa occidental, sean también los que sufren el mayor aumento en las tasas de enfermedades físicas y trastornos mentales como los que hemos mencionado antes.

Algunos científicos, entre los que me cuento, hemos comenzado a presionar a los médicos para que «receten» dormir.

---

[2] «Sleepless in America», *National Geographic*, http://channel.nationalgeographic.com/sleepless-in-america/episode/sleepless-in-america

Como tratamiento médico, quizá sea el menos doloroso y el más agradable de seguir. Sin embargo, esto no debe confundirse con una petición a los médicos para que comiencen a recetar más pastillas para dormir. En realidad, teniendo en cuenta la alarmante evidencia sobre los perjudiciales efectos para la salud de estos medicamentos, se trata de todo lo contrario.

Pero ¿podemos llegar a decir que la falta de sueño puede matarte? En realidad, sí, al menos de dos formas. En primer lugar, existe un trastorno genético muy raro que se inicia con un insomnio progresivo que aparece en la mitad de la vida. Algunos meses después de que se presente la enfermedad, el paciente deja de dormir por completo. En esta etapa, ya ha comenzado a perder muchas funciones cerebrales y corporales básicas. Hoy en día no existen medicamentos que les ayuden a estos pacientes a dormir. Después de permanecer entre 12 y 18 meses insomne, la persona afectada muere. Aunque es extremadamente infrecuente, este trastorno confirma que la falta de sueño puede matar a un ser humano.

En segundo lugar, está la letal circunstancia de ponerse al volante de un automóvil sin haber dormido lo suficiente. Manejar con sueño es causa de cientos de miles de accidentes de tráfico y muertes cada año. Y en este caso, no solo está en riesgo la vida de las personas privadas de sueño, sino las de quienes los rodean. Es trágico que cada hora una persona muera en un accidente de tráfico en los Estados Unidos debido a un error asociado al cansancio. Y resulta inquietante saber que los accidentes de automóvil causados por manejar con sueño superan a todos los causados por el alcohol y las drogas.

El desinterés de la sociedad por el sueño en parte ha estado provocado por el fracaso histórico de la ciencia en lograr explicar por qué lo necesitamos. El sueño se ha mantenido como uno de los últimos grandes misterios biológicos. Todos los poderosos métodos de resolución de problemas científicos (la genética, la biología molecular y la tecnología digital de gran potencia) han sido incapaces de desbloquear la obstinada cámara acorazada del sueño. Los más rigurosos pensadores, como el ganador del Premio Nobel Francis Crick, que dedujo la estructura de escalera de caracol del ADN, el famoso pedagogo y retórico romano Quintiliano e incluso Sigmund Freud, intentaron en vano descifrar el enigmático código del sueño.

Para enmarcar mejor este estado de ignorancia científica, imagina el nacimiento de tu primer hijo. En el hospital, la doctora entra en la habitación y te dice: «Felicidades, es un bebé sano. Le hemos hecho todas las pruebas preliminares y todo parece estar bien». La doctora sonríe tranquilizadoramente y comienza a caminar hacia la puerta. Sin embargo, antes de salir de la habitación, se da la vuelta y dice: «Solo hay una cosa. A partir de este momento y durante el resto de su vida, su hijo caerá de forma repetida y rutinaria en un estado de coma aparente, que a veces incluso se asemejará a la muerte. Y mientras su cuerpo permanece inmóvil, a menudo su mente se llenará de aturdidoras y extrañas alucinaciones. Este estado consumirá un tercio de su vida, y no tengo ni idea de por qué ocurre ni para qué sirve. ¡Buena suerte!».

Resulta sorprendente, pero hasta hace muy poco esta era la realidad: médicos y científicos no podían darte una respuesta consistente o completa sobre por qué dormimos. Piensa que ya conocemos el propósito de las otras tres necesidades básicas de la vida —comer, beber y reproducirse— desde hace muchas décadas o incluso cientos de años. Sin embargo, el cuarto impulso biológico principal, compartido por todo el reino animal —la necesidad de dormir—, ha seguido evitando a la ciencia durante milenios.

Abordar la pregunta de por qué dormimos desde una perspectiva evolutiva solo complica el misterio. No importa qué punto de vista adoptes. El sueño tiene todo el aspecto de ser el más absurdo de los fenómenos biológicos. Cuando estás dormido, no puedes buscar alimento. No puedes socializar. No puedes encontrar un compañero y reproducirte. No puedes alimentar ni proteger a tu descendencia. Peor aún, el sueño te deja vulnerable a la depredación. Seguramente, dormir es uno de los comportamientos más desconcertantes de todos los comportamientos humanos.

Por cualquiera de estos motivos, o por todos ellos juntos, debería haber una fuerte presión evolutiva para evitar la aparición del sueño o de algo remotamente parecido. Como dijo un científico del sueño: «Si el sueño no cumple una función absolutamente vital, entonces es el mayor error que el proceso evolutivo haya cometido nunca».[3]

Sin embargo, el sueño ha persistido. Heroicamente. De hecho, todas las especies estudiadas hasta la fecha duermen.[4] Este simple hecho proclama que el sueño se desarrolló con la aparición de la vida misma en nuestro planeta, o muy poco después. Además, la subsiguiente perseverancia del sueño durante toda la evolución nos indica que debe comportar tremendos beneficios que superan con creces todos los riesgos y desventajas obvios.

En última instancia, no había que preguntarse por qué dormimos. Hacerlo implicaba que dormir cumplía una sola función, que existía una única razón que venía a ser como el santo grial de por qué dormimos, y fuimos a buscarla. Las teorías fueron desde lo lógico (un tiempo para conservar la energía) hasta lo peculiar (una oportunidad para la oxigenación del globo ocular) o lo psicoanalítico (un estado no consciente en el que cumplimos los deseos reprimidos).

Este libro mostrará una verdad muy diferente: el sueño es infinitamente más complejo, profundamente más interesante y alarmantemente más relevante para la salud. Dormimos para realizar un gran número de funciones: un conjunto plural de beneficios nocturnos que le sirven a nuestro cerebro y a nuestro cuerpo. No parece existir ningún órgano principal dentro del cuerpo ni ningún proceso cerebral que no mejore gracias al sueño y que no se vea perjudicado cuando no dormimos lo suficiente. No debe sorprendernos que cada noche recibamos tal cantidad de beneficios para la salud. Después de todo, estamos despiertos durante dos tercios de nuestra vida, y hacemos muchas cosas útiles en ese tiempo; realizamos innu-

---

[3] Doctor Allan Rechtschaffen.
[4] Kushida, C., *Encyclopedia of Sleep*, vol. 1, Elsevier, 2013.

merables tareas que promueven nuestro bienestar y supervivencia. ¿Por qué, entonces, esperaríamos que el sueño (y los 25 o 30 años que en promedio nos resta de vida) cumpla una sola función?

Gracias a una gran explosión de descubrimientos durante los últimos veinte años, nos hemos dado cuenta de que la evolución no cometió un terrible error al concebir el sueño. El sueño proporciona múltiples beneficios que aseguran la salud, y depende de ti decidir si aceptas su prescripción cada 24 horas (muchos no lo hacen).

En el interior del cerebro, dormir mejora diferentes funciones, como nuestra capacidad de aprender, de memorizar, tomar decisiones y realizar elecciones lógicas. El sueño cuida con benevolencia nuestra salud psicológica y recalibra nuestros circuitos cerebrales emocionales, permitiéndonos navegar por las dificultades sociales y psicológicas del día siguiente con una compostura imperturbable. Incluso estamos comenzando a comprender la experiencia más impermeable y controvertida de todas las experiencias de la conciencia: soñar. Todas las especies que tienen la suerte de soñar reciben múltiples beneficios. También los humanos. Uno de estos regalos es un reconfortante baño neuroquímico que alivia los recuerdos dolorosos. Es también un espacio de realidad virtual en el que el cerebro combina el conocimiento pasado y el presente, inspirando la creatividad.

Debajo del cerebro, en el cuerpo, el sueño repone el arsenal de nuestro sistema inmunitario, ayuda a combatir la malignidad, previene las infecciones y evita todo tipo de enfermedades. El sueño modifica el estado metabólico del cuerpo ajustando el equilibrio entre la insulina y la glucosa circulante. El sueño contribuye a regular nuestro apetito, ayudando a controlar el peso corporal al fomentar la selección de alimentos saludables en lugar de la impulsividad imprudente. Un buen sueño mantiene un microbioma floreciente dentro de tu intestino, donde sabemos que empieza gran parte de nuestra salud nutricional. El sueño adecuado está íntimamente vinculado a la capacidad de nuestro sistema cardiovascular, disminuyendo la presión arterial y manteniendo nuestro corazón en buen estado.

Ciertamente, una dieta equilibrada y el ejercicio son de vital importancia. Pero ahora vemos el sueño como la fuerza preeminente en esta trinidad de la salud. Las deficiencias físicas y mentales causadas por una noche de mal sueño son muy superiores a las causadas por una ausencia equivalente de comida o de ejercicio. Es difícil imaginar cualquier otro estado, natural o manipulado médicamente, que ofrezca una reparación más poderosa de la salud física y mental en cada nivel de análisis.

Gracias a esta nueva y rica comprensión científica del sueño, ya no tenemos que preguntarnos para qué es bueno. En cambio, ahora nos vemos obligados a preguntarnos si existen funciones biológicas que no mejoren con una buena noche de sueño. Hasta ahora, los resultados de miles de estudios insisten en que no, no las hay.

Este renacimiento de la investigación nos envía un mensaje claro: el sueño es lo más eficaz que podemos hacer para restablecer nuestra salud cerebral y corporal todos los días, el mayor esfuerzo de la madre naturaleza contra la muerte. Lamentablemente, la evidencia real que deja claros todos los peligros que corren los individuos y las sociedades cuando no se duerme lo suficiente no ha sido claramente transmitida al público. Es la omisión más obvia en la conversación contemporánea sobre salud. En respuesta a ello, este libro pretende servir como una intervención científicamente precisa que aborde esta necesidad insatisfecha, y espero que sea un fascinante viaje lleno de descubrimientos. Su objetivo es revisar nuestra valoración cultural del sueño y revertir nuestro descuido.

Personalmente, he de decir que estoy enamorado del sueño (no solo del mío, si bien yo me concedo la oportunidad no negociable de dormir ocho horas cada noche). Estoy enamorado de todo lo que es el sueño y de lo que hace. Estoy enamorado de desvelar todo lo que se ignora sobre él. Estoy enamorado de comunicarle al público su asombrosa genialidad. Estoy enamorado de encontrar todos los métodos posibles para reconciliar a la humanidad con el sueño, que tan desesperadamente necesita. Esta historia de amor dura desde hace más de veinte años, durante toda mi carrera de investigación, que empezó cuando yo era profesor de Psiquiatría en la Facultad de Medicina de la Universidad de Harvard y continúa ahora que soy profesor de Neurociencia y Psicología en la Universidad de California en Berkeley.

Sin embargo, no fue un amor a primera vista. Me dediqué a investigar el sueño por accidente. Nunca fue mi intención habitar este esotérico territorio exterior de la ciencia. A los 18 años fui a estudiar al Queen's Medical Center en Inglaterra: una fantástica institución de Nottingham que cuenta con un maravilloso grupo de científicos del cerebro en su facultad. En última instancia, la medicina no era para mí, pues parecía centrarse más en las respuestas, y yo me sentía más atraído por las preguntas. Para mí, las respuestas eran solo una forma de llegar a la siguiente pregunta. Decidí estudiar Neurociencia, y después de graduarme conseguí mi doctorado en Neurofisiología gracias a una beca del Consejo de Investigación Médica de Inglaterra, en Londres.

Durante mi trabajo de doctorado empecé a hacer mis primeras contribuciones científicas al campo de la investigación del sueño. Estaba examinando los patrones de actividad eléctrica de las ondas cerebrales en los adultos ancianos durante las primeras etapas de la demencia. Al contrario de lo que cree la mayoría, no hay un único tipo de demencia. La enfermedad de Alzheimer es la más frecuente, pero solo es una de entre muchos otros tipos. Por distintas razones relacionadas con el tratamiento, es fundamental saber lo más pronto posible qué tipo de demencia está sufriendo una persona.

Empecé a evaluar la actividad de las ondas cerebrales de mis pacientes durante el tiempo de vigilia y de sueño. Mi hipótesis era que existía una firma cerebral eléctrica única y específica que podía pronosticar qué tipo de demencia sufriría una persona. Las mediciones que tomaba durante el día eran ambiguas, no se podía apreciar en ellas una diferencia clara en la firma. Solo durante el océano nocturno las ondas cerebrales del sueño posibilitaban que las grabaciones indicaran claramente cuáles de mis pacientes se dirigían hacia el triste destino de la enfermedad. La investigación demostró que el sueño podía utilizarse como una nueva prueba definitiva de diagnóstico precoz del tipo de demencia que desarrollaría una persona.

El sueño se convirtió en mi obsesión. La respuesta que me ofreció, como todas las buenas respuestas, me condujo a preguntas más fascinantes, entre ellas: ¿estaba contribuyendo el trastorno del sueño de mis pacientes a las enfermedades que estaban sufriendo e incluso agravando algunos de sus terribles síntomas, como la pérdida de memoria, la agresividad, las alucinaciones y los delirios? Leí todo lo que pude. Comenzó a tomar forma una verdad difícil de creer: en realidad, nadie conocía la razón clara por la que necesitamos dormir ni para qué sirve hacerlo. Y yo no podía responder a mi propia pregunta sobre la demencia si esa primera pregunta fundamental seguía sin respuesta. Decidí que intentaría descifrar el código del sueño.

Dejé a un lado mi investigación sobre la demencia y, aprovechando un nuevo puesto de posdoctorado que me llevó a cruzar el océano Atlántico hasta Harvard, me dispuse a completar uno de los rompecabezas más enigmáticos de la humanidad, uno que había escapado a algunos de los mejores científicos de la historia: ¿Por qué dormimos? Con verdadera ingenuidad, y sin arrogancia alguna, creía que podría encontrar la respuesta en dos años. Desde entonces han pasado dos décadas. A los problemas difíciles no les preocupan las expectativas de quien los indaga: ofrecen siempre la misma dificultad.

Las dos décadas que he dedicado a la investigación del sueño, combinadas con miles de estudios de otros laboratorios del mundo, nos han proporcionado muchas respuestas. Estos descubrimientos me han permitido emprender viajes maravillosos, privilegiados y sorprendentes dentro y fuera del entorno académico. Me han llevado a ser consultor del sueño para la NBA, la NFL y la Premier League británica; a Pixar Animation, a organizaciones gubernamentales y a conocidas compañías financieras y tecnológicas. He participado y colaborado en varios programas de televisión y documentales. Las revelaciones sobre el sueño que he hallado, junto con numerosos descubrimientos similares de mis colegas científicos, te mostrarán todas las pruebas que necesitas para reconocer la importancia vital del sueño.

Para acabar, un comentario sobre la estructura de este libro. Los capítulos siguen un orden lógico, dibujando un arco narrativo dividido en cuatro partes principales.

La primera parte desmitifica ese algo fascinante llamado sueño: qué es, qué no es, quién duerme, cuánto se duerme, cómo deberían dormir los seres humanos (y no lo hacen) o cómo cambia el sueño a lo largo de tu vida o la de tus hijos, para bien o para mal.

La segunda parte detalla lo bueno, lo malo y lo mortal del sueño y de su pérdida. Exploraremos todos los asombrosos beneficios que el sueño tiene para el cerebro y el cuerpo, y explicaré por qué es una verdadera navaja suiza de salud y bienestar. Veremos cómo y por qué la falta de sueño conduce a un problema de mala salud, enfermedad y muerte prematura. Es una llamada a despertar a la importancia de dormir.

La tercera parte ofrece un pasaje desde el sueño al fantástico mundo de los sueños explicado científicamente. Miraremos dentro de los cerebros de personas que sueñan, y veremos cómo los sueños inspiran ideas merecedoras de un Premio Nobel; descubriremos si es posible o no controlarlos, y si tal cosa es inteligente.

La cuarta parte nos sienta primero al lado de la cama, explicándonos numerosos trastornos del sueño, como el insomnio. Desentrañaré las razones obvias y no tan obvias por las que a muchos de nosotros nos cuesta dormir bien por la noche. Luego hablaré con honestidad sobre las pastillas para dormir, basándome en datos científicos y clínicos, no en rumores o consejos publicitarios. Encontrarás detalles de nuevas terapias no farmacológicas, más seguras y más efectivas. Nos moveremos desde el nivel del sueño en la cama hasta el nivel del sueño en la sociedad, y descubriremos el impacto que la falta de sueño tiene en la educación, la medicina y los cuidados de la salud, así como en los negocios. Las evidencias científicas hacen añicos las creencias sobre la utilidad de pasar largas horas despierto, con poco descanso, para conseguir alcanzar de manera efectiva, rentable y ética los objetivos de cada una de estas disciplinas. Termino el libro con un genuino y esperanzado optimismo, exponiendo una hoja de ruta de ideas que pueden reconectar a la humanidad con el sueño que tanto necesita y del que sigue tan privada, una nueva visión del sueño para el siglo XXI.

He escrito este libro de tal manera que no tengas que leerlo siguiendo la progresión narrativa en cuatro partes. La mayoría de los capítulos pueden leerse de forma individual y saltándose el orden sin que se pierda demasiado su significado. Por lo tanto, te invito a que te tomes todo el libro o parte de él, al estilo de un bufet o en orden, como más te guste.

Para acabar, dejo constancia de un descargo de responsabilidad. Si te sientes somnoliento y te duermes mientras lees este libro, a diferencia de la mayoría de los autores, no me desanimaré. De hecho, y según el tema y el contenido de este libro, voy a tratar de provocar en ti ese tipo de comportamiento. Sabiendo lo que sé sobre la relación entre el sueño y la memoria, la mejor forma de complacerme es saber que tú, el lector, no puedes resistir el impulso de dormirte para reforzar, y por tanto recordar, lo que te estoy contando sobre quedarse dormido. Así que, por favor, permite que tu conciencia vaya y venga con libertad durante el tiempo de lectura de este libro. No me lo tomaré como una ofensa; al contrario, será un placer.

2

Cafeína, desfase horario y melatonina
Perder y recuperar el control de tu ritmo de sueño

¿Cómo sabe tu cuerpo cuándo es hora de dormir? ¿Por qué sufres síntomas de desfase horario o *jet lag* cuando llegas a una nueva zona horaria? ¿Cómo superas ese desfase horario? ¿Por qué esa aclimatación te provoca un nuevo desfase horario cuando vuelves a casa? ¿Por qué algunas personas usan melatonina para combatir estos problemas? ¿Por qué (y cómo) una taza de café te mantiene despierto? Y tal vez lo más importante: ¿cómo sabes si estás durmiendo lo suficiente?

Hay dos factores principales que determinan cuándo quieres dormir y cuándo quieres estar despierto. Mientras lees estas palabras, ambos factores influyen poderosamente en tu mente y tu cuerpo. El primero de ellos es una señal emitida por tu reloj interno de 24 horas, ubicado en las profundidades de tu cerebro. El reloj crea un ciclo, un ritmo de día y noche que te hace sentirte cansado o alerta a horas regulares de la noche y el día, respectivamente. El segundo factor es una sustancia química que se acumula en el cerebro y que crea una «presión de sueño». Cuanto más tiempo hayas estado despierto, más presión se acumula y, en consecuencia, más sueño tienes. El equilibrio entre estos dos factores es lo que dicta lo alerta y atento que estás durante el día, cuándo te sentirás cansado y listo para irte a la cama por la noche, y, en parte, lo bien que vas a dormir.

¿Tienes ritmo?

La poderosa fuerza que da forma a tu ritmo de 24 horas, también conocida como ritmo circadiano, es fundamental para responder a muchas de las preguntas del párrafo anterior. Todos generamos un ritmo circadiano (de *circa*, que significa «alrededor», y *diano*, que se deriva de *diam* y significa «día»). De hecho, cada criatura viviente de este planeta tiene un ciclo natural. El reloj interno de 24 horas de tu cerebro comunica su señal diaria de ritmo circadiano a cada una de las restantes regiones del cerebro y a cada órgano de tu cuerpo.

Su tempo de 24 horas te ayuda a determinar cuándo quieres estar despierto y cuándo quieres estar dormido. Pero también controla otros patrones rítmicos, entre los que se incluyen tus momentos preferidos para comer y beber, tus estados de ánimo y emociones, la cantidad de orina que produces,[1] la temperatura de tu cuerpo, tu tasa metabólica y la liberación de numerosas hormonas. No es una coincidencia que la probabilidad de superar un récord olímpico dependa clarísimamente de la hora del día en que se intenta, siendo máxima en el pico natural del ritmo circadiano humano: a primera hora de la tarde. Incluso el momento de los nacimientos y las muertes está supeditado a los ritmos circadianos, y ello es consecuencia de los acusados cambios en los procesos metabólicos, cardiovasculares, de temperatura y hormonales de los que depende la vida y que son controlados por este «marcapasos».

Mucho antes de que descubriéramos este marcapasos biológico, un ingenioso experimento logró algo absolutamente notable: detuvo el tiempo, al menos para una planta. En 1729, el geofísico francés Jean-Jacques Dortous de Mairan obtuvo la primera evidencia de que las plantas generan su propio tiempo interno.

---

[1] Debo señalar, por experiencia personal, que este es un tema muy efectivo en cenas, reuniones familiares u otros compromisos sociales. Casi te garantiza que nadie se te vuelva a acercar a hablar el resto de la noche, y tampoco te volverán a invitar.

De Mairan estaba estudiando los movimientos de las hojas de una especie vegetal con heliotropismo. Así se llama el fenómeno que consiste en que las hojas o las flores de una planta sigan la trayectoria del Sol a medida que se mueve a través del cielo durante el día. El científico estaba intrigado por una planta en particular, llamada *Mimosa pudica*.[2] Las hojas de esta planta no solo siguen el paso del Sol a través del cielo durante el día. Además, por la noche se desploman hacia abajo, casi como si se hubieran marchitado. Luego, al comienzo del día siguiente, se vuelven a abrir una vez más como un paraguas, sanas como siempre. Este comportamiento se repite todas las mañanas y todas las tardes, e hizo que el famoso biólogo evolutivo Charles Darwin las llamara «hojas durmientes».

Antes del experimento de De Mairan, muchos creían que la conducta de expansión y retracción de la planta solo estaba determinada por la salida y la puesta del Sol. Era una suposición lógica: la luz diurna, incluso durante los días nublados, hacía que las hojas se abrieran del todo, mientras que la oscuridad que seguía daba a la planta instrucciones para colgar el cartel de «Cerrado», cesar la actividad y plegarse. De Mairan desmontó esa explicación. Primero colocó la planta al aire libre, exponiéndola a las señales de luz y oscuridad asociadas con el día y la noche. Como era de esperar, las hojas se abrieron en contacto con la luz del día y se retrajeron con la oscuridad de la noche.

Aquí viene el giro genial. De Mairan colocó la planta dentro de una caja cerrada durante las siguientes 24 horas, sumiéndola en la oscuridad total tanto de día como de noche. Durante esas 24 horas de tinieblas, echó un vistazo ocasional a la planta en la oscuridad controlada para observar el estado de las hojas. A pesar de estar aislada de la influencia de la luz, durante el día la planta todavía se comportaba como si estuviera recibiendo la luz solar; sus hojas se veían orgullosamente expandidas. Más tarde, la planta retrajo sus hojas como si hu-

---

[2] La palabra *pudica* proviene del latín y significa «tímida» o «vergonzosa», ya que sus hojas también se desploman si las tocas.

biera llegado el final del día, incluso sin haber recibido la señal de la puesta del Sol, y así permaneció durante toda la noche.

Fue un descubrimiento revolucionario: el científico había demostrado que un organismo vivo mantenía su propio tiempo y que, de hecho, no era esclavo de las órdenes rítmicas del Sol. En algún lugar dentro de la planta había un generador de ritmo de 24 horas capaz de rastrear el tiempo sin necesidad de ninguna señal del mundo exterior, como la luz del día. La planta no solo tenía un ritmo circadiano, tenía un ritmo «endógeno» o autogenerado. Es algo muy parecido a lo que ocurre con tu corazón, que sigue su propio latido autogenerado. La única diferencia es que el ritmo cardíaco es mucho más rápido —por lo general, de al menos un latido por segundo— que un ritmo de 24 horas como el del reloj circadiano.

Sorprendentemente, debieron pasar otros doscientos años para demostrar que tenemos un ritmo circadiano similar que se genera de forma interna. Pero este experimento añadió un conocimiento bastante inesperado a la comprensión de nuestro cronometraje interno. En 1938, el profesor Nathaniel Kleitman, de la Universidad de Chicago, con su ayudante Bruce Richardson, realizó uno de los estudios científicos más extremos, un estudio que requirió un tipo de compromiso del que se puede decir que hoy no tiene parangón.

Kleitman y Richardson fueron sus propios conejillos de Indias. Cargados de comida y agua para seis semanas y con un par de destartaladas camas que consiguieron en un hospital de prestigio, hicieron un viaje hasta Mammoth Cave, en Kentucky. Esta es una de las cavernas más profundas del planeta, tan profunda, de hecho, que no es posible detectar luz solar en sus zonas más recónditas. A partir de esta oscuridad, Kleitman y Richardson iban a iluminar un impresionante descubrimiento científico que establecería nuestro ritmo biológico como de *aproximadamente* un día (circadiano), pero no *exactamente* de un día.

Además de comida y agua, los dos hombres llevaron una serie de dispositivos para medir su temperatura corporal y sus ritmos de vigilia y sueño. La zona de grabación formaba el centro de su sala de estar, flanqueada por sus camas. Metieron cada una de las largas patas de las camas dentro de un cubo de agua, imitando el foso de un castillo, para evitar que las innumerables pequeñas criaturas (y no tan pequeñas) que acechaban en las profundidades de Mammoth Cave se les metieran en la cama.

La pregunta experimental que Kleitman y Richardson trataban de responder era simple: una vez privados del ciclo diario de luz y oscuridad, ¿se volverían completamente erráticos sus ritmos biológicos de sueño y vigilia, junto con su temperatura corporal, o permanecerían iguales que los de quienes estaban en el mundo exterior, expuestos al ritmo de la luz diurna? Y si ocurría lo primero, ¿cuándo comenzaría a suceder? En total, los científicos estuvieron 32 días en completa oscuridad. Además de crecerles unas barbas impresionantes, durante el proceso hicieron dos sorprendentes descubrimientos. El primero fue que los humanos, como las plantas heliotrópicas de De Mairan, generamos nuestro propio ritmo circadiano endógeno en ausencia de la luz exterior del Sol. Es decir, ni Kleitman ni Richardson cayeron en impulsos aleatorios de vigilia y sueño, sino que siguieron un patrón predecible y repetitivo de vigilia prolongada (unas 15 horas), alternada con episodios consolidados de unas nueve horas de sueño.

El segundo descubrimiento inesperado, y más profundo todavía, fue que sus predecibles ciclos repetitivos de sueño y vigilia no tenían una duración precisa de 24 horas, sino que eran sistemática e indudablemente de más de 24 horas. Richardson, que estaba en la veintena, desarrolló un ciclo de vigilia-sueño de entre 26 y 28 horas de duración. El de Kleitman, que estaba en su cuarta década de vida, se acercaba un poco más a las 24 horas, pero seguía superándolas. Por tanto, cuando se vieron privados de la influencia externa de la luz diurna, el «día» generado internamente en cada hombre no fue exactamente de 24 horas, sino un poco más que eso. Al igual que un reloj de pulsera inexacto que se retrasa, con cada día (real) que transcurría en el mundo exterior, Kleitman y Richardson comenzaron a añadir tiempo a partir de su propia cronometría generada internamente.

Dado que nuestro ritmo biológico innato no es exactamente de 24 horas, sino solo aproximadamente de 24 horas, hacía falta una nueva nomenclatura: el ritmo circadiano, es decir, un ritmo que es de aproximadamente un día de duración, pero no exactamente de un día.[3] En los algo más de setenta años transcurridos desde la realización del influyente experimento de Kleitman y Richardson, hemos determinado que la duración media del reloj circadiano endógeno de un adulto humano es de alrededor de 24 horas y 15 minutos. No está muy lejos de las 24 horas de rotación de la Tierra, pero no comporta la precisión que cualquier relojero suizo que se precie aceptaría.

Por suerte, la mayoría de nosotros no vivimos en Mammoth Cave ni en una oscuridad constante como esa. Habitualmente estamos expuestos a la luz solar, que viene al rescate de nuestro impreciso y sobrepasado reloj circadiano interno. La luz natural actúa como los dedos pulgar e índice cuando dan cuerda a un reloj de pulsera fuera de hora, reajustando metódicamente nuestro reloj interno inexacto todos los días y «devolviéndonos» de nuevo a las 24 horas exactas, no aproximadas.[4]

No es una coincidencia que el cerebro use la luz del día para este propósito de restablecimiento. Es la señal más fiable y repetitiva que nos ofrece nuestro entorno. Desde el nacimiento de nuestro planeta, y un día detrás de otro sin excepción, el Sol siempre ha salido por la mañana y se ha puesto por la noche. De hecho, la razón por la que la mayoría de las especies vivas adoptan un ritmo circadiano es para sincronizarse a sí mismas, y para sincronizar sus actividades, tanto internas (por ejemplo, la temperatura) como externas (por ejemplo, la alimentación), con la mecánica orbital diaria del planeta Tierra girando sobre

---

[3] Este fenómeno de un reloj biológico interno impreciso se ha observado de forma constante en muchas especies diferentes. Sin embargo, no es igual en todas ellas. Para algunos, como los hámsteres o las ardillas, el ritmo circadiano endógeno es corto, pues dura menos de 24 horas cuando se los coloca en la oscuridad total. Para otros, como los humanos, es superior a 24 horas.

[4] Incluso la luz solar que llega a través de una nube espesa en un día lluvioso es lo suficientemente potente como para ayudar a restablecer nuestros relojes biológicos.

su eje, lo que da como resultado fases regulares de luz (orientación al Sol) y oscuridad (ocultación del Sol).

Sin embargo, la luz del día no es la única señal que el cerebro puede capturar con el propósito de restablecer el reloj biológico, aunque, si está presente, es la señal principal y preferente. Mientras se repitan de manera estable, el cerebro también puede servirse de otras señales externas, como la comida, el ejercicio, las fluctuaciones de temperatura e incluso la interacción social sincronizada regularmente. Todos estos fenómenos tienen la capacidad de restablecer el reloj biológico, lo que le permite funcionar según un ciclo preciso de 24 horas. Es la razón por la que las personas con ciertas formas de ceguera no pierden por completo su ritmo circadiano. A pesar de no recibir señales de luz debido a su ceguera, otros fenómenos actúan como sus desencadenantes de reinicio. Cualquier señal que el cerebro utiliza con el propósito de poner a cero el reloj se denomina *zeitgeber*, palabra alemana que significa «indicador temporal» o «sincronizador». Así, si bien la luz es el *zeitgeber* más fiable, y por lo tanto el principal, hay muchos factores que pueden emplearse además de la luz del día o en ausencia de ella.

El reloj biológico de 24 horas ubicado en el centro de tu cerebro se llama núcleo supraquiasmático. Como ocurre con gran parte del lenguaje anatómico, el nombre, aunque está lejos de ser fácil de pronunciar, es instructivo: *supra* significa «anterior», y el *quiasma* es un «punto de cruce». El punto de cruce es el de los nervios ópticos que provienen de tus globos oculares. Esos nervios se encuentran en el centro de tu cerebro y luego cambian de lado de manera efectiva. El núcleo supraquiasmático está ubicado justo encima de esta intersección por una buena razón. «Muestrea» la señal de luz que se envía desde cada ojo a lo largo de los nervios ópticos mientras se dirigen hacia la parte posterior del cerebro para el procesamiento visual. El núcleo supraquiasmático se sirve de esta información fiable que recibe de la luz para corregir nuestra inexactitud temporal inherente y ajustarla a un ciclo de 24 horas, evitando cualquier desviación.

Si te digo que el núcleo supraquiasmático está compuesto por 20 000 células cerebrales o neuronas, tal vez te imagines que es enorme y que ocupa una gran cantidad de espacio en tu cráneo, pero en realidad es diminuto. El cerebro está compuesto de aproximadamente 100 000 millones de neuronas, lo que hace que el núcleo supraquiasmático sea diminuto en comparación con el resto de la materia cerebral. Sin embargo, a pesar de sus dimensiones, la influencia del núcleo supraquiasmático en el resto del cerebro y el cuerpo es cualquier cosa menos humilde. Este pequeño reloj es el director central de la sinfonía rítmica biológica de la vida, de la tuya y de la de todas las demás especies vivas. El núcleo supraquiasmático controla un gran número de comportamientos, incluido el que tratamos en este capítulo: cuándo quieres estar despierto y cuándo dormido.

En el caso de las especies diurnas —las que están activas durante el día—, como los humanos, el ritmo circadiano activa durante el día muchos mecanismos cerebrales y corporales en el cerebro y el cuerpo que están diseñados para mantenerte despierto y alerta. Esos mecanismos disminuyen durante la noche, eliminando la llamada de alerta. En la figura 1 se muestra el ejemplo de un ritmo circadiano: el de la temperatura de tu cuerpo. Representa la temperatura corporal central (rectal, nada menos) de un grupo de adultos humanos. Desde las 12 del mediodía, en el extremo izquierdo, la temperatura comienza a subir hasta llegar a su máximo a última hora de la tarde. Entonces la trayectoria cambia. La temperatura comienza a descender nuevamente, cayendo por debajo del punto de inicio del mediodía a medida que se acerca la hora de acostarse.

Tu ritmo circadiano biológico (figura 1) coordina un descenso de temperatura corporal a medida que te acercas a la hora habitual de acostarte, alcanzando su nadir o punto más bajo aproximadamente dos horas después del inicio del sueño. Sin embargo, este ritmo de temperatura no depende de si estás dormido. Si tuvieras que mantenerte despierto toda la noche, tu temperatura corporal central seguiría mostrando el mismo patrón. Aunque la caída de temperatura ayuda a conciliar el sueño, la temperatura aumenta y disminuye por sí misma a lo largo del período de 24 horas independientemente de si estás dormido o despierto. Es una demostración clásica de un ritmo circadiano preprogramado, que se repetirá una y otra vez sin falta como un metrónomo. La temperatura solo es uno de los muchos ritmos de 24 horas gobernados por el núcleo supraquiasmático. La vigilia y el sueño son otros. Por tanto, estos están bajo el control del ritmo circadiano y no al revés. Es decir, tu ritmo circadiano irá hacia arriba y hacia abajo cada 24 horas, independientemente de si has dormido o no. En este sentido, es constante. Pero si observas a las personas de forma individual, descubrirás que no todas las cadencias circadianas son iguales.

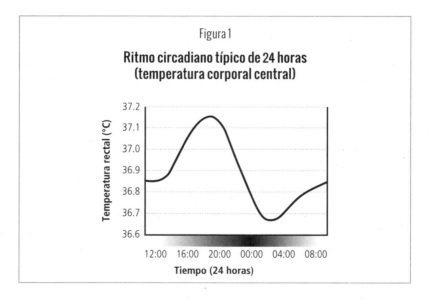

Mi ritmo no es tu ritmo

Aunque cada persona tiene un patrón fijo de 24 horas, los respectivos picos y valles son sorprendentemente diferentes entre unos y otros. Para algunos, su pico de vigilia llega temprano por la mañana y su nivel de somnolencia, pronto por la noche. Son los de «tipo diurno»; más o menos, el 40% de la población. Prefieren despertarse al alba o al amanecer, se sienten bien haciéndolo y funcionan de manera óptima a esta hora del día. Otros son más de «tipo nocturno», aproximadamente el 30% de la población. Naturalmente, prefieren irse a la cama tarde y, en consecuencia, se despiertan a última hora de la mañana o incluso por la tarde. El 30% restante de las personas se encuentra en algún lugar intermedio entre la mañana y la noche, con una ligera inclinación hacia la noche, como es mi caso.

Tal vez hayas oído llamar coloquialmente a estos dos tipos de personas «alondras» y «búhos», respectivamente. A diferencia de las alondras, los búhos a menudo no pueden quedarse dormidos pronto por la noche, sin importar el empeño que le pongan. Estos pájaros nocturnos solo pueden quedarse fritos en las horas de la madrugada. Como no se duermen hasta tarde, no les gusta nada levantarse temprano. No pueden funcionar bien a esa hora porque, a pesar de estar «despiertos», a primera hora de la mañana su cerebro permanece en un estado más parecido al sueño. Esto es especialmente cierto para una región del cerebro llamada corteza prefrontal, que se encuentra sobre los ojos y que puede considerarse como la oficina central del cerebro. Controla el pensamiento de nivel superior y el razonamiento lógico, y ayuda a mantener nuestras emociones bajo control. Cuando un búho se ve obligado a despertarse demasiado temprano, su corteza prefrontal permanece en un estado deshabilitado, «desconectado». Como un motor frío después de arrancar temprano por la mañana, necesita mucho tiempo antes de alcanzar la temperatura de funcionamiento, y hasta entonces no funcionará de manera eficiente.

Ser búho o alondra de adulto (lo que también se conoce como cronotipo) está muy determinado por la genética. Si eres un ave nocturna, es probable que uno o ambos de tus progenitores lo sean también. Lamentablemente, la sociedad trata a los noctámbulos de manera injusta por dos motivos. Primero está la etiqueta de «vago», porque los búhos no madrugan debido a que no se duermen hasta la madrugada. Otros, normalmente las alondras, castigarán a los búhos suponiendo erróneamente que esas preferencias son una elección y que, si no fueran tan descuidados, podrían despertarse temprano fácilmente. Sin embargo, los noctámbulos no son búhos por elección. Están obligados a un horario retrasado por el inevitable cableado de su ADN. No es su culpa consciente, sino su destino genético.

El segundo motivo son los injustos y arraigados horarios de trabajo de nuestra sociedad, que hacen que en general la jornada laboral empiece muy temprano, lo que castiga a los búhos y favorece a las alondras. Aunque la situación está mejorando, los horarios laborales obligan habitualmente a los búhos a un ritmo antinatural de sueño y vigilia. En consecuencia, su rendimiento laboral en conjunto es mucho peor por las mañanas, y es más probable que expresen su verdadero potencial de rendimiento al final de la tarde y al anochecer. Por desgracia, viven privados de sueño crónicamente y tienen que despertarse con las alondras, aunque por la noche no consigan dormirse hasta más tarde. Los búhos a menudo se ven obligados a forzar su reloj natural en ambos extremos. Por tanto, son más proclives a sufrir enfermedades relacionadas con la falta de sueño, incluyendo depresión, ansiedad, diabetes, cáncer, ataque cardíaco y accidentes cerebrovasculares.

En este sentido, se necesita un cambio social que prevea facilidades similares a las que se ofrecen a otras personas con especificidades físicas (por ejemplo, con defectos de visión). Necesitamos horarios de trabajo más flexibles que se adapten mejor a todos los cronotipos, y no solo a los situados en uno de los extremos.

Te estarás preguntando por qué la madre naturaleza ha programado esta variabilidad entre las personas. Como especie social, ¿no deberíamos sincronizarnos y, por lo tanto, estar despiertos a la misma hora para promover al máximo las interacciones humanas? Quizá no. Como descubriremos más adelante, es probable que los humanos evolucionaran para dormir juntos como familias o incluso como tribus enteras, no solos ni como parejas. Al valorar este contexto evolutivo, se pueden entender los beneficios de esta variabilidad genéticamente programada en las preferencias respecto al tiempo de vigilia y de sueño. Los noctámbulos del grupo no se irían a dormir hasta la una o las dos de la mañana, y no se despertarían hasta las nueve o las diez. Los madrugadores, por el contrario, se retirarían por la noche a las nueve y se despertarían a las cinco de la mañana. En consecuencia, el grupo solo sería colectivamente vulnerable durante cuatro horas en lugar de ocho, y aun así todos tendrían la oportunidad de dormir ocho horas. Eso aumenta en un 50% la aptitud de supervivencia. La madre naturaleza nunca transmitiría un rasgo biológico —en este caso, la útil variabilidad en la hora en que los individuos de una tribu se van a dormir y se despiertan— que no pudiera aumentar el nivel de supervivencia y por tanto la aptitud de supervivencia de una especie. Y no lo ha hecho.

Melatonina

Tu núcleo supraquiasmático comunica la señal reiterada de la noche y el día a tu cerebro y tu cuerpo mediante un mensajero circulante llamado melatonina. La melatonina recibe otros nombres, como «hormona de la oscuridad» y la «hormona vampiro», no porque sea siniestra, sino sencillamente porque se libera de noche. A partir de las instrucciones del núcleo supraquiasmático, el aumento de la melatonina comienza poco después del anochecer, y es liberada al torrente sanguíneo desde la glándula pineal, un área situada en la parte posterior profunda de tu cerebro. La melatonina actúa como un poderoso megáfono, gritando un mensaje claro al cerebro y al cuerpo: «¡Está oscuro, está oscuro!». En ese momento, se nos acaba de hacer entrega de un mandato nocturno, y con él, de la orden biológica que nos indica que ha llegado la hora de irse a dormir.[5]

De esta manera, la melatonina ayuda a regular el momento en que ocurre el sueño avisando sistemáticamente de la oscuridad a todo el cuerpo. Pero, en contra de una errónea suposición muy extendida, la melatonina en sí tiene poca influencia en la generación del propio sueño. Para dejar clara esta distinción, piensa en la carrera olímpica de 100 metros. La melatonina es la voz del responsable de sincronización que dice: «Corredores, a sus puestos», y luego dispara la pistola para dar inicio a la carrera. Ese responsable de sincronización (melatonina) decide cuándo comienza la carrera (sueño), pero no participa en ella. En esta analogía, los velocistas son otras regiones del cerebro y los procesos que generan sueño de forma activa. La melatonina reúne a estas regiones cerebrales generadoras de sueño en la línea de salida de la hora de acostarse. Su función simplemente es dar la instrucción oficial para que se inicie el fenómeno del sueño, pero no participa en la carrera del sueño en sí.

Por estas razones, la melatonina no supone una gran ayuda para dormir, al menos no para personas sanas y sin problemas de desfase horario (enseguida exploraremos el *jet lag* y cómo la melatonina puede ser útil). La melatonina de calidad presente en una píldora puede ser poca o inexistente. Dicho esto, existe un efecto placebo importante que no debe subestimarse: después de todo, el efecto placebo es el más fiable de toda la farmacología. Igualmente importante es el hecho de que la melatonina de venta sin receta no suele estar regulada por organismos de control de los fármacos. Las evaluaciones científicas de las concentraciones de melatonina en las píldoras que se pueden comprar sin receta médica indican que su presencia oscila entre un 83% menos de lo que se afirma en la etiqueta y un 478% más de lo indicado.[6]

---

[5] Para las especies nocturnas, como los murciélagos, grillos, luciérnagas o zorros, esta llamada ocurre por la mañana.

[6] L.A. Erland y P.K. Saxena, «Melatonin natural health products and supplements: presence of serotonin and significant variability of melatonin content», *Journal of Clinical Sleep Medicine* 13 (2), 2017, pp. 275-281.

Una vez que el sueño está en marcha, la concentración de melatonina disminuye lentamente a lo largo de la noche y durante las horas matutinas. Con el amanecer, la luz del Sol alcanza al cerebro a través de los ojos (incluso a través de los párpados cerrados), lo que equivale a imponer un pedal de freno sobre la glándula pineal, bloqueando así la liberación de melatonina. La ausencia de melatonina circulante informa al cerebro y al cuerpo de que se ha alcanzado la línea final de sueño. Es hora de acabar la carrera del sueño y de permitir que la vigilia activa regrese para el resto del día. En este sentido, los humanos funcionamos a base de «energía solar». Luego, a medida que la luz se desvanece, se retira el pedal de freno solar que bloquea la melatonina. Cuando esta empieza a aumentar, se señala otra fase de oscuridad y se convoca de nuevo al sueño a la línea de salida.

En la figura 2 puedes ver un perfil típico de liberación de melatonina. Comienza algunas horas después del atardecer. Luego aumenta rápidamente, alcanzando su máximo alrededor de las cuatro de la mañana. Cuando se acerca el amanecer, comienza a disminuir, cayendo a cantidades indetectables desde primeras horas del día hasta media mañana.

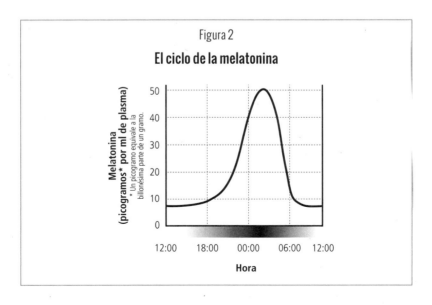

Figura 2
El ciclo de la melatonina

El ritmo no viaja

La llegada del motor a reacción supuso una revolución para el tránsito masivo de seres humanos por todo el planeta. Sin embargo, conlleva una calamidad biológica inesperada: los aviones nos permiten atravesar zonas horarias más rápido que el tiempo que nuestros relojes internos de 24 horas necesitan para ajustarse. Estos reactores son los causantes de un desfase biológico: el desfase horario o *jet lag*. Como resultado de este fenómeno, nos sentimos cansados y somnolientos durante el día en un huso horario distante del nuestro debido a que nuestro reloj interno todavía cree que es de noche. No ha tenido tiempo de adaptarse. Y por si eso no fuera ya suficientemente malo, por la noche a menudo no podemos conciliar el sueño o mantenerlo porque nuestro reloj interno cree ahora que es de día.

Tomemos el ejemplo de mi reciente vuelo a Inglaterra desde San Francisco. Londres está ocho horas por delante de San Francisco. Cuando llego a Inglaterra, a pesar de que el reloj digital del aeropuerto londinense de Heathrow me está diciendo que son las nueve de la mañana, para mi reloj circadiano interno es una hora muy diferente: es la hora de California, o sea, la una de la mañana. Tendría que estar durmiendo. Así pues, arrastraré por Londres mi cerebro y mi cuerpo desfasados a lo largo de todo el día, en un estado de profundo letargo. Cada aspecto de mi biología está pidiendo dormir. La mayoría de las personas en California están envueltas en sábanas en este momento.

Sin embargo, lo peor está por venir. A medianoche, hora de Londres, estoy en la cama, cansado e intentando quedarme dormido. Pero a diferencia de la mayoría de la gente en la ciudad, parece que no puedo conciliar el sueño. Aunque es medianoche, mi reloj biológico interno cree que son las cuatro de la tarde, la hora de California. Normalmente estaría despierto, y lo estoy, pero acostado en una cama de Londres. Pasarán seis horas antes de que se presente mi tendencia natural a conciliar el sueño... justo cuando Londres esté empezando a despertar y yo tenga que dar una conferencia. Un desastre.

Esto es el desfase horario o *jet lag*: durante el día, te sientes cansado y somnoliento en la nueva zona horaria porque tu reloj corporal y la biología que depende de él todavía «creen» que es de noche. Por la noche, no puedes dormir bien porque tu ritmo biológico todavía cree que es de día.

Por suerte, mi cerebro y mi cuerpo no permanecerán para siempre en este limbo desajustado. Me aclimataré a Londres mediante las señales de la luz del Sol en esta nueva ubicación. Pero es un proceso lento. Por cada día que te encuentres en una zona horaria diferente, tu núcleo supraquiasmático solo podrá reajustarse aproximadamente una hora. Así que, como Londres está ocho horas por delante de San Francisco, necesitaré ocho días para reajustarme a la hora inglesa. Lamentablemente, después de todos estos esfuerzos del reloj de 24 horas de mi núcleo supraquiasmático para arrastrarse hacia delante en el tiempo y conseguir establecerse en Londres, llega una noticia deprimente: el noveno día tengo que volar de regreso a San Francisco. ¡Mi pobre reloj biológico tiene que volver a afrontar la misma lucha, pero esta vez en la dirección opuesta!

Puede que hayas notado que parece más difícil aclimatarse a una nueva zona horaria si viajas hacia el oeste que si viajas al este. Hay dos razones para esto. En primer lugar, las ubicaciones que se encuentran al este requieren que te duermas más temprano de lo normal, lo que supone una gran exigencia biológica para que la mente simplemente se ponga en acción. Por el contrario, la dirección hacia el oeste exige que te quedes despierto hasta más tarde, que es una perspectiva consciente y pragmáticamente más sencilla. En segundo lugar, recordarás que cuando estamos aislados de cualquier influencia externa del mundo nuestro ritmo circadiano natural es, de forma innata, superior a un día (aproximadamente 24 horas y 15 minutos). Pese a que es una cantidad de tiempo modesta, esos 15 minutos hacen que sea más fácil estirar artificialmente un día que encogerlo. Cuando viajas hacia el oeste, en la dirección de tu reloj interno innato de mayor duración, ese «día» es de más de 24 horas y te resulta un poco más fácil acomodarte. Sin embargo, el viaje hacia el este, que implica para ti un «día» de menos de 24 horas, va en contra de tu ritmo innato más largo, razón por la cual te resulta más difícil adaptarte.

Tanto si viajas al oeste como al este, el *jet lag* representa un esfuerzo tortuoso para el cerebro, y comporta un profundo estrés biológico para las células, los órganos y los principales sistemas del cuerpo. Y tiene consecuencias. Los científicos han investigado a los tripulantes de cabina de aerolíneas que hacen con frecuencia trayectos de largo recorrido y tienen poco tiempo para recuperarse. Se han observado dos resultados alarmantes. En primer lugar, algunas partes de su cerebro —específicamente las relacionadas con el aprendizaje y la memoria— se habían reducido físicamente, lo que sugiere una destrucción de las células cerebrales provocada por el estrés biológico de los viajes a través de diferentes zonas horarias. En segundo lugar, su memoria a corto plazo estaba muy deteriorada. Comparadas con otras personas de su misma edad y antecedentes que no viajaban con frecuencia entre zonas horarias, mostraban más propensión a los olvidos. Otros estudios de pilotos, tripulantes de cabina y trabajadores que hacen distintos turnos han identificado otras consecuencias inquietantes, como porcentajes mucho más elevados de cáncer y diabetes tipo 2 que en la población general o que en otras personas que no viajan tanto.

A la vista de estos efectos nocivos, es comprensible que algunas personas que tienen que convivir con el *jet lag*, como los pilotos y los tripulantes de cabina de las aerolíneas, intenten mitigar esta desgracia. A menudo, en un intento de solucionar el problema, optan por tomar píldoras de melatonina. Recuerda mi vuelo de San Francisco a Londres. El día de mi llegada tuve muchos problemas para conciliar el sueño y dormir durante la noche. En parte, eso se debía a que en Londres mi cuerpo no liberaba melatonina durante las horas nocturnas. Mis máximos de melatonina estaban aún muchas horas por detrás, sincronizados con la hora de California. Pero imaginemos que hubiera decidido tomar un compuesto legal de melatonina después de llegar a Londres. Así es como habría funcionado: entre las siete y las ocho de la tarde, hora de Londres, habría tomado una píldora, desencadenando un aumento artificial de la melatonina circulante similar a los niveles máximos naturales que en esos momentos actuaban en el cuerpo de la mayoría de la gente de Londres. Como consecuencia, mi cerebro habría creído que era de noche y, con ese engaño inducido por la química, se le habría indicado al sueño que era el momento de ponerse en la línea de salida. Me habría seguido costando conciliar el sueño a esa hora tan irregular para mí, pero ese aviso horario habría aumentado de forma considerable la probabilidad de que me durmiera en ese contexto de desfase horario.

Presión del sueño y cafeína

Tu ritmo circadiano de 24 horas es el primero de los dos factores que determinan la vigilia y el sueño. El segundo es la presión del sueño. En este momento, una sustancia química llamada adenosina se está acumulando en tu cerebro. Con cada minuto que estés despierto, continuará aumentando. Es decir, cuanto más tiempo estés despierto, más adenosina se acumulará. Piensa en esta sustancia como en un barómetro químico que registra constantemente la cantidad de tiempo transcurrido desde que te has despertado esta mañana.

El aumento de adenosina en el cerebro tiene como consecuencia un deseo cada vez mayor de dormir. Esto se conoce como presión del sueño, y es la segunda fuerza que determina cuándo te sentirás somnoliento y, por tanto, tendrás que irte a la cama. Usando un astuto efecto de doble acción, las altas concentraciones de adenosina reducen el «volumen» de las regiones del cerebro que promueven la vigilia y suben el volumen de las regiones que inducen el sueño. Como resultado de esa presión química del sueño, cuando las concentraciones de adenosina alcancen un máximo, aparecerá una irresistible necesidad de dormir.[7] A la mayoría de la gente eso le sucede después de estar despierto entre 12 y 16 horas.

---

[7] Suponiendo que tengas un ritmo circadiano estable y que no hayas viajado recientemente a través de diferentes zonas horarias, en cuyo caso aún podrías

Sin embargo, puedes silenciar la señal de sueño de la adenosina de forma artificial tomando una sustancia química que te hará sentir más alerta y despierto: la cafeína. La cafeína no es un suplemento alimenticio, sino el estimulante psicoactivo más utilizado (y consumido en exceso) en el mundo. Después del petróleo, es el producto más comercializado del planeta. El consumo de cafeína representa la mayor y más prolongada utilización no supervisada de una sustancia por parte de la especie humana, quizá solo comparable con el alcohol, y continúa hasta el día de hoy.

La cafeína funciona compitiendo con la adenosina por el privilegio de aferrarse a los sitios encargados de recibir la adenosina en el cerebro, también conocidos como receptores. Sin embargo, una vez que la cafeína ocupa esos receptores, no los estimula como la adenosina, provocando sueño. La cafeína bloquea y desactiva los receptores, actuando como un agente enmascarador. Es el equivalente a taparse los oídos con los dedos para silenciar un sonido. Al secuestrar y ocupar estos receptores, la cafeína bloquea la señal de somnolencia que en una situación normal sería comunicada al cerebro por la adenosina. El resultado: la cafeína te engaña haciéndote sentir alerta y despierto, a pesar de los altos niveles de adenosina que te invitan a dormir.

Las concentraciones circulantes de cafeína alcanzan su nivel máximo treinta minutos después de su ingestión. Sin embargo, el problema es la persistencia de esta sustancia en tu sistema. En farmacología usamos el concepto «vida media» para referirnos a la eficacia de un medicamento. Esto simplemente quiere decir el tiempo que necesita el cuerpo para eliminar el 50% de la concentración de un medicamento. La cafeína tiene una vida media de cinco a siete horas. Supongamos que te tomas una taza de café antes de la cena, sobre las siete y media. Eso significa que, hacia la una y media de la mañana, el 50% de esa cafeína aún puede estar activa y circulando por todo el

---

tener dificultades para quedarte dormido, incluso si has estado despierto durante más de 16 horas seguidas.

tejido cerebral. En otras palabras, antes de la una y media de la mañana aún no habrás completado el trabajo de limpiar tu cerebro de la cafeína que te bebiste antes de cenar.

Ese 50% restante no es inocuo, pues sigue siendo una dosis de cafeína bastante potente; todavía te quedará hacer mucho trabajo de descomposición durante la noche antes de que desaparezca. Mientras tu cuerpo batalle contra la fuerza opuesta de la cafeína, no te será fácil conciliar el sueño. La mayoría de las personas no son conscientes de cuánto tiempo se tarda en eliminar una sola dosis de cafeína, y, por lo tanto, cuando se despiertan por la mañana, no establecen una relación entre la mala noche que acaban de pasar y la taza de café que se tomaron antes de cenar.

La cafeína —presente no solo en el café, en algunos tipos de té y en muchas bebidas energéticas, sino en alimentos como el chocolate negro y el helado, así como en medicamentos como las píldoras para perder peso o los analgésicos— es una de las principales responsables de que la gente no se duerma con facilidad y profundamente, algo que generalmente se disfraza de insomnio, que es una auténtica alteración médica. También hay que tener en cuenta que los productos llamados descafeinados no carecen de cafeína. Una taza de café descafeinado, por lo general, contiene entre un 15% y un 30% de la dosis de una taza de café. Si bebes de tres a cuatro tazas de descafeinado por la noche, es tan perjudicial para el sueño como una taza de café normal.

El subidón de cafeína desaparece. La cafeína es eliminada de tu sistema por una enzima del hígado,[8] que la va degradando a medida que pasa el tiempo. En gran parte debido a la genética,[9] algunas personas tienen una versión más eficiente

---

[8] La sensibilidad a la cafeína puede variar en función de otros factores como la edad, la ingesta de medicamentos y la cantidad y calidad del sueño anterior. A. Yang, A.A. Palmer y H. de Wit, «Genetics of caffeine consumption and responses to caffeine», *Psychopharmacology* 311, n.º 3, 2010, pp. 245-257, http://www.ncbi.nlm.nih.gov/pmc/articles/PMC4242593/

[9] La principal enzima que metaboliza la cafeína se llama citocromo P450 1A2.

de la enzima que degrada la cafeína, lo que permite que el hígado la elimine rápidamente del torrente sanguíneo. Estas pocas personas pueden tomarse un café expreso durante la cena y quedarse dormidas sin problemas a medianoche. Otras, sin embargo, tienen una versión de la enzima de acción más lenta. Necesitan mucho tiempo para que su sistema elimine la misma cantidad de cafeína. Como resultado, son muy sensibles a los efectos de esta sustancia. El efecto de una taza de té o de café tomada por la mañana les durará todo el día, y si toman una segunda taza, aunque sea a primera hora de la tarde, les será difícil conciliar el sueño por la noche. El envejecimiento también altera la velocidad de eliminación de la cafeína: cuanto más viejos somos, más tardan nuestro cerebro y nuestro cuerpo en eliminar la cafeína; por lo tanto, a medida que cumplimos años, nos volvemos más sensibles a la influencia perturbadora del sueño que tiene la cafeína.

Si tomas café para tratar de mantenerte despierto hasta bien entrada la noche, debes estar preparado para una consecuencia molesta de la cafeína en tu sistema: un fenómeno conocido como el rebote de la cafeína. Como las pilas que se agotan en un robot de juguete, tus niveles de energía caen en picado rápidamente. Te resulta difícil funcionar y concentrarte, y vuelves a tener una fuerte sensación de somnolencia.

Ahora ya sabemos por qué ocurre esto. Durante el tiempo que la cafeína está en tu sistema, la sustancia adormecedora que resulta bloqueada (la adenosina) continúa acumulándose. Sin embargo, tu cerebro no está al tanto de esta marea creciente de adenosina, porque el muro de cafeína que has creado está deteniendo su percepción. Una vez que tu hígado desmantele esa barrera de cafeína, tendrás una reacción negativa viciosa: la somnolencia que te sobrevino dos o tres horas atrás, antes de tomar el café, regresa sumada a toda la adenosina extra que se ha acumulado en estas horas, mientras esperabas con impaciencia a que la cafeína desapareciera. Cuando los receptores quedan libres, una vez que la cafeína se ha descompuesto, la adenosina se apresura y asfixia a los receptores. Cuando esto sucede, te asalta una urgencia de dormir todavía más poderosa que viene estimulada por la adenosina debido al efecto rebote de la cafeína antes mencionado. A menos que vayas a consumir más cafeína para contrarrestar el efecto de la adenosina, lo que iniciaría un ciclo de dependencia, te resultará muy difícil mantenerte despierto.

Para recalcar los efectos de la cafeína, incluyo una referencia a una investigación esotérica llevada a cabo por la NASA en la década de 1980. Los científicos expusieron a unas arañas a diferentes drogas y luego observaron las telarañas que tejieron.[10] Entre las drogas se incluían LSD, *speed* (anfetamina), mariguana y cafeína. Los resultados, que hablan por sí mismos, se pueden observar en la figura 3.

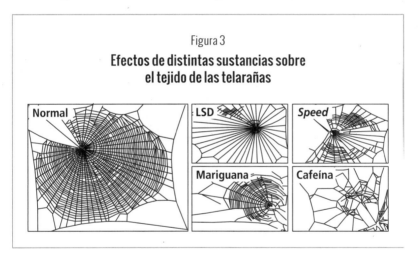

Figura 3
Efectos de distintas sustancias sobre el tejido de las telarañas

Los investigadores observáron cuán sorprendentemente incapaces eran las arañas de construir cualquier cosa que se pareciera a una red normal o lógica de uso funcional cuando se les administraba cafeína, incluso en comparación con el consumo de otras potentes drogas.

---

[10] R. Noever, J. Cronise y R.A. Relwani, «Using spider-web patterns to determine toxicity», NASA Tech Briefs 19, n.º 4, 1995, p. 82; y Peter N. Witt y Jerome S. Rovner, *Spider Communication: Mechanisms and Ecological Significance*, Princeton University Press, 1982.

Vale la pena señalar que la cafeína es una droga estimulante. Es también la única sustancia adictiva que damos de forma habitual a niños y adolescentes (volveremos a las consecuencias de ello más adelante en este libro).

De acuerdo, en desacuerdo

Vamos a dejar de lado la cafeína por un momento. Tal vez pienses que las dos fuerzas que rigen el sueño —el ritmo circadiano de 24 horas del núcleo supraquiasmático y la señal de presión del sueño de la adenosina— se comunican entre sí para unir sus efectos. En realidad, no lo hacen. Son dos sistemas distintos e independientes que se desconocen el uno al otro. No están unidos, pero sí suelen estar asociados.

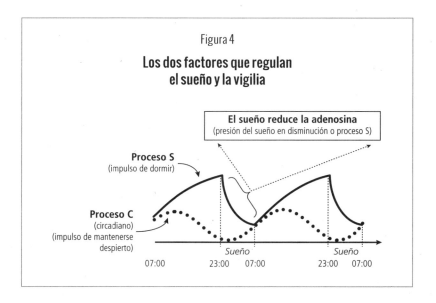

La figura 4 comprende 48 horas, de izquierda a derecha (dos días y dos noches). La línea de puntos es el ritmo circadiano, también conocido como proceso C. Al igual que una sinusoide, aumenta y disminuye de manera sistemática y repetida, y luego aumenta y desciende una vez más. Desde la izquierda de la figura, el ritmo circadiano comienza a aumentar su actividad unas horas antes de que te despiertes, comunicando al cerebro y al cuerpo una señal de alerta de energía. Piensa en ello como en una estimulante banda musical que se acerca desde la distancia. Al principio, la señal es suave, pero gradualmente crece, crece y crece. A primera hora de la tarde, en la mayoría de los adultos sanos la señal de activación del ritmo circadiano alcanza su punto máximo.

Ahora pensemos en lo que está sucediendo con el otro factor de control del sueño, la adenosina. Esta crea una presión para dormir, también conocida como proceso S, representado con una línea continua en la figura 4. Cuanto más tiempo estás despierto, más adenosina se acumula, creando un impulso (presión) creciente para dormir. En promedio, a última hora de la mañana solo has estado despierto durante unas pocas horas. En consecuencia, las concentraciones de adenosina han aumentado solo un poco. Además, el ritmo circadiano se encuentra en su potente aumento de alerta. Esta combinación de fuerte activación del ritmo circadiano con bajas cantidades de adenosina da como resultado una agradable sensación de estar completamente despierto, o al menos así debería ser, siempre y cuando tu sueño de la noche anterior tuviera suficiente calidad y duración. Si sientes que podrías dormirte con facilidad a media mañana, es muy probable que no hayas dormido suficiente, o que la calidad de tu sueño no haya sido buena. La distancia entre las líneas curvas superiores es un reflejo directo de tu deseo de dormir. Cuanto mayor sea la distancia entre las dos, más grandes son tus ganas de dormir.

Por ejemplo, a las 11 de la mañana, si te has despertado a las ocho, hay solo una pequeña distancia entre la línea de puntos (ritmo circadiano) y la línea continua (presión de sueño), ilustrada en la figura 5 por la doble flecha vertical. Esta mínima diferencia quiere decir que hay un impulso débil hacia el sueño y una fuerte necesidad de estar despierto y alerta.

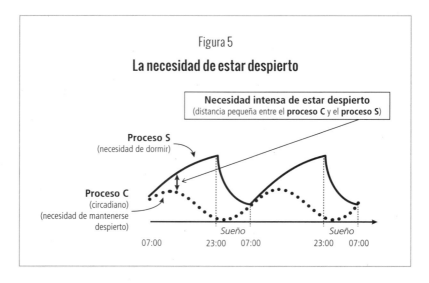

Sin embargo, hacia las 11 de la noche la situación es muy diferente, como se muestra en la figura 6. Ahora llevas despierto 15 horas y tu cerebro está empapado en elevadas concentraciones de adenosina (fíjate en cómo ha aumentado la línea continua en la figura). Además, la línea punteada del ritmo circadiano desciende, lo que disminuye tus niveles de actividad y de alerta. En consecuencia, la distancia entre las dos líneas ha crecido más, como indica la doble flecha vertical larga de la figura 6. Esta potente combinación de abundante adenosina (alta presión de sueño) y de ritmo circadiano decreciente (niveles de actividad bajos) despierta un fuerte deseo de dormir.

¿Qué sucede con toda la adenosina acumulada una vez que te duermes? Durante el sueño comienza una evacuación masiva, ya que el cerebro tiene la oportunidad de degradar y eliminar la adenosina del día. A lo largo de la noche, mientras duermes, se reduce el peso de la presión del sueño, aligerando la carga de adenosina. Después de aproximadamente ocho horas de sueño saludable, la purga de adenosina está completa. Justo cuando termina este proceso, la banda musical de tu ritmo de actividad circadiana vuelve a sonar, y su influencia energizante comienza a acercarse. Cuando estos dos procesos intercambian sus lugares por la mañana y el volumen enarde-

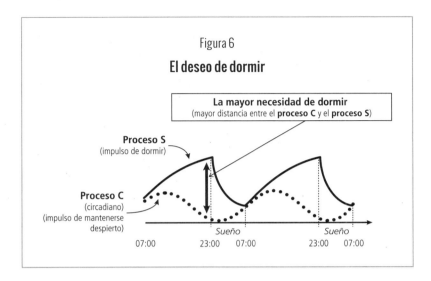

Figura 6

El deseo de dormir

cedor del ritmo circadiano se vuelve más fuerte (indicado por el encuentro de las dos líneas en la figura 6), nos despertamos de forma natural (a las siete de la mañana del segundo día, en el ejemplo). Después de esa noche completa de sueño, ahora estás listo para enfrentar otras 16 horas de vigilia con vigor físico y una función cerebral aguda.

El día (y la noche) de la independencia

¿Alguna vez has pasado despierto 24 horas? O, lo que es lo mismo, ¿alguna vez has dejado de dormir por la noche y has permanecido despierto durante todo el día siguiente? Si lo has hecho, y consigues traer a la mente la mayor parte de esa experiencia, puede que recuerdes haberte sentido adormilado y horrible, aunque había otros momentos en que, a pesar de llevar despierto tanto tiempo, paradójicamente te sentías más alerta. ¿Por qué? No aconsejo a nadie que realice este experimento personal, pero evaluar el estado de alerta de una persona a lo largo de 24 horas de privación total del sueño es una forma que los científicos tienen de demostrar que las dos fuerzas que determinan cuándo quieres estar despierto y cuándo dormido (el ritmo circadiano de 24 horas y el aviso de somnolencia de la adenosina) son independientes y pueden desviarse de su patrón normal.

Veamos la figura 7, que muestra un segmento de tiempo de 48 horas y los dos factores en cuestión: el ritmo circadiano de 24 horas y la señal de presión de sueño de la adenosina, así como la distancia que hay entre ellos. En esta situación, el voluntario de nuestro experimento permanecerá despierto toda la noche y todo el día. A medida que la noche de privación de sueño avanza, la presión de la adenosina (línea superior) aumenta progresivamente, como el nivel del agua en un fregadero tapado cuando se deja el grifo abierto. No disminuirá en toda la noche. No podrá hacerlo, porque el sueño está ausente.

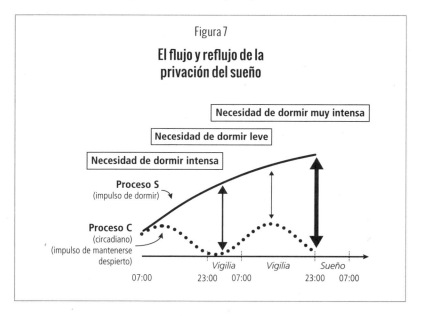

Al permanecer despierto y bloquear el acceso al drenaje de adenosina que tiene lugar cuando se duerme, el cerebro no puede liberarse de la presión química del sueño. La cantidad de adenosina sigue aumentando. Esto debería implicar que cuanto más tiempo estés despierto, más sueño experimentarás. Pero no es así. Aunque te sentirás un poco más somnoliento durante toda la fase nocturna, y tu alerta llegará a su punto bajo hacia las cinco o las seis de la mañana, a partir de ahí tomarás un segundo impulso. ¿Cómo es posible eso, si los niveles de adenosina y la correspondiente presión del sueño continúan aumentando?

La respuesta reside en tu ritmo circadiano de 24 horas, que ofrece un breve período de salvación de la somnolencia. A diferencia de la presión del sueño, tu ritmo circadiano no presta atención a si estás dormido o despierto. Su expresión lenta y rítmica continúa cayendo y aumentando estrictamente sobre la base de la hora que es. No importa qué nivel de adenosina y somnolencia exista en tu cerebro, pues el ritmo circadiano de 24 horas se activa independientemente de tu actual falta de sueño.

Si nos fijamos de nuevo en la figura 7, el cambio experimentado hacia las seis de la mañana puede explicarse por la combinación de una alta presión del sueño de la adenosina y un ritmo circadiano que llega a su punto más bajo. La distancia vertical que separa estas dos líneas a las tres de la mañana es grande, como indica la primera flecha vertical de la figura. Pero si puedes superar este bajón en tu estado de vigilia, llegará una recuperación. Por la mañana, el aumento de tu ritmo circadiano vendrá a rescatarte, acumulando un incremento de la alerta durante toda la mañana, lo que compensará los niveles crecientes de la presión del sueño de adenosina. A medida que tu ritmo circadiano alcanza su punto máximo alrededor de las 11 de la mañana, la distancia vertical entre las dos líneas correspondientes en la figura 7 disminuye.

El resultado es que te sentirás mucho menos soñoliento a las 11 de lo que lo estabas a la tres de la mañana, a pesar de llevar más tiempo despierto. Lamentablemente, este segundo aliento no dura. Al avanzar la tarde, el ritmo circadiano comienza a disminuir a medida que la adenosina aumenta la presión del sueño. Entonces te alcanza toda la fuerza de una inmensa presión para que duermas. Hacia las nueve, existe una enorme distancia entre las dos líneas de la figura 7. Sin anfetaminas o cafeína intravenosa, el sueño se abre paso, rescatando a tu cerebro del débil control actual de tu vigilia borrosa y envolviéndote entre sus brazos.

¿Estoy durmiendo lo suficiente?

Dejando a un lado el caso extremo de la privación del sueño, ¿cómo puedes saber si estás durmiendo lo suficiente? Aunque se necesita una evaluación clínica para abordar esta cuestión en profundidad, una regla práctica es responder a dos sencillas preguntas. La primera es: después de despertarte por la mañana, ¿podrías volver a dormirte a las 10 o a las 11 de la mañana? Si la respuesta es «sí», probablemente no has dormido lo suficiente y tu sueño no ha sido de buena calidad. La segunda es: ¿puedes mantenerte activo de forma óptima sin tomar cafeína antes del mediodía? Si la respuesta es «no», entonces probablemente estás automedicándote para sobrellevar tu privación crónica de sueño.

Deberías tomarte en serio estas dos señales y tratar de solucionar tu déficit de sueño. Trataremos en profundidad esta cuestión en los capítulos 13 y 14, cuando hablemos de los factores que impiden y deterioran tu sueño, así como del insomnio y de sus tratamientos efectivos. Por lo general, estas sensaciones que llevan a dormirse a media mañana, o a buscar en la cafeína una forma de reavivar el estado de alerta, se dan en personas que no se reservan al menos ocho o nueve horas para dormir en la cama. Cuando no duermes lo suficiente, una de las muchas consecuencias es que las concentraciones de adenosina se mantienen demasiado altas. Al igual que ocurre con la deuda pendiente de un préstamo, por la mañana queda una cierta cantidad de la adenosina de ayer. Durante el día siguiente podrás sobrellevar ese sueño atrasado, pero, como ocurre con el préstamo atrasado, la deuda de sueño continuará acumulándose. No puedes evitarlo. La deuda se transferirá al siguiente ciclo de pago, y al siguiente y al siguiente, causando un estado de privación prolongada y crónica del sueño que se arrastrará de un día a otro. Esta necesidad de dormir insatisfecha desemboca en una sensación de fatiga crónica, que se manifiesta a través de muchas enfermedades mentales y físicas frecuentes hoy día en todas las naciones industrializadas.

Otras preguntas que pueden indicarte que existe una falta de sueño son: si no pones una alarma para despertarte, ¿podrías seguir durmiendo? (Si es así, necesitas dormir más de lo que lo estás haciendo). Cuando estás trabajando frente a la computadora, ¿te encuentras leyendo y releyendo una y otra vez la misma frase? (Esto a menudo es señal de un cerebro fatigado y dormido). ¿Te olvidas a veces de qué color eran los últimos semáforos mientras manejas? (A menudo, se trata de una simple distracción, pero la falta de sueño también puede ser la culpable).

Por supuesto, incluso si reservas suficientes horas para un buen sueño nocturno, aún puedes sentirte cansado y somnoliento al día siguiente debido a un trastorno del sueño sin diagnosticar. De hecho, en la actualidad se conocen más de un centenar de ellos. El más frecuente es el insomnio, seguido de los trastornos respiratorios durante el sueño o apnea del sueño, que incluye fuertes ronquidos. Si sospechas que sufres algún trastorno del sueño, lo que conlleva fatiga diurna y disfunción o malestar, pide cita a tu médico para que te derive a un especialista del sueño. Lo más importante en este caso es no tomar pastillas para dormir como primera opción. Sabrás por qué digo esto cuando leas el capítulo 14, pero no dudes en saltarte directamente a la sección de las píldoras para dormir si ya las estás tomando o estás pensando en tomarlas en un futuro inmediato.

Por si puede serte útil, he incluido un enlace a un cuestionario desarrollado por investigadores del sueño que te permitirá determinar hasta qué punto estás durmiendo de forma adecuada.[11] Se llama SATED, es fácil de completar y consta de solo cinco sencillas preguntas.

---

[11] https://www.ncbi.nlm.nih.gov/pmc/articles/PMC3902880/bin/aasm.37.1. 9s1.tif (fuente: D.J. Buysse, «Sleep Health: Can we define it? Does it matter?», *SLEEP* 37, n.º 1, 2014, pp. 9-17).

3

Definir y provocar el sueño

*La dilatación del tiempo
y qué aprendimos de un bebé en 1952*

Tal vez llegas tarde a casa una noche con un amigo, entras en la sala y ves a alguien de tu familia (llamémoslo Jessica) tumbado en el sofá, silencioso, con el cuerpo recostado y la cabeza inclinada hacia un lado. Inmediatamente, te vuelves hacia tu amigo y le dices: «¡Chissst! Jessica está durmiendo». Pero ¿cómo lo has sabido? La has mirado menos de un segundo, pero has tenido pocas dudas sobre su estado. ¿Por qué, en cambio, no has pensado que Jessica estaba en coma o, peor aún, muerta?

Identificar el propio sueño

Tu rápida conclusión de que Jessica está dormida probablemente sea la correcta. Tal vez lo confirmes al golpear algo accidentalmente y despertarla. Con el tiempo, nos hemos vuelto increíblemente buenos reconociendo las distintas señales que nos indican que otra persona está dormida. Son señales tan fiables que los científicos han consensuado un conjunto de características observables que les permiten determinar la presencia de sueño en los humanos y en otras especies.

En el ejemplo de Jessica podemos encontrar casi todas estas pistas. En primer lugar, los organismos que duermen adoptan una posición estereotípica. En los animales terrestres, esta postura suele ser horizontal, como la de Jessica en el sofá. En segundo lugar, y relacionado con lo anterior, en los organismos dormidos el tono muscular se reduce. Esto es más evidente en la relajación de los músculos esqueléticos posturales (antigravitatorios), es decir, esos que te mantienen erguido y evitan que te caigas al suelo. A medida que estos músculos liberan su tensión en el sueño ligero y luego en el profundo, el cuerpo se encorva hacia abajo. Un organismo dormido se acomodará sobre lo que tenga debajo, como evidencia la posición inclinada de la cabeza de Jessica. En tercer lugar, las personas que duermen no muestran ninguna comunicación o capacidad de respuesta. Jessica no mostró ningún gesto de orientarse hacia ti cuando entraste en la habitación, como habría hecho si estuviera despierta. La cuarta característica definitoria del sueño es que resulta fácilmente reversible, lo que lo diferencia del coma, la anestesia, la hibernación y la muerte. Recuerda que cuando golpeaste el objeto en el salón, Jessica se despertó. En quinto lugar, como ya explicamos en el capítulo anterior, el sueño sigue un patrón temporal predecible cada 24 horas a partir del ritmo circadiano procedente del núcleo supraquiasmático. Los humanos somos diurnos; por tanto, preferimos estar despiertos durante el día y dormir por la noche.

Ahora deja que te haga otra pregunta: ¿cómo sabes que has dormido? Esta evaluación la haces con más frecuencia con respecto a tu sueño que con respecto al de otros. Con un poco de suerte, cada mañana vuelves al mundo sabiendo que has estado durmiendo.[1] Esta autoevaluación del sueño es tan sensible que incluso puedes ir un paso más allá y determinar si has tenido un sueño de alta o poca calidad. Esta es otra forma de medir el sueño: a través de una valoración fenomenológica en primera persona que utiliza señales distintas a las que te sirven para determinar si otra persona está durmiendo.

En este caso, existen también indicadores universales que te permiten constatar de forma convincente el sueño. De hecho,

---

[1] Algunas personas con cierto tipo de insomnio son incapaces de determinar si han estado dormidas o despiertas durante la noche. Como resultado de esta «percepción equivocada del sueño», subestiman cuánto han dormido, una alteración de la que hablaremos más adelante en este libro.

se trata de dos indicadores. El primero de ellos es la pérdida de la conciencia externa: dejas de percibir el mundo exterior. Ya no eres consciente de todo lo que te rodea, al menos no de forma explícita. Sin embargo, tus oídos todavía están «escuchando» y tus ojos, aunque cerrados, todavía son capaces de «ver». Y pasa lo mismo con los otros órganos de los sentidos: la nariz (olfato), la lengua (gusto) y la piel (tacto).

Tu cerebro todavía recibe todas estas señales, pero es aquí, en la zona de convergencia sensorial, donde termina ese viaje mientras duermes. Las señales quedan bloqueadas por una barrera perceptiva establecida por el tálamo. Más pequeño que un limón, de estructura lisa y forma ovalada, el tálamo es la puerta sensorial del cerebro. Decide qué señales sensoriales pasan a través de su puerta y cuáles no. Si obtienen el privilegio de pasar, estas señales se enviarán hasta la corteza, en la parte superior de tu cerebro, donde se percibirán de forma consciente. Al cerrar con llave sus puertas al principio de un sueño saludable, el tálamo impone un apagón sensorial al cerebro, lo que impide que esas señales se desplacen hacia la corteza. Como resultado, ya no eres consciente de las señales de información que se transmiten desde tus órganos sensoriales externos. En este momento, tu cerebro ha perdido contacto con el mundo exterior circundante. Dicho de otra manera, ahora estás dormido.

La segunda característica que te permite establecer un juicio sobre tu propio sueño es una sensación de distorsión del tiempo que se vive de dos maneras contradictorias. En el nivel más obvio, cuando duermes pierdes tu sentido consciente del tiempo, algo equivalente a un vacío cronométrico. Piensa en la última vez que te quedaste dormido en un avión. Cuando te despertaste, probablemente miraste un reloj para saber cuánto habías dormido. ¿Por qué? Porque perdiste la capacidad de seguir el tiempo de forma explícita mientras dormías. Este vacío temporal, que percibes retrospectivamente al despertar, te permite confirmar que has estado durmiendo.

Pero, aunque tu seguimiento consciente del tiempo se pierde durante el sueño, a un nivel no consciente tu cerebro continúa catalogándolo con una precisión increíble. Estoy seguro de que has vivido la experiencia de tener que despertarte a una hora determinada a la mañana siguiente. Tal vez debías tomar un vuelo temprano. Antes de irte a dormir, pones meticulosamente tu alarma a las seis de la mañana. Sin embargo, como por milagro, te despiertas a las 5.58 de la mañana sin ayuda, justo antes de que suene el despertador. Al parecer, tu cerebro todavía es capaz de registrar el tiempo. Como ocurre con muchos otros fenómenos del cerebro, sencillamente no tienes un acceso explícito a esta percepción precisa del tiempo durante el sueño. Todo flota bajo el radar de la conciencia, y sale a la superficie solo cuando es necesario.

Hay una última distorsión temporal que vale la pena mencionar: la de la dilatación del tiempo en los sueños. En los sueños, el tiempo suele «estirarse». Piensa en la última vez que te despertó la alarma en medio de un sueño y, tras detenerla, decidiste darte otros cinco deliciosos minutos antes de levantarte. Vuelves a soñar. Después de ese breve espacio de tiempo, la alarma vuelve a activarse. Aunque solo han pasado unos pocos minutos, puedes tener la sensación de que has estado soñando durante una hora, tal vez más. A diferencia de la fase del sueño durante la que no sueñas, en la que pierdes el sentido del tiempo, en los sueños lo percibes de alguna manera. Lo que pasa es que esa percepción no es muy precisa: por lo general, parece que el tiempo del sueño se prolongue, como si se «estirase» en comparación con el tiempo real.

Aunque las razones de esa expansión del tiempo no están del todo claras, los registros de las células cerebrales tomados en experimentos recientes arrojan pistas prometedoras. En un estudio, se permitió a unas ratas correr por un laberinto. A medida que los roedores aprendían la distribución espacial, los investigadores registraron los patrones característicos de la activación de las células cerebrales. Continuaron tomando registros de estas células fijadoras de la memoria cuando las ratas se durmieron, y escucharon sus cerebros durante las distintas etapas del sueño, incluida la fase de movimientos oculares rápidos (REM, por sus siglas en inglés), el principal escenario de los sueños en los humanos.

El primer resultado sorprendente fue que el patrón característico de activación de las células cerebrales observado cuando las ratas aprendían el laberinto reapareció durante el sueño una y otra vez. Es decir, los recuerdos se «reproducían» en la actividad de las células cerebrales mientras las ratas dormían. El segundo hallazgo sorprendente fue la velocidad de la repetición. Durante el sueño REM, los recuerdos se reproducían mucho más lentamente, aproximadamente a la mitad o a un cuarto de la velocidad registrada cuando las ratas estaban despiertas y aprendiendo el laberinto. Este lento recuento neuronal de los acontecimientos del día es la mejor evidencia que tenemos hasta la fecha para explicar nuestra propia experiencia de prolongación del tiempo en el sueño REM. Esta gran desaceleración del tiempo neuronal puede ser la razón por la que sentimos que la vida de nuestros sueños dura mucho más de lo que afirman nuestros despertadores.

Una revelación infantil: dos tipos de sueño

Aunque todos somos capaces de determinar cuándo alguien está dormido y cuándo nosotros mismos hemos dormido, la regla para la verificación científica del sueño requiere que se registren, mediante electrodos, señales procedentes de tres regiones diferentes: *1)* actividad de las ondas cerebrales, *2)* actividad de movimiento de los ojos y *3)* actividad muscular. Estas señales reciben en su conjunto el nombre de polisomnografía (PSG), que significa «lectura (gráfico) del sueño *(somnus),* que se compone de señales múltiples *(poli)*».

Utilizando este conjunto de medidas, se llevó a cabo en 1952, en la Universidad de Chicago, el que probablemente sea el mayor descubrimiento en el área de la investigación del sueño. Lo realizó Eugene Aserinsky (entonces, un estudiante de grado) y el profesor Nathaniel Kleitman, famoso por el experimento de la Mammoth Cave que explicamos en el capítulo 2.

Aserinsky había estado documentando cuidadosamente los patrones de movimiento de los ojos de los bebés durante el día y la noche. Se dio cuenta de que había períodos de sueño durante los que sus ojos se movían rápidamente bajo los párpados. Además, estas fases del sueño se acompañaban de ondas cerebrales especialmente activas, casi idénticas a las que se observan cuando el cerebro está totalmente despierto. Intercaladas entre estas fases de sueño activo, había prolongadas franjas de tiempo durante las que los ojos se calmaban y descansaban inmóviles. Durante estos períodos de inactividad, las ondas cerebrales también se calmaban y se movían lentamente hacia arriba y hacia abajo.

Por si eso no fuera lo bastante extraño, Aserinsky también observó que estas dos fases del sueño —sueño con y sin movimientos oculares— se repetían en un patrón bastante regular a largo de toda la noche una y otra vez.

Haciendo gala del escepticismo propio de los profesores, su mentor, Kleitman, quiso replicar los resultados antes de otorgarles validez. Tenía propensión a incluir a sus familiares y seres queridos en sus experimentos, y para esta investigación escogió a su pequeña hija Ester. Los resultados se repitieron. En ese momento, Kleitman y Aserinsky se dieron cuenta del profundo descubrimiento que habían llevado a cabo: los humanos no duermen sin más, sino que pasan por dos ciclos de sueño completamente diferentes. Se basaron en los movimientos oculares para poner nombre a esos estadios del sueño: fase REM (del inglés, *rapid eye movement*) y no-REM (del inglés, *non-rapid eye movement*).

Con la ayuda de otro estudiante de Kleitman, William Dement, demostraron además que el sueño REM, durante el cual la actividad cerebral era casi idéntica a cuando estamos despiertos, estaba íntimamente conectado con la experiencia que llamamos soñar, y que a menudo se denomina fase de sueño.

La fase no-REM se siguió estudiando en años posteriores, subdividiéndose en cuatro etapas distintas que recibieron una denominación poco imaginativa.

Se las llamó etapas no-REM 1 a 4 (nosotros, los investigadores del sueño, somos gente creativa), en función de su nivel de profundidad. Las etapas 3 y 4 son, por tanto, las de sueño no-REM más profundo, definiéndose la «profundidad» como la dificultad cada vez mayor para que un individuo salga de las etapas 3 y 4 de no-REM, en comparación con las etapas 1 y 2.

El ciclo del sueño

En los años transcurridos desde el experimento realizado con la pequeña Ester, hemos descubierto que las dos fases del sueño (REM y no-REM) libran cada noche una batalla recurrente por el dominio del cerebro. La contienda cerebral entre los dos ciclos se gana y se pierde cada noventa minutos,[2] siendo dominada primero por el sueño no-REM y luego por el sueño REM. Apenas termina la batalla, comienza de nuevo, repitiéndose cada noventa minutos. El seguimiento de esta extraordinaria montaña rusa de flujo y reflujo durante la noche revela la hermosa arquitectura de los ciclos del sueño que se muestra en la figura 8.

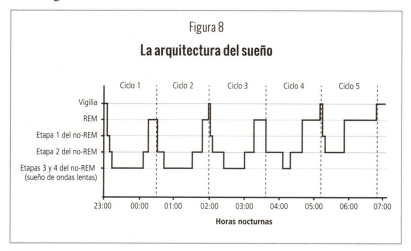

---

[2] En las diferentes especies, la duración de las fases no-REM y REM es diferente. En la mayoría de ellas es más corta que en los humanos. El propósito funcional de la duración del ciclo es otro misterio. Hasta la fecha, el mejor predictor de la duración del ciclo de sueño no-REM y REM es la anchura del tronco encefálico, pues las especies que poseen un tronco cerebral más ancho muestran ciclos de mayor duración.

En el eje vertical están los diferentes estados del cerebro, con la vigilia en la parte superior, luego el sueño REM y después los estados descendentes del sueño no-REM, con sus etapas 1 a 4. En el eje horizontal vemos las horas de la noche, desde las 11 de la noche, a la izquierda, hasta las siete de la mañana, a la derecha. El nombre técnico de este gráfico es hipnograma o gráfico de sueño.

Si no hubiera añadido a la figura las líneas discontinuas verticales que delimitan cada ciclo de noventa minutos, habrías tenido dificultades para identificar el patrón repetitivo de noventa minutos. Al menos, el que esperarías ver a partir de mi descripción anterior. La causa es otra característica peculiar del sueño: un perfil desequilibrado entre sus etapas. Si bien es cierto que durante toda la noche nos movemos hacia delante y hacia atrás entre las fases no-REM y REM cada noventa minutos, la proporción entre sueño no-REM y sueño REM dentro de cada ciclo de noventa minutos cambia drásticamente a lo largo de la noche. En la primera mitad de la noche, la gran mayoría de nuestros ciclos de noventa minutos se consumen con un sueño no-REM profundo y muy poco sueño REM, como se ve en el ciclo 1 de la figura anterior. Pero a medida que nos adentramos en la segunda mitad de la noche, este equilibrio cambia, siendo el sueño REM el que domina, con muy poca o ninguna presencia de sueño no-REM. El ciclo 5 es un ejemplo perfecto de este tipo de sueño dominado por la fase REM.

¿Por qué la madre naturaleza diseñó esta extraña y compleja ecuación de despliegue de las etapas del sueño? ¿Cuál es la razón de esa repetición de ciclos entre las fases no-REM y REM? ¿Por qué no pasar primero por todas las etapas del sueño no-REM y luego por todo el sueño REM necesario, o a la inversa? Si eso resulta demasiado arriesgado debido a la remota posibilidad de que un animal pudiera obtener en algún momento solo una noche parcial de sueño, ¿por qué no mantener la proporción dentro de cada ciclo, colocando el mismo número de huevos en cada canasta, por así decirlo? ¿Por qué colocar al principio la mayoría de ellos en una sola canasta, para después, avanzada la noche, invertir ese desequilibrio? ¿Por qué esa variación? ¿No resulta excesivamente extenuante todo ese duro trabajo evolutivo para poner en marcha un sistema de acción biológica tan intrincado?

No hay acuerdo científico sobre la razón por la que nuestros ciclos del sueño (y los de los mamíferos y las aves) siguen este patrón repetitivo y espectacularmente asimétrico, aunque sí existen varias teorías. Yo he propuesto la explicación de que la interacción irregular hacia atrás y hacia delante de las fases no-REM y REM del sueño es necesaria para remodelar y actualizar con elegancia tus circuitos neuronales durante la noche, logrando con ello gestionar el espacio de almacenamiento limitado en el cerebro. Dada la limitación de almacenamiento impuesta por el número de neuronas y conexiones en las estructuras dedicadas a la memoria, necesitamos encontrar el «punto óptimo» que nos permita mantener información antigua y, al mismo tiempo, dejar suficiente espacio para la nueva. Equilibrar esta ecuación de almacenamiento requiere que se identifique qué recuerdos son recientes e importantes, y cuáles de los existentes son coincidentes, redundantes o sencillamente ya no son relevantes.

Como descubriremos en el capítulo 6, una función clave del sueño no-REM profundo, que predomina a primera hora de la noche, es hacer el trabajo de limpieza y eliminación de las conexiones neuronales innecesarias. En cambio, la etapa de sueño REM, que predomina más tarde, interviene en el refuerzo de esas conexiones.

Si combinamos estas dos funciones, obtenemos al menos una explicación escueta de por qué los dos tipos de sueño se alternan durante la noche, y por qué estos ciclos están dominados inicialmente por el sueño no-REM y después, en la segunda mitad de la noche, por el sueño REM. Piensa en la creación de una pieza de escultura con un bloque de arcilla. Se empieza colocando una gran cantidad de material sobre una base (toda la masa de recuerdos almacenados, recientes y antiguos, ofrecidos al sueño cada noche). Luego se hace una eliminación inicial y extensa de la materia superflua (períodos largos de sueño no-REM), y después pueden destacarse levemente los primeros detalles (períodos REM cortos). Tras esta primera sesión, las manos realizan una segunda ronda de modelado profundo (otra larga fase de sueño no-REM), a lo que sigue la tarea de delimitar un poco más algunas estructuras (un poco más de sueño REM). Después de algunos ciclos más de trabajo, las exigencias del equilibrio escultórico han cambiado. Se han tallado todas las características principales a partir de la masa original de materia prima. Ahora, con la arcilla restante, las acciones del escultor y sus herramientas deben modificarse para lograr el objetivo de reforzar los elementos y mejorar las funciones del resto del material (una tarea para la que se requieren las capacidades del sueño REM, relegando al sueño no-REM a una posición secundaria o muy limitada).

De esta forma, el sueño puede gestionar y resolver de manera elegante nuestra crisis de almacenamiento de memoria. La fuerza modeladora general del sueño no-REM domina en un primer momento, para dejar paso después a la mano escultora del sueño REM, que mezcla, interconecta y agrega detalles. Como la experiencia de la vida siempre es cambiante y exige que nuestro catálogo de recuerdos se actualice hasta el infinito, nuestra escultura autobiográfica de experiencias almacenadas nunca se completa del todo. Como resultado, el cerebro necesita que cada noche vuelva a comenzar el sueño, con sus distintas etapas, para actualizar nuestras redes de recuerdos a partir de los acontecimientos del día anterior. Esta es una de las razones —sospecho que entre muchas— que explican la naturaleza cíclica del sueño no-REM y REM, así como el desequilibrio en su distribución durante la noche.

Este perfil de sueño —una primera fase de dominio del sueño no-REM, seguida de otra en la que lo predominante es el sueño REM— conlleva un peligro del que el público en general no tiene conciencia. Digamos que esta noche te vas a la cama a las 12. Pero en lugar de despertarte a las ocho de la mañana después de haber dormido ocho horas, tienes que despertarte a las seis porque tienes una reunión a primera hora o porque eres un atleta y tu entrenador te convoca a un entrenamiento temprano. ¿Qué porcentaje de sueño perderás? La respuesta lógica es el 25%, porque al despertarte a las seis de la mañana perderás dos horas de sueño de las ocho que habrías dormido cualquier otro día. Pero eso no es del todo cierto. Dado que tu cerebro desea la mayor parte de su sueño REM en la última parte de la noche, aunque solo pierdas el 25% de tus horas totales de sueño, estarás perdiendo del 60% al 90% de tu sueño REM. Esto es así en ambos sentidos. Si te despiertas a las ocho de la mañana, pero no te fuiste a la cama hasta las dos, habrás perdido una cantidad importante de sueño no-REM profundo. Como una dieta desequilibrada en la que solo comes hidratos de carbono y te quedas desnutrido por la ausencia de proteínas, los cambios en la alternancia de fases no-REM y REM, ambas imprescindibles para realizar distintas funciones cerebrales y corporales fundamentales, dan como resultado innumerables alteraciones de la salud física y mental, como veremos en capítulos posteriores. Cuando se trata de dormir, no puedes pretender saltarte una parte del sueño y seguir como si nada.

Cómo genera el sueño tu cerebro

Si esta noche te invitara a mi laboratorio del sueño en la Universidad de California en Berkeley, colocara electrodos en tu cabeza y tu cara y te dejara dormir, ¿qué aspecto tendrían tus ondas cerebrales? ¿En qué se diferenciarían esos patrones de actividad cerebral de los que mostrarías en este momento, mientras lees esta frase y estás despierto? ¿Cómo determinan estos diferentes cambios eléctricos en el cerebro que estés en estado consciente (vigilia), no consciente (sueño no-REM) o en estado de alucinación consciente o soñando (sueño REM)?

Si eres un adulto joven o de mediana edad y con buena salud (hablaremos del sueño en la infancia, la vejez y la enfermedad un poco más adelante), las tres líneas onduladas de la figura 9 representan los tres tipos distintos de actividad eléctrica que

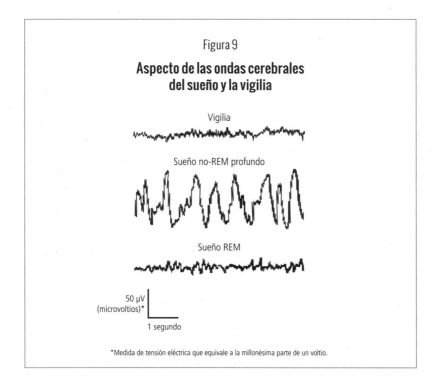

Figura 9
Aspecto de las ondas cerebrales del sueño y la vigilia

*Medida de tensión eléctrica que equivale a la millonésima parte de un voltio.

podría registrar midiendo tu cerebro. Cada línea representa treinta segundos de actividad cerebral en estos tres estados diferentes: *1)* vigilia, *2)* sueño no-REM profundo y *3)* sueño REM.

Antes de irte a la cama, tu actividad cerebral es frenética, lo que significa que las ondas cerebrales oscilan (subiendo y bajando) tal vez treinta o cuarenta veces por segundo, algo parecido a un redoble muy rápido. Esto se denomina actividad cerebral de «frecuencia rápida». No existe un patrón predecible para este tipo de onda cerebral; es decir, un redoble no solo es rápido, sino también errático. Si te pido que pronostiques los próximos segundos de actividad golpeando al ritmo de las ondas, no podrás hacerlo porque son muy asincrónicas, no siguen un ritmo discernible: si convirtieras tus ondas cerebrales en sonido, te resultaría imposible bailarlo. Estas características eléctricas definen la vigilia total: una actividad de ondas cerebrales caóticas de frecuencia rápida.

Tal vez esperabas que la actividad general de tus ondas cerebrales fuera perfectamente coherente y muy sincrónica cuando estás despierto, en consonancia con el orden de tu pensamiento (en su mayor parte) lógico durante la vigilia. El caos eléctrico contradictorio se explica por el hecho de que las diferentes partes de tu cerebro despierto procesan diferentes fragmentos de información. Cuando se suman, dan lugar a un patrón de actividad que, tal y como lo registran los electrodos colocados en tu cabeza, resulta confuso y desconcertante.

Podemos utilizar una analogía para entenderlo. Piensa en un gran estadio de futbol lleno de miles de espectadores. Colgando en el centro del estadio hay un micrófono. Cada una de las personas allí congregadas representa una célula cerebral; están sentadas en diferentes partes del estadio, como agrupadas en diferentes regiones del cerebro. El micrófono (un dispositivo de grabación) es el electrodo colocado en la parte superior de la cabeza.

Antes de que comience el partido, todas las personas del estadio hablan de cosas distintas en momentos diferentes. No hay una única conversación, sino charlas desincronizadas. Como resultado, el resumen del parloteo que recogemos con el micrófono colocado sobre la cabeza es caótico, sin una voz clara y unificada.

Cuando colocamos un electrodo sobre la cabeza de una persona, como hacemos en mi laboratorio, lo que medimos es la suma de la actividad de las neuronas bajo la superficie del cuero cabelludo mientras procesan diferentes corrientes de información (sonidos, visiones, olores, sentimientos, emociones) en diferentes momentos del tiempo. Procesar tal volumen de información de tipos tan distintos hace que tus ondas cerebrales sean muy rápidas, frenéticas y caóticas.

Una vez tumbado en una cama de mi laboratorio del sueño, con las luces apagadas y quizá después de dar unas cuantas vueltas, te alejarás de las orillas de la vigilia para entregarte al sueño. Primero, te adentrarás en las aguas poco profundas del sueño no-REM: etapas 1 y 2. Seguidamente, ingresarás en las etapas 3 y 4 del sueño no-REM, que se agrupan bajo el término general de «sueño de onda lenta». Si observas los patrones de las ondas cerebrales de la figura 9 y te centras en la línea media, podrás comprender por qué. En el sueño profundo de ondas lentas, el ritmo ascendente y descendente de la actividad de las ondas cerebrales se desacelera muchísimo, pasando a ser aproximadamente de entre dos y cuatro ondas por segundo: diez veces más lento que la intensa velocidad de la actividad cerebral que mostrabas cuando estabas despierto.

Hay que remarcar que las ondas lentas del sueño no-REM también son más sincrónicas y predecibles que las ondas de la actividad cerebral en vigilia. De hecho, son tan predecibles que puedes adivinar los próximos compases de la canción eléctrica del sueño no-REM a partir de los compases anteriores. Si convirtiera la profunda actividad rítmica de tu sueño no-REM en sonido y lo reprodujera por la mañana para que lo escucharas —cosa que hicimos en el proyecto de sonificación del sueño—, podrías encontrar tu propio ritmo y movimiento en el tiempo, balanceándose suavemente hacia una medida lenta y pulsante.

Pero mientras escucharas y te mecieras con el latido de las ondas cerebrales de tu sueño profundo, algo más se haría evidente. De vez en cuando, un nuevo sonido se superpondría al ritmo de onda lenta. Sería breve, duraría solo unos segundos, pero siempre aparecería en el compás acentuado del ciclo de onda lenta. Lo percibirías como el sonido de un trino rápido, no muy diferente del fuerte sonido de la letra erre en ciertos idiomas, como el hindi o el español, o como el fugaz ronroneo que emite un gato satisfecho.

Lo que estarías escuchando sería un huso del sueño, una contundente ráfaga de actividad de ondas cerebrales que a menudo se adhiere al extremo de cada onda lenta individual. Los husos del sueño aparecen tanto en la etapa profunda como en la ligera del sueño no-REM, incluso antes de que las lentas y potentes ondas cerebrales del sueño profundo empiecen a aumentar y a predominar. Una de sus muchas funciones es trabajar como soldados nocturnos que protegen el sueño aislando al cerebro de los ruidos externos. Cuanto más potentes y frecuentes son los husos del sueño de una persona, más resistente es a los ruidos externos, que de otro modo la despertarían.

Volviendo a las ondas lentas del sueño profundo, hemos descubierto algo fascinante sobre su lugar de origen y sobre cómo recorren la superficie del cerebro. Coloca un dedo entre tus ojos, justo encima del puente de la nariz. Ahora deslízalo hacia arriba sobre la frente unos cinco centímetros. En ese punto es donde se generarán la mayoría de las ondas cerebrales de sueño profundo cuando te acuestes esta noche: justo en medio del lóbulo frontal. Es el epicentro o foco desde donde emerge la mayor parte de las ondas de tu sueño profundo. Sin embargo, las ondas de sueño profundo no se irradian en círculos perfectos. Por el contrario, casi todas tus ondas cerebrales de sueño profundo viajarán en una dirección: desde la parte frontal de tu cerebro hasta la parte posterior. Son como las ondas de sonido que emite un altavoz, que se orientan a una dirección predominante desde el altavoz hacia afuera (siempre suena más fuerte delante del altavoz que detrás de él). Y al igual que un altavoz que emite sus ondas a través de un extenso espacio, la fuerza de las ondas lentas que generarás esta noche se disipará gradualmente a medida que avancen, sin rebote ni retorno, hasta la parte posterior del cerebro.

Ya en las décadas de 1950 y 1960, cuando los científicos empezaron a medir las ondas cerebrales lentas, se hizo una suposición comprensible: que este ritmo eléctrico pausado e incluso de aspecto perezoso de la actividad cerebral eléctrica reflejaba la actividad de un cerebro inactivo o aletargado. Fue una corazonada razonable considerando que las ondas cerebrales más profundas y más lentas del sueño no-REM se parecen a las que se observan en los pacientes bajo anestesia o incluso en ciertas formas de coma. Pero esta suposición era completamente errónea. Nada podría estar más lejos de la verdad. Lo que en realidad estás experimentando durante el sueño profundo de la fase no-REM es una de las muestras más épicas de colaboración neuronal que conocemos. A través de un asombroso acto de autoorganización, muchos miles de células cerebrales deciden unirse y «cantar», o disparar, al mismo tiempo. Cada vez que observo este asombroso acto de sincronización neuronal que tiene lugar por la noche en mi propio laboratorio de investigación, me siento sobrecogido: el sueño es realmente un fenómeno digno de admiración.

Volviendo a la analogía del micrófono que cuelga sobre el estadio de fútbol, piensa ahora en el sueño jugando su partido. La multitud (las miles de células cerebrales) ha pasado de la charla incesante y caótica de antes del juego (vigilia) a un estado unificado (sueño profundo). Sus voces se han unido en un canto parecido a un mantra: la canción del sueño no-REM profundo. Gritan todos a la vez eufóricamente, creando una gran actividad de ondas cerebrales, y luego se quedan en silencio varios segundos, lo que se refleja en el profundo y prolongado punto mínimo de la onda. Desde el micrófono de nuestro estadio recogemos el rugido claramente definido de la multitud, seguido de una larga pausa de respiración. Al darse cuenta de que la magia rítmica de las ondas lentas y profundas del sueño no-REM era en realidad un estado altamente activo y meticulosamente coordinado de unidad cerebral, los científicos se vieron obligados a abandonar cualquier idea que representara al sueño profundo como un estado de semihibernación o de aletargamiento.

Comprender esta impresionante armonía eléctrica, que se extiende a través de tu cerebro cientos de veces cada noche, también ayuda a entender tu pérdida de conciencia exterior. Comienza bajo la superficie del cerebro, en el interior del tálamo. Recuerda que cuando nos quedamos dormidos, el tálamo —la puerta sensorial situada en el centro del cerebro— bloquea la transferencia de señales procedentes de la percepción (sonido, vista, tacto, etc.) hacia la parte superior del cerebro o córtex. La interrupción de los lazos de la percepción con el mundo exterior no solo hace que perdamos nuestro sentido de la conciencia (lo que explica por qué no soñamos durante la fase no-REM del sueño, y por qué no podemos seguir el transcurso del tiempo), sino que también permite que el córtex cerebral se «relaje», pasando a su modo de funcionamiento por defecto. Este modo de funcionamiento por defecto es lo que llamamos sueño profundo de onda lenta. Es un estado activo y deliberado, pero altamente sincrónico, de actividad cerebral. Es casi un estado de meditación cerebral nocturna, aunque debo señalar que la actividad de las ondas cerebrales es muy diferente a la de los estados de meditación en vigilia.

En este estado chamánico de sueño no-REM profundo puedes encontrar un verdadero tesoro escondido de beneficios mentales y físicos para tu cerebro y tu cuerpo (una recompensa que exploraremos extensamente en el capítulo 6). Sin embargo, uno de esos beneficios, la preservación de los recuerdos, merece una mención especial en este momento de nuestra historia, puesto que nos sirve como elegante ejemplo de lo que esas ondas cerebrales profundas y lentas son capaces de hacer.

¿Alguna vez te ha pasado, mientras hacías un largo viaje por carretera en tu coche, que la emisora de radio de la frecuencia modulada (FM) que estabas escuchando ha empezado a perder la intensidad de su señal? En cambio, las emisoras de radio de amplitud modulada (AM) permanecen estables. O tal vez has conducido hasta una ubicación remota, y al tratar de sintonizar una nueva emisora de radio FM, no lo has conseguido. En cambio, pruebas en la banda de AM y todavía hay múltiples canales de transmisión disponibles. La explicación tiene que ver con las ondas de radio y con las diferentes velocidades de las transmisiones de FM y AM. La banda de FM usa ondas de radio de frecuencia más rápida, que suben y bajan muchas más veces por segundo que las ondas de AM. Una ventaja de las ondas de FM es que pueden transportar cargas de información más elevadas y ricas, por lo que suenan mejor. Pero tienen una gran desventaja: se agotan rápidamente, como un velocista musculoso que solo puede cubrir distancias cortas. Las emisiones de AM emplean una onda de radio mucho más lenta (más larga), algo comparable a un corredor de larga distancia. Si bien las ondas de radio AM no pueden igualar la calidad muscular y la dinámica de la radio FM, la velocidad de peatón de las ondas AM posibilita que cubran grandes distancias con menos pérdida. Por lo tanto, las transmisiones de largo alcance solo son posibles con las ondas lentas de la radio

AM, las cuales permiten establecer comunicación entre ubicaciones geográficas muy distantes.

A medida que tu cerebro pasa de la actividad de frecuencia rápida de la vigilia al patrón más lento y más medido del sueño no-REM profundo, aparecen también aquí las ventajas para la comunicación de largo alcance que hemos descrito en las ondas de radio AM. Las ondas lentas y sincrónicas que recorren el cerebro durante el sueño profundo abren posibilidades de comunicación entre regiones remotas del cerebro, lo que les permite colaborar entre ellas enviando y recibiendo sus respectivos depósitos de experiencias.

En este sentido, puedes imaginar cada una de las ondas lentas del sueño no-REM como un mensajero capaz de transportar paquetes de información entre diferentes centros anatómicos del cerebro. Una de las funciones de estas ondas cerebrales de sueño profundo es el proceso de transferencia de archivos. Cada noche, las ondas cerebrales de largo alcance del sueño profundo trasladarán los paquetes de memoria (las experiencias recientes) de un sitio de almacenamiento a corto plazo, que es frágil, a un lugar de almacenamiento a largo plazo seguro y duradero. Por lo tanto, consideramos que la actividad de las ondas cerebrales de la vigilia está relacionada principalmente con la recepción del mundo sensorial exterior, mientras que las ondas lentas de sueño no-REM profundo contribuyen a un estado de reflexión interior que fomenta la transferencia de información y la destilación de recuerdos.

Si la vigilia está dominada por la recepción y el sueño no-REM por la reflexión, ¿qué ocurre entonces durante el sueño REM, la fase durante la cual soñamos? Si nos fijamos de nuevo en la figura 9, la última línea de actividad eléctrica de las ondas cerebrales es la que yo observaría procedente de tu cerebro en el laboratorio del sueño a medida que te adentraras en la fase REM. A pesar de estar dormido, la actividad de las ondas cerebrales asociadas no se parece a la del sueño profundo de ondas lentas no-REM (la línea media de la figura). En cambio, la actividad cerebral del sueño REM es una réplica casi perfecta de la que se observa durante el estado de vigilia atenta (la línea superior de la figura). De hecho, en estudios recientes de exploración del cerebro mediante imágenes por resonancia magnética (IRM) se ha visto que hay partes individuales del cerebro que durante el sueño REM están hasta un 30% más activas que cuando estamos despiertos.

Por todas estas razones, el sueño REM también se ha denominado sueño paradójico: nuestro cerebro parece estar despierto y, sin embargo, el cuerpo está claramente dormido. Si nos limitamos a observar la actividad eléctrica de las ondas cerebrales, a menudo resulta imposible distinguir el sueño REM del estado de vigilia. Durante el sueño REM se produce un retorno de las ondas cerebrales de frecuencia más rápida, que una vez más se desincronizan. Los miles de células cerebrales de tu córtex, que antes, durante el sueño profundo en la fase no-REM, se unían en una conversación sincronizada y lenta, han vuelto ahora a procesar frenéticamente diferentes fragmentos de información a distintas velocidades y en diversas regiones cerebrales, lo cual es característico de la vigilia. Pero no estás despierto. Todo lo contrario, estás profundamente dormido. Entonces, ¿qué información está siendo procesada? Porque es evidente que no se trata de información del mundo exterior.

Como ocurre cuando estás despierto, la puerta sensorial del tálamo se abre de nuevo durante el sueño REM. Pero la naturaleza de la puerta es diferente. No son las sensaciones del exterior las que pueden ahora viajar a la corteza, sino las señales de las emociones, las motivaciones y los recuerdos (del pasado y del presente), que se reproducirán en las pantallas gigantes de nuestras cortezas sensoriales visuales, auditivas y cinestésicas. Cada noche, el sueño REM te traslada a un teatro ilógico donde eres invitado a un extravagante y asociativo carnaval de temas autobiográficos. En el marco del procesamiento de información, debes entender el estado de vigilia principalmente como *recepción* (experimentando de forma constante el mundo que te rodea y aprendiendo de él), el sueño no-REM como *reflexión* (almacenando y reforzando las materias primas de los nuevos hechos y habilidades), y el sueño REM como *integración* (interconectando estas materias primas entre sí y con todas las experiencias pasadas, y desarrollando un modelo cada vez más preciso de comprensión del funcionamiento del mundo, lo que incluye ideas innovadoras y habilidades para resolver problemas).

Dado que las ondas cerebrales eléctricas del sueño REM y de la vigilia son muy similares, ¿cómo puedo saber cuál de las dos estás experimentando mientras estás acostado en el dormitorio del laboratorio del sueño? Quien me revela la respuesta en este caso es tu cuerpo, concretamente tus músculos.

Antes de que te acostaras en la cama del laboratorio, habríamos aplicado electrodos a tu cuerpo, además de los que colocamos en la cabeza. Mientras estás despierto, incluso acostado en la cama y relajado, tus músculos tienen cierto tono o grado de tensión. Esta tensión muscular constante se detecta fácilmente mediante los electrodos que escuchan tu cuerpo. A medida que te vas adentrando en la fase no-REM, parte de la tensión muscular desaparece, pero todavía se mantiene en gran medida. Sin embargo, cuando te preparas para entrar en la fase REM, ocurre un cambio sorprendente. Desde segundos antes de que comience la fase de sueño, y mientras dure ese período, estarás completamente paralizado. No hay tono en los músculos voluntarios de tu cuerpo. Ninguno en absoluto. Si yo entrara silenciosamente en la habitación y te incorporara ligeramente sin despertarte, me encontraría con un cuerpo completamente flácido, como una muñeca de trapo. Puedes tener la seguridad de que tus músculos involuntarios (los que controlan las funciones automáticas, como la respiración) continuarán funcionando y manteniendo la vida durante el sueño. Pero todos los otros músculos se relajarían.

Esta característica, denominada atonía —la ausencia de tono, referida aquí a los músculos—, es instigada por una potente señal de desactivación que se transmite a lo largo de toda la médula espinal desde el tronco cerebral. Una vez puesta en funcionamiento, los músculos posturales del cuerpo, como los bíceps de los brazos y los cuádriceps de las piernas, pierden toda la tensión y la fuerza. Ya no responderán a las órdenes de tu cerebro. En efecto, te has convertido en un prisionero del sueño

REM. Afortunadamente, tu cuerpo se liberará del cautiverio físico una vez concluida esa fase de sueño. Esta sorprendente disociación durante el estado de sueño, en la que el cerebro está muy activo y el cuerpo permanece inmovilizado, permite a los científicos del sueño diferenciar fácilmente las ondas cerebrales del sueño REM de las de la vigilia.

¿Por qué la evolución decidió detener la actividad muscular durante el sueño REM? Porque al eliminar la actividad muscular, se te impide representar la experiencia que estás viviendo en tus sueños. Durante el sueño REM, se activa una multitud de órdenes motoras que se originan en el cerebro y que subyacen a la experiencia de los sueños, que es rica en movimientos. Por tanto, la madre naturaleza ha diseñado sabiamente una camisa de fuerza fisiológica que impide que estos movimientos ficticios se conviertan en realidad, sobre todo si tenemos en cuenta que has dejado de percibir tu entorno de forma consciente. Puedes imaginar el resultado desastroso de representar el sueño de una lucha o de una carrera frenética para huir de un enemigo durante el sueño, mientras tus ojos están cerrados y no tienes ninguna percepción del mundo que te rodea. No tardarías en encontrarte en serios apuros. El cerebro paraliza el cuerpo para que la mente pueda soñar con seguridad.

¿Cómo podemos saber que realmente se dan estas órdenes de movimiento mientras alguien sueña sin que el individuo se despierte y nos diga que estaba soñando que huía o que luchaba? La respuesta es que esta parálisis puede fallar en algunas personas, particularmente en épocas avanzadas de la vida. En consecuencia, estos impulsos motores asociados a los sueños se convierten en acciones físicas reales. Como veremos en el capítulo 11, las repercusiones pueden ser trágicas.

Para finalizar, veamos el porqué del nombre de la fase REM del sueño: «movimientos oculares rápidos». Tus ojos permanecen inmóviles en sus cuencas durante la fase del sueño no-REM.[3] Sin embargo, los electrodos que colocamos por encima

---

[3] Curiosamente, durante la transición de estar despierto a la etapa 1 del sueño no-REM ligero, los ojos comenzarán a moverse muy lentamente, de forma

y por debajo de tus ojos cuentan una historia ocular muy diferente cuando empiezas a soñar: la misma historia que Kleitman y Aserinsky descubrieron en 1952 mientras observaban el sueño infantil. Durante el sueño REM, hay fases en las que tus ojos se moverán con urgencia, de izquierda a derecha, de izquierda a derecha, y así sucesivamente. Al principio, los científicos supusieron que estos movimientos oculares del ojo correspondían al seguimiento de la experiencia visual en los sueños. Esto no es cierto. Por el contrario, los movimientos oculares están íntimamente ligados a la creación fisiológica del sueño REM, y reflejan algo aún más extraordinario que la aprehensión pasiva de objetos en movimiento dentro del espacio del sueño. Este fenómeno se relata en detalle en el capítulo 9.

¿Somos las únicas criaturas que pasan por estas diferentes etapas del sueño? ¿Algún otro animal tiene sueño REM? ¿Sueñan los animales? Vamos a descubrirlo.

---

sincronizada, como dos bailarinas que hicieran piruetas entre ellas en el momento perfecto. Es una señal que indica que el inicio del sueño es inevitable. Si duermes acompañado, intenta observar los párpados de tu acompañante la próxima vez que vayan a dormir. Verás cómo los párpados se deforman debido a los globos oculares que se mueven por debajo. Por cierto, si decides realizar este experimento de observación, ten en cuenta las posibles consecuencias. Quizás haya pocas cosas más inquietantes que despertarte de golpe, abrir los ojos y encontrarte con el rostro de tu pareja pegado al tuyo.

4

Camas de monos, dinosaurios y dormir la siesta con medio cerebro

¿Quién duerme? ¿Cómo y cuánto dormimos?

¿Quién duerme?

¿Cuándo comenzaron los seres vivos a dormir? ¿Apareció tal vez el sueño por vez primera en los grandes simios? ¿Quizás antes, en los reptiles o en sus antecesores acuáticos, los peces? Como no podemos viajar en el tiempo, la mejor manera de responder a esta pregunta es estudiar el sueño en diferentes especies del reino animal desde la prehistoria hasta la evolución reciente. Las investigaciones de este tipo facilitan la posibilidad de mirar hacia atrás en el registro histórico y estimar el momento en que el sueño honró por primera vez al planeta. Como el genetista Theodosius Dobzhansky dijo una vez: «Nada en biología tiene sentido si no es a la luz de la evolución». Para el sueño, la respuesta iluminadora resultó estar mucho más lejos de lo que habíamos esperado, y en una ramificación mucho más profunda.

No hay excepciones. Todas las especies estudiadas hasta el momento duermen o se entregan a algo extraordinariamente parecido. Esto incluye a insectos como las moscas, las abejas, las cucarachas y los escorpiones;[1] los peces, desde las pequeñas

---

[1] Las pruebas del sueño en especies muy pequeñas, como los insectos, en los que no es viable realizar registros de la actividad eléctrica del cerebro, se realizan basándose en el conjunto de características conductuales descritas en el ca-

percas hasta los tiburones más grandes;[2] los anfibios, como las ranas; y los reptiles, como las tortugas, los dragones de Komodo y los camaleones. Todos duermen. Si ascendemos por la escalera evolutiva encontramos que todos los tipos de aves y mamíferos duermen: desde las musarañas hasta los loros, los canguros, los osos polares, los murciélagos y, por supuesto, los humanos. El sueño es universal.

También los invertebrados, como los antiguos moluscos y los equinodermos, o incluso los muy primitivos gusanos, disfrutan de períodos de sueño. En estas fases, denominadas cariñosamente torpor o letargo, dejan de responder a los estímulos externos, igual que los humanos. Y así como nosotros nos quedamos dormidos más rápido y más profundamente cuando previamente nos hemos visto privados del sueño, los gusanos también, lo cual puede apreciarse por su grado de insensibilidad a los estímulos de los experimentadores.

Si estos gusanos tan antiguos duermen, ¿qué «antigüedad» tiene el sueño? Los gusanos aparecieron durante la explosión cámbrica: hace al menos quinientos millones de años. Es decir, los gusanos —y por asociación el sueño— son anteriores a los vertebrados. Esto incluye a los dinosaurios, que, por inferencia, es probable que durmieran. ¡Imagínate a los diplodocus y los tricerátops instalándose cómodamente para pasar una noche de sueño completa!

Si retrocedemos todavía más en el tiempo evolutivo, descubriremos que las formas más simples de organismos unicelulares que sobreviven durante períodos superiores a 24 horas, como las bacterias, tienen fases activas y pasivas que corresponden con los ciclos de luz-oscuridad de nuestro planeta.

---

pítulo 3 e ilustradas en el ejemplo de Jessica: inmovilidad, capacidad de respuesta al mundo exterior reducida, estado fácilmente reversible. Otro criterio es que al privar al organismo de lo que parece un estado de sueño se observa como resultado un aumento del impulso de dormir más cuando se libera de la molesta privación, lo que supone un «rebote del sueño».

[2] Durante un tiempo se creyó que los tiburones no dormían porque nunca cerraban los ojos. En realidad, muestran fases activas y pasivas claras que se asemejan a la vigilia y el sueño. Ahora sabemos que la razón por la que nunca cierran los ojos es porque no tienen párpados.

Ahora creemos que ese patrón es el precursor de nuestro propio ritmo circadiano, y con él, de la vigilia y el sueño.

Muchos de los argumentos que intentan explicar por qué dormimos giran en torno a una idea común y tal vez errónea: el sueño es un estado por el que debemos pasar para poder arreglar lo que ha quedado afectado durante la vigilia. Pero ¿y si le damos la vuelta a esta idea? Si el sueño es tan útil —tan fisiológicamente beneficioso para todos los aspectos de nuestro ser—, tal vez la pregunta adecuada es: ¿por qué la vida se molestó en despertarnos? Teniendo en cuenta lo biológicamente perjudicial que puede resultar el estado de vigilia, ese es el verdadero enigma evolutivo, no el porqué del sueño. Si adoptas esta perspectiva, se puede plantear una teoría muy diferente: el sueño fue el primer estado de la vida en este planeta, y fue a partir del sueño de donde surgió la vigilia. Tal vez sea una hipótesis absurda que nadie se tome en serio o explore, pero personalmente no creo que sea del todo inaceptable.

Independientemente de cuál de estas dos teorías sea cierta, lo que sabemos con certeza es que el sueño tiene un origen muy remoto. Apareció con las formas más antiguas de la vida en el planeta. Al igual que otras características rudimentarias, como el ADN, el sueño se ha mantenido como un vínculo común para todas las criaturas del reino animal. Ciertamente, se trata de algo duradero que tenemos en común. Sin embargo, hay diferencias verdaderamente notables en el sueño entre unas especies y otras. En concreto, existen cuatro grandes diferencias.

Una de estas cosas no es como la otra

Los elefantes necesitan la mitad de tiempo de sueño que los humanos; tienen suficiente con cuatro horas de sueño al día. Los tigres y los leones devoran 15 horas de sueño diario. El murciélago marrón supera al resto de mamíferos: solo pasa despierto cinco horas al día y duerme 19. La cantidad total de tiempo es una de las diferencias más notables en la forma de dormir.

Probablemente pienses que el motivo de una diferencia tan clara en la necesidad de dormir es obvio. Pues no, no lo es. Ninguna de las posibles explicaciones (tamaño corporal, condición de presa/depredador, vida diurna/nocturna) explica la diferencia del sueño entre especies de forma útil. Cabría pensar que el tiempo de sueño es al menos similar dentro de cada categoría filogenética, ya que sus miembros comparten gran parte del código genético. Así ocurre con otras características básicas como las capacidades sensoriales, los métodos de reproducción e incluso el grado de inteligencia. Sin embargo, el sueño rompe este patrón predecible. La ardilla y el degú forman parte del mismo grupo familiar (roedores), pero no podrían ser más diferentes en sus hábitos de sueño. La primera duerme dos veces más (15.9 horas) que el último (7.7 horas). Por el contrario, puedes encontrar horas de sueño casi idénticas en grupos familiares diferentes. El humilde conejillo de Indias y el antiguo babuino, por ejemplo, que son de órdenes filogenéticos claramente diferentes, por no mencionar la diferencia de tamaño, duermen exactamente lo mismo: 9.4 horas.

Entonces, ¿qué explica la diferencia en el tiempo de sueño (y tal vez su necesidad) entre especies, o incluso dentro de un orden genéticamente similar? No estamos del todo seguros. La relación entre la complejidad del sistema nervioso y la masa corporal total parece predecir el sueño de alguna manera; una mayor complejidad del cerebro en relación con el tamaño del cuerpo da como resultado más horas de sueño. Si bien es débil y no del todo coherente, esta relación sugiere que si una función evolutiva necesita más sueño es porque debe atender a un sistema nervioso complejo. A medida que pasaron los milenios y la evolución coronó su logro (actual) con la génesis del cerebro, la demanda de sueño siguió aumentando para satisfacer las necesidades del más precioso de los sistemas fisiológicos.

Sin embargo, la historia no acaba aquí. Numerosas especies se desvían enormemente de las predicciones que marca esta regla. Por ejemplo, una zarigüeya, que pesa casi lo mismo que una rata, duerme un 50% más, alcanzando un promedio de 18 horas de sueño al día. La zarigüeya está solo a una hora del registro de cantidad de sueño del murciélago marrón, que como se mencionó antes duerme la «escasa suma» de 19 horas diarias.

Hubo un momento en la historia de la investigación en que los científicos se preguntaron si la medida de elección (minutos de sueño) era la correcta para determinar por qué el sueño varía tanto entre especies. Empezaron a sospechar que evaluar la *calidad* del sueño, en lugar de la *cantidad* (tiempo), arrojaría más luz sobre el misterio. Es decir, las especies con una calidad de sueño superior deberían ser capaces de conseguir todo lo que necesitan en un tiempo menor, y viceversa. Parecía una buena idea. Sin embargo, hemos descubierto la relación opuesta: los que duermen más tienen un sueño más profundo, de mayor calidad. Lo cierto es que la forma en que suele evaluarse la calidad en estas investigaciones —grado de falta de respuesta al mundo exterior y continuidad del sueño— es probablemente un mal índice de la medida biológica real de la calidad del sueño, pues no podemos obtener resultados respecto de todas las especies. Cuando podamos hacerlo, la relación entre la cantidad y la calidad del sueño en todo el reino animal probablemente explicará lo que actualmente parece ser un mapa incomprensible de las diferencias de tiempo de sueño.

Por ahora, nuestra explicación de por qué diferentes especies necesitan diferentes cantidades de sueño se basa en una multiplicidad de factores, como el tipo de dieta (omnívora, herbívora, carnívora), el equilibrio entre depredadores y presas en un determinado hábitat, la presencia de una red social y la naturaleza de la misma, la tasa metabólica y la complejidad del sistema nervioso. Para mí, todo ello apunta a que el sueño ha sido probablemente el resultado de numerosas fuerzas puestas en juego durante el camino evolutivo, e implica un delicado acto de equilibrio entre las demandas de supervivencia durante la vigilia (por ejemplo, cazar presas/obtener alimentos en un tiempo lo más corto posible, reduciendo al mínimo el gasto de energía y la amenaza de riesgo), las necesidades fisiológicas de restauración del organismo (por ejemplo, una mayor tasa metabólica requiere mayores esfuerzos de «limpieza» durante el sueño) y el cumplimiento de los requisitos generales que impone la comunidad del organismo.

Sin embargo, incluso nuestras ecuaciones predictivas más sofisticadas siguen sin poder explicar valores atípicos situados en los extremos del mapa del sueño: los de las especies que duermen mucho (por ejemplo, los murciélagos) y los de las que duermen poco (como las jirafas, que duermen solo de cuatro a cinco horas). Lejos de suponer una molestia, creo que estas especies anómalas pueden aportar algunas de las claves que nos permitan resolver el rompecabezas de la necesidad de dormir. Por el momento, siguen siendo una oportunidad deliciosamente frustrante para aquellos de nosotros que tratamos de descifrar el código del sueño en el reino animal y, quizá con ello, los beneficios aún desconocidos del sueño.

Soñar o no soñar

Otra diferencia notable en el sueño entre las especies es su *composición*. No todas las especies pasan por todas las etapas del sueño. Todas las especies en las que podemos medir los estados del sueño pasan por la fase no-REM (la fase de no soñar). Sin embargo, los insectos, los anfibios, los peces y la mayoría de los reptiles no muestran indicios claros de sueño REM, que es el asociado con los sueños en los humanos. Solo las aves y los mamíferos, que aparecieron más tarde en la cronología evolutiva del reino animal, tienen un sueño REM completo. Esto sugiere que el sueño REM (los sueños) es «el recién llegado» a la evolución. El sueño REM parece haber surgido para ayudar con determinadas funciones que el sueño no-REM no podía llevar a cabo o que él lograba satisfacer de forma más eficiente.

Sin embargo, como ocurre a menudo con el sueño, existe otra anomalía. Aunque he dicho que todos los mamíferos tienen una fase de sueño REM, existe discusión en torno a los cetáceos o mamíferos acuáticos. Algunas de estas especies oceánicas, como los delfines y las ballenas asesinas, rompen el patrón del sueño REM en los mamíferos. En ellos no se observa. Aunque hay un caso de 1969 que sugiere que una ballena piloto se mantuvo en la fase REM del sueño durante seis minutos, la mayoría de nuestras investigaciones hasta la fecha no han descubierto sueño REM (o al menos lo que muchos científicos del sueño considerarían un auténtico sueño REM) en los mamíferos acuáticos. Desde determinada perspectiva, esto tiene una explicación: cuando el organismo entra en la fase REM del sueño, el cerebro paraliza el cuerpo y lo deja flácido e inmóvil. Para los mamíferos acuáticos, la capacidad de nadar es vital, ya que deben emerger del agua para respirar. Si durante el sueño quedaran paralizados, no podrían nadar y acabarían ahogándose.

El misterio aumenta cuando consideramos a los pinnípedos (una de mis palabras favoritas, derivada del latín: *pinna*, «fin», y *pedis*, «pie»), como los osos o lobos marinos. Estos mamíferos parcialmente acuáticos reparten su tiempo entre la tierra y el mar. Cuando están en tierra, pasan por fases no-REM y REM, igual que las aves, los humanos y el resto de los mamíferos terrestres. Pero cuando están en el océano, la fase REM desaparece casi por completo de su sueño. En el mar, los leones marinos prueban un poco de cada cosa, acumulando solo del 5% al 10% del sueño REM que normalmente disfrutarían estando en tierra. En estos animales se han documentado períodos de vida en el océano sin sueño REM observable de hasta dos semanas, sobreviviendo durante ese tiempo a base de una dieta de sueño no-REM.

Estas anomalías no cuestionan necesariamente la utilidad del sueño REM. Sin duda, el sueño REM, e incluso soñar, parece ser un fenómeno muy útil y adaptativo para las especies que lo tienen, como veremos en la parte 3 de este libro. El sueño REM se reactiva cuando estos animales regresan a tierra, por lo que no se deshacen del todo de él. Sencillamente parece que el sueño REM no es posible cuando los mamíferos acuáticos están en el océano. Durante ese tiempo, suponemos que se las arreglan con un modesto sueño no-REM, como ocurre con los delfines y las ballenas.

Personalmente, no creo que los mamíferos acuáticos, incluidos los cetáceos como los delfines y las ballenas, tengan una ausencia total de sueño REM (aunque muchos de mis colegas científicos te dirán que me equivoco). Lo que creo es que la forma de sueño REM de la que estos mamíferos disfrutan cuando están en el océano es algo diferente y más difícil de detectar: es de naturaleza más breve, ocurre en momentos en los que no podemos observarlo, o se expresa de modos o se oculta en partes del cerebro que aún no hemos sido capaces de medir.

En defensa de mi punto de vista, hago notar que antes se creía que los mamíferos que ponen huevos (monotremas), como el oso hormiguero espinoso y el ornitorrinco, no tenían sueño REM. Resultó que sí lo tenían, o al menos una versión del mismo. La superficie externa de su cerebro, la corteza, a partir de la cual la mayoría de los científicos miden ondas cerebrales durmientes, no mostraba las características caóticas y agitadas de la actividad de sueño REM. Pero cuando se investigó con un poco más de profundidad, se encontraron ráfagas indicativas de sueño REM en la actividad de las ondas cerebrales. Es más, los ornitorrincos generan este tipo de actividad eléctrica en mayor grado que cualquier otro mamífero. Así que, después de todo, tenían sueño REM, o al menos una versión beta del mismo que se desarrolló por primera vez en estos mamíferos evolutivamente más antiguos. Al parecer, en mamíferos más desarrollados que evolucionaron con posterioridad, se introdujo una versión del sueño REM que era completamente operativa en todo el cerebro. Creo que llegaremos a observar algo similar a ese sueño REM atípico en delfines, ballenas y leones marinos cuando están en el océano. Después de todo, la ausencia de evidencia no es evidencia de ausencia.

Más intrigante que la ausencia de sueño REM en este rincón acuático del reino de los mamíferos es el hecho de que las aves y los mamíferos evolucionaran por separado. El sueño REM puede haber nacido dos veces en el curso de la evolución: una vez para las aves y otra para los mamíferos. Una presión evolutiva común puede haber creado el sueño REM en ambos, de la misma manera que los ojos han evolucionado muchas veces de forma independiente en diferentes filos con el propósito común de la percepción visual. Cuando un tema se repite en la evolución de forma independiente a través de linajes no relacionados, a menudo apunta a una necesidad fundamental.

Sin embargo, un informe muy reciente sugiere que existe una protoforma de sueño REM en un lagarto australiano que es evolutivamente anterior a la aparición de aves y mamíferos. Si este hallazgo se confirma, sugeriría que la semilla original del sueño REM apareció al menos cien millones de años antes de lo que consideraban nuestras estimaciones originales. Esta semilla común en algunos reptiles podría haber germinado en los mamíferos, incluidos los humanos.

Independientemente de cuándo apareciera el sueño REM en la evolución, estamos empezando a descubrir con rapidez por qué apareció, qué funciones vitales satisface en las aves y los mamíferos de sangre caliente (por ejemplo, funciones de salud cardiovascular, restauración emocional, asociación de la memoria, creatividad, regulación de la temperatura corporal) y si otras especies sueñan (como veremos más adelante, parece que sí).

Dejando a un lado la cuestión de si todos los mamíferos pasan por la fase REM del sueño cuando duermen, hay un hecho indiscutible: el sueño no-REM fue el primero en aparecer en la evolución.

Es la forma original que el sueño adquirió cuando salió de detrás de la cortina creativa de la evolución, un auténtico pionero. Esta antigüedad nos lleva a otra incógnita intrigante, una pregunta que me formulan en casi cada conferencia que doy: ¿Qué tipo de sueño (REM o no-REM) es más importante? ¿Cuál de ellos *necesitamos* en realidad?

Hay muchas formas de definir «importancia» o «necesidad», y, por tanto, múltiples formas de responder a esa pregunta. Pero quizás el modo más sencillo es elegir un organismo que tenga ambos tipos de sueño, un ave o un mamífero, y mantenerlo despierto toda la noche y el día siguiente. Las fases del sueño no-REM y REM se suprimen de forma parecida, creando unas condiciones de necesidad equivalentes para cada tipo de sueño. La pregunta es: ¿qué tipo de sueño escogerá el cerebro para darse un festín durante la noche de recuperación? ¿El no-REM y el REM en proporciones iguales? ¿O más de uno que de otro, lo que sugeriría que el que domina es más importante?

Este experimento se ha realizado muchas veces con numerosas especies de aves y mamíferos, humanos incluidos. Hay dos resultados claros. El primero, y nada sorprendente, es que la duración del sueño es mucho mayor la noche de recuperación (10 o incluso 12 horas en humanos). En respuesta a la deuda, intentamos «dormirla», lo que en palabras técnicas llamamos un rebote del sueño.

La segunda conclusión es que el rebote del sueño no-REM es más intenso. El cerebro consumirá una proporción mucho mayor de este sueño después de la privación total, expresando un hambre desigual. A pesar de que los dos tipos de sueño están disponibles en el bufet de recuperación del sueño, el cerebro opta por servirse mucho más sueño no-REM profundo en su plato. Según esto, el sueño no-REM ganaría la batalla de la importancia. ¿Lo hace de verdad?

No del todo. Si siguieras registrando el sueño durante una segunda, una tercera e incluso una cuarta noche de recuperación, observarías un cambio. En cierto punto, el sueño REM se convierte en el plato principal preferido por el cerebro en su visita al bufet de recuperación, mientras que el sueño no-REM queda limitado a una ración de acompañamiento. Ambas fases del sueño son, por lo tanto, esenciales. Intentamos recuperar uno (el no-REM) un poco antes que el otro (el REM), pero en definitiva el cerebro intentará recuperar ambos. Es importante tener en cuenta, sin embargo, que independientemente de la duración de las oportunidades de recuperación, el cerebro nunca llega a recuperar todo el sueño perdido. Esto ocurre tanto con el tiempo de sueño total, como con el del sueño no-REM y REM. Que los humanos (y todas las demás especies) nunca pueden «recuperar el sueño» que hemos perdido es uno de los aprendizajes más importantes de este libro, cuyas tristes consecuencias describiré en los capítulos 7 y 8.

Si los humanos también pudiéramos

Una tercera diferencia llamativa del sueño entre las especies del reino animal es la forma en que dormimos. Aquí, la diversidad es notable; en algunos casos, casi imposible de creer. Fijémonos en algunos cetáceos, como los delfines y las ballenas, por ejemplo. Su sueño, que consiste solo en la fase no-REM, puede ser unihemisférico, lo que significa que pueden dormir solo con medio cerebro. Una de las dos mitades del cerebro permanece despierta para mantener el movimiento necesario para la vida en el medio acuático, pero la otra mitad del cerebro caerá, en ocasiones, en el sueño no-REM más hermoso. Ondas cerebrales profundas, potentes, rítmicas y lentas inundarán la totalidad de uno de los hemisferios cerebrales, mientras que la otra mitad del cerebro, completamente despierta, mantendrá la actividad cerebral frenética y rápida de las ondas cerebrales. Y esto ocurre a pesar del hecho de que ambos hemisferios están a menudo intensamente conectados entre sí por gruesas fibras entrecruzadas y a escasos milímetros de distancia, como en el caso de los cerebros humanos.

Por supuesto, las dos mitades del cerebro del delfín pueden estar —y con frecuencia es así— despiertas al mismo tiempo, operando al unísono. Pero cuando es hora de dormir, los dos lados del cerebro se pueden desacoplar y operar de forma independiente: un lado permanece despierto mientras que el otro se queda dormido. Después de que una mitad del cerebro ha consumido su parte de sueño, intercambian su estado, permitiendo que la mitad hasta entonces vigilante disfrute de un bien merecido período de sueño no-REM profundo. Incluso con la mitad del cerebro dormido, los delfines pueden alcanzar un impresionante nivel de movimiento e incluso emitir algunas comunicaciones vocalizadas.

La ingeniería neuronal y la complicada arquitectura requeridas para lograr este asombroso truco de «luces encendidas, luces apagadas» en la actividad cerebral son poco frecuentes. Sin duda, la madre naturaleza podría haber encontrado una forma de evitar el sueño por completo, garantizando así el movimiento acuático constante. ¿No habría sido esta una opción más sencilla que organizar un intrincado sistema de turnos para dormir repartidos entre las dos mitades del cerebro? Aparentemente no. El sueño es una necesidad tan vital que debe mantenerse sean cuales sean las demandas evolutivas del organismo, incluso frente a la necesidad inquebrantable de nadar de forma constante, desde el nacimiento hasta la muerte. Duerme con ambos lados del cerebro o duerme con un solo lado y luego cambia. Las dos opciones son posibles, pero debes dormir. El sueño no es negociable.

El don del sueño no-REM profundo dividido en el cerebro no es exclusivo de los mamíferos acuáticos. Las aves también pueden hacerlo. Sin embargo, la razón es un tanto diferente, aunque está igualmente relacionada con la preservación de la vida: les permite mantener un ojo vigilante, literalmente. Cuando las aves están solas, una de las mitades del cerebro y su ojo correspondiente (el lado opuesto) deben permanecer despiertos para mantener la vigilancia sobre las amenazas ambientales. Cuando esto ocurre, el otro ojo se cierra, permitiendo que su mitad correspondiente del cerebro duerma.

Las cosas se vuelven aún más interesantes cuando las aves se agrupan. En el caso de algunas especies, muchas de las aves de una bandada dormirán con las dos mitades del cerebro a la vez. ¿Cómo se mantienen a salvo de la amenaza? La respuesta es realmente ingeniosa. La bandada se alinea primero en una fila. Con la excepción de los pájaros que están en cada extremo de la fila, el resto del grupo permite que ambas mitades del cerebro se entreguen al sueño. Los que están al final de la fila no tienen tanta suerte. Ellos entrarán en el sueño profundo solo con una mitad del cerebro (opuestas en cada caso), dejando el correspondiente ojo izquierdo y derecho bien abierto. De este modo, tienen una perspectiva panorámica de las posibles amenazas para el grupo, maximizando el número total de mitades de cerebro que puede dormir dentro de la bandada. En algún momento, los dos guardianes del final de la fila se pondrán de pie, girarán 180 grados y se acomodarán de nuevo, permitiendo que la otra mitad de su cerebro dé una cabezada profunda.

Nosotros, simples humanos, y un grupo seleccionado de otros mamíferos terrestres somos al parecer mucho menos hábiles que las aves y los mamíferos acuáticos, ya que no podemos darle la medicina del sueño no-REM solo a una mitad del cerebro. ¿O sí podemos hacerlo?

Dos trabajos publicados hace poco sugieren que los humanos contamos con una versión del sueño unihemisférico, que se pone en práctica por razones similares. Si comparas la profundidad eléctrica de las ondas cerebrales del sueño no-REM profundo de la mitad del cerebro de alguien con la de la otra mitad cuando está durmiendo en casa, verás que son más o menos iguales. Pero si llevas a esa persona a un laboratorio del sueño o a un hotel, que son ambientes de sueño desconocidos, una mitad del cerebro dormirá de forma más ligera que la otra, como si se quedara un poco de guardia para vigilar debido al posible contexto menos seguro que el cerebro consciente ha registrado mientras estaba despierto. Cuantas más noches duerme un individuo en la nueva ubicación, más similar es el sueño en cada mitad del cerebro. Esa es la razón por la que muchos de nosotros dormimos tan mal la primera noche en la habitación de un hotel.

Este fenómeno, sin embargo, no se acerca a la división completa entre la vigilia total y el sueño no-REM verdaderamente profundo logrado por cada lado del cerebro en los pájaros y los delfines. Los humanos siempre tenemos que dormir con las dos mitades de nuestro cerebro en algún estado de sueño no-REM. Imagínate, sin embargo, las posibilidades de las que dispondríamos si pudiéramos dormir con solo medio cerebro.

Debo señalar que el sueño REM, independientemente de quién seas, es extrañamente inmune a su división en el cerebro. Todas las aves, sin importar la situación ambiental en la que se encuentren, duermen siempre con las dos mitades del cerebro durante el sueño REM. Lo mismo ocurre con todas las especies que sueñan, incluidos los humanos. Cualesquiera que sean las funciones del sueño REM (y parece que tiene muchas), requieren la participación de ambos lados del cerebro a la vez y en igual medida.

Bajo presión

La cuarta y última diferencia en el sueño entre las especies del reino animal es la forma en que los patrones del sueño pueden reducirse en circunstancias infrecuentes y muy especiales, algo que el Gobierno de los Estados Unidos ve como una cuestión de seguridad nacional y en lo que ha gastado considerables cantidades de dinero del contribuyente.

Esta situación infrecuente solo se da en respuesta a presiones o dificultades ambientales extremas. La inanición es un ejemplo. Si colocas a un organismo en condiciones de hambruna severa, buscar comida se convertirá en su prioridad, por encima de dormir. La necesidad de nutrición desplazará a la necesidad de dormir, aunque esa situación no podrá mantenerse por mucho tiempo. Priva de alimento a una mosca y permanecerá despierta durante más tiempo, mostrando un patrón de conducta de búsqueda de alimentos. Lo mismo ocurre con los seres humanos. Las personas que ayunan deliberadamente tienen menos horas de sueño, ya que se lleva al cerebro a creer que los alimentos se han vuelto repentinamente escasos.

Otro ejemplo inusual es la privación del sueño compartida por las orcas asesinas madres y sus crías recién nacidas. Las orcas asesinas dan a luz a una sola cría una vez cada tres a ocho años. Normalmente el parto tiene lugar lejos de los otros miembros de la manada. Esto hace que la orca recién nacida quede en una situación muy vulnerable durante las primeras semanas de vida, en especial cuando van de camino a reunirse con el grupo, ya que nada al lado de su madre. Hasta el 50% de las nuevas orcas mueren durante este viaje a casa. De hecho, es tan peligroso que, al parecer, ni la madre ni la orca duermen durante el recorrido. Ninguna de las parejas de cría y madre que los científicos han observado ha mostrado indicios de un sueño profundo en esa situación. Esto es especialmente sorprendente en el caso de la cría, ya que la mayor demanda y necesidad de sueño en cualquier especie se da durante los primeros días y semanas de vida, como cualquier padre sabe. El peligro de estos largos viajes oceánicos es tal que estas ballenas bebés revierten esa tendencia universal relacionada con el sueño.

Sin embargo, la más increíble hazaña de privación intencionada del sueño corresponde a las aves durante la migración transoceánica. Durante esta carrera inducida por el clima a través de miles de kilómetros, bandadas enteras de aves vuelan durante muchas más horas de lo normal. En consecuencia, se ven privadas de las oportunidades de inmovilidad que les permitirían un sueño reparador. Pero incluso aquí el cerebro ha encontrado una forma ingeniosa de conseguir dormir. Durante el vuelo, las aves migratorias echan mano de períodos de sueño sorprendentemente breves que duran solo unos segundos. Estas pequeñas siestas sirven para evitar los déficits cerebrales y corporales que, de otro modo, aparecerían como consecuencia de la prolongada privación total del sueño. (Por si te lo estás preguntando, no, los humanos no podemos hacer nada parecido).

El gorrión corona blanca es quizás el ejemplo más sorprendente de privación de sueño observado en las aves durante vuelos de larga distancia. Este pequeño y corriente pájaro es capaz de realizar una hazaña tan espectacular que el Ejército estadounidense ha gastado millones de dólares en investigarlo. El gorrión muestra una resistencia absoluta y sin igual a la privación total del sueño (aunque solo durante un período limitado); una resistencia que los humanos nunca podríamos igualar. Si impides dormir a este gorrión en el laboratorio durante el período migratorio (cuando debería estar volando), prácticamente no tiene efectos nocivos para él. Sin embargo, si se hace lo mismo *fuera* de la época migratoria, le causa una verdadera vorágine de disfunciones cerebrales y corporales.

¿Cómo deberíamos dormir?

Los humanos no dormimos de la manera en que la naturaleza pretendía. El número de episodios de sueño, su duración y los momentos en que deberíamos dormir se han visto comprensiblemente distorsionados por la modernidad.

En los países desarrollados, la mayoría de los adultos duermen actualmente según un patrón *monofásico*, es decir, tratamos de completar un solo sueño prolongado durante la noche, cuyo promedio de duración es de menos de siete horas. Si visitas culturas a las que no haya llegado la electricidad, seguramente verás algo bastante diferente. Las tribus cazadoras-recolectoras, como los gabras, en el norte de Kenia, o los san, en el desierto de Kalahari, cuya forma de vida ha cambiado muy poco en los últimos milenios, duermen siguiendo un patrón *bifásico*. Ambos grupos duermen un período bastante largo durante la noche (pasan de siete a ocho horas en la cama, durmiendo unas siete horas), y después, por la tarde, hacen una siesta que dura entre treinta y sesenta minutos.

También hay indicios de una combinación de los dos patrones de sueño en función de la época del año. Algunas tribus preindustriales como los hadzas, del norte de Tanzania, o los san, de Namibia, siguen un patrón bifásico en los meses más calurosos del verano, con una siesta de entre treinta y cuarenta minutos al principio de la tarde. Luego, durante los meses más fríos del invierno, cambian a un patrón de sueño en gran parte monofásico.

Incluso cuando siguen un patrón de sueño monofásico, el tiempo de sueño observado en las culturas preindustriales no es como el nuestro. Por lo general, los miembros de la tribu se irán a dormir dos o tres horas después de la puesta de sol, sobre las nueve de la noche. Su episodio de sueño nocturno acabará alrededor del amanecer. ¿Te has preguntado alguna vez sobre el significado del término *medianoche*? Obviamente, significa la mitad de la noche o, más técnicamente, el punto medio del ciclo solar. Y así es para el ciclo de sueño de las culturas de cazadores-recolectores, y presumiblemente para todos los que vivieron antes. Ahora piensa en las normas de sueño de nuestra cultura. La medianoche ya no es «la mitad de la noche». Para muchos de nosotros, la medianoche suele ser el momento en que decidimos consultar nuestro correo electrónico por última vez, y ya sabemos lo que a menudo pasa después. Para agravar el problema, no dormimos más por la mañana para compensar estos inicios de sueño más tardíos. No podemos. Nuestra biología circadiana y las insaciables demandas de la vida postindustrial a primera hora de la mañana nos niegan el sueño que tanto necesitamos. Hubo un tiempo en que nos íbamos a la cama al anochecer y nos despertábamos con las gallinas. Ahora muchos de nosotros seguimos despertándonos a la hora de las gallinas, pero el anochecer es simplemente la hora en que terminamos el trabajo en la oficina, quedándonos todavía por delante muchas horas de vigilia. Además, muy pocos nos concedemos una siesta completa por la tarde, lo que contribuye todavía más a nuestro estado de falta de sueño.

Sin embargo, el sueño bifásico no tiene un origen cultural. Es profundamente biológico. Todos los humanos, independientemente de su cultura o de su ubicación geográfica, sufren a media tarde un declive genéticamente codificado de su estado de alerta. Fíjate en cualquier reunión después de la hora de comer alrededor de una mesa de juntas y esto se te hará evidente. Como marionetas cuyos hilos se sueltan y luego vuelven a tensarse rápidamente, las cabezas comenzarán a caer y a levantarse de golpe. Estoy seguro de que has experimentado alguna vez uno de esos ataques de somnolencia que parecen apoderarse de ti, como si tu cerebro se fuera a dormir a una hora inusualmente temprana.

Tanto tú como el resto de asistentes a la reunión están siendo víctimas de una caída de la alerta evolutivamente impresa que favorece una siesta vespertina, llamada somnolencia posprandial (del latín *prandium*, «comida»). Este breve descenso de la vigilia, desde un estado de alerta de alto grado a otro de bajo nivel, refleja una necesidad innata de echarse una siesta por la tarde. Parece ser una parte normal del ritmo diario de la vida. Si alguna vez tienes que hacer una presentación en el trabajo, por tu propio bien (y por el del estado consciente de tu audiencia), si puedes, evita esas horas.

Lo que se hace muy evidente cuando reparas en estos detalles es que la sociedad moderna nos ha apartado de lo que debería ser una organización preestablecida del sueño bifásico, el que nuestro código genético trata de reavivar cada tarde. El abandono del sueño bifásico empezó cuando pasamos de una existencia agrícola a otra industrial, o tal vez incluso antes.

Los estudios antropológicos de los cazadores-recolectores de la época preindustrial también han disipado un mito popular acerca de cómo los seres humanos deberíamos dormir.[3] Alrededor del final de la era moderna temprana (a finales del siglo XVII y principios del XVIII), los textos históricos sugieren que los europeos occidentales dormían dos largos períodos por la noche, separados por varias horas de vigilia. Entre estos dos períodos de sueño gemelos, a veces llamados primer sueño y segundo sueño, leían, escribían, rezaban, hacían el amor e incluso vida social.

Sin embargo, el hecho de que las culturas preindustriales estudiadas hasta la fecha no hayan mostrado una forma de sueño similar, en dos tandas nocturnas, sugiere que esta no es la forma de sueño natural programada evolutivamente. Más bien parece tratarse de un fenómeno cultural que se popularizó con la migración a Europa occidental. Por otra parte, no existe ningún ritmo biológico —cerebral, neuroquímico o metabólico— que apunte a una necesidad humana de estar despierto varias horas en mitad de la noche. El verdadero patrón de sueño bifásico —para el cual existe evidencia antropológica, biológica y genética, y sigue siendo medible en todos los seres humanos hasta la fecha— es el que consiste en un episodio más largo de sueño continuado por la noche, seguido de una siesta corta a media tarde.

Aceptando que este es nuestro patrón natural de sueño, ¿llegaremos a saber con certeza alguna vez qué tipo de consecuencias tiene para nuestra salud haber abandonado el sue-

---

[3] A. Roger Ekirch, *At Day's Close: Night in Times Past*, Nueva York: W.W. Norton, 2006.

ño bifásico? Esta forma de dormir que incorpora la siesta se practica en distintas culturas de todo el mundo, incluidas las regiones de América del Sur y la Europa mediterránea. Cuando yo era pequeño, en la década de 1980, fui de vacaciones a Grecia con mi familia. Mientras caminábamos por las calles de las principales ciudades griegas que visitamos, veía carteles colgados en los escaparates que eran muy diferentes de los que estaba acostumbrado a ver en Inglaterra. Decían: «Abierto de nueve de la mañana a una de la tarde, cerrado de una a cinco, abierto de cinco a nueve».

En la actualidad, quedan pocos de esos carteles en las tiendas de Grecia. Antes del cambio de milenio, se vivió una presión cada vez mayor para abandonar la práctica de la siesta en Grecia. Un equipo de investigadores de la Escuela de Salud Pública de la Universidad de Harvard decidió cuantificar las consecuencias para la salud de este cambio radical estudiando a más de 23 000 adultos griegos, hombres y mujeres de veinte a ochenta años de edad. Los investigadores se centraron en los efectos cardiovasculares, haciendo un seguimiento del grupo durante un período de seis años, a lo largo de los cuales muchos de ellos dejaron de dormir la siesta.

Como en innumerables tragedias griegas, el resultado final fue desgarrador, pero aquí de la manera más seria y literal. Ninguno de los pacientes tenía antecedentes de enfermedad coronaria o accidente cerebrovascular al comienzo del estudio. Sin embargo, en ese período de seis años, aquellos que abandonaron la siesta habitual vieron incrementado el riesgo de muerte por enfermedad cardiovascular en un 37% en comparación con aquellos que mantuvieron las siestas regulares durante el día. El efecto fue especialmente intenso en los trabajadores, donde el riesgo de mortalidad resultante de prescindir de la siesta aumentó en más del 60 por ciento.

El anterior es un excepcional estudio que deja patente un hecho: cuando abandonamos la práctica innata del sueño bifásico, nuestra vida se acorta. Tal vez por eso no es sorprendente que en los pequeños enclaves de Grecia donde la costumbre de la siesta permanece intacta, como en la isla de Icaria, los hombres tengan casi cuatro veces más probabilidades de llegar a los noventa años que los hombres estadounidenses. Las sociedades que han incorporado la siesta a sus hábitos se han descrito como «los lugares donde las personas se olvidan de morir». La práctica del sueño bifásico natural y una dieta saludable parecen ser las claves para una larga vida.

Somos especiales

Hemos visto que dormir es una característica común del reino animal, y que entre las especies y dentro de cada una de ellas puede apreciarse una notable diversidad en la cantidad (por ejemplo, en el tiempo), en la forma (por ejemplo, la utilización de medio cerebro o de todo el cerebro) y en el patrón (monofásico, bifásico, polifásico). Pero ¿es el perfil del sueño humano especial, al menos en su forma pura, sin las alteraciones introducidas por la modernidad? Se ha escrito mucho sobre la singularidad del *Homo sapiens* en otras áreas: la cognición, la creatividad, la cultura y el tamaño y la forma de nuestros cerebros. ¿Existe alguna excepcionalidad equiparable en nuestro sueño nocturno? Si es así, ¿podría ser esta la causa desconocida de los logros que tanto valoramos como distintivos de los humanos, así como la justificación de nuestro nombre hominido (*Homo sapiens* significa «persona sabia» en latín)?

Pues sí, también somos especiales en lo que respecta al sueño. En comparación con los monos del Viejo y del Nuevo Mundo, como los chimpancés, los orangutanes y los gorilas, el sueño humano es algo insólito. La cantidad total de tiempo que dormimos (ocho horas) es notablemente menor que la de todos los demás primates (de 10 a 15 horas), y además tenemos una cantidad desproporcionada de sueño REM, la fase del sueño durante la cual soñamos. Entre el 20% y el 25% de nuestro tiempo de sueño es sueño REM, en comparación con un promedio de solo el 9% en los demás primates. En lo referente al tiempo de sueño y al tiempo en que soñamos, representamos el punto máximo anómalo. Entender cómo y por qué dormimos de forma distinta es entender la evolución del simio al hombre y del árbol al suelo.

Los humanos somos durmientes terrestres exclusivos: dormimos en el suelo (o a veces un poco elevados, en camas). Otros primates duermen en los árboles, en ramas o en nidos, y solo ocasionalmente bajan de ellos para dormir en el suelo. Los grandes simios, por ejemplo, construyen un nido para dormir completamente nuevo todas las noches. ¡Imagínate tener que pasar varias horas cada noche después de la cena montando una nueva cama de IKEA!

Dormir en los árboles es una idea evolutivamente sabia, hasta cierto punto. Proporciona un refugio seguro de los grandes depredadores que cazan en tierra, como las hienas, y de los pequeños artrópodos chupadores de sangre, como los piojos, las pulgas y las garrapatas. Pero cuando duermes a unos seis o siete metros del suelo, debes ser precavido. Si te relajas demasiado mientras duermes en una rama o en un nido, una extremidad colgante puede ser toda la invitación que la gravedad necesita para arrastrarte a tierra en una caída que pondrá fin a tu vida y te eliminará del acervo genético, en especial durante el sueño REM, cuando el cerebro paraliza completamente todos los músculos voluntarios del cuerpo. Estoy seguro de que nunca has intentado hacer que una bolsa llena de alimentos se mantenga sobre la rama de un árbol, pero puedo asegurarte que resulta muy difícil. Incluso si consigues que se aguante durante unos instantes, no tardará mucho en caer. Este acto de equilibrio corporal suponía un gran desafío y un considerable peligro para nuestros antepasados primates que dormían en los árboles, y limitaba considerablemente su sueño.

El *Homo erectus*, antecesor del *Homo sapiens*, fue el primer bípedo forzado a caminar en posición vertical sobre sus dos piernas. Se cree que fue también el primero en dormir de forma habitual en el suelo. Sus brazos cortos y su posición erguida hacían muy difícil que pudiera dormir en los árboles. ¿Cómo el *Homo erectus* —y por inferencia el *Homo sapiens*— consiguió sobrevivir en el suelo, donde abundaban depredadores como los leopardos, las hienas y los tigres dientes de sable —todos ellos hábiles en la caza nocturna—, además de sanguijuelas terrestres? En gran medida, gracias al fuego. Si bien persiste cierto debate al respecto, muchos creen que el *Homo erectus* fue el primero en utilizar el fuego, y el fuego fue uno de los catalizadores más importantes, si no el que más, para que pudiéramos abandonar los árboles y bajar a tierra firme. El fuego también explica que fuéramos capaces de dormir en el suelo y mantenernos a salvo: las llamas disuadían a los grandes carnívoros, mientras que el humo proporcionaba una ingeniosa forma de fumigación nocturna, manteniendo alejados a los pequeños insectos, siempre dispuestos a morder nuestra epidermis.

Pero el fuego no era la solución perfecta, por lo que dormir en el suelo seguía comportando importantes peligros. Esto provocó una presión evolutiva para que nuestra forma de dormir se hiciera más eficiente. Un *Homo erectus* capaz de lograr una mayor eficiencia para su sueño tendría sin duda más posibilidades en la supervivencia y en la selección. Así pues, la evolución se encargó de adaptar nuestra forma de dormir, reduciendo el tiempo de sueño, pero aumentando su intensidad, especialmente con el incremento de la cantidad de sueño REM que acumulamos durante la noche.

De hecho, como suele ocurrir cuando interviene la madre naturaleza, el problema se convirtió en parte de la solución. En otras palabras, el hecho de dormir en tierra firme, y no sobre la frágil rama de un árbol, propició un aumento en la cantidad y la calidad de sueño REM, y, al mismo tiempo, una reducción moderada de la cantidad de tiempo que pasamos durmiendo. Al dormir en el suelo, ya no había riesgo de caerse. Por primera vez en su evolución, los homínidos podían permanecer quietos y consumir todo el sueño REM que deseaban sin tener que preocuparse por la amenaza de la gravedad a la que estaban acostumbrados en lo alto de los árboles. De este modo, nuestro sueño se «concentró»: se hizo más corto y consolidado, con abundante sueño de alta calidad. Y no cualquier sueño, sino sueño REM, que enseguida aceleró la complejidad y la conectividad del cerebro. Algunas especies disfrutan de más tiempo total de sueño REM que los homínidos, pero ninguna de ellas activa y produce proporciones tan vastas de sueño REM en un cerebro tan complejo y profusamente interconectado como el del *Homo sapiens*.

A partir de estos datos, propongo una teoría: pasar de dormir en los árboles a hacerlo en el suelo fue el factor que catapultó al *Homo sapiens* a la cima de la pirámide de la evolución. Al menos dos características diferencian a los humanos del resto de los primates, y creo que ambas fueron moldeadas de forma causal y beneficiosa por la mano del sueño, en concreto, por nuestro alto nivel de sueño REM en comparación con los demás mamíferos: *1)* nuestro grado de complejidad sociocultural y *2)* nuestra inteligencia cognitiva. El sueño REM, con el acto de soñar, nutre estos dos rasgos humanos.

Respecto al primer punto, hemos descubierto que el sueño REM recalibra y afina de manera precisa los circuitos emocionales del cerebro humano, los cuales serán analizados detalladamente en la parte 3 de este libro. Gracias a esta capacidad, el sueño REM podría muy bien haber acelerado el control racional de nuestras emociones primitivas iniciales. Según mi propuesta, este cambio contribuyó de manera esencial a la rápida conquista por parte del *Homo sapiens* del dominio sobre todas las demás especies.

Sabemos, por ejemplo, que el sueño REM aumenta nuestra capacidad de reconocimiento y de gestión del amplio abanico de señales socioemocionales de la cultura humana, como las expresiones faciales explícitas e implícitas, la gestualidad corporal e incluso los comportamientos grupales. Solo hay que considerar trastornos como el autismo para darnos cuenta de lo precaria y diferente que puede ser la existencia social cuando esas capacidades de gestión emocional no existen o están alteradas.

Esta mayor capacidad de reconocimiento y comprensión que nos proporciona el sueño REM nos permite decidir y actuar de forma más inteligente. En concreto, la posibilidad de regular con sensatez nuestras emociones, que es un rasgo esencial de lo que llamamos inteligencia emocional, depende de que tengamos suficiente sueño REM noche tras noche. (Si te han venido ahora a la mente colegas, amigos o personajes públicos que carecen de ese rasgo, podrías preguntarte si duermen lo suficiente, especialmente en las últimas horas de la madrugada, que son las más ricas en sueño REM).

Por otra parte, si multiplicamos esos beneficios individuales en el seno de cada grupo y tribu, así como a través de ellos, y consideramos que cada uno de estos grupos experimenta una creciente intensidad y riqueza de sueño REM desde hace milenios, podemos empezar a darnos cuenta de hasta qué punto esta recalibración nocturna a través del sueño REM ha evolucionado de forma rápida y exponencial. A partir de este progreso de la inteligencia emocional proporcionado por el sueño REM, surgió una nueva y mucho más sofisticada forma de socioecología homínida que permitió la creación de grandes comunidades humanas, emocionalmente astutas, estables y con una intensa cohesión social.

Me atrevo a ir un paso más allá y afirmar que esta no es solo la función del sueño REM más influyente en todos los mamíferos, también es la más influyente de todos los tipos de sueño e incluso la ventaja más importante jamás aportada por el sueño en toda la historia de la vida planetaria. Los beneficios adaptativos que confiere el complejo procesamiento emocional son tan descomunales que a menudo los pasamos por alto. Los humanos somos capaces de albergar una inmensa cantidad de emociones en nuestros cerebros encarnados, y después experimentar profundamente con ellas e incluso reajustarlas. Además, podemos reconocer y ayudar a moldear las emociones de los demás. A través de estos procesos intra- e interpersonales, podemos forjar las alianzas de cooperación necesarias para establecer amplios grupos sociales y, más allá de ello, sociedades enteras con múltiples estructuras e ideologías. Lo que a primera vista podría parecer una modesta aportación del sueño REM al individuo es en realidad, a mi juicio, uno de los elementos clave para la supervivencia y la hegemonía de nuestra especie.

La segunda contribución evolutiva alimentada por la fase REM del sueño es la creatividad. El sueño no-REM ayuda a consolidar la información aprendida transfiriéndola al depósito de almacenamiento a largo plazo del cerebro. Pero es el sueño REM el que toma estos recuerdos frescos y los hace colisionar con todo el catálogo de tu autobiografía vital anterior. Estas colisiones mnemotécnicas durante el sueño REM provocan nuevas ideas a medida que se crean nuevos vínculos entre fragmentos de información no relacionados entre sí. Con cada nuevo ciclo, el sueño REM ayuda a construir amplias redes de asociación de información en el cerebro. El sueño REM puede incluso volver la vista atrás, por así decirlo, y ofrecer una perspectiva general, aportando no ya una lista inerte de datos, sino algo parecido a un conocimiento general basado en una recopilación de la información en su conjunto. De este modo, podemos despertarnos al día siguiente y descubrir que hemos encontrado soluciones para problemas que antes nos parecían irresolubles o que el sueño nos ha insuflado ideas radicalmente nuevas y originales.

Así pues, aparejado al opulento y poderoso tejido socioemocional que el sueño REM ayuda a hilvanar a través de la especie, nos llegó este segundo beneficio del sueño onírico que es la creatividad. Deberíamos sentirnos agradecidos (con humildad) por la superioridad de nuestro ingenio homínido en relación con cualquiera de nuestros rivales más cercanos, ya sean primates u otros. Los chimpancés, nuestros parientes primates vivos más próximos, han vivido aproximadamente cinco millones de años más que nosotros, y algunos de los grandes simios nos precedieron en al menos diez millones de años. A pesar de ello, ninguna de esas especies ha ido a la Luna, creado computadoras o desarrollado vacunas. Humildemente, los humanos sí que lo hemos hecho. El sueño, especialmente el sueño REM y el acto de soñar, es un factor determinante, aunque poco apreciado, de muchos de los elementos que conforman nuestro ingenio y propician nuestros logros, tanto como el uso del lenguaje o de las herramientas (de hecho, hay evidencias de que el sueño tiene también vínculos causales con estos dos últimos rasgos).

Sin embargo, los beneficios que el sueño REM aporta a nuestro cerebro emocional deben ser considerados como más decisivos para nuestro éxito homínido que los beneficios relacionados con la creatividad inspiradora. Ciertamente, la creatividad es una herramienta evolutivamente poderosa, pero se limita en gran medida al individuo. A menos que las soluciones creativas e ingeniosas se compartan con los demás a través de los vínculos sociales y de cooperación emocionalmente ricos que fomenta el sueño REM, lo más probable es que esa creatividad quede fijada en un solo individuo, sin extenderse al resto.

Ahora ya podemos apreciar lo que para mí es la autorrealización de un típico ciclo positivo de evolución. Nuestro paso de dormir en los árboles a hacerlo en el suelo propició que aumentara abundantemente nuestra cantidad de sueño REM en comparación con otros primates, y esta recompensa derivó en un fuerte incremento de la creatividad cognitiva, la inteligencia emocional y, por tanto, la complejidad social. Esto, junto con el hecho de que nuestro cerebro fuera cada vez más denso y estuviera cada vez más interconectado, llevó a una mejora en las estrategias de supervivencia diaria (y nocturna). A su vez, cuanto más intensamente empleábamos estos circuitos emocionales y creativos del cerebro durante el día, mayor era nuestra necesidad de reparar y recalibrar, con más sueño REM nocturno, estos sistemas neuronales cada vez más exigentes.

A medida que este circuito de retroalimentación positiva crecía de forma exponencial, empezamos a formar, organizar, mantener y moldear deliberadamente grupos sociales cada vez más amplios. Las capacidades creativas, que crecían deprisa, podían así extenderse de forma más eficiente y rápida, e incluso mejorarse, con esa cantidad cada vez mayor de sueño REM homínido, responsable del aumento de la sofisticación social y emocional. Por tanto, el sueño REM representó un nuevo factor sostenible que, junto con otros factores, contribuyó a nuestro asombrosamente rápido ascenso evolutivo a la cima del poder, dando lugar, para bien y para mal, a una nueva superclase social (alimentada por el sueño) dominante en todo el mundo.

5

Cambios en el sueño a lo largo de la vida

El sueño antes del nacimiento

Ya sea hablándole o cantándole, los padres que están esperando un hijo a menudo se emocionan por ser capaces de provocar pataditas y movimientos en el pequeño dentro del útero. Tal vez no debería decirlo, pero lo más probable es que en realidad el bebé esté profundamente dormido. Antes del nacimiento, el feto pasa la mayor parte de su tiempo en un estado parecido al sueño, muy semejante a lo que llamamos fase REM de nuestro sueño. El feto dormido no responde, por tanto, a los estímulos de sus padres. Si la madre siente un brazo que se mueve o un piececito que patea, probablemente se trate de una consecuencia aleatoria de las ráfagas de actividad cerebral características del sueño REM.

Durante la noche, los adultos no lanzan ese tipo de patadas o movimientos, o al menos no deberían, ya que están contenidos por el mecanismo de parálisis del sueño REM. Pero en el útero el cerebro del feto no ha construido aún los sistemas inhibidores de los músculos del sueño REM que operan en los adultos. Sin embargo, otros centros profundos del cerebro del feto ya se encuentran en su lugar, incluidos aquellos que generan el sueño. De hecho, para finales del segundo trimestre de desarrollo —aproximadamente en la semana 23 del embarazo—, la gran mayoría de los discos e interruptores neuronales necesarios para producir sueño no-REM y REM se han formado y conectado. Como resultado de este desajuste, el cerebro del feto genera formidables comandos motrices durante el sueño REM, y no hay mecanismos de parálisis para evitarlos.

Sin tal restricción, esas órdenes se traducen libremente en movimientos corporales bruscos, que la madre siente como patadas o golpes de categoría peso pluma.

En esta etapa del desarrollo uterino, el feto dedica la mayor parte del tiempo a dormir. El período de 24 horas contiene una mezcla de aproximadamente seis horas de sueño no-REM, seis horas de sueño REM y 12 horas de un estado intermedio de sueño que no podemos afirmar con certeza si es REM o no-REM, pero que en cualquier caso no es vigilia plena. Solo cuando el feto entra en el trimestre final surgen los destellos de la vigilia real. En contra de lo que creen sus padres, mientras están en el útero únicamente pasan dos o tres horas diarias despiertos.

Aunque el tiempo total de sueño disminuye durante el último trimestre, se produce un incremento paradójico y bastante pronunciado en el tiempo de sueño REM. En las dos últimas semanas de embarazo, el feto aumenta su consumo de sueño REM hasta casi nueve horas diarias. En la última semana antes del nacimiento, la cantidad de sueño REM alcanza el máximo que se logra en toda la vida, con 12 horas al día. Con un apetito casi insaciable, el feto humano dobla su necesidad de sueño REM justo antes de llegar al mundo. No habrá otro momento durante la vida de ese individuo (prenatal, posnatal temprano, adolescencia, adultez o vejez) en el que sufra un aumento tan drástico en su necesidad de sueño REM. En otras palabras, no volverá a disfrutar de un festín semejante.

¿Sueña realmente el feto durante la fase REM? Probablemente no de la manera en que la mayoría de nosotros entendemos los sueños. Pero lo que sí sabemos es que el sueño REM es vital para promover la maduración cerebral. La construcción de un ser humano en el útero ocurre en distintas etapas interdependientes; es un poco como construir una casa. No se puede coronar una edificación con un techo antes de que haya muros de carga sobre los que apoyarlo, y no se pueden colocar los muros sin una base para asentarlos. El cerebro, como el techo de una casa, es uno de los últimos elementos en ser construido durante el desarrollo. Y al igual que ocurre con los techos, el proceso de construcción ha de pasar por diferentes subetapas; por ejemplo, se necesita un armazón antes de empezar a agregar las tejas.

Durante el segundo y tercer trimestre del desarrollo humano, la creación detallada del cerebro y sus componentes se produce a buen ritmo, precisamente cuando el tiempo de sueño REM se acelera. Esto no es una coincidencia. El sueño REM actúa como un estimulante durante esta fase crítica de la vida temprana. Los fuertes estallidos de actividad eléctrica durante el sueño REM estimulan el exuberante crecimiento de las vías neuronales en todo el cerebro en desarrollo, proporcionándole un generoso racimo de conexiones o terminales sinápticas. Podemos definir el sueño REM como un proveedor de servicios de internet que ofrece cobertura a nuevos vecindarios del cerebro con vastas redes de fibra óptica. Usando estos primeros generadores de electricidad, el sueño REM activa su función de alta velocidad.

Esta fase del desarrollo que infunde al cerebro masas de conexiones neuronales se denomina sinaptogénesis, ya que implica la creación de millones de enlaces de cableado o sinapsis entre las neuronas. En el marco de un diseño deliberado, esta fase constituye un primer paso frenético para configurar la computadora central del cerebro. Se da una gran abundancia de configuraciones de posibles circuitos para que emerjan en el cerebro del bebé una vez que haya nacido. Desde la perspectiva de la analogía del proveedor de servicios de internet, todas las casas, en todos los vecindarios, en todos los territorios del cerebro han recibido un alto grado de conectividad y ancho de banda en esta primera fase de la vida.

Con esta hercúlea tarea de neuroarquitectura —construir carreteras neuronales y calles laterales que originarán pensamientos, recuerdos, sentimientos, decisiones y acciones—, no es de extrañar que el sueño REM domine la mayor parte del desarrollo inicial de la vida. De hecho, esto es cierto también para todos los demás mamíferos:[1] el momento de la vida en

---

[1] La excepción, apuntada en el capítulo 4, podrían ser las ballenas asesinas recién nacidas. Parece que no tienen la oportunidad de dormir inmediatamente

que el sueño REM es mayor coincide precisamente con la etapa en que el cerebro experimenta una mayor construcción.

Hay que tener muy presente que alterar o deteriorar el sueño REM de un cerebro infantil en desarrollo tiene consecuencias. En la década de 1990, los investigadores comenzaron a estudiar a las crías de rata recién nacidas. Con solo bloquear el sueño REM, el progreso en la gestación se retrasó, pese a que el tiempo cronológico del desarrollo embrionario seguía adelante. Al privar a los fetos de rata del sueño REM, se interrumpe la construcción del circuito neuronal de la corteza cerebral. Sin sueño REM, el trabajo de montaje en el cerebro se detiene. En el transcurso de los días, el inmaduro circuito neuronal de la corteza cerebral privada de sueño deja de dar muestras de crecimiento.

El mismo efecto se ha demostrado en numerosas especies de otros mamíferos, lo que sugiere que el efecto es probablemente común a todos ellos. Cuando a las crías de rata recién nacidas se les permitió finalmente dormir un poco, el montaje de la corteza cerebral se reemprendió, pero no con la velocidad suficiente para un desarrollo completo. Un cerebro infantil sin sueño será un cerebro infraconstruido.

Un descubrimiento más reciente relaciona las deficiencias del sueño REM con el trastorno del espectro autista (TEA), que no debe confundirse con el trastorno de déficit de atención con hiperactividad (TDAH), del que hablaremos más adelante. El autismo, del que existen varias formas, es una afección neurológica que surge en etapas tempranas del desarrollo, generalmente alrededor de los dos o tres años de edad. El síntoma principal del autismo es la falta de interacción social. Las personas con autismo no se comunican o no interactúan con otras personas fácilmente o del modo habitual.

---

después del nacimiento, ya que tienen que hacer el peligroso viaje de regreso a su hogar, en compañía de su madre, desde el lugar del parto, situado a muchas millas de distancia. Sin embargo, esto es solo una suposición. Es posible que, como todos los demás mamíferos, consuman grandes cantidades de sueño en el útero, incluido el sueño REM, justo antes del nacimiento. Simplemente no lo sabemos todavía.

Aunque nuestra actual comprensión sobre las causas del autismo es incompleta, este trastorno parece estar relacionado con un inadecuado cableado del cerebro durante la fase temprana del desarrollo, específicamente en cuanto a la formación y el número de sinapsis, por lo que estaríamos hablando de una sinaptogénesis anormal. En los individuos autistas son comunes los desequilibrios en las conexiones sinápticas: cantidades excesivas de conectividad en algunas partes del cerebro y deficiencia en otras.

Al darse cuenta de esto, los científicos han empezado a examinar si el sueño de las personas con autismo es atípico. Y lo es. Los bebés y niños pequeños que muestran signos de autismo, o que son diagnosticados con esta enfermedad, no tienen patrones o cantidades de sueño normales. Los ritmos circadianos de los niños autistas son también más débiles que los de los niños no autistas, y muestran un perfil uniforme en la producción de melatonina a lo largo de un período de 24 horas, en lugar de un notable aumento de la concentración al llegar la noche y una disminución drástica durante el día.[2] Biológicamente, para las personas autistas es como si el día y la noche presentaran menos claridad y oscuridad respectivamente. En consecuencia, hay una señal más débil sobre cuándo deben ocurrir los episodios de vigilia y de sueño. Además, y tal vez relacionado con esto, la cantidad total de sueño que los niños autistas pueden generar es menor que la de los niños no autistas.

Sin embargo, lo más notable es la gran escasez de sueño REM. Los niños con autismo muestran un déficit de entre un 30% y un 50% en la cantidad de sueño REM que obtienen, en comparación con los niños sin autismo.[3] Considerando el pa-

---

[2] S. Cohen, R. Conduit, S.W. Lockley, S.M. Rajaratnam y K.M. Cornish, «The relationship between sleep and behavior in autism spectrum disorder (ASD): a review», *Journal of Neurodevelopmental Disorders* 6, n.º 1, 2011, p. 44.

[3] A.W. Buckley, A.J. Rodríguez, A. Jennison *et al.*, «Rapid eye movement sleep percentage in children with autism compared with children with developmental delay and typical development», *Archives of Pediatrics and Adolescent Medicine* 164, n.º 11, 2010, pp. 1032-1037. Ver también S. Miano, O. Bruni, M. Elia, A. Trovato *et al.*, «Sleep in children with autistic spectrum disorder: a

pel del sueño REM en el establecimiento de una masa equilibrada de conexiones sinápticas dentro del cerebro en desarrollo, se ha despertado un creciente interés por descubrir si la deficiencia del sueño REM es un factor que contribuye al autismo.

No obstante, la evidencia existente en humanos es solo correlativa. El hecho de que las anomalías del sueño REM y el autismo vayan de la mano no significa que aquellas sean la causa de este. Tampoco esta asociación determina el sentido de la causalidad, aun si esta existiese: ¿es causa de autismo la deficiencia en el sueño REM, o es justo a la inversa? Es necesario señalar, no obstante, que privar selectivamente del sueño REM a una cría de rata conduce a patrones anormales de conectividad neuronal o sinaptogénesis en el cerebro.[4] Además, los cachorros de rata privados de sueño REM durante la infancia se vuelven socialmente retraídos y tienden a aislarse en las fases ulteriores de desarrollo y en la edad adulta.[5] Independientemente de la causalidad, el estudio de las anomalías del sueño representa una nueva esperanza de diagnóstico para la detección temprana del autismo.

Por supuesto, ninguna madre embarazada debe preocuparse por que los científicos perturben el sueño REM de su feto en desarrollo. El alcohol, en cambio, puede provocar la misma eliminación selectiva del sueño REM. El alcohol es uno de los más poderosos supresores del sueño REM que conocemos. En capítulos posteriores discutiremos la razón por la cual el alcohol bloquea la generación de sueño REM y las consecuencias de la interrupción del sueño en adultos. Por ahora, sin embargo, nos centraremos en el impacto del alcohol en el sueño de un feto en desarrollo y en un recién nacido.

---

questionnaire and polysomnographic study», *Sleep Medicine* 9, n.º 1, 2007, pp. 64-70.

[4] G. Vogel y M. Hagler, «Effects of neonatally administered iprindole on adult behaviors of rats», *Pharmacology Biochemistry and Behavior* 55, n.º 1, 1996, pp. 157-161.

[5] *Ibid.*

El alcohol consumido por una madre atraviesa sin problemas la barrera placentaria, por lo que afecta fácilmente al desarrollo del feto. Teniendo esto presente, los científicos examinaron primero una situación extrema: los embarazos de madres alcohólicas o grandes bebedoras. Poco después del nacimiento, el sueño de estos neonatos se evaluó con electrodos colocados con cuidado en la cabeza. Los recién nacidos de madres que bebían mucho pasaron mucho menos tiempo en estado activo de sueño REM, en comparación con bebés de edad similar, pero nacidos de madres que permanecieron abstemias durante la gestación.

Los registros de los electrodos evidenciaron una historia fisiológica aún más preocupante. Los recién nacidos de madres que bebían en exceso no tenían la misma calidad eléctrica de sueño REM. Ya en el capítulo 3 decíamos que el sueño REM se caracteriza por ondas cerebrales deliciosamente caóticas o desincronizadas: una forma vivaz y saludable de actividad eléctrica. Sin embargo, los niños de madres que beben mucho muestran una reducción del 200% en esta medida de actividad eléctrica vibracional en relación con los nacidos de madres que no consumen alcohol. Es decir, los niños de madres que beben mucho presentan un patrón de ondas cerebrales mucho más sedentario.[6] Así pues, la respuesta a la pregunta sobre si los estudios epidemiológicos han relacionado el consumo de alcohol durante la gestación con una mayor probabilidad de enfermedad neuropsiquiátrica en el hijo, incluyendo el autismo, es que sí.[7]

Afortunadamente, en la actualidad la mayoría de las madres no beben mucho durante el embarazo. Pero ¿qué suce-

---

[6] V. Havlicek, R. Childiaeva y V. Chernick, «EEG frequency spectrum characteristics of sleep states in infants of alcoholic mothers», *Neuropädiatrie* 8, n.º 4, 1977, pp. 360-373. Ver también S. Loffe, R. Childiaeva y V. Chernick, «Prolonged effects of maternal alcohol ingestion on the neonatal electroencephalogram», *Pediatrics* 74, n.º 3, 1984, pp. 330-335.

[7] A. Ornoy, L. Weinstein-Fudim y Z. Ergaz. «Prenatal factors associated with autism spectrum disorder (ASD)», *Reproductive Toxicology* 56, 2015, pp. 155-169.

de con el caso habitual de una madre embarazada que toma un vaso o dos de vino ocasionalmente durante el embarazo? Usando el seguimiento no invasivo de la frecuencia cardíaca, junto con mediciones por ultrasonido del cuerpo, los ojos y el movimiento de la respiración, ahora es posible determinar las etapas básicas del sueño no-REM y el sueño REM de un feto cuando está en el útero. Equipado con estos métodos, un grupo de investigadores estudió el sueño de unos fetos que estaban a unas pocas semanas de nacer. Sus madres fueron evaluadas en dos días sucesivos. En uno de ellos, las madres habían ingerido bebidas no alcohólicas y en el otro, por el contrario, habían bebido aproximadamente dos vasos de vino (la cantidad absoluta fue controlada en función de su peso corporal). El alcohol redujo de forma significativa la cantidad de tiempo que los fetos pasaron en sueño REM.

Esta cantidad de alcohol también atenuó la intensidad del sueño REM que experimentaron los fetos, definida por la medida estándar de cuántos movimientos rápidos del ojo acompañan al ciclo. Además, los fetos sufrieron un marcado descenso en la frecuencia respiratoria durante el sueño REM, cayendo de un nivel normal de 381 por hora durante el sueño natural a solo 4 por hora cuando el feto estaba bajo el efecto alcohólico.[8]

Más allá de la abstinencia de alcohol durante el embarazo, también hay que hacer referencia a la abstinencia en el período de lactancia. Casi la mitad de todas las mujeres que amamantan en los países occidentales consumen alcohol durante los meses de lactancia. El alcohol se absorbe fácilmente en la leche materna. Las concentraciones de alcohol en la leche materna se parecen mucho a las del torrente sanguíneo de la madre: un nivel de alcohol en la sangre de 0.08 mililitros en la madre dará el mismo resultado en la leche materna.[9] Reciente-

---

[8] E.J. Mulder, L.P. Morssink, T. van der Schee y G.H. Visser, «Acute maternal alcohol consumption disrupts behavioral state organization in the nearterm fetus», *Pediatric Research* 44, n.º 5, 1998, pp. 774-779.

[9] Más allá del sueño, el alcohol también inhibe el reflejo de eyección de la leche y causa una disminución temporal en el rendimiento de la misma.

mente hemos descubierto lo que el alcohol en la leche materna causa en el sueño de los infantes.

Los recién nacidos normalmente pasan directamente al sueño REM después de una toma. Muchas madres lo saben: casi tan pronto como acaba la succión, y en ocasiones incluso antes, al niño se le cierran los párpados y, por debajo, los ojos empiezan a moverse de izquierda a derecha, lo que indica que el bebé está en sueño REM. Un mito muy común es que los bebés duermen mejor si la madre toma algo de alcohol antes de amamantar; la cerveza solía ser la bebida sugerida por esta vieja creencia. Pero los aficionados a la cerveza deben saber que eso no es más que un mito. En muchos estudios se han alimentado lactantes con leche materna que contenía un sabor no alcohólico, como la vainilla, o con una cantidad controlada de alcohol (el equivalente a que la madre tomara una o dos copas). Cuando los bebés consumen leche mezclada con alcohol, su sueño es más discontinuo, pasan más tiempo despiertos y sufren una disminución del sueño REM de entre un 20% y un 30%.[10] A menudo, tras haber conseguido eliminar el alcohol de su torrente sanguíneo, los bebés tratan de recuperar algo de ese sueño REM perdido, aunque no resulta sencillo para sus tiernos sistemas.

Lo que todos estos estudios evidencian es que el sueño REM no es opcional durante la vida humana temprana, sino obligatorio. Cada hora de sueño REM parece contar, como lo demuestra el intento desesperado de un feto o de un recién nacido por recuperar el sueño REM perdido.[11] Lamentablemente, todavía no sabemos exactamente cuáles son los efec-

---

[10] J.A. Mennella y P.L. García-Gómez, «Sleep disturbances after acute exposure to alcohol in mothers' milk», *Alcohol* 25, n.º 3, 2001, pp. 153-158. Ver también J. A. Mennella y C.J. Gerrish, «Effects of exposure to alcohol in mother's milk on infant sleep», *Pediatrics* 101, n.º 5, 1998, E2.

[11] Aunque no está directamente relacionado con la cantidad o la calidad del sueño, el consumo de alcohol por parte de la madre antes de acostarse con su bebé recién nacido hace que aumenten entre siete y nueve veces las posibilidades de sufrir el síndrome de muerte súbita del lactante (SIDS), en comparación con aquellos casos en que la madre no ha bebido alcohol (P.S. Blair, P. Sidebotham, C. Evason-Coombe *et al.*, «Hazardous cosleeping environments and

tos a largo plazo de la interrupción del sueño REM en fetos o neonatos, tanto la asociada al alcohol como a otra causa. Pero sí hemos comprobado que el bloqueo o la reducción del sueño REM en animales recién nacidos obstaculiza y distorsiona el desarrollo cerebral, y que eso produce un adulto socialmente anormal.

El sueño en la infancia

Quizá la diferencia más obvia y atormentadora (para los padres primerizos) entre el sueño de los bebés y los niños pequeños y el de los adultos es el número de fases del sueño. En contraste con el patrón único de sueño monofásico observado en adultos de naciones industrializadas, los bebés y los niños pequeños muestran un sueño polifásico: muchos períodos cortos de sueño durante el día y la noche, salpicados por numerosos despertares, a menudo muy ruidosos.

No hay mejor retrato, ni más gracioso, que el que hizo Adam Mansbach en su libro de canciones de cuna *Go the F**k to Sleep* (¡Duérmete de una p**a vez!). Se trata, lógicamente, de un libro para adultos que escribió Mansbach al estrenarse como padre y verse desgarrado por los constantes despertares de su hija debido al perfil polifásico del sueño infantil. La incesante necesidad de atender a su pequeña y de intentar, noche tras noche, devolverla al sueño, lo exasperaba y agotaba de tal modo que acabó por descargar toda su amorosa rabia reprimida. Lo que derramó en las páginas fue una serie de rimas cómicas supuestamente dirigidas a su hija, cuyos temas reconocerá enseguida cualquier padre primerizo: «Te leeré un último cuento si prometes que / de una puta vez / te dormirás». (Hay una versión en audiolibro, narrada extraordinariamente por el actor Samuel L. Jackson).

---

risk factors amenable to change: case-control study of SIDS in southwest England», *BMJ* 339, 2009, b3666).

Afortunadamente para todos los padres primerizos (incluido Mansbach), cuanto mayor es el niño, más duraderos y estables se vuelven sus períodos de sueño.[12] La explicación para este cambio está en el ritmo circadiano. Mientras que las áreas del cerebro que generan el sueño se moldean mucho antes del nacimiento, el reloj de 24 horas que controla el ritmo circadiano, el núcleo supraquiasmático, tarda un tiempo considerable en desarrollarse. Hasta los tres o cuatro meses de edad, un recién nacido no empezará a dar tímidas muestras de estar gobernado por un ritmo diario. Lentamente, el núcleo supraquiasmático comienza a adherirse a las señales repetitivas, como la luz del día, el cambio de temperatura y las comidas (siempre que estas se encuentren debidamente estructuradas), estableciendo un ritmo cada vez más consistente de 24 horas.

Tras un año de desarrollo, el núcleo del reloj supraquiasmático de un bebé ha tomado las riendas del ritmo circadiano. Esto significa que el niño pasa ahora más tiempo despierto durante el día (intercalando la vigilia con varias siestas), y afortunadamente más tiempo dormido por la noche. En la mayoría de los casos, desaparecen los ataques indiscriminados de sueño y vigilia que antes salpicaban tanto el día como la noche. A los cuatro años, el ritmo circadiano domina ya el comportamiento del sueño del niño, con una larga fase de sueño nocturno, generalmente complementada por una sola siesta diurna. En esta etapa, el niño ha pasado de un patrón de sueño polifásico a un patrón de sueño bifásico. Al final de la infancia, el patrón de sueño monofásico moderno queda finalmente establecido.

---

[12] La capacidad de los bebés y de los niños pequeños para dormir por la noche de manera independiente se convierte a menudo en la obsesión principal de muchos padres. Hay innumerables libros cuyo único objetivo es explicar las mejores prácticas para el sueño de bebés y niños. Este libro no pretende ofrecer una visión general del tema. Sin embargo, una recomendación clave es acostar siempre a nuestro hijo cuando esté somnoliento, en lugar de hacerlo cuando está dormido. De ese modo, los bebés y los niños tienen una probabilidad significativamente mayor de desarrollar una capacidad independiente para calmarse por la noche, por lo que pueden volver a dormirse sin necesidad de que estén presentes los padres.

Sin embargo, este establecimiento progresivo de un ritmo estable esconde una lucha de poder mucho más tumultuosa entre el sueño no-REM y el sueño REM. Aunque la cantidad total de sueño disminuye gradualmente desde el nacimiento en adelante, haciéndose al mismo tiempo más estable y consolidada, la proporción de tiempo empleado en sueño no-REM y en sueño REM no disminuye de una manera igualmente estable.

Durante las 14 horas de sueño de un bebé de seis meses, la relación entre el sueño no-REM y el REM es de 50/50. Sin embargo, en un niño de cinco años, el tiempo se dividirá 70/30 entre no-REM y REM durante las 11 horas de sueño diario total. En otras palabras, la proporción de sueño REM disminuye en la primera infancia, al tiempo que aumenta la de sueño no-REM, mientras que el tiempo total de sueño disminuye. La reducción en la porción de sueño REM y el incremento del dominio del sueño no-REM continúan durante la primera infancia y hasta la mitad de la niñez. Ese equilibrio se estabiliza a finales de la adolescencia en un 80/20 a favor del sueño no-REM, y permanecerá así durante toda la etapa de madurez, desde el inicio de la misma hasta la mediana edad.

El sueño en la adolescencia

¿Por qué tenemos tanto tiempo de sueño REM en el útero y en las primeras etapas de la vida, pero cambiamos a un predominio del sueño no-REM en la infancia tardía y en la adolescencia temprana? La cuantificación de la intensidad de las ondas cerebrales durante el sueño profundo muestra el siguiente patrón: una disminución en la intensidad del sueño REM en el primer año de vida y un incremento exponencial en la intensidad del sueño no-REM profundo en la infancia media y tardía, alcanzando su pico justo antes de la pubertad, para luego atenuarse de nuevo. ¿Qué tiene de especial este tipo de sueño profundo durante este momento de transición de la vida?

Antes del nacimiento, y poco después de él, el desafío del desarrollo es construir y agregar un gran número de carreteras e interconexiones neuronales que se conviertan en un cerebro incipiente. Como hemos visto, el sueño REM tiene un papel esencial en este proceso de proliferación, ayudando a poblar los vecindarios cerebrales con conectividad neuronal y activando después esas rutas con una buena dosis de ancho de banda informativa.

Pero dado que esta primera ronda de cableado cerebral es intencionadamente fervorosa, debe llevarse a cabo una segunda ronda de remodelación. Esta ocurre durante la última etapa de la infancia y en la adolescencia. Aquí, el objetivo arquitectónico no es hacer una ampliación, sino una reducción encaminada a incrementar la eficacia. El tiempo de agregar conexiones cerebrales con la ayuda del sueño REM ha terminado. Ahora la poda de conexiones se convierte en el primer punto del orden del día o, mejor dicho, de la noche. Entra así en acción la mano escultora del sueño no-REM profundo.

Resulta útil volver a nuestra analogía del proveedor de servicios de internet. Cuando se empieza con el tendido de la red en el nuevo vecindario, a cada hogar se le proporciona la misma cantidad de conectividad de ancho de banda y por tanto el mismo potencial de uso. Sin embargo, esa es una solución ineficiente a largo plazo, ya que algunos de estos hogares con el tiempo se convertirán en usuarios importantes de ancho de banda, mientras que otros consumirán muy poco. Algunas casas pueden incluso permanecer vacías y nunca usar ancho de banda. Para estimar de manera fiable qué patrón de demanda existe, el proveedor de servicios de internet necesita tiempo para recopilar estadísticas de patrones de uso. Solo después de un período de experimentación, el proveedor puede tomar una decisión informada sobre cómo refinar la estructura original de la red que implementó, lo que le llevará a reducir la conectividad en hogares de bajo uso y a aumentar la conectividad de aquellos con alta demanda de ancho de banda. No se trata de una completa reconstrucción de la red; de hecho, gran parte de la estructura original permanecerá en su lugar. No olvidemos que el proveedor de servicios de internet ha hecho esto muchas veces y tiene una estimación razonable sobre cómo extender el primer cableado de la red. Pero ahora, si quiere lograr la máxima eficacia, tiene que reconfigurar y reducir el tamaño en función de la demanda de uso.

Durante la infancia tardía y la adolescencia, el cerebro humano se somete a una transformación similar que viene determinada por el uso. Gran parte de la estructura original instalada en las etapas tempranas de la vida persistirá, ya que a estas alturas, y tras un sinfín de intentos durante miles de años de evolución, la madre naturaleza ha conseguido crear un cableado inicial bastante preciso en el cerebro. Pero, sabiamente, ha dejado algo sobre la mesa: el refinamiento individualizado. Las experiencias únicas de un niño durante sus años formativos se traducen en un conjunto de estadísticas de uso personal. Esas experiencias, o esas estadísticas, proporcionan el plan a medida para una última ronda de refinamiento cerebral,[13] aprovechando la oportunidad que la naturaleza ha dejado abierta. Un cerebro genérico se vuelve cada vez más individualizado, en función del uso personal del propietario.

Para ayudar con el trabajo de refinamiento y redimensionamiento de la conectividad, el cerebro emplea los servicios del sueño no-REM profundo. Una de las muchas funciones que este lleva a cabo es la poda sináptica, que ocupa un lugar destacado durante la adolescencia (la lista completa de funciones la expondremos en el próximo capítulo). En una notable serie de experimentos, el pionero investigador del sueño Irwin Feinberg descubrió algo fascinante acerca de cómo esta operación de redimensionamiento tiene lugar dentro del cerebro adolescente. Sus hallazgos ayudan a confirmar una opinión muy extendida, la de que los adolescentes tienen una versión menos racional del cerebro adulto, un cerebro que corre más riesgos y tiene relativamente pocas habilidades para tomar decisiones.

---

[13] Aunque el grado de conectividad de la red neuronal disminuye durante el desarrollo, aumenta el tamaño físico de nuestras células cerebrales y, por lo tanto, también el tamaño físico del cerebro y la cabeza.

Utilizando electrodos por toda la cabeza (arriba, abajo, izquierda y derecha), Feinberg empezó a registrar el sueño de un amplio grupo de niños de entre seis y ocho años. Cada seis meses los llevaba a su laboratorio, donde medía su sueño. Lo hizo durante años. Acumuló más de 3 500 evaluaciones de sueño de noches completas: ¡unas asombrosas 320 000 horas de sueño registradas! A partir de estos registros, Feinberg creó una serie de instantáneas que muestran cómo la intensidad del sueño profundo cambia con las distintas etapas del desarrollo del cerebro a medida que los niños transitan por la a menudo difícil adolescencia hasta la edad adulta. Era el equivalente neurocientífico de la fotografía a cámara rápida de la naturaleza, que capta imágenes sucesivas de un árbol cuando brota en la primavera (infancia), cuando se llena de hojas durante el verano (infancia tardía), cuando cambia de color en el otoño (adolescencia temprana), y finalmente cuando muda de hojas en el invierno (adolescencia tardía y adultez temprana).

Durante la niñez media y tardía, Feinberg observó cantidades moderadas de sueño profundo a medida que se completaban los últimos brotes de crecimiento neuronal dentro del cerebro, de manera análoga a lo que ocurre al final de la primavera y al inicio del verano. Luego, en sus registros eléctricos, comenzó a notar un fuerte aumento en la intensidad del sueño profundo, precisamente en el momento en que las necesidades de desarrollo de la conectividad cerebral pasaban de exigir conexiones crecientes a una disminución en las mismas; lo que en la analogía del árbol equivale al otoño. Justo cuando la maduración otoñal estaba a punto de volverse invierno y la poda estaba casi completa, los registros de Feinberg mostraron un claro retroceso en la intensidad del sueño no-REM profundo. El ciclo de vida de la niñez había concluido, y cuando las últimas hojas cayeron, se garantizó el paso neuronal hacia la adolescencia. El sueño no-REM profundo había ayudado en la transición hacia la adultez temprana.

Feinberg propuso que el aumento y la disminución en la intensidad del sueño profundo ayudaban a guiar el viaje hacia la madurez a través de los niveles precarios de la adolescencia, para después adoptar un tramo seguro hacia la adultez. Recientes descubrimientos respaldan su teoría. A medida que el sueño no-REM profundo realiza la revisión y el refinamiento final del cerebro durante la adolescencia, las habilidades cognitivas, el razonamiento y el pensamiento crítico comienzan a mejorar, y lo hacen de manera proporcional al incremento del sueño no-REM. Observando más atentamente esta relación, se puede ver algo aún más interesante. Los cambios en el sueño no-REM profundo siempre preceden en varias semanas o meses a los hitos cognitivos y de desarrollo del cerebro, lo que implica una dirección de influencia: el sueño profundo sería una fuerza impulsora de la maduración cerebral, y no al revés.

Feinberg hizo un segundo descubrimiento fundamental. Cuando examinó por períodos de tiempo los cambios en la intensidad del sueño profundo en cada uno de los diferentes electrodos colocados en la cabeza, comprobó que los cambios no eran iguales en todos ellos. El patrón de maduración ascendente y descendente empezaba siempre en la parte posterior del cerebro, que es la que se encarga de las funciones visuales y de percepción espacial, y luego avanzaba de forma constante conforme progresaba la adolescencia. Lo más sorprendente fue que la última parada en el viaje de maduración era el extremo del lóbulo frontal, que permite el pensamiento racional y la toma de decisiones críticas. Por lo tanto, la parte posterior del cerebro de un adolescente era más parecida a la de un adulto, mientras que la parte frontal se parecía más a la de un niño durante todo el período.[14]

---

[14] Pese a toda esta explicación sobre la eliminación de las sinapsis en el cerebro adolescente, debo señalar que el cerebro sigue fortaleciéndose de manera considerable gracias a los circuitos que permanecen en funcionamiento, y eso se lleva a cabo durante el sueño mediante diferentes ondas cerebrales, de las que hablaremos en el capítulo siguiente. Basta ahora decir que la capacidad de aprender, retener y, por lo tanto, recordar persiste incluso en el contexto de la reducción general de la conectividad a lo largo del desarrollo tardío. Sin embargo, en la adolescencia el cerebro es menos maleable o plástico que durante la infancia o la niñez temprana, ejemplo de ello es la facilidad con la que los niños más pequeños pueden aprender un segundo idioma en comparación con los adolescentes.

Sus hallazgos ayudaron a explicar por qué la racionalidad es una de las últimas cosas que florecen en los adolescentes, y es que el territorio cerebral en el que está ubicada es el último en recibir el tratamiento de madurez del sueño. Ciertamente, el sueño no es el único factor de maduración del cerebro, pero su papel parece ser muy significativo a la hora de allanar el camino para el desarrollo del pensamiento y la capacidad de razonamiento. El estudio de Feinberg me recuerda un anuncio de una compañía de seguros que vi una vez y que decía: «¿Por qué la mayoría de los jóvenes de 16 años manejan como si les faltara una parte del cerebro? Por eso, porque son jóvenes». Es necesario el sueño profundo y un tiempo de desarrollo para alcanzar la maduración neuronal que cubre esta «brecha» cerebral dentro del lóbulo frontal. Cuando tus hijos lleguen finalmente a la mitad de su vida y la prima del seguro de su automóvil disminuya, podrán agradecerle al sueño el dinero que se van a ahorrar.

La relación entre la intensidad del sueño profundo y la maduración cerebral descrita por Feinberg se ha observado ya en muchas poblaciones diferentes de niños y adolescentes en todo el mundo. Pero ¿cómo podemos estar seguros de que el sueño profundo brinda realmente el servicio de poda neuronal necesario para la maduración cerebral? Aunque los cambios en el sueño y la maduración cerebral ocurran simultáneamente, ¿cómo podemos estar seguros de que no se producen de manera independiente?

La respuesta se encuentra en los estudios sobre ratas y gatos jóvenes de edades equivalentes a la adolescencia humana. Los científicos privaron a estos animales del sueño profundo. Al hacerlo detuvieron el perfeccionamiento madurativo de la conectividad cerebral, demostrando el orden causal del sueño no-REM profundo, que proyecta al cerebro hacia una adultez saludable.[15] Un dato preocupante que pudo observarse es que la administración de cafeína a ratas jóvenes también in-

---

[15] M.G. Frank, N.P. Issa y M.P. Stryker, «Sleep enhances plasticity in the developing visual cortex», *Neuron* 30, n.º 1, 2001, pp. 275-287.

terrumpía el sueño no-REM profundo y, como consecuencia, podía retrasar numerosos procesos de maduración cerebral y de desarrollo de la actividad social, entre ellos el aseo personal y la exploración del medio ambiente, que son procesos de aprendizaje automotivado.[16]

Reconocer la importancia del sueño no-REM profundo en los adolescentes ha sido fundamental para nuestra comprensión del desarrollo saludable, pero también ofrece pistas sobre lo que sucede cuando las cosas salen mal en el contexto de un desarrollo anormal. Muchos de los principales trastornos psiquiátricos, como la esquizofrenia, el trastorno bipolar, la depresión mayor y el TDAH, se consideran ahora trastornos del desarrollo anormal, ya que suelen surgir durante la infancia y la adolescencia.

Volveremos a tratar el asunto del sueño y la enfermedad psiquiátrica varias veces en el transcurso de este libro, pero la esquizofrenia merece aquí una mención especial. Varios estudios han realizado seguimientos del desarrollo neuronal usando escáneres cerebrales cada dos meses en cientos de adolescentes. Algunos de estos jóvenes desarrollaron esquizofrenia en sus últimos años de adolescencia y al principio de la edad adulta. Estos individuos tenían un patrón anormal de maduración cerebral asociado con la poda sináptica, especialmente en las regiones del lóbulo frontal, donde se controlan los pensamientos racionales y lógicos; la incapacidad de llevar a cabo ese control es un síntoma importante de esquizofrenia. En una serie separada de estudios también observamos que en individuos jóvenes con un alto riesgo de desarrollar esquizofrenia, y en adolescentes y jóvenes con esquizofrenia, existe una reducción del sueño no-REM profundo.[17] Además, las ondas eléctricas cerebrales del sueño no-REM no son normales, ni en su forma ni tampoco en el número. La eliminación defectuosa

---

[16] N. Olini, S. Kurth y R. Huber, «The effects of caffeine on sleep and maturational markers in the rat», *PLOS ONE* 8, n.º 9, 2013, e72539.

[17] S. Sarkar, M.Z. Katshu, S.H. Nizamie y S.K. Praharaj, «Slow wave sleep deficits as a trait marker in patients with schizophrenia», *Schizophrenia Research* 124, n.º 1, 2010, pp. 127-133.

de las conexiones cerebrales en la esquizofrenia causada por anormalidades del sueño es ahora una de las áreas de investigación más activas y apasionantes dentro del ámbito de las enfermedades psiquiátricas.[18]

Los adolescentes se enfrentan a otros dos desafíos en su lucha por dormir lo suficiente a medida que su cerebro continúa desarrollándose. El primero es un cambio en su ritmo circadiano. El segundo es un horario escolar muy madrugador. En un capítulo posterior abordaré los efectos nocivos y peligrosos del horario escolar; sin embargo, las complicaciones derivadas de ese horario escolar tan madrugador están inexplicablemente relacionadas con el primer problema: un cambio en el ritmo circadiano. De pequeños, a menudo queríamos quedarnos despiertos hasta tarde para poder ver la televisión o participar en lo que fuera que estuvieran haciendo nuestros padres y nuestros hermanos mayores por la noche. Pero cuando se nos daba esa oportunidad, el sueño normalmente nos encontraba en el sofá, en una silla o, a veces, en el suelo. Los hermanos mayores o los padres nos llevaban dormidos a la cama. La razón no es solo que los niños pequeños necesitan más horas de sueño que sus hermanos mayores o sus padres, sino también que el ritmo circadiano de un niño pequeño funciona en un horario más temprano. Por lo tanto, los niños se duermen antes que sus padres y se despiertan más pronto.

Sin embargo, los adolescentes tienen un ritmo circadiano diferente del de sus hermanos pequeños. Durante la pubertad, el horario del núcleo supraquiasmático se desplaza progresivamente hacia delante: un cambio que es común en todos los adolescentes, independientemente de su cultura o geografía, y que es el motivo de que permanezcan despiertos más tiempo incluso que sus padres.

A los nueve años, el ritmo circadiano hará que el niño se duerma en torno a las nueve de la noche, gracias en parte al

---

[18] M.F. Profitt, S. Deurveilher, G.S. Robertson, B. Rusak y K. Semba, «Disruptions of sleep/wake patterns in the stable tubule only polypeptide (STOP) null mouse model of schizophrenia», *Schizophrenia Bulletin* 42, n.º 5, 2016, pp. 1207-1215.

incremento de la melatonina. Cuando ese mismo individuo cumple 16 años, su ritmo circadiano experimenta un cambio drástico en su fase cíclica. El aumento en la melatonina y, con ella, el aviso de oscuridad y sueño suceden muchas horas más tarde. En consecuencia, un adolescente de 16 años no tendrá interés, por lo general, en acostarse a las nueve de la noche. El estado de vigilia máxima suele estar todavía en juego a esa hora. En el momento en que los padres se sienten cansados, cuando sus ritmos circadianos bajan y la liberación de melatonina ordena que duerman, tal vez alrededor de las 10 u 11 de la noche, su hijo adolescente puede estar aún completamente despierto. Deben pasar un par de horas más antes de que el ritmo circadiano del cerebro del adolescente empiece a apagar el estado de alerta y permita que comience el sueño fácil y profundo.

Esto conduce, evidentemente, a una espiral de malestar y frustración para todos los involucrados. Los padres quieren que su hijo adolescente se despierte a una hora «razonable» por la mañana. Por el contrario, los adolescentes, que no fueron capaces de conciliar el sueño hasta horas después de que lo hicieran sus padres, pueden encontrarse a esa hora en el punto más bajo de la fase descendente del ciclo circadiano. Al igual que un animal que sale prematuramente de la hibernación, si el cerebro adolescente no consigue dormir más tiempo, hasta completar el ciclo circadiano, operará con aturdimiento y de manera ineficiente.

Como esto puede resultar desconcertante para los padres, he aquí una forma diferente de enfocar el tema: pedirle a tu hijo o hija adolescente que se vaya a la cama y se duerma a las diez de la noche es el equivalente circadiano de pedirte a ti, su padre, que te vayas a dormir a las siete u ocho de la noche. No importa la firmeza con que formules la orden ni tampoco si ese adolescente desea realmente obedecer tus instrucciones, ni importa finalmente la fuerza de voluntad de ambas partes: el ritmo circadiano de un adolescente no cambiará milagrosamente. Más aún, pedirle a ese mismo adolescente que se despierte a las siete de la mañana siguiente y que funcione con inteligencia, gracia y buen humor equivale a pedirte a ti, su padre, que hagas lo mismo a las cuatro o las cinco de la madrugada.

Tristemente, ni la sociedad ni nuestras conductas paternas están diseñadas para aceptar que los adolescentes necesitan dormir más que los adultos y que están biológicamente diseñados para obtener ese sueño en un horario diferente. Es muy comprensible que los progenitores se sientan frustrados por ello, ya que creen que los patrones de sueño de su hijo adolescente responden a una elección consciente y no a un mandato biológico. Pero lo cierto es que se trata de patrones no volitivos, no negociables y marcadamente biológicos. Nosotros, como padres, deberíamos aceptar este hecho, asumirlo, alentarlo e incluso elogiarlo, a menos que deseemos que nuestros propios hijos sufran anomalías en su desarrollo cerebral o se expongan a un elevado riesgo de enfermedad mental.

No siempre será así para el adolescente. A medida que se acerque a la etapa adulta joven y media, su cronograma circadiano se irá retrasando gradualmente en el tiempo. No hasta los niveles de la infancia, sino a un horario anterior, cosa que, irónicamente, llevará a estos (ahora) adultos a sufrir las mismas frustraciones y molestias con sus propios hijos o hijas que sufrieron sus padres. En esta etapa, se olvidarán (o preferirán olvidarse) de que cuando ellos eran adolescentes también deseaban acostarse mucho más tarde que sus padres.

Tal vez te preguntes por qué en la adolescencia el cerebro prefiere acostarse y levantarse tarde, y, en cambio, al llegar a la vida adulta, regresa a un ritmo de sueño y de vigilia más temprano. Aunque continuaremos examinando esta cuestión, propongo una explicación socioevolutiva.

El objetivo central del desarrollo del adolescente es la transición de la dependencia a la independencia parental. Entretanto, aprenden a manejar las complejidades de las relaciones e interacciones entre grupos de iguales. Tal vez la forma que la madre naturaleza ha encontrado para ayudar a los adolescentes a separarse de sus padres sea avanzar sus ritmos circadianos más allá de los de sus progenitores adultos. Esta ingeniosa solución biológica traslada selectivamente a los adolescentes a una fase posterior en la que pueden operar de manera independiente durante varias horas, y hacerlo además de manera colectiva con la gente de su misma edad. No es una dislocación permanente o total del cuidado parental, sino un intento seguro de separar parcialmente a los futuros adultos de los ojos de la madre y del padre. Por supuesto, existe un riesgo. Pero la transición debe suceder. Y las horas en que se despliegan esas alas adolescentes que les permiten realizar sus primeros vuelos en solitario desde el nido parental no son las del día, sino las de la noche.

Todavía nos queda mucho por aprender sobre el papel del sueño en el desarrollo. Sin embargo, las evidencias de las que disponemos nos permiten esgrimir una defensa de los horarios de sueño de los adolescentes, en lugar de denigrarlos con el argumento de que constituyen un signo de pereza. Como padres, a menudo nos centramos demasiado en lo que el sueño les quita a nuestros adolescentes, sin detenernos a pensar en los beneficios que les puede estar aportando. Otra cosa que se ha de poner en cuestión es la cafeína. Hace algún tiempo, en los Estados Unidos se llevó a cabo una campaña de política educativa que utilizaba el siguiente eslogan: «Que ningún niño se quede atrás». Basándose en la evidencia científica, mi colega la doctora Mary Carskadon sugirió un nuevo lema: «Que ningún niño consuma cafeína».

El sueño en la vida adulta y en la vejez

Puede que lo hayas aprendido de una forma dolorosa: el sueño es más problemático y desordenado en los ancianos. Los efectos de ciertos medicamentos que consumen de forma habitual, junto con afecciones médicas propias de su edad, hacen que en general sean menos capaces de obtener sueño, o al menos un sueño tan reparador como el de los jóvenes.

La idea de que los ancianos necesitan menos horas de sueño es un mito. Las personas mayores parecen necesitar tanto sueño como una persona de mediana edad; lo que ocurre, sencillamente, es que les cuesta más generarlo. Multitud de encuestas lo confirman: si bien duermen menos, los ancianos afirman que necesitan más sueño, e incluso que tratan de dormir lo mismo que los adultos más jóvenes.

Existen hallazgos científicos adicionales que confirman el hecho de que los ancianos, al igual que los adultos jóvenes, necesitan toda una noche de sueño. Antes de abordar en profundidad este asunto sería conveniente explicar las alteraciones básicas del sueño que ocurren en el envejecimiento, con base en las cuales se ha sostenido la falacia de que las personas mayores no necesitan dormir tanto. Los tres cambios clave son: 1) reducción de la cantidad o calidad de sueño, 2) reducción de la eficiencia del sueño y 3) alteración del tiempo de sueño.

La estabilización postadolescente del sueño no-REM profundo en los albores de la veintena no dura mucho tiempo. Pronto, antes de lo que uno podría imaginar o desear, llega una gran recesión del sueño que afecta especialmente al sueño profundo. En contraste con el sueño REM, que permanece en gran medida constante en la mediana edad, la disminución del sueño no-REM profundo se pone en marcha cuando uno llega a la treintena, o incluso un poco antes.

A medida que te adentras en la cuarta década de la vida, se produce una reducción palpable de la cantidad de sueño no-REM profundo, así como de su calidad eléctrica. Cuando tengas cuarenta y tantos años, la edad te habrá quitado entre el 60% y el 70% del sueño profundo que disfrutabas de adolescente. Y para cuando alcances los setenta años, habrás perdido entre el 80% y el 90% del sueño profundo de tu juventud.

Ciertamente, cuando dormimos por la noche, e incluso cuando nos despertamos por la mañana, la mayoría no tenemos una idea clara sobre la calidad de nuestro sueño. No nos debe sorprender, por tanto, que muchas personas mayores vivan sus últimos años sin darse cuenta en absoluto de cuán degradado está su sueño profundo, tanto en términos de cantidad como de calidad. Este es un punto importante: significa que las personas mayores no logran relacionar su deterioro de salud con el deterioro en el sueño, a pesar de que tal relación es conocida por los científicos desde hace muchas décadas. En consecuencia, si bien las personas mayores acuden a su médico de cabecera en busca de un tratamiento para sus problemas de salud, raramente solicitan ayuda para sus igualmente problemáticos trastornos de sueño. De ese modo, los médicos apenas se plantean abordar los problemas del sueño como un factor relacionado con el resto de preocupaciones de salud del adulto mayor.

Si bien no todos los problemas médicos del envejecimiento son atribuibles a un sueño deficiente, muchas de nuestras dolencias físicas y mentales asociadas con la edad sí tienen que ver con dormir mal. Pese a ello, es algo que ni nosotros ni muchos doctores nos tomamos suficientemente en serio. Una vez más, invito a cualquier persona mayor que pueda estar preocupada por su sueño a que no busque solución en una píldora para dormir. En su lugar, le recomiendo que explore primero las alternativas no farmacológicas efectivas y científicamente probadas que le puede ofrecer un médico especializado en medicina del sueño.

El segundo rasgo distintivo del sueño alterado por el envejecimiento, y del cual los ancianos son muy conscientes, es la fragmentación. Cuanto más mayores nos hacemos, más nos despertamos durante la noche. Existen muchas causas, como la interacción de los medicamentos y las enfermedades, pero la principal de ellas es una vejiga debilitada, que nos obliga a ir al baño con mayor frecuencia. Reducir la ingesta de líquidos a media tarde puede ayudar, pero no es ninguna panacea.

Debido a la fragmentación del sueño, las personas mayores sufren una reducción en la eficiencia del sueño, que viene determinada por el porcentaje de tiempo que de verdad se duerme mientras se está en la cama. Si duermes durante las ocho horas que pasas en la cama, la eficiencia de tu sueño será del 100%. Si duermes solo cuatro de esas ocho horas, la eficiencia de tu sueño será del 50%. Los adolescentes sanos disfrutan de una eficiencia del sueño de alrededor del 95%. Como referencia, la mayoría de los médicos del sueño consideran que el sueño de buena calidad implica una eficiencia del 90% o más.

Para cuando alcanzamos los ochenta años, a menudo ha caído por debajo del 70% o el 80%. Este porcentaje puede sonar razonable, hasta que comprendemos que eso implica que si estamos ocho horas en la cama, pasaremos despiertos una hora o una hora y media.

El sueño ineficiente no es ninguna broma, como lo demuestran los estudios que evalúan a decenas de miles de ancianos. Incluso teniendo en cuenta factores como el índice de masa corporal, el sexo, la raza, el historial de tabaquismo, la frecuencia de ejercicio y los medicamentos consumidos, cuanto más bajo es el resultado de eficiencia del sueño de un anciano, mayor es el riesgo de mortalidad, peor es su salud física, más probabilidades hay de que sufra depresión, más bajo es su nivel de energía y menor es su función cognitiva condicionada por el olvido.[19] Cualquier individuo, independientemente de su edad, presentará malestar físico, inestabilidad mental, un estado de alerta reducido y una memoria deteriorada si sufre una alteración crónica del sueño. El problema con las personas mayores es que sus familiares observan estas características diurnas y se agarran enseguida al diagnóstico de demencia, pasando por alto la posibilidad de que un mal patrón de sueño sea una causa igualmente probable. Por supuesto, no todos los ancianos con problemas de sueño sufren demencia. Sin embargo, en el capítulo 7 explicaré con detalle cómo y por qué la interrupción del sueño es un factor causal que contribuye a la demencia en la edad madura y en la vejez.

Hemos de mencionar también otra consecuencia inmediata e igualmente peligrosa de la fragmentación del sueño en los ancianos: las visitas nocturnas al baño y el riesgo asociado de caídas y fracturas. Cuando nos despertamos durante la noche a menudo estamos aturdidos. A esto hemos de añadir

---

[19] D.J. Foley, A.A. Monjan, S.L. Brown, E.M. Simonsick *et al.*, «Sleep complaints among elderly persons: an epidemiologic study of three communities», *Sleep* 18, n.º 6, 1995, pp. 425-432. Ver también D.J. Foley, A.A. Monjan, E.M. Simonstick, R.B. Wallace y D.G. Blazer, «Incidence and remission of insomnia among elderly adults: an epidemiologic study of 6,800 persons over three years», *Sleep* 22, suplemento 2, 1999, S366-372.

el hecho de que está oscuro. Además, al levantarnos tras haber estado acostados largo rato en la cama, la sangre puede descender desde la cabeza hacia las piernas por la fuerza de gravedad, lo que hace que nos sintamos mareados e inseguros en nuestros pasos. Esto último es especialmente cierto en los ancianos, cuya presión arterial a menudo se ve afectada. Un individuo mayor tiene un riesgo mucho más grande de tropezarse, caerse y romperse algún hueso durante las visitas nocturnas al baño. Las caídas y las fracturas aumentan notablemente la morbilidad y aceleran significativamente el final de la vida de un adulto mayor. En la nota a pie de página ofrezco una lista de consejos para un sueño nocturno más seguro en los ancianos.[20]

El tercer cambio que se produce en el sueño en edades avanzadas es el del ritmo circadiano. En marcado contraste con los adolescentes, las personas mayores experimentan habitualmente un retroceso en el tiempo del sueño, lo que los lleva a dormirse cada vez más temprano. La causa es el incremento de la melatonina durante la tarde a medida que envejecemos, determinando un horario más temprano para dormir. En las residencias de ancianos conocen bien este cambio del patrón del sueño relacionado con el envejecimiento.

Los cambios en los ritmos circadianos que se producen en las edades avanzadas pueden parecer inofensivos, pero son causa de numerosos problemas del sueño (y de la vigilia) en los ancianos, que a menudo desean permanecer despiertos hasta más tarde para poder ir al teatro o al cine, salir con amigos, leer o ver la televisión. Sin embargo, a menudo se despiertan de pronto en el sofá, en la butaca del cine o en una silla reclinable y descubren que se han quedado dormidos a media tarde. Su ritmo circadiano regresivo, provocado por una liberación más temprana de melatonina, no les deja otra opción.

---

[20] Consejos para un sueño seguro en personas de edad avanzada: *1)* ten una lámpara lateral al alcance de la mano que puedas encender fácilmente, *2)* usa luces nocturnas tenues y que se activen con el movimiento en los baños y pasillos para iluminar tu camino, *3)* retira los obstáculos o alfombras del recorrido hasta el baño para evitar tropiezos, y *4)* mantén un teléfono junto a tu cama con los números de emergencia programados en la marcación rápida.

Pero lo que parece una inocente siesta tiene una consecuencia perjudicial. La siesta de la tarde limitará el poder de somnolencia de la adenosina que se había ido acumulando a lo largo del día. Varias horas más tarde, cuando esa persona mayor se vaya a la cama e intente dormir, es posible que no tenga la suficiente capacidad para conciliar el sueño rápidamente o que se quede despierta con gran facilidad. Y llegan entonces a la conclusión errónea de que sufren insomnio. Pero la causa de su dificultad no suele ser un verdadero insomnio, sino la siesta que se han echado por la tarde.

Los problemas llegan por la mañana. A pesar de haber tenido dificultades para conciliar el sueño esa noche y de que la deuda de sueño empieza a acumularse, hacia las cuatro o cinco de la mañana el ritmo circadiano —que, como expusimos en el capítulo 2, opera independientemente del sistema de presión del sueño— aumentará su señal de alerta y muchas personas mayores empezarán a despertarse, siéndoles muy difícil, a partir de entonces, volver a dormirse.

Para empeorar las cosas, a medida que envejecemos la fuerza del ritmo circadiano y la cantidad de melatonina que se libera durante la noche también disminuyen. Todo ello hace que se origine un ciclo de autoperpetuación en el que muchas personas mayores se ven luchando contra la deuda de sueño, tratando de mantenerse despiertos hasta más tarde por la noche, dormitando inadvertidamente por la tarde, encontrando difícil conciliar el sueño o mantenerse dormidos por la noche y despertándose más temprano de lo que desearían.

Hay métodos que pueden ayudar a retrasar el ritmo circadiano en los ancianos, y también a fortalecerlo. Sin embargo, lamento decir que no son una solución completa ni perfecta. En capítulos posteriores hablaré de la influencia dañina de la luz artificial en el ritmo circadiano de 24 horas. La luz vespertina suprime el aumento normal de melatonina, lo que empuja el inicio del sueño del adulto medio hasta las primeras horas de la madrugada, impidiendo que nos durmamos a una hora razonable. Sin embargo, este mismo efecto de retraso del sueño puede ser utilizado correctamente en las personas mayores si se controla de forma adecuada. Al despertarse temprano, muchos de ellos están físicamente activos durante la mañana y obtienen por tanto gran parte de su exposición a la luz brillante durante la primera mitad del día. Esto no es óptimo, ya que refuerza el ciclo de madrugar e ir a dormir temprano en el reloj interno de 24 horas. En cambio, los ancianos que deseen retrasar la hora de acostarse deben exponerse a la luz brillante en las últimas horas de la tarde.

No estoy sugiriendo con ello que dejen de hacer ejercicio por la mañana, pues el ejercicio puede ayudar a consolidar un buen sueño, especialmente en los ancianos. Sí les doy, en cambio, dos consejos. El primero es utilizar lentes de sol durante el ejercicio matutino al aire libre. Esto reducirá la influencia de la luz matutina que se envía al reloj supraquiasmático, el cual, de lo contrario, se mantendrá en el horario madrugador. El segundo es salir por la tarde para exponerse a la luz solar, pero esta vez sin lentes de sol. Si bien deben llevar algún tipo de protección, como un sombrero, es conveniente dejar los lentes de sol en casa. La abundante luz de media tarde ayudará a retrasar la liberación nocturna de melatonina, lo que contribuye a retrasar el horario de sueño a una hora posterior.

También es posible que deseen consultar con su médico acerca de tomar melatonina por la noche. Si bien en los jóvenes y las personas de mediana edad, la melatonina solo ha demostrado ser eficaz en las situaciones de *jet lag*, se ha comprobado que en los ancianos puede ayudar a aumentar el ritmo circadiano asociado con la melatonina, reduciendo el tiempo necesario para conciliar el sueño y mejorando tanto la calidad de este como el estado de alerta matutino.[21]

El cambio en el ritmo circadiano que se produce con el envejecimiento y el aumento de la frecuencia de las visitas al baño ayudan a explicar dos de los tres principales problemas de la noche en los ancianos: el inicio avanzado del sueño y la

---

[21] A.G. Wade, I. Ford, G. Crawford *et al.*, «Efficacy of prolonged release melatonin in insomnia patients aged 55–80 years: quality of sleep and next-day alertness outcomes». *Current Medical Research and Opinion* 23, n.º 10, 2007, pp. 2597-2605.

fragmentación del mismo. Sin embargo, esos dos factores no sirven para explicar el primer cambio que se produce en el sueño con el avance de la edad: la pérdida de cantidad y calidad del sueño profundo. Si bien los científicos descubrieron hace décadas la perniciosa pérdida de sueño que se produce a edades avanzadas, la causa sigue siendo difícil de determinar: ¿qué hace que en el proceso de envejecimiento el cerebro sufra una pérdida tan acentuada de este estado esencial de sueño? Más allá de la curiosidad científica, es este también un asunto clínico acuciante, a tenor de lo importante que es el sueño profundo para el aprendizaje y la memoria, por no mencionar todas las facetas de la salud corporal que están condicionadas por él, desde la función cardiovascular y respiratoria hasta la función metabólica e inmunológica, así como el equilibrio energético.

Hace algunos años, en colaboración con un equipo increíblemente talentoso de jóvenes investigadores, me propuse encontrar una respuesta. Me preguntaba si la causa de esta disminución del sueño tenía que ver con el deterioro estructural del cerebro que tiene lugar a medida que envejecemos. Recordarás que en el capítulo 3 expliqué que las poderosas ondas cerebrales del sueño no-REM profundo se generan en las regiones frontales medias del cerebro, varios centímetros por encima del puente de la nariz. Sin embargo, el cerebro no se deteriora de manera uniforme a medida que la persona envejece: algunas partes comienzan a perder neuronas mucho antes y mucho más rápido que otras, en un proceso llamado atrofia. Después de realizar cientos de escáneres cerebrales y acumular casi mil horas de grabaciones nocturnas de sueño, obtuvimos una respuesta clara que se desarrollaba en tres partes.

En primer lugar, constatamos que las áreas del cerebro que sufren un deterioro más intenso con el envejecimiento son, por desgracia, las mismas regiones generadoras de sueño profundo: las regiones frontales medias, asentadas sobre el puente de la nariz. Al yuxtaponer el mapa de puntos máximos de degeneración cerebral en ancianos con el mapa del cerebro que resaltaba las regiones generadoras de sueño profundo en jóvenes observamos una coincidencia casi perfecta. En segundo lugar, y como era de esperar, vimos que los ancianos sufrían una pérdida del 70% de sueño profundo en comparación con los jóvenes. En tercer lugar, lo más importante: descubrimos que estos cambios no eran independientes, sino que estaban significativamente conectados entre sí: cuanto más grave es el deterioro que sufre un adulto mayor dentro de esta específica región del cerebro frontal medio, más intensa es su pérdida de sueño no-REM profundo. Fue una triste confirmación de mi teoría: las partes de nuestro cerebro que desencadenan un sueño profundo y saludable por la noche son las áreas que se degeneran o atrofian más temprano y con mayor severidad a medida que envejecemos.

En años previos a estas pesquisas, mi equipo de investigación y varios otros de todo el mundo habían ya demostrado lo importante que es el sueño profundo para consolidar nuevos recuerdos en los jóvenes. Sabiendo esto, en nuestro estudio sobre los ancianos incluimos una variación. Hicimos que varias horas antes de irse a dormir las personas mayores se aprendieran una lista con asociaciones de palabras, y acto seguido realizamos una prueba de memoria para ver cuánta información habían retenido. A la mañana siguiente, tras registrar el sueño nocturno, los examinamos por segunda vez, pudiendo así determinar la cantidad de memoria conservada por la persona durante la noche.

A la mañana siguiente, los ancianos habían olvidado muchas más cosas que los jóvenes, con una diferencia de casi el 50%. Además, aquellos ancianos con una pérdida de sueño profundo más importante mostraron un nivel de olvido más catastrófico. La mala memoria y la falta de sueño en la vejez no son por lo tanto una coincidencia, sino que se relacionan significativamente entre sí. Los hallazgos nos ayudaron a arrojar nueva luz sobre la pérdida de memoria en los ancianos, como, por ejemplo, la dificultad para recordar los nombres de las personas o memorizar las próximas citas médicas.

Es importante señalar que, según nuestro estudio, el grado de deterioro cerebral en las personas mayores explica el 60%

de su incapacidad para generar un sueño profundo. Este fue un hallazgo útil. Pero, a mi juicio, la lección más importante que se obtuvo fue que el restante 40% de la explicación de la pérdida de sueño profundo en los ancianos no estaba incluido en nuestro descubrimiento. Actualmente, seguimos trabajando para tratar de encontrar una respuesta. Recientemente hemos identificado un nuevo factor: una proteína pegajosa y tóxica llamada beta-amiloide, que se acumula en el cerebro y que es la causa principal de la enfermedad de Alzheimer. Hablaremos de este descubrimiento en los siguientes capítulos.

En términos más generales, este estudio y otros similares han confirmado que el factor de la falta de sueño, pese a ser poco llamativo, es uno de los que más contribuyen a las enfermedades cognitivas y mentales de los ancianos, como la diabetes, la depresión, el dolor crónico, la apoplejía, las enfermedades cardiovasculares y el alzhéimer.

Por lo tanto, existe la necesidad urgente de desarrollar nuevos métodos que restablezcan la calidad del sueño profundo y estable en los ancianos. Un método prometedor que hemos estado desarrollando es el basado en la estimulación eléctrica pulsada en el cerebro durante la noche. Como un coro que acompaña a un vocalista en decadencia, nuestro objetivo es cantar —estimular eléctricamente— al ritmo de las ondas cerebrales de las personas mayores, amplificando la calidad de sus ondas cerebrales profundas y rescatando los beneficios del sueño que promueven la salud y la memoria.

Nuestros primeros resultados parecen prudentemente prometedores, aunque se requiere mucho más trabajo. También pueden desacreditar aún más la antigua creencia, mencionada anteriormente, de que los ancianos necesitan menos horas de sueño. Este mito ha surgido de ciertas observaciones que, para algunos científicos, sugieren que un octogenario, por ejemplo, necesita dormir menos que una persona de cincuenta años. Respaldan esta conclusión con tres argumentos. En primer lugar, si privas a los ancianos del sueño, estos no muestran un deterioro tan dramático en el rendimiento de una tarea básica de tiempo de respuesta como un adulto más joven. Por lo tanto, parecería que los ancianos necesitan menos sueño que los adultos más jóvenes. En segundo lugar, las personas mayores generan menos horas de sueño que los jóvenes, por lo que, por inferencia, simplemente necesitan dormir menos. En tercer lugar, los ancianos no muestran un rebote del sueño tan fuerte después de una noche de privación en comparación con los jóvenes; la conclusión, teniendo en cuenta ese menor rebote de recuperación en las personas mayores, es que estas tienen menos necesidad de dormir.

Sin embargo, hay explicaciones alternativas. Es peligroso usar el parámetro del rendimiento como medida de la necesidad de dormir en los ancianos, toda vez que, para empezar, estos ya presentan un deterioro en sus tiempos de reacción. Dicho de manera poco amable, las personas mayores no empeoran mucho más de lo que ya han empeorado. Es lo que en ocasiones se llama efecto suelo, el cual hace difícil estimar el impacto real de la falta de sueño en el rendimiento.

Por otra parte, que una persona mayor obtenga menos horas de sueño o que no obtenga el mismo sueño de recuperación que alguien más joven después de verse ambos privados de dormir, no por fuerza significa que su necesidad de sueño sea menor. Puede indicar fácilmente que no consigue generar fisiológicamente un sueño que, de todos modos, necesita. Tomemos el ejemplo alternativo de la densidad ósea, que es más baja en los ancianos que en los adultos más jóvenes: no asumimos que las personas mayores necesiten huesos más débiles solo porque tienen una densidad ósea reducida. Tampoco creemos que los ancianos tengan huesos más débiles simplemente porque tardan más tiempo en sanar y recuperar la densidad ósea después de sufrir una fractura o rotura. Lo que sabemos, en cambio, es que sus huesos, como los centros del cerebro que producen el sueño, se deterioran con la edad, y aceptamos esta degeneración como la causa de numerosos problemas de salud. En consecuencia, les proporcionamos suplementos dietéticos, fisioterapia y medicamentos para tratar de compensar la deficiencia ósea. Creo que debemos tratar los trastornos del sueño en los ancianos con una consideración y compasión similares, reconociendo que, de hecho, necesitan dormir lo mismo que el resto de adultos.

Finalmente, los resultados preliminares de nuestros estudios de estimulación cerebral sugieren que los ancianos pueden necesitar más horas de sueño de las que ellos mismos pueden generar naturalmente, ya que cuando obtienen ese suplemento, aunque sea a través de medios artificiales, se benefician de una mejora en la calidad del sueño. Si las personas mayores no necesitaran más sueño profundo, entonces quedarían saciadas y no se beneficiarían al poder disfrutar de más sueño (artificialmente, en este caso). Sin embargo, sí se benefician de un sueño mejorado o, por decirlo más correctamente, restaurado. Es decir, los ancianos, y especialmente aquellos con diferentes formas de demencia, parecen tener una necesidad de sueño no satisfecha, lo que exige nuevas opciones de tratamiento: un tema al que pronto volveremos.

PARTE 2

¿POR QUÉ DEBEMOS DORMIR?

¿POR QUÉ DEBEMOS DORMIR?

6

Shakespeare y tu madre ya lo sabían

Los beneficios que dormir brinda al cerebro

¡UN DESCUBRIMIENTO SORPRENDENTE!

Los científicos han descubierto un nuevo tratamiento revolucionario que alarga la vida y mejora la memoria y la creatividad. Incluso hará que te sientas más atractivo. Te mantiene delgado y reduce los antojos; te protege del cáncer y la demencia; te defiende de resfriados y gripes; disminuye el riesgo de ataques cardíacos e infartos, por no mencionar la diabetes. En fin, hará que te sientas más feliz, menos deprimido y menos ansioso. ¿Te interesa?

Aunque pueda parecer exagerado, nada en el anterior anuncio ficticio sería inexacto. Si se tratara de un nuevo medicamento, algunas personas tendrían sus reservas. Las que se convencieran de las virtudes del mismo pagarían grandes cantidades de dinero tan solo por una pequeña dosis. Si existieran pruebas clínicas que respaldaran esas afirmaciones, las acciones de la compañía farmacéutica que lo hubiera patentado se elevarían por las nubes.

Por supuesto, el anuncio no describe una nueva poción milagrosa o un remedio mágico, sino simplemente los beneficios probados de dormir toda la noche. La evidencia que respalda estas afirmaciones se ha documentado hasta la fecha en más de 17 000 artículos científicos. En cuanto al costo de la prescripción… bueno, no hay tal. Es gratis. No obstante, a menudo rechazamos la invitación nocturna a recibir nuestra dosis completa de este remedio natural, lo que acarrea terribles consecuencias.

Por una falta de educación pública al respecto, la mayoría de nosotros no nos damos cuenta de que en realidad el sueño es una auténtica panacea. Los próximos tres capítulos tienen como objetivo revertir nuestra ignorancia provocada por esta falla en la educación de la salud pública. Aprenderemos que el sueño es un proveedor universal de salud. Espero que estos tres capítulos sirvan de ayuda incluso a los lectores más desvelados.

En páginas anteriores hemos descrito las etapas que componen el sueño. Aquí revelaremos las virtudes que acompañan a cada una de ellas. Irónicamente, la mayoría de los «nuevos» descubrimientos del siglo XXI sobre el sueño fueron magistralmente resumidos en 1611 en *Macbeth*, concretamente en la segunda escena del segundo acto, donde Shakespeare declara proféticamente que el sueño es el «sustento mayor del festín de la vida».[1] Tal vez tu madre, con un lenguaje menos elevado, te habló también de las virtudes del sueño, de su excepcional capacidad para curar heridas emocionales, para ayudar a aprender y a recordar, para ofrecerte soluciones a problemas desafiantes y prevenir enfermedades e infecciones. La ciencia, al parecer, simplemente ha proporcionado pruebas de todo lo que tu madre y Shakespeare sabían sobre las maravillas del sueño.

El sueño para el cerebro

El sueño no es la ausencia de vigilia. Es mucho más que eso. Como se ha descrito anteriormente, nuestro sueño nocturno

---

[1] «¡Perder el sueño, que desteje la intrincada trama del dolor, el sueño, descanso de toda fatiga: alimento el más dulce que se sirve á la mesa de la vida!». William Shakespeare, *Macbeth* [traducción al castellano de Marcelino Menéndez Pelayo, 1881].

es un complejo exquisito, metabólicamente activo y deliberadamente ordenado en etapas únicas.

Numerosas funciones del cerebro se restauran con el sueño y dependen de él. Ninguno de los diferentes tipos de sueño lo logra todo. Cada etapa del sueño —sueño no-REM ligero, sueño no-REM profundo y sueño REM— ofrece beneficios cerebrales distintos a diferentes horas de la noche. Por lo tanto, ningún tipo de sueño es más esencial que otro. Perder cualquiera de ellos causará un deterioro cerebral.

Entre las muchas ventajas conferidas por el sueño al cerebro, la de la memoria es especialmente impresionante y ha sido particularmente bien comprendida. Se ha demostrado una y otra vez que el sueño es un coadyuvante de la memoria, tanto antes de aprender (preparando a tu cerebro para poder crear nuevos recuerdos) como después del aprendizaje (con el fin de afianzar lo aprendido y evitar su olvido).

Dormir por la noche antes de aprender

Dormir antes de aprender refresca nuestra capacidad de crear nuevos recuerdos. Ocurre todas y cada una de las noches. Mientras estamos despiertos, el cerebro está constantemente adquiriendo y absorbiendo información nueva (intencionadamente o no). Partes específicas del cerebro controlan las oportunidades de la memoria pasajera. Cuando se trata de obtener información basada en datos, o lo que la mayoría de nosotros consideramos aprendizaje retentivo, como memorizar el nombre de alguien, un nuevo número de teléfono o el lugar donde estacionamos el coche, la encargada de retener estas experiencias es una región del cerebro llamada hipocampo. El hipocampo, una estructura larga y en forma de dedo que se encuentra a cada lado del cerebro, ofrece un depósito a corto plazo (una especie de almacén de información temporal) donde se acumulan los nuevos recuerdos. Desgraciadamente, el hipocampo tiene una capacidad de almacenamiento limitada, casi como un carrete de cámara fotográfica o, para usar una analogía más moderna, como una memoria USB. Si se excede su capacidad, se corre el riesgo de no poder agregar más información o, lo que es igualmente malo, de solapar un recuerdo con otro: una situación que recibe el nombre de «olvido por interferencia».

Entonces, ¿cómo enfrenta el cerebro este desafío relacionado con la capacidad de la memoria? Hace algunos años, mi equipo de investigación se preguntó si el sueño ayudaba a resolver este problema de almacenamiento mediante un mecanismo de transferencia de archivos. Examinamos si el sueño trasladaba los recuerdos adquiridos recientemente a un lugar de almacenamiento más permanente y a largo plazo en el cerebro, liberando así nuestros depósitos de memoria a corto plazo para que pudiéramos despertar con una capacidad renovada para el nuevo aprendizaje.

Empezamos a probar esta teoría mediante siestas durante el día. Reclutamos un grupo de jóvenes sanos y los dividimos aleatoriamente en un grupo con siesta y un grupo sin siesta. Al mediodía, sometimos a todos los participantes a una sesión rigurosa de aprendizaje (cien rostros con sus nombres) con la intención de hacer trabajar su hipocampo, el sitio de almacenamiento de memoria a corto plazo. Como era de esperarse, ambos grupos se desempeñaron en niveles comparables. Poco después, uno de los grupos tomó una siesta de noventa minutos en el laboratorio del sueño y colocamos electrodos en sus cabezas para medir su sueño. El otro grupo permaneció despierto en el laboratorio, realizando actividades sencillas como navegar por internet o jugar juegos de mesa. Más tarde ese día, a las seis de la tarde, todos los participantes realizaron otra ronda de aprendizaje intensivo con el propósito de introducir un nuevo conjunto de datos en sus depósitos de almacenamiento a corto plazo (otros cien rostros con sus nombres). Nuestra pregunta era simple: ¿la capacidad de aprendizaje del cerebro humano disminuye a medida que uno permanece despierto a lo largo del día? Y, si es así, ¿dormir puede revertir ese efecto de saturación y restaurar la capacidad de aprendizaje?

Aquellos que se mantuvieron despiertos durante el día empeoraron progresivamente en el aprendizaje, a pesar de que su capacidad de concentración (determinada por las pruebas de atención y tiempo de respuesta) se mantuvo estable. En contraste, aquellos que tomaron siesta completaron mucho mejor el ejercicio, demostrando una mejora en su capacidad de memorizar hechos. La diferencia entre los dos grupos a las seis de la tarde no era pequeña: quienes habían dormido tenían una ventaja de aprendizaje del 20 por ciento.

Habiendo comprobado que el sueño restauraba la capacidad del cerebro para aprender dejando espacio para nuevos recuerdos, intentamos esclarecer de qué modo el sueño propiciaba esa recuperación. El análisis de las ondas cerebrales eléctricas del grupo que había tomado siesta nos ofreció la respuesta. La actualización de la memoria está relacionada con un sueño no-REM ligero (etapa 2), y específicamente con los estallidos cortos y poderosos de actividad eléctrica llamados husos del sueño, de los que hablamos en el capítulo 3. Cuantos más husos del sueño alcanza un individuo durante la siesta, mayor es la actualización del aprendizaje al despertar. Es importante destacar que los husos del sueño no predijeron la capacidad innata de un individuo para el aprendizaje. Ese hubiera sido un resultado menos interesante, ya que implicaría que la capacidad para aprender es inherente y que los husos simplemente la acompañan. Por el contrario, lo que los husos del sueño predijeron fue concretamente el cambio en el aprendizaje antes y después del sueño, es decir, la recuperación de la capacidad de aprender.

Tal vez lo más notable fue que, al analizar las ráfagas de actividad del huso del sueño, observamos un circuito sorprendentemente confiable de corriente eléctrica que pulsaba en todo el cerebro y que se repetía cada cien a doscientos milisegundos. Los pulsos entretejían un camino de ida y vuelta entre el hipocampo, con su espacio limitado de almacenamiento a corto plazo, y el sitio de almacenamiento a largo plazo de la corteza, mucho más grande (análogo a un disco duro con una gran memoria).[2] En ese momento descubrimos la transacción eléc-

---

[2] El lector no debería tomar esta analogía de modo literal, interpretando que el cerebro humano, o incluso sus funciones de aprendizaje y memoria,

trica que ocurría en el enigmático silencio del sueño: los recuerdos basados en hechos pasaban del depósito de almacenamiento temporal (hipocampo) a una bóveda segura a largo plazo (corteza). Al hacerlo, el sueño limpiaba con cuidado el hipocampo, liberando abundante espacio de este depósito de información a corto plazo. Al haber trasladado las experiencias impresas del día anterior a un lugar seguro más permanente, los participantes despertaban con una renovada capacidad para absorber nueva información dentro del hipocampo. El aprendizaje de nuevos hechos podía empezar de nuevo al día siguiente.

Desde entonces, tanto nosotros como otros grupos de investigadores hemos repetido este estudio durante toda una noche de sueño y hemos replicado el mismo hallazgo: cuantos más husos del sueño tiene un individuo por la noche, mayor es la restauración de la capacidad de aprendizaje a la mañana siguiente.

Nuestro reciente trabajo sobre este asunto ha vuelto a la cuestión del envejecimiento. Habíamos observado que las personas mayores —de entre sesenta y ochenta años de edad— no podían generar husos del sueño en la misma medida que los jóvenes sanos, presentando un déficit del 40%. Esto conducía a una predicción: cuantos menos husos del sueño tuviera un adulto mayor en una noche en particular, más difícil le sería introducir nuevos datos en su hipocampo al día siguiente, ya que no habría podido llevar a cabo la renovación nocturna de la capacidad de memoria a corto plazo. El estudio confirmó dicha predicción: cuanto menor era el número de husos que producía un cerebro anciano en una noche determinada, menor era la capacidad de aprendizaje de ese individuo al día siguiente, lo que hacía más difícil para él memorizar la lista de temas presentada. Esta relación entre sueño y aprendizaje es una razón más para que la medicina tome en serio las quejas de las personas mayores sobre el sueño, y para que los investigadores nos esforcemos en encon-

---

funciona como lo hace una computadora. Hay similitudes abstractas, sí, pero existen también muchas diferencias claras, tanto grandes como pequeñas. No se puede decir que un cerebro sea el equivalente a una computadora, ni viceversa. Es simplemente que ciertos paralelismos conceptuales ofrecen analogías útiles para comprender cómo opera el sueño.

trar nuevos métodos no farmacológicos que mejoren el sueño en las poblaciones de más edad en todo el mundo.

La concentración de husos del sueño no-REM es especialmente rica durante la madrugada, intercalándose con largos períodos de sueño REM. Si duermes menos de seis horas diarias, le estás arrebatando al cerebro el beneficio de la restauración del aprendizaje, que normalmente se realiza mediante los husos del sueño. Más adelante insistiremos en las implicaciones que este tema tiene en el ámbito de la educación abordando la cuestión de si los horarios matutinos escolares, que precisamente estrangulan esta fase del sueño rica en husos, son óptimos para la enseñanza de los más jóvenes.

Dormir después de aprender

El segundo beneficio del sueño para la memoria viene después del aprendizaje y consiste en hacer clic en el botón «guardar» para almacenar los archivos recién creados. Al hacerlo, el sueño protege la información recién adquirida, ofreciendo inmunidad contra el olvido: una operación llamada consolidación. Esta función de poner en marcha el proceso de consolidación de la memoria se descubrió hace mucho tiempo; de hecho, fue una de las primeras funciones del sueño de la que se tuvo conocimiento. La primera reivindicación al respecto en un registro escrito parece que pertenece al profético orador romano Quintiliano (35-100 d.C.), quien declaró:

> Es un hecho curioso, cuya razón no es obvia, que el intervalo de una sola noche aumentará en gran medida la fuerza de la memoria [...]. Cualquiera que sea la causa, las cosas que no se pudieron recordar en el acto se coordinan fácilmente al día siguiente, y el tiempo mismo, que generalmente se considera como una de las causas del olvido, en realidad sirve para fortalecer la memoria.[3]

---

[3] Nicholas Hammond, *Fragmentary Voices: Memory and Education at Port-Royal*, Tübingen (Alemania): Narr Dr. Gunter, 2004.

No fue hasta 1924 cuando dos investigadores alemanes, John Jenkins y Karl Dallenbach, confrontaron entre sí sueño y vigilia para ver cuál ganaba en cuanto a aportar un mayor beneficio para la conservación de la memoria: el equivalente en el ámbito de la investigación de la memoria del clásico desafío entre Coca-Cola y Pepsi. Los participantes de su estudio aprendieron una lista de hechos verbales. A partir de ese momento, los investigadores examinaron la rapidez con que los participantes olvidaban esos recuerdos durante un intervalo de ocho horas, ya fuese despiertos o tras una noche de sueño. El tiempo invertido en dormir ayudó a cimentar los fragmentos de información recién aprendidos, evitando que se desvanecieran. Por el contrario, un tiempo equivalente de vigilia se evidenció como muy peligroso para los recuerdos recién adquiridos, desembocando en una trayectoria acelerada de olvido.[4]

Los resultados experimentales de Jenkins y Dallenbach, que se han replicado con posterioridad en numerosas ocasiones, demuestran que el sueño aporta un beneficio de retención de memoria de entre el 20% y el 40%, en comparación con la misma cantidad de tiempo de vigilia. No es este un dato trivial, cuando, por ejemplo, consideramos las mejores condiciones para presentarse a un examen, o, ya en el campo evolutivo, cuando se trata de recordar información relevante para la supervivencia, como la ubicación de las fuentes de alimento y agua, así como de los compañeros y los depredadores.

Pero hasta la década de 1950, con el descubrimiento del sueño no-REM y el sueño REM, no empezamos a entender mejor cómo el sueño ayuda a solidificar los nuevos recuerdos. Los esfuerzos iniciales se centraron en descifrar qué etapas del sueño consolidaban el recuerdo de lo que habíamos fijado en el cerebro durante el día, ya fueran enseñanzas escolares, conocimientos médicos en un programa de prácticas en un hospital o el plan de negocios explicado en un seminario.

---

[4] J.G. Jenkins y K.M. Dallenbach, «Obliviscence during sleep and waking», *American Journal of Psychology* 35, 1924, pp. 605-612.

Como vimos en el capítulo 3, obtenemos la mayor parte de nuestro sueño no-REM profundo temprano en la noche, y gran parte de nuestro sueño REM (y un sueño no-REM más ligero) en horas avanzadas de la noche. Después de que los participantes se aprendieran una lista de tópicos, los investigadores les dieron la oportunidad de dormir solo durante la primera mitad de la noche o solo durante la segunda mitad de la noche. De esta forma, ambos grupos experimentales obtuvieron la misma cantidad total de sueño (aunque breve); sin embargo, el sueño del primer grupo fue rico en no-REM profundo, mientras que el del segundo estuvo dominado por el sueño REM. El escenario estaba listo para una confrontación entre los dos tipos de sueño. La pregunta era: ¿qué período de sueño conferiría un mayor beneficio de consolidación de memoria? Para la memoria basada en hechos, como los que aparecen en un libro de texto, el resultado fue claro: el sueño nocturno temprano, rico en sueño no-REM profundo, facilitaba una mayor retención de memoria que el sueño rico en REM, que se producía en la segunda mitad de la noche.

Investigaciones realizadas a principios de la década de 2000 llegaron a una conclusión similar usando un enfoque ligeramente diferente. Habiendo aprendido una lista de hechos antes de acostarse, a los participantes se les permitió dormir ocho horas completas, que se registraron con electrodos colocados en la cabeza. A la mañana siguiente, los participantes realizaron una prueba de memoria. Cuando los investigadores correlacionaron las etapas del sueño con el número de hechos retenidos a la mañana siguiente, el sueño no-REM profundo resultó ganador: cuanto más dormía un individuo en sueño no-REM profundo, más información recordaba al día siguiente. De hecho, si participaras en un estudio de este tipo y la única información que yo tuviera fuera la cantidad de sueño no-REM profundo obtenida durante esa noche, podría predecir con gran precisión cuánto recordarías en una prueba de memoria al despertar. Así de determinista es el vínculo entre el sueño y la consolidación de la memoria.

Desde entonces, a través de escaneos de imágenes por resonancia magnética (IRM), hemos examinado en profundidad los cerebros de los participantes para ver de dónde se recuperan esos recuerdos antes y después de dormir. Resulta que esos paquetes de información fueron llevados a diferentes ubicaciones geográficas dentro del cerebro en función de si se trataba de un momento u otro. Antes de dormir, los participantes recuperaban los recuerdos del depósito de almacenamiento a corto plazo del hipocampo, es decir, ese almacén temporal y vulnerable en el que un nuevo recuerdo no podrá vivir durante un período prolongado. Pero la situación parecía muy distinta a la mañana siguiente. Los recuerdos se habían movido de lugar. Tras toda una noche de sueño, los participantes recuperaban ahora la misma información del neocórtex, que se encuentra en la parte superior del cerebro, una región que sirve como lugar de almacenamiento a largo plazo para los recuerdos basados en hechos y donde estos pueden conservarse de modo seguro, tal vez a perpetuidad.

Lo que habíamos observado era una traslación de propiedad que tiene lugar cada noche mientras dormimos. Al igual que una señal de radio de onda larga, que lleva información a través de grandes distancias geográficas, las lentas ondas cerebrales del sueño no-REM profundo habían funcionado como un servicio de mensajería, transportando paquetes de memoria de un depósito de almacenamiento temporal (hipocampo) a un lugar más seguro y permanente (la corteza). De este modo, el sueño había ayudado a proteger esos recuerdos para el futuro.

Si unimos estos datos a los que describimos anteriormente con respecto a la memorización inicial, nos daremos cuenta de que el diálogo anatómico establecido durante el sueño no-REM (utilizando husos del sueño y ondas lentas) entre el hipocampo y la corteza es elegantemente sinérgico. Al transferir los recuerdos del día anterior del depósito a corto plazo del hipocampo a su hogar a largo plazo dentro de la corteza cerebral, el individuo se despierta con esos recuerdos ya archivados de forma segura y habiendo recuperado su capacidad de almacenamiento a corto plazo para un nuevo aprendizaje durante el día siguiente. El ciclo se repite cada día y cada noche, borrando el caché de la memoria a corto plazo para la nueva impresión de hechos, mientras se acumula un catálogo siempre actualizado de recuerdos pasados. El sueño modifica constantemente la arquitectura de la información del cerebro durante la noche. Incluso durante el día, siestas de tan solo veinte minutos pueden ofrecer una ventaja de consolidación de la memoria, siempre que contengan suficiente sueño no-REM.[5]

Cuando el estudio se realiza con bebés, niños pequeños o adolescentes, observamos el mismo beneficio para la memoria nocturna del sueño no-REM, a veces incluso con un poder mayor. En las personas de mediana edad, de cuarenta a sesenta años, el sueño no-REM profundo continúa ayudando al cerebro a retener nueva información de esta manera, mientras que en la vejez se produce una disminución del sueño no-REM profundo y un deterioro en la capacidad de aprender y retener recuerdos.

En cada etapa de la vida humana se observa esta relación entre el sueño no-REM y la consolidación de la memoria. Pero no ocurre solo en humanos. Los estudios en chimpancés, bonobos y orangutanes han demostrado que, tras haber dormido, estos tres grupos son más capaces de recordar el lugar en donde los experimentadores guardaron sus alimentos.[6] Descendiendo por la cadena filogenética hasta los gatos, las ratas e incluso los insectos, el beneficio de conservación de la memoria del sueño no-REM permanece como un notable indicador.

Aunque todavía me maravillo de la perspicacia de Quintiliano y su descripción de lo que los científicos, miles de años más tarde, demostrarían acerca del beneficio del sueño para la memoria, prefiero las palabras de dos filósofos igualmente exitosos, Paul Simon y Art Garfunkel. En febrero de 1964, escri-

---

[5] Estos hallazgos pueden ofrecer una justificación cognitiva a las habituales siestas en público involuntarias en la cultura japonesa, denominadas *inemuri* («dormir mientras se está presente»).

[6] G. Martin-Ordas y J. Call, «Memory processing in great apes: the effect of time and sleep», *Biology Letters* 7, n.º 6, 2011, pp. 829-832.

bieron la letra de una canción, *Sounds of Silence* (Los sonidos del silencio), que describe el mismo evento nocturno. Quizá la conozcas. Simon y Garfunkel saludan a su vieja amiga la oscuridad (el sueño). Hablan de cómo los sucesos del día durante la vigilia pasan al cerebro dormido durante la noche en forma de visión, arrastrándose suavemente: una suave carga de información, por así decirlo. Con gran claridad, ilustran cómo esas semillas frágiles de la experiencia de la vigilia, sembradas durante el día, ahora se han incrustado («plantado») en el cerebro durante el sueño. Como resultado de ese proceso, esas experiencias permanecen al despertar a la mañana siguiente. Recuerdos guardados para el futuro por el sueño y contenidos en la letra perfecta de una canción.

Basándonos en una evidencia reciente, podríamos justificar un ligero cambio en la letra de Simon y Garfunkel. El sueño no solo mantiene los recuerdos que aprendiste antes de irte a la cama («la visión que se plantó en mi cerebro aún permanece»), sino que incluso rescata aquellos que parecían haberse perdido poco después de aprenderlos. En otras palabras, después de una noche de sueño se recupera el acceso a experiencias que no lograbas recordar antes de irte a dormir. Como si se tratara del disco duro de una computadora en el que algunos archivos se han dañado y no son accesibles, el sueño ofrece un servicio de recuperación por la noche. Después de haber reparado esos elementos de la memoria, rescatándolos de las garras del olvido, nos despertamos a la mañana siguiente siendo capaces de localizar y recuperar aquellos archivos que antes no estaban disponibles con facilidad ni precisión. Es la sensación de «¡ah, sí, ahora recuerdo!» que se experimenta después de una buena noche de sueño.

Tras identificar al sueño no-REM como el responsable de hacer que los recuerdos basados en hechos sean permanentes y de recuperar aquellos que estaban en peligro de perderse, empezamos a explorar formas de aumentar experimentalmente los beneficios que el sueño aporta a la memoria. Y hemos encontrado dos vías de éxito: la estimulación del sueño y la reactivación selectiva de la memoria. Las ramificaciones clínicas de ambos quedarán claras cuando se consideren en el contexto de enfermedades psiquiátricas y trastornos neurológicos, incluida la demencia.

Dado que el sueño se expresa a través de los patrones de actividad de las ondas cerebrales eléctricas, las prácticas de estimulación del sueño comienzan por la utilización de esa misma divisa: la electricidad. En 2006, un equipo de investigación alemán reclutó a un grupo de jóvenes sanos para un estudio pionero en el que aplicaron electrodos en la cabeza, tanto en la parte posterior como en la anterior. En lugar de registrar las ondas cerebrales eléctricas emitidas por el cerebro durante el sueño, los científicos hicieron lo contrario: insertaron pequeñas cantidades de voltaje eléctrico. Esperaron pacientemente hasta que cada participante ingresara en las etapas más profundas de sueño no-REM y, en ese momento, encendieron el estimulador cerebral, pulsando de forma rítmica ondas lentas. Las pulsaciones eléctricas eran tan pequeñas que los participantes no las sentían ni se despertaban.[7] Pero tenían un impacto medible en el sueño.

Tanto el tamaño de las ondas cerebrales lentas como el número de husos del sueño que se movían sobre ellas se incrementaron con la estimulación, en comparación con un grupo de control de sujetos que no recibieron estimulación durante el sueño. Antes de acostarse, todos los participantes habían aprendido una lista de hechos nuevos. A la mañana siguiente fueron examinados. Al aumentar la calidad eléctrica de la actividad de las ondas cerebrales de sueño profundo, los investigadores casi duplicaron la cantidad de hechos que las personas pudieron recordar al día siguiente. La aplicación de estimulación durante el sueño REM y también durante la vigilia de día no ofreció ventajas de memoria similares. Solo la estimulación

---

[7] Esta técnica, llamada estimulación cerebral de corriente continua transcraneal (TDCS, por sus siglas en inglés), no debe confundirse con la terapia electroconvulsiva, en la cual el tamaño de la tensión eléctrica insertada en el cerebro es muchos cientos o miles de veces más fuerte (y cuyas consecuencias fueron tan sorprendentemente ilustradas por Jack Nicholson en la película *Alguien voló sobre el nido del cuco*).

durante el sueño no-REM, sincronizada temporalmente con el ritmo del mantra lento propio del cerebro, comportó una mejora en la memoria.

En la actualidad, se están desarrollando diferentes métodos para amplificar las ondas cerebrales del sueño. Uno de ellos utiliza señales auditivas apacibles que se reproducen a través de altavoces situados junto al durmiente. Al igual que un metrónomo acompasado a las ondas lentas individuales, el sonido de las agujas del reloj se sincroniza con las ondas cerebrales de la persona para ayudarlas a mantener su ritmo y producir un sueño aún más profundo. En comparación con el grupo de control que dormía por la noche sin la señal auditiva sincrónica, los que recibieron la estimulación auditiva vieron aumentado el poder de sus ondas cerebrales lentas, generándose un impresionante 40% de mejora de la memoria a la mañana siguiente.

Si sientes el impulso de soltar este libro y comenzar a instalar altavoces sobre tu cama o de salir a comprar un estimulador cerebral eléctrico, permíteme que intente disuadirte. Para ambos métodos es aplicable la máxima «no intente esto en casa». Algunas personas han fabricado sus propios dispositivos de estimulación cerebral o los han comprado por internet, pero se trata de artículos que no cumplen con los mínimos requisitos de seguridad. Se han registrado quemaduras en la piel y se ha sabido de pérdidas temporales de la visión por errores en la construcción o en la aplicación del voltaje. Reproducir tonos acústicos en tu mesa de noche es una opción más segura, pero puede que te haga más mal que bien. Cuando los investigadores de los estudios anteriores sincronizaron los tonos auditivos para alcanzar el pico natural de cada onda cerebral lenta, lejos de mejorar la calidad del sueño, solo consiguieron interrumpirlo.

Por si la estimulación cerebral o los tonos auditivos no eran prácticas lo suficientemente extrañas, recientemente un equipo de investigación suizo colgó una cama del techo de un laboratorio del sueño y la dejó suspendida. A un lado de la misma había una polea giratoria que permitía a los investigadores moverla de un lado a otro a velocidades controladas. Mientras los voluntarios se echaban una siesta en la cama, los investigadores registraban sus ondas cerebrales durante el sueño. A la mitad de los participantes se les meció suavemente la cama una vez que entraron en sueño no-REM. El balanceo lento incrementó la profundidad del sueño, aumentando la calidad de las ondas cerebrales lentas y duplicando el número de husos. Todavía no se sabe si estos cambios en el sueño inducidos por el balanceo mejoran la memoria, ya que los investigadores no realizaron ninguna prueba al respecto con sus participantes. Sin embargo, los hallazgos ofrecen una explicación científica para la antigua práctica de mecer a un niño de un lado a otro en los brazos o en la cuna para inducirle un sueño profundo.

Los métodos de estimulación del sueño son prometedores, pero tienen una limitación potencial: el beneficio de memoria que proporcionan es indiscriminado. Es decir, todo lo aprendido antes del sueño mejora de forma general al día siguiente. Sería algo similar a lo que ocurre con los restaurantes con un menú cerrado, que te sirven todos los platos que figuran en la lista, se te antojen o no. A muchas personas no les gusta este tipo de servicio de comida, por lo que la mayoría de los restaurantes ofrecen un amplio menú del que puedes elegir los platos que más deseas comer.

¿Qué pasaría si una oportunidad similar fuera posible con el sueño y la memoria? Antes de acostarte, deberías revisar las experiencias de aprendizaje del día y seleccionar entre ellas las que te gustaría recordar mejor. Realizarías el pedido y luego te irías a dormir sabiendo que tu orden se serviría durante la noche. Al levantarte por la mañana, tu cerebro se habría nutrido solo con los elementos específicos que marcaste en tu autobiográfica *carte du jour*. Como consecuencia, habríamos mejorado selectivamente solo aquellos recuerdos individuales que deseabas conservar. Suena a ciencia ficción, pero ahora mismo es ya un hecho científico: el método se llama reactivación de memoria dirigida. Y como suele ocurrir, la realidad resulta ser mucho más fascinante que la ficción.

Antes de ir a dormir, mostramos a los participantes imágenes de objetos individuales en diferentes ubicaciones espaciales de la pantalla de una computadora, como un gato en el lado inferior derecho, una campana en el centro superior o una tetera cerca de la esquina superior derecha de la pantalla. Se muestran cien de estos artículos y el participante debe recordar no solo los elementos individuales mostrados, sino su ubicación espacial en la pantalla. Después de dormir, se le muestran otra vez esas imágenes junto con otras nuevas, en esta ocasión en el centro de la pantalla. El sujeto debe decidir si recuerda la imagen, y, si es así, debe moverla a la ubicación espacial de la pantalla donde apareció originalmente. De esta forma, es posible evaluar si recuerda el objeto y también con qué precisión puede recordar su ubicación.

Pero ahora viene el giro curioso. Cada vez que se presenta un objeto en la pantalla para su memorización antes de dormir, se reproduce un determinado sonido. Por ejemplo, se escucha un «miau» cuando se muestra la foto del gato o un «ding-dong» para la campana. Todos los objetos se emparejan o se «etiquetan auditivamente» con un sonido que se asemeja semánticamente. Una vez que el sujeto está dormido, y concretamente en el modo de sueño no-REM, el experimentador vuelve a reproducir la mitad de los sonidos etiquetados anteriormente (cincuenta de los cien en total) a bajo volumen usando altavoces a cada lado de la cama. Ayudando a guiar al cerebro en su esfuerzo específico de búsqueda y recuperación, es posible desencadenar la reactivación selectiva de los recuerdos individuales correspondientes, priorizándolos frente a aquellos que no se reactivaron durante el sueño no-REM.

Al realizar la prueba a la mañana siguiente, obtendremos un sesgo notable en la memoria analizada: el sujeto recordará mucho más los elementos que se reactivaron durante el sueño utilizando señales de sonido que los que no se reactivaron. Hay que tener en cuenta que los cien objetos pasaron a través del sueño. Sin embargo, al usar el sonido, se evita la mejora indiscriminada de todo lo aprendido. Igual que si colocáramos nuestras canciones favoritas en una lista de reproducción para que suenen en bucle durante la noche, seleccionamos fragmentos específicos del pasado autobiográfico y los fortalecemos mediante el uso de señales de sonido individualizadas durante el sueño.[8]

Seguro que podemos imaginar innumerables usos para tal método. Dicho esto, también podemos sentirnos moralmente incómodos ante esa perspectiva, teniendo en cuenta que tendríamos el poder de escribir y reescribir nuestra propia narrativa de vida recordada o, lo que es más preocupante, la de otra persona. Este dilema moral es de momento algo lejano, pero si los métodos continúan perfeccionándose, será un asunto al que quizá debamos enfrentarnos en un futuro.

¿Dormir para olvidar?

Hasta ahora hemos analizado el poder del sueño para mejorar el recuerdo de lo aprendido y evitar su olvido. Sin embargo, en ciertas situaciones, la necesidad de olvidar puede ser tan importante como la necesidad de recordar, tanto en la vida cotidiana (por ejemplo, olvidar el lugar de estacionamiento de la semana pasada en lugar de la de hoy) como clínicamente (por ejemplo, suprimir los recuerdos dolorosos e incapacitantes o extinguir el deseo en los trastornos de adicción). Además, olvidar no solo es benéfico para eliminar la información almacenada que ya no necesitamos. También economiza los recursos cerebrales requeridos para recuperar los recuerdos que queremos retener: es más fácil encontrar documentos importantes en un escritorio ordenado que en uno lleno de papeles sin clasificar. De esta manera, dormir te ayuda a retener lo que necesitas y a desprenderte de lo que no necesitas, mejorando la capacidad de almacenamiento de la memoria. Dicho en otras palabras, olvidar es el precio que pagamos por recordar.

En 1983, el premio Nobel Francis Crick, que descubrió la estructura helicoidal del ADN, decidió guiar su mente teórica

---

[8] Este método de reactivación nocturna solo funciona durante el sueño no-REM, no funciona si se intenta durante el sueño REM.

hacia el tema del sueño. Sugirió que la función de los sueños de la fase REM era eliminar copias no deseadas o superpuestas de información en el cerebro: lo que él llamó «recuerdos parasitarios». Era una idea fascinante, pero siguió siendo solo eso, una idea, durante casi treinta años, sin que nadie la confirmara formalmente. En 2009, un joven graduado y yo sometimos la hipótesis a prueba. Los resultados arrojaron muchas sorpresas.

Diseñamos un experimento que nuevamente usaba siestas durante el día. A mediodía, nuestros sujetos de investigación estudiaban una larga lista de palabras presentadas una por una en la pantalla de una computadora. Sin embargo, después de presentar cada palabra en la pantalla, se visualizaba una R verde grande o una O roja grande, indicando al participante que debería recordar la palabra anterior (R) o bien olvidar la palabra anterior (O). No es muy diferente a estar en una clase y que, después de haber aprendido algo, el maestro recalque lo importante que es recordar esa información para el examen; o bien que diga que cometió un error y que por tanto el dato era incorrecto; o que ese punto no saldrá en el examen, por lo que no debes preocuparte de recordarlo para la prueba. Nosotros hacíamos exactamente eso con cada palabra después de aprenderla, añadiéndole la etiqueta «para recordar» o la etiqueta «para olvidar».

A la mitad de los participantes se les permitió una siesta de noventa minutos por la tarde, mientras que la otra mitad permaneció despierta. A las seis de la tarde probamos la memoria de todos con todas las palabras. Les dijimos a los participantes que, independientemente de la etiqueta previamente asociada a ellas, debían tratar de recordar tantas palabras como les fuera posible. Lo que pretendíamos descubrir era si el sueño mejoraba la retención de todas las palabras por igual o bien obedecía al mandato de la vigilia de recordar solo algunos elementos y olvidar otros en función de las etiquetas asociadas a cada uno de ellos.

Los resultados fueron claros. El sueño profundo impulsó, de manera muy selectiva, la retención de las palabras etiquetadas previamente para «recordar», evitando activamente el fortalecimiento de los recuerdos con la etiqueta de «olvidar».

Los participantes que no durmieron, por el contrario, no mostraron resultados tan buenos ni una retención diferenciada de los recuerdos.[9]

Aprendimos una lección sutil pero importante: el sueño era mucho más inteligente de lo que imaginábamos. Contrariamente a lo que se creía antes del siglo XXI, dormir no ofrece una preservación general e inespecífica (y por lo tanto prolija) de toda la información que aprendemos durante el día. En realidad, el sueño es capaz de ofrecer una ayuda mucho más perspicaz en la mejora de la memoria, seleccionando qué información es útil y cuál no lo es. El sueño logra esto utilizando las etiquetas significativas que se han asociado a esos recuerdos durante el aprendizaje inicial, o identificándolas potencialmente durante el sueño mismo. Numerosos estudios han mostrado formas similares de selección inteligente de recuerdos por parte del sueño, tanto en siestas diurnas como en noches completas de sueño.

Al analizar los registros de sueño durante la siesta, obtuvimos otro dato importante. En contra de lo que predecía Francis Crick, no fue el sueño REM el que filtró la lista de palabras, separando las que debían conservarse y las que debían eliminarse, sino más bien el sueño no-REM, y especialmente los husos del sueño. Cuantos más husos tiene un participante durante una siesta, mayor es la eficacia con que refuerza los elementos etiquetados para recordar y elimina activamente los designados para el olvido.

Lo que sigue sin estar claro es cómo los husos del sueño logran exactamente este astuto truco de memoria. Lo que sí hemos descubierto es un patrón bastante revelador de actividad cerebral en bucle que coincide con estos husos rápidos del sueño. La actividad circula entre el sitio de almacenamiento de memoria (el hipocampo) y las regiones que programan las decisiones de intencionalidad (en el lóbulo frontal), tales

---

[9] Incluso si pagas a los participantes por cada palabra que recuerden correctamente para tratar de anular lo que puede ser un simple sesgo del informe, los resultados no cambian.

como «esto es importante» o «esto es irrelevante». El ciclo recursivo de actividad entre estas dos áreas (memoria e intencionalidad), que se repite de 10 a 15 veces por segundo durante los husos, puede ayudar a explicar la influencia del sueño no-REM en la distinción de los recuerdos. Al igual que la utilización de filtros en una búsqueda en internet o en una aplicación de compras, los husos ofrecen un refinamiento de la memoria al permitir que el sitio de almacenamiento del hipocampo se ponga en contacto con los filtros intencionales empleados por los astutos lóbulos frontales para seleccionar solamente aquello que se necesita almacenar.

En la actualidad estamos explorando formas de aprovechar este servicio notablemente inteligente de recuerdo selectivo para olvidar recuerdos dolorosos o problemáticos. La idea puede invocar la premisa de la película ganadora de un Óscar, *Eterno resplandor de una mente sin recuerdos*: en la que los individuos pueden borrar sus recuerdos no deseados mediante una máquina especial de escaneo cerebral. En contraste, mi esperanza en el mundo real es desarrollar métodos precisos para debilitar o borrar selectivamente ciertos recuerdos desde la biblioteca de memoria de un individuo cuando hay una necesidad clínica confirmada, como un trauma o una adicción a las drogas.

Sueño para otros tipos de memoria

Todos los estudios que hemos descrito hasta ahora tratan de un tipo de memoria: la memoria episódica, que asociamos con los libros de texto o con recordar el nombre de alguien. Sin embargo, hay muchos otros tipos de memoria en el cerebro, como la memoria de habilidades. Pensemos en una bicicleta, por ejemplo. Cuando éramos niños, nuestros padres no nos dieron un manual titulado *Cómo andar en bicicleta* y luego nos pidieron que lo estudiáramos esperando que empezáramos inmediatamente a andar en bicicleta con todo el aplomo del mundo. Nadie puede decirnos cómo andar en bicicleta. Bueno, pueden intentarlo, pero no servirá de nada. Solo podemos aprender a andar en bicicleta pedaleando, no leyendo sobre cómo se pedalea. En otras palabras, practicando. Lo mismo sucede para todas las habilidades motoras, ya se trate de tocar un instrumento musical, practicar un deporte atlético, llevar a cabo una intervención quirúrgica o hacer despegar un avión.

El término «memoria muscular» es inapropiado. Los músculos en sí mismos no tienen memoria: un músculo que no está conectado a un cerebro no puede realizar ninguna acción especializada ni almacenar rutinas especializadas. De hecho, la memoria muscular es memoria cerebral. Entrenar y fortalecer los músculos puede ayudarte a ejecutar mejor una rutina de memoria especializada. Pero la rutina en sí misma, el programa de memoria, reside exclusivamente dentro del cerebro.

Años antes de que explorara los efectos del sueño en el aprendizaje basado en hechos (memoria episódica), examiné la memoria de habilidades motoras. Dos experiencias influyeron en mi decisión de realizar estos estudios. La primera sucedió cuando era un joven estudiante en el Queen's Medical Center, un gran hospital docente en Nottingham (Inglaterra). Allí realicé una investigación sobre el tema de los trastornos del movimiento, específicamente sobre lesiones de la médula espinal. Estaba tratando de descubrir formas de volver a conectar la médula espinal rota con el objetivo final de reunir el cerebro con el cuerpo. Por desgracia, mi investigación fue un fracaso. Pero durante ese tiempo, aprendí sobre pacientes con diversas formas de trastornos motores, como el accidente cerebrovascular. Lo que me sorprendió de muchos de estos pacientes fue la recuperación iterativa, paso a paso, de su función motora después del accidente cerebrovascular, ya fuera de las piernas, los brazos, los dedos o el habla. Rara vez la recuperación era completa, pero día a día, mes a mes, todos mostraron alguna mejoría.

La segunda experiencia transformadora sucedió unos años más tarde, mientras preparaba mi doctorado. Era el año 2000 y la comunidad científica había proclamado que los siguientes diez años serían «la Década del Cerebro», pronosticando (con acierto, como se confirmó más tarde) un notable progreso dentro de las neurociencias. Se me había pedido que diera una conferencia pública sobre el tema del sueño en un evento conmemorativo. En ese momento, todavía sabíamos muy poco sobre los efectos del sueño en la memoria, pero mencioné escuetamente los rudimentarios hallazgos disponibles.

Después de la conferencia, un distinguido y amable caballero, vestido con una chaqueta de *tweed* de un sutil tono amarillo verdoso que todavía recuerdo vívidamente, se acercó a hablar conmigo. Aunque fue una conversación breve, desde el punto de vista científico fue una de las más importantes de mi vida. Tras darme las gracias por la presentación, me dijo que era pianista. Estaba intrigado por mi descripción del sueño como un estado cerebral activo en el que podemos revisar e incluso fortalecer aquellas cosas que hemos aprendido previamente. Luego soltó un comentario que me dejó aturdido y que acabaría desencadenando el enfoque principal de mi investigación en los años venideros. «Como pianista —dijo—, tengo una experiencia que se repite con demasiada frecuencia como para ser casual. A veces estoy tocando una pieza durante largo rato, incluso hasta bien entrada la noche, y no la consigo dominar; a menudo cometo el mismo error una y otra vez en el mismo lugar. Al final me voy a la cama frustrado. Pero, cuando me levanto a la mañana siguiente y vuelvo a sentarme al piano, resulta que la puedo tocar perfectamente».

«La puedo tocar». Las palabras resonaron en mi mente mientras trataba de articular una respuesta. Le dije al caballero que me parecía una historia fascinante y que ciertamente era posible que el sueño favoreciera su talento musical y le permitiera tocar sin errores, pero que no conocía ninguna evidencia científica que respaldara ese hecho. No pareció inmutarse por la falta de confirmación científica. Sonrió, me dio las gracias de nuevo por mi conferencia y se encaminó hacia la salida. Yo, por mi parte, permanecí en el auditorio, dándome cuenta de que aquel caballero acababa de decirme algo que violaba una de las reglas de la enseñanza más repetidas y fiables: la práctica hace al maestro. Al parecer no era así. ¿Y si lo que hace al maestro fuera la práctica acompañada de un buen sueño?

Después de tres años consecutivos de investigación, publiqué un artículo con un título similar, y estudios posteriores recopilaron evidencias que confirmaban las maravillosas intuiciones sobre el sueño de aquel pianista. Los nuevos hallazgos también arrojaron luz sobre cómo el cerebro, después de una lesión causada por un derrame cerebral, recupera gradualmente cierta capacidad para favorecer el movimiento día a día (o tal vez debería decir noche tras noche).

Para entonces, había aceptado un puesto en la Facultad de Medicina de Harvard, y con Robert Stickgold, mentor y ahora colaborador y gran amigo, tratamos de determinar si el cerebro continúa aprendiendo sin la necesidad de práctica y, de ser así, cómo lo hace. Claramente, el tiempo desempeñaba un papel importante. Pero todo indicaba que había que discriminar entre tres posibilidades distintas. ¿Quién era el responsable del perfeccionamiento de la memoria de habilidades: *1)* el tiempo, *2)* el tiempo de vigilia o *3)* el tiempo de sueño?

Reuní a un gran grupo de personas diestras y les pedí que aprendieran a escribir una secuencia de números en un teclado con la mano izquierda, como 4-1-3-2-4, con la mayor rapidez y precisión posibles. Como si estuvieran aprendiendo una escala de piano, los sujetos practicaron la secuencia de habilidades motoras una y otra vez durante un total de 12 minutos, tomando pequeños descansos durante el proceso. Como era de esperarse, los participantes mejoraron su ejecución durante la sesión de entrenamiento; al fin y al cabo, se supone que la práctica hace al maestro. Doce horas más tarde sometimos a prueba a los participantes. La mitad de ellos habían aprendido la secuencia por la mañana y se les hizo la prueba por la noche, después de haber permanecido despiertos durante todo el día. Los sujetos de la otra mitad aprendieron la secuencia por la noche y los examinamos a la mañana siguiente, después de un lapso también de 12 horas, pero que incluía una noche de ocho horas de sueño.

Los que habían permanecido despiertos durante el día no evidenciaron ninguna mejora significativa en su rendimiento. Sin embargo, ajustándose a la descripción original del pianista, aquellos que fueron probados después de las mismas 12 horas, pero intercalando una noche de sueño, mostraron un sorprendente salto del 20% en la velocidad de ejecución y una mejora de casi el 35% en la precisión. Es importante destacar que los participantes del primer grupo presentaron un aumento idéntico en el rendimiento cuando, 12 horas más tarde, y esta vez tras toda una noche de sueño, se volvieron a someter a la prueba.

En otras palabras, tu cerebro continúa mejorando tus habilidades cuando tú ya has dejado de practicar. Realmente es bastante mágico. Sin embargo, este aprendizaje diferido, «fuera de línea», ocurre exclusivamente a lo largo del período de sueño, no a través de períodos equivalentes de tiempo despierto, independientemente de si el tiempo de vigilia o el tiempo de sueño vienen antes o después. La práctica no hace al maestro. Es la práctica seguida de una noche de sueño lo que conduce a la perfección. También demostramos que estos beneficios de aumento de la memoria ocurren sin importar si se aprende una secuencia motora corta o larga (por ejemplo 4-3-1-2 frente a 4-2-3-4-2-3-1-4-3-4-1-4), o si se usa una mano (unimanual) o ambas (bimanual, como en el caso de un pianista).

El análisis de los elementos individuales de la secuencia motora (4-1-3-2-4) me permitió descubrir de qué modo preciso el sueño perfeccionaba la habilidad. Incluso después de un largo período de entrenamiento inicial, los participantes tenían problemas frecuentes con transiciones particulares dentro de la secuencia. Estos puntos problemáticos se evidenciaban cuando observaba la velocidad de las pulsaciones en el teclado. Había una pausa mucho más larga en determinadas transiciones. Por ejemplo, en lugar de escribir de forma seguida 4-1-3-2-4, 4-1-3-2-4, escribían 4-1-3 [pausa] 2-4, 4-1-3 [pausa] 2-4. Fragmentaban la rutina motora en pedazos, como si tratar de hacer las secuencias de una sola vez fuera demasiado difícil. Diferentes personas tenían diferentes problemas de pausa en diferentes puntos de la rutina, pero casi todas las personas presentaban una o dos de estas dificultades. Evalué a tantos participantes que podía saber dónde encontrarían dificultades simplemente escuchándolos mecanografiar durante el entrenamiento.

Sin embargo, cuando evalué a los participantes tras una noche de sueño, mis oídos escucharon algo muy diferente. Supe lo que estaba ocurriendo incluso antes de analizar los datos: dominaban la tarea. Su tecleo tras el sueño era fluido e ininterrumpido. El *staccato* había sido reemplazado por una automaticidad sin interrupciones, que es el objetivo final del aprendizaje motor: 4-1-3-2-4, 4-1-3-2-4, 4-1-3-2-4. Lo escribían rápido y casi perfecto. El sueño había identificado qué transiciones presentaban dificultades para la memoria motriz y las había atenuado. Este hallazgo reforzó las palabras que me había dicho el pianista tras la conferencia: «Pero, cuando me levanto a la mañana siguiente y me vuelvo a sentar al piano, resulta que la puedo tocar perfectamente».

El siguiente paso fue hacer un escáner cerebral a los participantes después de que hubieran dormido, lo que me permitió ver cómo se había logrado esta fantástica mejora en la habilidad. El sueño había transferido de nuevo los recuerdos, pero los resultados fueron diferentes a los obtenidos con la memoria episódica. En lugar de la transferencia de memoria de corto a largo plazo requerida para preservar hechos, en el caso de la memoria motriz la transferencia se había hecho a circuitos cerebrales que operan por debajo del nivel de conciencia. Como resultado, esas acciones de habilidad ahora eran instintivas. En lugar de tener que forzarlas, fluían del cuerpo con facilidad. Es decir, el sueño había ayudado al cerebro a automatizar las rutinas de movimiento, convirtiéndolas en algo que el sujeto realizaba de forma natural, sin esfuerzo, que es precisamente el objetivo que buscan los entrenadores deportivos al perfeccionar las habilidades de sus atletas de alto rendimiento.

Mi último descubrimiento, que abarcó casi una década de investigación, identificó el tipo de sueño responsable de la mejora de la destreza motora durante la noche, lo que comportó importantes enseñanzas en el ámbito médico y social. Los aumentos de velocidad y precisión, respaldados por una eficiente automaticidad, estaban directamente relacionados con la cantidad de sueño no-REM de la etapa 2, sobre todo en las últimas dos horas de una noche de sueño de ocho horas (por ejemplo, de cinco a siete de la mañana, en caso de haberse ido a dormir a las 11). En concreto, fueron los esplendorosos husos del sueño en las dos horas últimas de la mañana —el período de la noche en el que la actividad de las ondas cerebrales presenta más husos— los que se vincularon con el estímulo de la memoria fuera de línea.

Lo más llamativo fue que, tras el aprendizaje, el aumento de estos husos se detectó solo en regiones del cráneo ubicadas sobre la corteza motora —en la parte posterior del lóbulo frontal— y no en otras áreas. Cuanto mayor es el aumento local de los husos de sueño en la parte del cerebro que hemos forzado para aprender exhaustivamente la habilidad motriz, mejor es el desempeño al despertar. Muchos otros estudios han encontrado una vinculación similar entre «sueño local» y aprendizaje. Cuando se trata de recuerdos de habilidades motrices, las ondas cerebrales del sueño actúan como una buena masajista: te dará un masaje de cuerpo entero, pero pondrá especial atención en las áreas del cuerpo que necesitan más ayuda. De la misma manera, los husos del sueño cubren todas las áreas del cerebro, pero ponen un mayor énfasis en aquellas partes del cerebro que se han empleado más duramente a lo largo del aprendizaje diurno.

Tal vez lo que resulta más relevante para nuestra época moderna es el descubrimiento que hicimos sobre el efecto de las horas nocturnas. Esas dos últimas horas de sueño son precisamente las que muchos de nosotros decidimos interrumpir para empezar un nuevo día. En consecuencia, nos perdemos la fiesta de los husos del sueño que tiene lugar en el último tramo de la madrugada. Esto nos lleva a hablar también de deporte. Pensemos, por ejemplo, en el típico entrenador olímpico que despierta a su atleta al amanecer para que siga entrenando. Al hacerlo, puede estar negando sin saberlo una fase importante del desarrollo de la memoria motriz dentro del cerebro, aquella que perfecciona el desempeño atlético cualificado. Si tenemos en cuenta que a menudo es una mínima diferencia de rendimiento lo que separa al ganador de una medalla de oro del último clasificado, queda claro que cualquier ventaja competitiva que se pueda obtener, como la que de forma natural ofrece el sueño, puede determinar qué himno nacional resonará en el estadio. En cualquier caso, una cosa está clara: el que no duerme, pierde.

La superestrella de los cien metros lisos, Usain Bolt, solía tomar la siesta horas antes de batir un récord mundial; así lo hizo también antes de la final olímpica en la que ganó el oro. Nuestros estudios respaldan su sabiduría: las siestas diurnas que contienen un número suficiente de husos del sueño ofrecen una importante mejora en la memoria de las habilidades motoras, y además facilitan la recuperación energética y la reducción de la fatiga muscular.

En los años posteriores a nuestro descubrimiento, numerosos estudios han demostrado que el sueño mejora las habilidades motrices de los deportistas jóvenes, *amateurs* y de alto rendimiento en disciplinas tan diversas como el tenis, el basquetbol, el futbol americano, el futbol y el remo. Tanto es así que en 2015 el Comité Olímpico Internacional publicó una declaración de consenso que destaca la importancia y la necesidad fundamental del sueño en la práctica de todos los deportes, tanto para hombres como para mujeres.[10]

Los equipos deportivos profesionales están tomando nota, y por buenas razones. Recientemente he impartido charlas a varios equipos nacionales de basquetbol y de futbol americano en los Estados Unidos, y para este último deporte, también en el Reino Unido. Situado frente al entrenador, el *staff* y los jugadores, les hablo de uno de los potenciadores del rendimiento legales más sofisticados y poderosos, y con un gran potencial para ganar partidos: dormir.

Respaldo estas afirmaciones con ejemplos de los más de 750 estudios científicos que han investigado la relación entre

---

[10] M.F. Bergeron, M. Mountjoy, N. Armstrong, M. Chia *et al.*, «International Olympic Committee consensus statement on youth athletic development», *British Journal of Sports Medicine* 49, n.º 13, 2015, pp. 843-851.

el sueño y el rendimiento humano, muchos de los cuales analizan específicamente a deportistas profesionales y de élite. Si duermes menos de ocho horas por noche, y especialmente menos de seis horas, sucede lo siguiente: el tiempo hasta el agotamiento físico disminuye entre un 10% y un 30%, y la capacidad aeróbica se reduce significativamente. Se observan deterioros similares en la capacidad de extensión de las extremidades y en el salto de altura, junto con una disminución de la fuerza muscular máxima. A esto se le agregan marcadas deficiencias en las capacidades cardiovasculares, metabólicas y respiratorias, incluidas tasas más elevadas de acumulación de ácido láctico, reducciones en la saturación de oxígeno sanguíneo y un aumento del dióxido de carbono en sangre, debido en parte a una reducción en la cantidad de aire que los pulmones pueden expulsar. Incluso la capacidad del cuerpo para refrigerarse durante el esfuerzo físico a través de la sudoración, factor esencial en el alto rendimiento, se ve perjudicada por la pérdida de sueño.

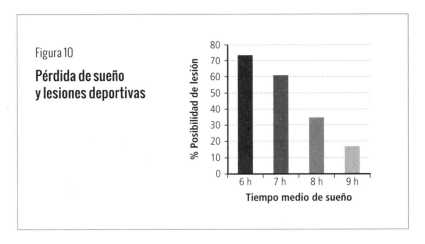

Figura 10

Pérdida de sueño y lesiones deportivas

Y luego está el riesgo de lesiones. Es el mayor temor de todos los atletas de alto nivel y de sus entrenadores. Esta preocupación alcanza también a los dueños de los equipos profesionales, que consideran a sus jugadores como preciadas inversiones financieras. En el contexto de las lesiones, no existe una mejor póliza de seguro de riesgo para estas inversiones que dormir. En un estudio de 2014 sobre atletas de competencia,[11] se pudo ver cómo una falta crónica de sueño a lo largo de la temporada predecía un importante riesgo de lesión (figura 10).

Los equipos se gastan millones de dólares en jugadores extremadamente caros, prodigándoles todo tipo de atención médica y nutricional para aumentar su rendimiento. Sin embargo, a menudo ese rendimiento profesional se ve menoscabado por un factor que los equipos no suelen priorizar: el sueño de sus jugadores.

Incluso los equipos que son conscientes de la importancia de dormir antes de un partido, se sorprenden cuando les digo que también es esencial dormir bien en los días siguientes. El sueño posterior al rendimiento acelera la recuperación física de la inflamación común, estimula la reparación muscular y ayuda a reabastecer la energía celular en forma de glucosa y glucógeno.

Figura 11

Rendimiento del jugador de la NBA

Más de ocho horas de sueño *versus* menos de ocho horas de sueño

+ 12% Incremento en minutos jugados
+ 29% Incremento en puntos / minuto
+ 2% Incremento en el porcentaje de tiros de tres puntos
+ 9% Incremento en el porcentaje de tiros libre
+ 37% Incremento de pérdidas de balón
+ 45% Incremento de faltas cometidas

Antes de dar a estos equipos un conjunto de recomendaciones del sueño que puedan poner en práctica para ayudar a capitalizar todo el potencial de sus atletas, les proporciono datos de la Asociación Nacional de Basquetbol (NBA) sobre la medición del sueño de Andre Iguodala, actualmente en mi

---

[11] M.D. Milewski *et al.*, «Chronic lack of sleep is associated with increased sports injuries in adolescent athletes», *Journal of Paediatric Orthopaedics* 34, n.º 2, 2014, pp. 129-133.

equipo local, los Golden State Warriors. La figura 11 presenta el rendimiento de Iguodala cuando ha dormido más de ocho horas por noche en comparación con cuando ha dormido menos de ocho horas.[12]

Por supuesto, la mayoría de nosotros no jugamos en equipos profesionales. Pero la mayoría somos físicamente activos a lo largo de nuestra vida y constantemente adquirimos nuevas habilidades. El aprendizaje motor y la fisicidad general siguen siendo parte de nuestras vidas, abarcando desde lo trivial (aprender a escribir en una computadora o en un teléfono inteligente de distinto tamaño) hasta lo esencial, por ejemplo, cuando un cirujano aprende una nueva técnica endoscópica o cuando un piloto aprende a hacer volar aviones nuevos o diferentes. Por lo tanto, seguimos necesitando nuestro sueño no-REM para refinar y mantener esos movimientos motrices. En lo que concierne a los padres, resulta revelador que el momento más decisivo del aprendizaje motor especializado en la vida de cualquier ser humano ocurra en los primeros años después del nacimiento, cuando empezamos a ponernos de pie y a caminar. No es sorprendente que en los bebés se registre un pico de sueño no-REM en la etapa 2 (incluidos los husos del sueño) justo alrededor del tiempo de transición entre gatear y caminar.

Volviendo a lo que aprendí hace años en el Queen's Medical Center con respecto al daño cerebral, ahora hemos descubierto que la recuperación lenta y cotidiana de la función motora en pacientes con accidente cerebrovascular se debe, en parte, al duro trabajo nocturno del sueño. Después de un accidente cerebrovascular, el cerebro comienza a reconfigurar las conexiones neuronales restantes y genera nuevas conexiones alrededor de la zona dañada. Esta reorganización plástica y la génesis de nuevas conexiones subyacen a la recuperación de cierto grado de función motora. Ahora tenemos una evidencia prelimi-

---

[12] Ken Berger, «In multibillion-dollar business of NBA, sleep is the biggest debt» (7 junio, 2016), acceso en http://www.cbssports.com/nba/news/in-multi-billion-dollar-business-of-nba-sleep-is-the-biggest-debt/

nar de que el sueño es un ingrediente esencial en este esfuerzo de recuperación neuronal. La calidad del sueño predice la recuperación gradual de la función motora y determina el reaprendizaje de numerosas habilidades de movimiento.[13] Más hallazgos de este tipo podrían justificar un esfuerzo más concertado para priorizar el sueño como una ayuda terapéutica en pacientes que han sufrido daño cerebral, o incluso la implementación de métodos de estimulación del sueño como los descritos anteriormente. Desde la medicina, no estamos aprovechando mucho de lo que el sueño puede hacer por nosotros. Siempre que una evidencia científica lo justifique, deberíamos utilizar la poderosa herramienta de salud que representa el sueño para mejorar la vida de nuestros pacientes.

Sueño para la creatividad

De entre todos los beneficios que proporciona el sueño, el más llamativo es sin duda el de la creatividad. El sueño proporciona un teatro nocturno en el que tu cerebro prueba y construye conexiones entre vastas reservas de información. Esta tarea se lleva a cabo utilizando un curioso algoritmo que tiende a buscar asociaciones distantes y poco obvias, algo así como una búsqueda en Google hacia atrás. De una forma que tu cerebro despierto nunca intentaría, el cerebro dormido fusiona conjuntos dispares de conocimientos, fomentando una impresionante habilidad para resolver problemas. Si reflexionamos acerca del tipo de experiencia consciente que produciría una mezcla de memoria tan extraña, no resulta sorprendente descubrir que eso ocurre durante la fase de sueño REM. Exploraremos ampliamente todas las ventajas de esta fase en el capítulo dedicado a los sueños. Por ahora, simplemente te diré

---

[13] K. Herron, D. Dijk, J. Ellis, J. Sanders y A.M. Sterr, «Sleep correlates of motor recovery in chronic stroke: a pilot study using sleep diaries and actigraphy», *Journal of Sleep Research* 17, 2008, p. 103; y C. Siengsukon y L.A. Boyd, «Sleep enhances off-line spatial and temporal motor learning after stroke», *Neurorehabilitation & Neural Repair* 4, n.º 23, 2009, pp. 327-335.

que esa alquimia informativa que generan los sueños en la fase REM ha llevado a algunos de los mayores logros del pensamiento transformador en la historia de la humanidad.

7

Demasiado extremo para el *Libro Guinness de los récords*

El cerebro y la privación del sueño

Ante el peso de las evidencias científicas en su contra, el *Libro Guinness de los récords* ha dejado de reconocer los intentos de superar el récord mundial de privación del sueño. Recordemos que el *Guinness* considera aceptable que un hombre (Felix Baumgartner), vestido con un traje espacial, ascienda en un globo aerostático hasta los límites de nuestra atmósfera, a 39 000 metros de altura, abra la puerta de su cápsula, suba por una escalera suspendida sobre el planeta y se arroje hacia la Tierra a una velocidad máxima de 1 358 km/h, rompiendo de esa manera la barrera del sonido y creando un estampido sónico solo con su cuerpo. Pero los riesgos asociados con la privación del sueño se consideran muchísimo más altos. De hecho, según las evidencias, inaceptablemente altos.

¿Cuáles son esas evidencias tan convincentes? En los dos capítulos siguientes descubriremos por qué y cómo la pérdida de sueño produce efectos devastadores en el cerebro relacionados con numerosas afecciones neurológicas y psiquiátricas (por ejemplo, el alzhéimer, la ansiedad, la depresión, el trastorno bipolar, el suicidio, los accidentes cerebrovasculares y el dolor crónico), y en todos los sistemas fisiológicos del cuerpo, contribuyendo a innumerables trastornos y enfermedades (por ejemplo, cáncer, diabetes, ataques cardíacos, infertilidad, aumento de peso, obesidad e inmunodeficiencia). Ninguna faceta del cuerpo humano se salva del daño invalidante y nocivo de la pérdida del sueño. Como veremos, somos social, organizativa, económica, física, conductual, nutricional, lingüística, cognitiva y emocionalmente dependientes del sueño.

Este capítulo se ocupa de las graves consecuencias, a veces mortales, para el cerebro del sueño inadecuado. Asimismo, abordaremos los efectos igualmente ruinosos y fatales que dormir poco tiene para el cuerpo.

Presta atención

La falta de sueño puede matarnos de muchas formas. Algunas se toman su tiempo; otras son mucho más inmediatas. Una de las funciones del cerebro que se doblegan incluso bajo la menor dosis de falta de sueño es la concentración. Las consecuencias mortales de estas fallas de concentración se manifiestan de la manera más obvia y fatal en la conducción somnolienta. Cada hora, alguien muere en un accidente de tráfico en los Estados Unidos debido a un error relacionado con la fatiga.

Existen dos causas principales para los accidentes por conducción somnolienta. La primera es que las personas se queden completamente dormidas al volante. Sin embargo, esto no ocurre con frecuencia y por lo general requiere que el individuo tenga una privación aguda de sueño (más de veinte horas sin cerrar los ojos). La segunda causa, más común, es un lapso momentáneo en la concentración, llamado microsueño. Este dura unos pocos segundos, durante los cuales los párpados se cierran total o parcialmente. Por lo general, los sufren personas con restricción crónica del sueño, que se define como tener menos de siete horas de sueño por noche de manera habitual.

Durante un microsueño, tu cerebro se vuelve ciego al mundo exterior por un breve momento, y no solo en el ámbito visual, sino en todos los canales de percepción. La mayoría de las veces no te das cuenta de ello. Lo más problemático es que tu control sobre las acciones motrices, que son precisamente las que te permiten girar el volante o accionar el pedal de freno, cesa momentáneamente. Por lo tanto, no es necesario quedarse dormido durante 10 o 15 segundos para morir mientras se conduce. Dos segundos son suficientes. Un microsueño de dos segundos a cincuenta kilómetros por hora, con una ligera desviación en la trayectoria, puede hacer que tu vehículo cambie de un carril a otro. Si esto sucede a cien kilómetros por hora en una carretera de doble sentido, puede ser el último microsueño que tengas en tu vida.

David Dinges, de la Universidad de Pensilvania, un titán en el campo de la investigación del sueño y mi héroe personal, ha sido el científico que, a lo largo de la historia, ha hecho más por responder a la siguiente pregunta fundamental: ¿cuál es la tasa de reciclaje de un ser humano? Es decir, ¿cuánto tiempo puede una persona pasar sin dormir antes de que su rendimiento se vea objetivamente alterado? ¿Cuánto sueño puede perder un humano cada noche, y durante cuántas noches, antes de que los procesos básicos del cerebro empiecen a fallar? ¿Es ese individuo siquiera consciente de las limitaciones que le impone la privación del sueño? ¿Cuántas noches de recuperación de sueño se necesitan para restaurar el rendimiento estable de un humano después de la pérdida de sueño?

La investigación de Dinges emplea una prueba de atención increíblemente simple para medir la concentración. Consiste en presionar un botón en respuesta a una luz que aparece en un panel o en la pantalla de una computadora en un período determinado. Se mide tanto la respuesta como el tiempo de reacción. Cuando se enciende otra luz, hay que hacer lo mismo. Las luces aparecen de manera impredecible, a veces en rápida sucesión, otras veces separadas al azar por una pausa de varios segundos.

Suena fácil, ¿verdad? Intenta hacerlo durante diez minutos seguidos, todos los días, durante 14 días. Eso es lo que Dinges y su equipo de investigación mandaron hacer a un gran número de sujetos que fueron monitoreados bajo estrictas condiciones de laboratorio. Todos los sujetos empezaron teniendo una oportunidad de sueño de ocho horas la noche anterior a la prueba, lo que permitió evaluarlos después de haber descansado por completo. Luego, los participantes fueron divididos en cuatro grupos experimentales diferentes. Como en un estudio de drogas, cada grupo recibió una «dosis» diferente de privación del sueño. Un grupo se mantuvo durante 72 horas seguidas sin dormir, es decir, tres noches consecutivas. Al segundo grupo se le permitió dormir cuatro horas cada noche. Al tercer grupo se le dieron seis horas de sueño cada noche. Al cuarto grupo, el más afortunado, se le permitió seguir durmiendo ocho horas cada noche.

Hubo tres hallazgos clave. Primero, aunque la privación del sueño en todos los casos causó una desaceleración en el tiempo de reacción, había algo más revelador: los participantes, por breves momentos, dejaban de responder por completo. La lentitud no era la señal más sensible de la somnolencia, sino la falta de respuesta. Dinges estaba detectando lapsos, también conocidos como microsueños: el equivalente en la vida real de lo que sería no reaccionar ante un niño que sale corriendo detrás de una pelota frente a tu automóvil.

Al describir sus hallazgos, Dinges a menudo nos hace pensar en el pitido repetitivo de un monitor cardíaco en un hospital: bip, bip, bip. Imagina el sonido dramático que se escucha en las series de televisión cuando, en una sala de urgencias, los médicos intentan desesperadamente salvarle la vida a un paciente que está a punto de fallecer. Al principio, los sonidos son constantes (bip, bip, bip), al igual que las respuestas (estables y regulares) en la tarea de atención visual cuando el sujeto ha descansado bien. Sin embargo, cuando el sujeto no ha dormido, su patrón de respuesta es el equivalente auditivo a cuando el paciente en el hospital está a punto de sufrir un paro cardíaco (bip, bip, bip, biiiiiiiiiiiiiiiiiiiiip). Su rendimiento es como esa línea del monitor cardíaco que de pronto se vuelve plana. Sin respuesta consciente, sin respuesta motora. Un microsueño. Luego regresa el latido del corazón, al igual que la capacidad de presionar el botón durante la prueba de atención: bip, bip, bip... Pero solo por un breve lapso de tiempo. Pronto tendrá otro ataque: bip, bip, biiiiiiiiiiiip. Más microsueños.

Comparando día tras día el número de lapsos o microsueños de los cuatro grupos experimentales, Dinges llegó a un segundo hallazgo clave. Las personas que durmieron ocho horas cada noche mantuvieron una actuación estable, casi perfecta, durante las dos semanas. Los del grupo de privación total del sueño durante tres noches sufrieron un deterioro catastrófico, lo que no fue en realidad ninguna sorpresa. Después de la primera noche de no dormir, sus lapsos de concentración (respuestas fallidas) se incrementaron en un 400%. La sorpresa fue que estas deficiencias continuaron aumentando al mismo nivel después de una segunda y tercera noches de privación total del sueño, como si siguieran escalando en severidad mientras más noches de sueño perdían, sin mostrar signos de aplanamiento.

Pero fueron los dos grupos con una privación parcial del sueño los que arrojaron el mensaje más preocupante de todos. Después de seis noches durmiendo cuatro horas por noche, el rendimiento de los participantes de este grupo fue tan malo como el de aquellos que no habían dormido durante 24 horas seguidas, es decir, se produjo un aumento del 400% en el número de microsueños. Tras 11 días manteniendo esta dieta de cuatro horas de sueño por noche, el rendimiento de los participantes se había degradado aún más, igualando al de alguien que acumula 48 horas sin dormir.

Aún más preocupantes, desde una perspectiva social, fueron los resultados de los individuos que habían dormido seis horas por noche, algo que puede sonar familiar a muchos de los que están leyendo estas páginas. Bastaban diez días manteniendo ese ritmo de sueño para que su rendimiento se viera tan afectado como si hubieran pasado 24 horas seguidas sin dormir. Y al igual que en el grupo de privación total del sueño, el deterioro en el rendimiento acumulado en los grupos de sueño de cuatro y seis horas no mostró signos de nivelación. Todos los indicios sugerían que, si el experimento hubiera continuado, el deterioro del rendimiento se habría seguido acumulando durante semanas o meses.

Otro estudio, este dirigido por el doctor Gregory Belenky en el Walter Reed Army Institute of Research, publicó resultados casi idénticos en la misma época. También probaron cuatro grupos de participantes, pero adjudicándoles nueve, siete, cinco y tres horas de sueño respectivamente durante siete días.

No puedes saber cuán desvelado estás cuando estás desvelado

El tercer hallazgo clave, común a ambos estudios, es el que personalmente considero más preocupante. Cuando se les preguntó a los participantes sobre su percepción subjetiva, subestimaron el grado de deterioro de su rendimiento. Esto suponía un pésimo pronóstico de lo verdaderamente malo que era su rendimiento en términos objetivos. Es el equivalente a alguien que ha bebido demasiado y, aferrándose a las llaves de su coche, afirma con confianza: «Estoy bien para conducir hasta casa».

También resulta preocupante la dificultad de resituarse en el punto de partida. Un individuo con una restricción crónica del sueño durante meses o años se acostumbrará a su rendimiento alterado, a un menor estado de alerta y a niveles de energía reducidos. Ese bajo nivel en sus prestaciones se convierte en su norma aceptada o punto de partida. Las personas no logran reconocer cómo su estado permanente de falta de sueño ha llegado a comprometer su aptitud mental y su vitalidad física, incluida la lenta acumulación de problemas de salud. Rara vez asocian lo primero con lo último. Según estudios epidemiológicos del tiempo medio de sueño, millones de personas pasan inconscientemente años de su vida en un estado por debajo del nivel óptimo de su funcionamiento psicológico y fisiológico, sin maximizar su potencial mental o corporal, debido a su ciega persistencia en dormir poco. Sesenta años de investigación científica hacen que no me sea posible aceptar que alguien diga que «le bastan cuatro o cinco horas de sueño por noche».

Volviendo a los resultados del estudio de Dinges, uno podría pensar que los participantes recuperarían su rendimiento óptimo después de una larga noche de sueño de recuperación, igual que mucha gente confía en «recuperarse» durmiendo mucho durante los fines de semana para compensar su deuda de sueño. Sin embargo, incluso después de tres noches de sueño a voluntad, el rendimiento no volvió a lo observado en la evaluación inicial, cuando esas mismas personas dormían ocho horas completas regularmente. Ninguno de los grupos recuperó todas las horas de sueño que habían perdido en los días previos. Como ya hemos visto, el cerebro no es capaz de ello.

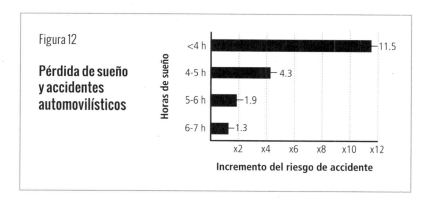

En un inquietante estudio posterior, investigadores australianos tomaron dos grupos de adultos sanos: uno consumió bebidas alcohólicas hasta alcanzar el límite legal para manejar (0.8% de alcohol en sangre), y el otro fue privado del sueño durante solo una noche. Ambos grupos realizaron la prueba de concentración para evaluar el rendimiento de la atención, y, en concreto, el número de lapsos. Después de permanecer despiertas durante 19 horas, las personas desveladas se mostraron tan deterioradas cognitivamente como aquellas que estaban legalmente ebrias. Dicho de otra manera, si te despiertas a las siete de la mañana, permaneces despierto todo el día y luego sales con amigos hasta altas horas de la noche, aun sin beber nada de alcohol, para cuando regreses en coche a casa a las dos de la mañana tu deterioro cognitivo será similar al de un conductor ebrio. De hecho, los participantes en el estudio anterior iniciaron su desplome cognitivo solo tras 15 horas de estar despiertos (a las diez de la noche, en el escenario anteriormente descrito).

Los accidentes automovilísticos se encuentran entre las principales causas de muerte en la mayoría de las naciones del primer mundo. En 2016, la Fundación AAA, de Washington D.C., publicó los resultados de un amplio estudio realizado a lo largo de dos años con más de 7000 conductores estadounidenses.[1] El principal descubrimiento, mostrado en la figura 12, revela que la conducción somnolienta resulta catastrófica. Conducir con menos de cinco horas de sueño triplica el riesgo de un accidente automovilístico. Si te pones al volante habiendo dormido cuatro horas o menos la noche anterior, tendrás 11.5 veces más probabilidades de verte involucrado en un accidente. Hay que tener en cuenta que la relación entre la disminución de las horas de sueño y el aumento del riesgo de mortalidad de un accidente no es lineal, sino que crece de forma exponencial. Cada hora de sueño perdido magnifica enormemente la probabilidad de sufrir un accidente.

Conducir ebrio y conducir con sueño son presupuestos mortales por derecho propio, pero ¿qué sucede cuando alguien los combina? Es una pregunta relevante, ya que la mayoría de las personas que conducen en estado de ebriedad lo hacen de madrugada y no a media mañana, lo que significa que la mayoría de los conductores ebrios también están privados de sueño.

Actualmente es posible monitorear los errores de conducción de manera realista, pero sin riesgos, usando simuladores de conducción. Con esta máquina virtual, un grupo de investigadores examinó el número de salidas completas de la carretera en participantes sometidos a cuatro condiciones experimentales diferentes: *1)* ocho horas de sueño, *2)* cuatro horas de sueño, *3)* ocho horas de sueño más consumo de alcohol hasta el límite legal permitido y *4)* cuatro horas de sueño más consumo de alcohol hasta el límite legal permitido.

Los integrantes del grupo de sueño de ocho horas cometieron pocos errores o ninguno. Los que durmieron cuatro horas

---

[1] Foundation for Traffic Safety, «Acute Sleep Deprivation and Crash Risk», disponible en https://www.aaafoundation.org/acute-sleep-deprivation-and-crash-risk

(el segundo grupo) tuvieron seis veces más salidas de la carretera que las personas sobrias y bien descansadas. Se observó el mismo grado de deterioro a la hora de manejar en los individuos del tercer grupo, que habían dormido ocho horas, pero también habían consumido alcohol. Manejar borracho y manejar con sueño son acciones igualmente peligrosas.

Una expectativa razonable era que el rendimiento del cuarto grupo de participantes reflejara el impacto agregado de los grupos 3 y 4: cuatro horas de sueño más el efecto del alcohol (es decir, 12 veces más desviaciones fuera de la carretera). Pero fue mucho peor. Este grupo de participantes se salió de la carretera casi treinta veces más que el grupo bien descansado y sobrio. Los efectos del coctel embriagador de falta de sueño y alcohol no eran sumatorios sino multiplicativos. Se magnificaron entre sí, como dos drogas cuyos efectos son dañinos por sí mismos, pero que, además, cuando se toman juntas, interactúan para producir consecuencias realmente nefastas.

Después de treinta años de intensa investigación, ahora podemos responder a muchas de las preguntas planteadas anteriormente. La tasa de reciclaje de un ser humano es de aproximadamente 16 horas. Después de 16 horas de estar despierto, el cerebro comienza a fallar. Los seres humanos necesitan más de siete horas de sueño cada noche para mantener el rendimiento cognitivo. Después de diez días con solo siete horas de sueño, el cerebro es tan disfuncional como lo sería después de estar sin dormir durante 24 horas. Tres noches completas de sueño de recuperación (es decir, más noches que las que tiene un fin de semana) son insuficientes para restablecer el rendimiento a niveles normales después de una semana de poco sueño. Finalmente, el cerebro humano no puede percibir con precisión cuán desvelado está cuando está desvelado.

En capítulos posteriores, volveremos a hablar sobre las implicaciones de estos resultados, pero las consecuencias de manejar con sueño en la vida real merecen una mención especial. Esta semana, más de dos millones de personas en los Estados Unidos se quedarán dormidas mientras manejan su vehículo de motor. Eso es más de 250 000 por día, registrándose más casos los días entre semana que durante los fines de semana por razones obvias. Cada mes, más de 56 millones de estadounidenses admiten que les cuesta mantenerse despiertos al volante.

En los Estados Unidos, la somnolencia causa cada año 1.2 millones de accidentes. Dicho de otra manera: por cada treinta segundos que has estado leyendo este libro, ha habido un accidente automovilístico en algún lugar de los Estados Unidos debido a la falta de sueño. Y es muy probable que alguien haya perdido la vida en un accidente automovilístico relacionado con la fatiga durante el tiempo que has estado leyendo este capítulo.

Quizá te sorprenda saber que los accidentes de tráfico causados por la falta de sueño superan a los causados por el consumo combinado de alcohol y drogas. Manejar con sueño es peor que manejar ebrio. Puede parecer algo controvertido o irresponsable decirlo, y de ninguna manera deseo trivializar el lamentable acto de manejar borracho. Sin embargo, mi afirmación es cierta por la siguiente sencilla razón: los conductores ebrios a menudo se retrasan en el frenado y son lentos a la hora de realizar maniobras evasivas. Pero cuando te duermes o cuando tienes un microsueño, dejas de reaccionar por completo. Una persona que experimenta un microsueño o que se ha quedado dormida al volante no frena en absoluto ni intenta evitar el accidente. Como resultado, los accidentes automovilísticos causados por la falta de sueño tienden a ser mucho más mortales que los causados por el alcohol o las drogas. Dicho crudamente, cuando te quedas dormido al volante de tu automóvil en una autopista, hay un misil de una tonelada viajando sin control a cien kilómetros por hora.

Los conductores de automóviles no son la única amenaza. Más peligrosos son los camioneros somnolientos. Aproximadamente el 80% de los conductores de camiones en los Estados Unidos presenta sobrepeso, y al 50% le han diagnosticados obesidad. Esto hace que los camioneros tengan un riesgo mucho más alto de padecer apnea del sueño, un trastorno comúnmente asociado a fuertes ronquidos que ocasiona una privación de sueño crónica y severa. Como resultado, estos conductores tienen entre un 200% y un 500% más de probabilidades de verse involucrados en un accidente de tráfico. Y cuando un conductor de camión pierde la vida en un choque por falta de sueño, se llevará consigo, en promedio, otras 4.5 vidas más.

De hecho, me gustaría subrayar que no hay accidentes causados por la fatiga, por los microsueños o por quedarse dormido. Ninguno en absoluto. Son choques. El *Diccionario Oxford* de inglés define los accidentes como eventos inesperados que ocurren por casualidad o sin causa aparente. Las muertes por manejar con sueño no son una casualidad ni carecen de causa. Son predecibles y son el resultado directo de no dormir lo suficiente. Así pues, son evitables, se pueden prevenir. Resulta vergonzoso que los gobiernos de la mayoría de los países desarrollados gasten menos del 1% del presupuesto que invierten en la lucha contra la conducción en estado de ebriedad en educar sobre los peligros de la conducción con sueño.

Además, las campañas de salud pública que se realizan al respecto, aunque bienintencionadas, suelen diluirse en un aluvión de estadísticas. A menudo es necesario acercarse a las trágicas experiencias personales para conseguir que el mensaje sea efectivo. Yo podría explicar miles de estas historias. Permíteme que te cuente solo una, con la esperanza de salvarte del riesgo de manejar con sueño.

Condado de Union (Florida), enero de 2006: un autobús escolar que transportaba a nueve niños se detuvo en un *stop*. Un coche Pontiac Bonneville, con siete ocupantes, que circulaba detrás del autobús también se detuvo. Por detrás de ellos, circulaba un camión de 18 ruedas. No se detuvo. El camión chocó contra el Pontiac, aplastándolo, y después, con el coche enganchado al chasis, chocó contra el autobús. Los tres vehículos atravesaron una zanja y continuaron avanzando, hasta que el Pontiac implosionó y quedó envuelto en llamas. El autobús escolar giró en sentido contrario a las manecillas del reloj y siguió deslizándose, ahora hacia el carril opuesto de la carretera, de atrás para delante. Lo hizo durante cien metros, hasta que se salió de la calzada y colisionó con una espesa arboleda.

Tres de los nueve niños que iban en el autobús salieron disparados a través de las ventanas en el momento del impacto. Los siete pasajeros del Pontiac fallecieron, al igual que el conductor del autobús. El conductor del camión y los nueve niños del autobús sufrieron lesiones graves.

El camionero era un conductor experimentado y con licencia en regla. Todas las pruebas de toxicología realizadas en su sangre fueron negativas. Sin embargo, más tarde se supo que había estado despierto durante 34 horas seguidas y que se había quedado dormido al volante. Los siete ocupantes del Pontiac que murieron eran niños o adolescentes. Cinco de ellos pertenecían a la misma familia. El ocupante mayor era un adolescente, que conducía legalmente el automóvil. El ocupante de menor edad era un bebé de apenas veinte meses.

Hay muchas cosas que espero que los lectores se lleven de este libro. Esta es una de las más importantes: si sientes sueño mientras manejas, por favor, detente a descansar. Lo contrario es letal. Llevar la carga de la muerte de otro sobre tus hombros es algo terrible. No te dejes engañar por los ineficaces trucos contra la somnolencia al volante que cuenta a menudo la gente.[2] Muchos de nosotros pensamos que podemos superar la somnolencia por pura fuerza de voluntad, pero, por desgracia, esto no es verdad. Pretender lo contrario puede poner en peligro tu vida, la vida de los familiares o amigos que van contigo en el automóvil y las vidas de otros usuarios de la carretera. Algunas personas solo tienen una oportunidad de quedarse dormidas al volante antes de perder la vida.

Si notas que te sientes cansado mientras manejas o que te estás quedando dormido al volante, busca un lugar donde pasar la noche y dormir. Si realmente debes continuar, tras sopesar los riesgos mortales que puede implicar seguir manejando, sal de la carretera y descansa durante un rato. Haz una

---

[2] Algunos de los mitos populares que no sirven para ayudar a superar la somnolencia durante la conducción incluyen: encender la radio, bajar la ventanilla del automóvil, recibir aire fresco en la cara, salpicaduras de agua fría, hablar por teléfono, mascar chicle, abofetearte, pellizcarte, darte puñetazos y prometerte una recompensa por permanecer despierto.

breve siesta (de veinte a treinta minutos). Cuando despiertes, no empieces a manejar enseguida. Sufrirás la inercia del sueño: la persistencia de los efectos del sueño en la vigilia. Espera otros veinte o treinta minutos y, si realmente debes continuar, tal vez después de tomar una taza de café, retoma la conducción. Has de tener en cuenta, sin embargo, que al cabo de poco necesitarás otra recarga de sueño y que tu rendimiento seguirá disminuyendo. Simplemente, no vale la pena correr el riesgo (de perder tu vida).

¿Es bueno echarse una siesta?

En las décadas de 1980 y 1990, David Dinges, junto con su astuto colaborador (y recién nombrado director de la Administración Nacional de Seguridad Vial), el doctor Mark Rosekind, dirigió otra serie de estudios pioneros, esta vez examinando los aspectos positivos y negativos de las siestas frente a la privación inevitable del sueño. Acuñaron el término «siestas energéticas». Gran parte de su trabajo lo desarrollaron en el ámbito de la industria de la aviación, examinando a los pilotos en viajes de larga distancia.

El momento más peligroso del vuelo es el del aterrizaje, que llega al final del viaje, cuando se ha acumulado la mayor cantidad de privación de sueño. Recuerda el sueño que tienes y lo cansado que estás al final de un vuelo trasatlántico nocturno en el que has permanecido despierto más de 24 horas. ¿Te sentirías en condiciones de aterrizar un Boeing 747 con 467 pasajeros a bordo, en caso de que tuvieras los conocimientos para hacerlo? En esta fase final de vuelo, conocida en la industria de la aviación como «inicio del descenso», se produce el 68 % de todos los accidentes de aviación con resultado catastrófico.

Los investigadores se pusieron a trabajar a partir de la siguiente pregunta planteada por la Autoridad Federal de Aviación de los Estados Unidos (FAA): si un piloto puede tomar solo una siesta corta (40-120 minutos) en un período de 36 horas, ¿cuándo debería tomarla para minimizar la fatiga cognitiva y los lapsus de atención: al principio de la primera tarde, en mitad de la noche o al final de la mañana siguiente?

Dinges y Rosekind hicieron una predicción inteligente basada en la biología. Aunque en un principio pudiera parecer contradictorio, llegaron a la conclusión de que, colocando la siesta en el extremo inicial de un episodio de falta de sueño, se podía insertar un búfer que, aunque temporal y parcial, protegiese al cerebro de sufrir fallas catastróficas en la concentración. Tenían razón. Los pilotos sufrieron menos microsueños en las etapas finales del vuelo cuando tomaron la siesta pronto la noche anterior que cuando realizaron los períodos de descanso en mitad de la noche o a última hora de la mañana siguiente, cuando la ofensiva de la privación de sueño ya estaba en marcha.

Habían descubierto el equivalente en el ámbito del sueño del paradigma médico de prevención frente a tratamiento. La prevención trata de evitar un problema antes de que ocurra; el tratamiento, en cambio, trata de remediar el problema después de que haya sucedido. Y en el caso del sueño, las siestas actuaban de forma preventiva. De hecho, estas series cortas de sueño tomadas al principio también redujeron el número de veces que los pilotos cayeron en sueño ligero durante los últimos noventa minutos críticos de vuelo. Según los resultados obtenidos con electrodos colocados en la cabeza, se produjeron menos episodios de este tipo de sueño.

Cuando Dinges y Rosekind informaron de sus hallazgos a la FAA, recomendaron que las «siestas profilácticas» —siestas tomadas al principio de un vuelo de larga duración— se establecieran como una práctica habitual entre los pilotos, como así lo han hecho muchas otras autoridades aeronáuticas de todo el mundo. A la FAA le pareció oportuna la recomendación, pero no así la nomenclatura. Creyeron que el término «profiláctico» podría generar muchas bromas entre los pilotos. Dinges sugirió la alternativa de «siesta planificada». A la FAA tampoco le gustó esto, pues le pareció demasiado «administrativo». Su sugerencia fue «siesta energética», que ellos creían que encajaba más con un puesto de liderazgo o de dominación (como el de los directivos o el de los altos cargos militares). Y así nació la «siesta energética».

El problema, sin embargo, fue que muchas personas, y especialmente las que ocupaban puestos de responsabilidad, llegaron a creer erróneamente que una siesta energética de veinte minutos era todo lo que necesitaban para sobrevivir y funcionar con un rendimiento perfecto o al menos aceptable. Así, para mucha gente las breves siestas energéticas se han convertido en la excusa perfecta para renunciar a dormir lo suficiente noche tras noche, especialmente cuando se combinan con el uso indiscriminado de cafeína.

No importa lo que hayas escuchado o leído en los medios de comunicación, no existe evidencia científica de que ninguna droga, dispositivo o cantidad de fuerza de voluntad psicológica pueda reemplazar al sueño. Las siestas energéticas pueden aumentar momentáneamente la concentración básica bajo condiciones de privación del sueño, como la cafeína hasta una cierta dosis. Pero en los estudios posteriores que Dinges y muchos otros investigadores (incluido yo mismo) han realizado, se ha demostrado que ni las siestas ni la cafeína pueden preservar funciones más complejas del cerebro, como el aprendizaje, la memoria, la estabilidad emocional, el razonamiento complejo o la toma de decisiones.

Llegará el día en que estaremos en disposición de descubrir un método capaz de lograr algo así. Actualmente, sin embargo, no existe ningún medicamento que tenga la capacidad comprobada de reemplazar los beneficios que toda una noche de sueño brinda al cerebro y al cuerpo. David Dinges ha invitado a una estadía de diez días en su laboratorio a todo el que sugiera que puede sobrevivir con un sueño breve. Allí someterá al individuo a ese régimen de sueño breve del que afirma ser tan entusiasta y medirá su función cognitiva. Dinges confía con razón en que demostrará categóricamente una degradación de la función cerebral y corporal. Hasta la fecha, ningún voluntario ha aceptado su invitación.

Sin embargo, sí hemos descubierto un tipo muy raro de individuos que parecen poder sobrevivir con seis horas de sueño mostrando un deterioro mínimo: una élite insomne, podríamos llamarla. Por mucho que les ofrezcas horas y horas de sueño en el laboratorio sin alarmas ni despertadores, duermen de forma natural solo esas horas y nada más. Parte de la explicación parece residir en su genética, específicamente en una variante del gen BHLHE41, también llamado DEC2. Los científicos intentan ahora comprender qué hace este gen y cómo confiere resistencia ante tan poco sueño.

Sabiendo esto, imagino que algunos lectores estarán pensando ahora que son uno de estos individuos. Es muy poco probable. El gen es notablemente raro; se estima que hay una cantidad mínima de personas en el mundo portadoras de esta anomalía. Para darle más realce a este hecho, cito a uno de mis colegas de investigación, el doctor Thomas Roth, del Hospital Henry Ford en Detroit, que una vez dijo: «El número de personas que pueden sobrevivir con cinco horas de sueño o menos sin ningún tipo de deterioro, expresado como porcentaje de la población y redondeado a un número entero, es igual a cero».

Solo un 0.1% de la población es realmente resistente a los efectos de la restricción crónica del sueño en todos los niveles de la función cerebral. Tienes más probabilidades de que te caiga un rayo a lo largo de tu vida (1 entre 12 000) que de ser verdaderamente capaz de sobrevivir con un sueño insuficiente gracias a un gen raro.

Irracionalidad emocional

«Se me cruzaron los cables y...». Estas palabras a menudo forman parte del desarrollo de una tragedia, como la que se produce cuando un soldado responde de manera irracional a un ciudadano que lo provoca, cuando un médico se encara con un paciente arrogante, o cuando un padre castiga a un niño que se porta mal. Son situaciones que suelen darse cuando la ira y la hostilidad se apoderan de personas cansadas y privadas de sueño.

Muchos de nosotros sabemos que un sueño inadecuado causa estragos en nuestras emociones. Incluso lo reconocemos en los otros. Piensa en la escena habitual de un padre que lleva en brazos a un niño pequeño que está gritando o llorando y, en medio de la agitación, se vuelve hacia ti y te dice: «Es que Steven no durmió lo suficiente anoche». La sabiduría universal paterna sabe que dormir mal la noche anterior conduce al mal humor y a una reacción emocional negativa al día siguiente.

Si bien el fenómeno de la irracionalidad emocional después de la pérdida del sueño es algo muy habitual y acarrea consecuencias profesionales, psiquiátricas y sociales, hasta hace poco no sabíamos cómo influía la falta de sueño en el cerebro emocional a nivel neuronal. Hace varios años realicé con mi equipo un estudio con escáner cerebral de IRM para abordar este tema.

Estudiamos dos grupos de jóvenes sanos. Un grupo permaneció despierto toda la noche, monitoreado bajo supervisión completa en mi laboratorio, mientras que el otro grupo durmió toda la noche. Durante la sesión de escaneo cerebral al día siguiente, a los participantes de ambos grupos se les mostraron las mismas cien imágenes, que variaban desde un contenido emocional neutro (por ejemplo, una canasta o una pieza de madera flotante) hasta uno emocionalmente negativo (por ejemplo, una casa en llamas o una serpiente venenosa a punto de atacar). Utilizando este gradiente emocional en las imágenes, pudimos comparar el aumento de la respuesta cerebral ante factores con desencadenantes emocionales cada vez más negativos.

El análisis de los escáneres cerebrales reveló los efectos más relevantes que he podido medir en mi investigación hasta la fecha. Una estructura ubicada en los lados izquierdo y derecho del cerebro, llamada amígdala, un punto clave que desencadena emociones fuertes como la ira y la rabia y que está vinculado al mecanismo de respuesta de lucha y huida, mostró más de un 60% de amplificación de la reactividad emocional en los participantes que fueron privados de sueño. En contraste, los escáneres cerebrales de aquellos individuos que durmieron toda la noche mostraron un grado moderado y controlado de reactividad en la amígdala, a pesar de ver las mismas imágenes. Era como si, al no dormir, nuestro cerebro volviera a un patrón primitivo de reactividad descontrolada; como si produjéramos reacciones emocionales no graduadas e inapropiadas y no pudiéramos ubicar los eventos en un contexto más amplio o ponderado.

Esta respuesta planteó otra pregunta: ¿por qué los centros emocionales del cerebro se muestran tan reactivos ante la falta de sueño? Más estudios de IRM en los que se hicieron análisis más refinados nos permitieron identificar la raíz del asunto. Después de toda una noche de sueño, la corteza prefrontal —la región del cerebro que se encuentra justo encima de los globos oculares y que en los humanos se asocia al pensamiento lógico racional— está fuertemente acoplada a la amígdala, regulando este centro profundo del cerebro emocional con un control inhibitorio. Con una noche de sueño abundante, establecemos una combinación equilibrada entre nuestro pedal de aceleración emocional (amígdala) y el freno (córtex prefrontal). Si no dormimos, en cambio, se pierde ese intenso acoplamiento entre las dos regiones cerebrales. No podemos controlar nuestros impulsos atávicos, pues la aceleración emocional (amígdala) es excesiva y el freno regulador (córtex prefrontal), insuficiente. Sin el control racional que nos da el sueño de cada noche, perdemos el equilibrio neurológico y, por tanto, el emocional.

Estudios recientes realizados por un equipo de investigación en Japón han replicado nuestros hallazgos, pero lo han hecho limitando el sueño de los participantes a cinco horas durante cinco noches. Al cerebro le es indiferente el modo en que le robas el sueño —ya sea con toda una noche sin dormir o durmiendo poco durante varias noches—, las consecuencias emocionales son las mismas.

Cuando realizamos nuestros primeros experimentos, me impresionaron los cambios pendulares en el estado de ánimo y en las emociones de nuestros participantes. En un abrir y cerrar de ojos, los sujetos privados de sueño pasaban de estar irritables y ansiosos a mareados y desorientados, para luego regresar a un estado de violenta negatividad. Atravesaban enormes distancias emocionales en un período notablemente corto. Estaba claro que algo se me escapaba. Necesitaba realizar un estudio paralelo al descrito anteriormente, pero ahora explorando cómo respondía el cerebro privado de sueño a experiencias cada vez más positivas y gratificantes, por ejemplo, mostrando imágenes emocionantes de deportes extremos u ofreciendo la posibilidad de ganar cada vez más dinero con la realización de determinadas tareas.

Descubrimos que diferentes centros emocionales profundos del cerebro situados justamente por encima y detrás de la amígdala (el llamado núcleo estriado), que están asociados con la impulsividad y la recompensa y bañados de dopamina, se tornaban hiperactivos en personas privadas de sueño en respuesta a las experiencias gratificantes y placenteras. Al igual que ocurría con la amígdala, la alta sensibilidad de estas regiones hedónicas se relacionó con una pérdida del control racional por parte de la corteza prefrontal.

La falta de sueño, por tanto, no impulsa al cerebro hacia un estado de ánimo negativo para mantenerlo ahí, sino que hace que el cerebro oscile entre ambos extremos de la valencia emocional, positivo y negativo.

Podría pensarse que uno hace contrapeso con el otro, neutralizando así el problema. Lamentablemente, las emociones y su guía de decisión y acción óptima, no funcionan de esta manera. A menudo los extremos se tornan peligrosos. Por ejemplo, la depresión y un estado de ánimo extremadamente negativo pueden infundir en un individuo sensación de inutilidad e ideas que cuestionan el valor de la propia vida. Actualmente, existen evidencias claras de esta problemática. Los estudios en adolescentes han identificado un vínculo entre el trastorno del sueño y los pensamientos suicidas, los intentos de suicidio y, trágicamente, la comisión de suicidios en días posteriores. Una razón más para que la sociedad y los padres de familia valoren la necesidad de un sueño abundante en los adolescentes, en lugar de castigarlo, especialmente si se tiene en cuenta que el suicidio es la segunda causa de muerte entre los jóvenes de los países desarrollados, después de los accidentes automovilísticos.

La falta de sueño también se ha relacionado con las agresiones, el *bullying* y los problemas de conducta en niños de diferentes edades. Se ha observado una relación similar entre la falta de sueño y la violencia en la población reclusa. A este respecto, es preciso recalcar que, lamentablemente, las cárceles no permiten un buen sueño, lo cual propicia la agresividad, la violencia, la alteración psiquiátrica y el suicidio, algo que, más allá de la preocupación humanitaria, también aumenta los costos para el contribuyente.

Existe una problemática igualmente compleja derivada de los cambios extremos en el estado de ánimo positivo, aunque las consecuencias son diferentes. La hipersensibilidad a las experiencias placenteras puede llevar a la búsqueda de nuevas sensaciones, a la asunción de riesgos excesivos y a la adicción. La alteración del sueño y el uso de sustancias adictivas van a menudo asociados.[3] La falta de sueño incide en la tasa de recaída en numerosos trastornos de adicción asociados con el deseo de recompensa como consecuencia de la ausencia de control racional por parte de la corteza prefrontal del cerebro.[4] Desde el punto de vista de la prevención es importante recalcar que el sueño insuficiente durante la niñez predice el consumo precoz de drogas y alcohol en la adolescencia, in-

---

[3] K.J. Brower y B.E. Perron, «Sleep disturbance as a universal risk factor for relapse in addictions to psychoactive substances», *Medical Hypotheses* 74, n.º 5, 2010, pp. 928-933; D.A. Ciraulo, J. Piechniczek-Buczek y E.N. Iscan, «Outcome predictors in substance use disorders», *Psychiatric Clinics of North America* 26, n.º 2, 2003, pp. 381-409; J.E. Dimsdale, D. Norman, D. DeJardin y M.S. Wallace, «The effect of opioids on sleep architecture», *Journal of Clinical Sleep Medicine* 3, n.º 1, 2007, pp. 33-36; E.F. Pace-Schott, R. Stickgold, A. Muzur, P.E. Wigren *et al.*, «Sleep quality deteriorates over a binge-abstinence cycle in chronic smoked cocaine users», *Psychopharmacology (Berl)* 179, n.º 4, 2005, pp. 873-883; y J.T. Arnedt, D.A. Conroy y K.J. Brower, «Treatment options for sleep disturbances during alcohol recovery», *Journal of Addictive Diseases* 26, n.º 4, 2007, pp. 41-54.

[4] K.J. Brower y B.E. Perron, «Sleep disturbance as a universal risk factor for relapse in addictions to psychoactive substances», *Medical Hypotheses* 74, n.º 5, 2010, pp. 928-933.

cluso si se controlan los otros factores de alto riesgo, como la ansiedad, el déficit de atención y el historial de consumo de drogas por parte de los padres.[5] Ahora ya estamos en disposición de entender por qué la emoción bidireccional similar a un péndulo causada por la privación del sueño es tan preocupante, y por qué no opera un sistema de contrapeso entre los extremos.

Nuestros experimentos de exploración cerebral en individuos sanos ofrecieron nuevos datos sobre la relación entre el sueño y la enfermedad psiquiátrica. No existe una alteración psiquiátrica importante en la cual el sueño sea normal. Esto es cierto tanto para la depresión como para la ansiedad, el trastorno de estrés postraumático (TEPT), la esquizofrenia y el trastorno bipolar (conocido anteriormente como depresión maníaca).

La psiquiatría conoce desde hace mucho tiempo la vinculación entre la alteración del sueño y la enfermedad mental. Sin embargo, la visión que ha prevalecido en psiquiatría es la de que los trastornos mentales causan trastornos del sueño, determinando una influencia de sentido único. Nosotros, por el contrario, hemos demostrado que las personas sanas pueden experimentar un patrón neurológico de actividad cerebral similar al observado en muchas de estas afecciones psiquiátricas simplemente mediante la interrupción o suspensión de su sueño. De hecho, muchas de las regiones del cerebro habitualmente afectadas por trastornos psiquiátricos del estado de ánimo son las mismas que están involucradas en la regulación del sueño y que se ven impactadas por la pérdida del mismo. Además, muchos de los genes que muestran anormalidades en las enfermedades psiquiátricas son los mismos genes que ayudan a controlar el sueño y nuestros ritmos circadianos.

¿Acaso podemos afirmar entonces que la psiquiatría se equivocó en cuanto a la dirección causal y que es la interrup-

---

[5] N.D. Volkow, D. Tomasi, G.J. Wang, F. Telang *et al.*, «Hyperstimulation of striatal D2 receptors with sleep deprivation: Implications for cognitive impairment», *NeuroImage* 45, n.º 4, 2009, pp. 1232-1240.

ción del sueño la que detona la enfermedad mental y no al revés? No, creo que eso sería igualmente inexacto y reduccionista. Lo que creo firmemente es que la pérdida de sueño y la enfermedad mental se describen mejor como una calle de doble sentido, donde el flujo de tráfico es más fuerte en un sentido o en el otro según el trastorno.

No estoy sugiriendo que todas las alteraciones psiquiátricas sean causadas por la falta de sueño. Pero sí sugiero que el trastorno del sueño sigue siendo un factor desatendido que contribuye a la instigación y el mantenimiento de numerosas enfermedades psiquiátricas, y que tiene un poderoso potencial diagnóstico y terapéutico que aún debemos comprender para poder hacer uso de él.

Las evidencias preliminares (pero convincentes) están empezando a respaldar esta afirmación. Un ejemplo de ello es el trastorno bipolar, que la mayoría de la gente conoce por su nombre anterior, la depresión maníaca. El trastorno bipolar no se debe confundir con la depresión aguda, en la que los individuos se instalan exclusivamente en el extremo negativo del espectro del estado de ánimo. Por el contrario, los pacientes con depresión bipolar oscilan entre ambos extremos del espectro de la emoción, experimentando peligrosas fases de manía (comportamiento emocional excesivo movido por la recompensa) y también fases de depresión profunda (emociones y estados de ánimo negativos). Estos extremos están a menudo separados por un período en que los pacientes se encuentran en un estado emocional estable, ni maníaco ni depresivo.

Un equipo de investigación italiano examinó a pacientes bipolares durante este período estable entre los distintos episodios. Luego, bajo una cuidadosa supervisión clínica, privaron de sueño a estas personas durante una noche. Casi de inmediato, una gran proporción de los individuos se inclinó hacia un episodio o maníaco o seriamente depresivo. Considero que es un experimento moralmente cuestionable, pero los científicos demostraron que la falta de sueño es un desencadenante causal de los episodios psiquiátricos de manía y depresión. El resultado respalda la hipótesis de que la alteración del sueño en pacientes bipolares, que casi siempre precede al cambio de un estado estable a un estado maníaco o depresivo, bien puede ser un desencadenante del trastorno, y no simplemente un epifenómeno.

Afortunadamente, lo opuesto también es cierto. Si mejoramos la calidad del sueño en pacientes que padecen afecciones psiquiátricas utilizando una técnica llamada terapia cognitivo-conductual para el insomnio (TCC-I), de la que hablaremos más adelante, podemos mejorar sus síntomas, así como también las tasas de remisión. Mi colega de la Universidad de California en Berkeley, la doctora Allison Harvey, ha sido pionera en este sentido.

Al mejorar la cantidad, la calidad y la regularidad del sueño, Harvey y su equipo han demostrado sistemáticamente las propiedades curativas del sueño en la mente de numerosas poblaciones psiquiátricas. Ha utilizado la herramienta terapéutica del sueño en enfermedades tan diversas como la depresión, el trastorno bipolar, la ansiedad y el suicidio, siempre con grandes resultados. Al regularizar y mejorar el sueño, Harvey ha alejado a estos pacientes de la perspectiva de una enfermedad mental paralizante. Eso, en mi opinión, supone un servicio verdaderamente notable para la humanidad.

Las oscilaciones en la actividad emocional del cerebro que observamos en personas sanas que han sido privadas de sueño también pueden explicar un dato que ha dejado perpleja a la psiquiatría durante décadas. Los pacientes con depresión mayor, que quedan atrapados exclusivamente en el extremo negativo del espectro anímico, muestran al principio lo que parece ser una respuesta ilógica ante una noche de privación del sueño: aproximadamente entre el 30% y el 40% de estos pacientes se siente mejor después de una noche sin dormir. Su falta de sueño parece funcionar como un antidepresivo.

La razón por la cual la privación del sueño no es un tratamiento comúnmente utilizado tiene dos vertientes. En primer lugar, tan pronto como estas personas duermen, el beneficio antidepresivo desaparece. En segundo lugar, los pacientes que no responden positivamente a la falta de sueño (entre un 60% y un

70%) en realidad se sentirán peor, lo que agravará su depresión. El resultado es que la privación del sueño no es una opción de terapia completa o realista. Aun así, se ha planteado una pregunta interesante: ¿cómo puede ser útil la privación del sueño para algunos de estos individuos y perjudicial para los demás?

Creo que la explicación reside en los cambios bidireccionales observados en la actividad cerebral emocional. Contrariamente a lo que podrías pensar, la depresión no es solo la presencia excesiva de sentimientos negativos. La depresión mayor tiene que ver con la ausencia de emociones positivas, una característica descrita como anhedonia: la incapacidad de obtener placer de experiencias normalmente placenteras, como la comida, la socialización o el sexo.

Las personas deprimidas que responden de forma positiva a la privación del sueño experimentan una amplificación de los circuitos cerebrales de recompensa antes descritos, lo que resulta en una mayor sensibilidad a las recompensas gratificantes positivas tras la privación del sueño y una mayor capacidad para experimentarlas. Por tanto, se disminuye su anhedonia y pueden empezar a experimentar un mayor grado de placer a partir de experiencias gozosas. En contraste, los otros dos tercios de los pacientes con depresión tienden a sufrir las consecuencias emocionales negativas de la privación del sueño de manera más dominante: un empeoramiento de su depresión, en lugar de un alivio. Si logramos identificar qué determina que unos sujetos respondan de modo positivo y otros de modo negativo, confío en que podamos crear mejores y más adaptados métodos de intervención del sueño para combatir la depresión.

Revisaremos los efectos de la pérdida de sueño sobre la estabilidad emocional y otras funciones cerebrales en capítulos posteriores, cuando analicemos las consecuencias de la pérdida de sueño para la sociedad, la educación y el lugar de trabajo. Los hallazgos justifican que nos cuestionemos si los médicos con falta de sueño pueden tomar decisiones y juicios racionales sobre el tratamiento de sus pacientes; si el personal militar debe manejar armas cuando no ha dormido lo suficiente; si los banqueros y los operadores bursátiles con exceso de trabajo pueden tomar decisiones financieras racionales cuando invierten los fondos de jubilación duramente ganados por otros; y si los adolescentes deberían afrontar horarios escolares tan perjudiciales para ellos durante una etapa de su vida en la que son más vulnerables a desarrollar trastornos psiquiátricos. Por ahora, sin embargo, resumiré este tema del sueño y la emoción con una aguda cita del empresario estadounidense E. Joseph Cossman: «El mejor puente entre la desesperación y la esperanza es una buena noche de sueño».[6]

Cansancio y olvido

¿Alguna vez has pasado deliberadamente una noche en blanco? Una de mis mayores pasiones es impartir clases de Ciencia del Sueño en la Universidad de California en Berkeley. Impartí un curso similar mientras estaba en la Universidad de Harvard. Al inicio del curso, realizo una encuesta sobre el sueño para indagar acerca de los hábitos de mis alumnos, tales como la hora de acostarse y de levantarse durante la semana y en el fin de semana, cuánto duermen y si consideran que el rendimiento académico se relaciona con el sueño.

Asumiendo que son sinceros (responden a la encuesta de forma anónima y *online,* no en clase), la respuesta que recibo habitualmente es desalentadora. Más del 85% pasa noches enteras sin dormir. Especialmente preocupante es el hecho de que, entre aquellos que afirman pasar noches en blanco, casi un tercio lo hace mensualmente, semanalmente o incluso varias veces a la semana. A medida que el curso avanza, vuelvo a los resultados de su encuesta sobre el sueño y relaciono sus hábitos con la materia que estamos estudiando. De esta manera, intento hacerles notar cómo su falta de sueño puede acarrear graves peligros para su salud psicológica y física, y, al

---

[6] Cossman también tenía otras perlas de sabiduría, como: «La mejor manera de recordar el cumpleaños de tu esposa es olvidarlo una vez».

mismo tiempo, el peligro que ellos mismos representan para la sociedad.

La razón más común por la que mis estudiantes permanecen despiertos durante toda la noche es estudiar para un examen. En 2006 decidí realizar un estudio de IRM para investigar si había motivos o no para hacerlo. ¿Era una buena idea estudiar durante toda la noche? Tomamos un conjunto grande de personas y formamos dos grupos, uno de sueño y otro de privación de sueño. Ambos grupos permanecieron despiertos durante el primer día. A lo largo de la noche siguiente, los que estaban en el grupo de sueño durmieron toda la noche, mientras que los que estaban en el grupo de privación de sueño se mantuvieron despiertos bajo la atenta mirada de los asistentes de mi laboratorio. A la mañana siguiente, se despertó a los que habían dormido. Alrededor del mediodía, colocamos a todos los participantes dentro de un escáner de IRM e intentamos que aprendieran, uno a uno, los hechos contenidos en una lista mientras tomábamos instantáneas de su actividad cerebral. Luego les hicimos una prueba para ver cuán efectivo había sido ese aprendizaje. Sin embargo, en lugar de evaluarlos inmediatamente después del aprendizaje, esperamos a que hubieran dormido durante dos noches. Lo hicimos así para asegurarnos de que las deficiencias observadas en el grupo privado de sueño no respondían al hecho de que estaban demasiado somnolientos o poco atentos para recordar lo que habían aprendido. Por lo tanto, la manipulación de la privación del sueño solo tuvo efecto durante el acto de aprendizaje, y no durante el acto posterior de recordar lo aprendido.

Cuando comparamos la efectividad del aprendizaje entre los dos grupos, el resultado fue claro: en el grupo privado de sueño se observó un déficit del 40% en la capacidad para introducir nuevos datos en el cerebro (es decir, crear nuevos recuerdos), en relación con el grupo que había dormido toda la noche. Para ponerlo en contexto, ¡era la diferencia entre aprobar un examen y reprobarlo estrepitosamente!

¿Qué ocurría en el cerebro para que se produjera este déficit? Comparamos los patrones de actividad cerebral durante el intento de aprendizaje entre los dos grupos, centrando nuestro análisis en la región del cerebro de la que hablamos en el capítulo 6, el hipocampo, la bandeja de entrada del cerebro, donde se recibe la información nueva. En los participantes que habían dormido la noche anterior se presentaba mucha actividad saludable en el hipocampo relacionada con el aprendizaje. Sin embargo, cuando observamos esta misma estructura cerebral en los participantes privados de sueño, no pudimos encontrar ninguna actividad significativa de aprendizaje en absoluto. Era como si la privación del sueño hubiera cerrado su memoria interna y cualquier nueva información entrante simplemente rebotara. Ni siquiera es necesario pasar toda una noche en blanco para que se dé este resultado. El simple hecho de interrumpir el sueño no-REM profundo en un individuo mediante sonidos no constantes, manteniendo así el cerebro en un sueño superficial, pero sin llegar a despertarlo, producirá déficits cerebrales similares y problemas de aprendizaje.

Es posible que hayas visto una película llamada *Memento*, en la que el protagonista sufre daño cerebral y, a partir de ese momento, ya no puede generar nuevos recuerdos. Sería lo que llamamos en neurología un paciente «densamente amnésico». La parte de su cerebro que había sufrido daños era el hipocampo, la misma que recibirá los ataques de la privación del sueño, bloqueando la capacidad de su cerebro para realizar nuevos aprendizajes.

No sabría decir cuántos de mis alumnos se me acercaron al final de la conferencia en la que describo estos estudios y me dijeron: «Conozco esa sensación. Es como si estuviera mirando la página del libro de texto y no me entrara nada. Tal vez pueda retener algunos datos para el examen del día siguiente, pero si tuviera que hacer el mismo examen un mes después, creo que no podría recordar nada».

La última afirmación está científicamente respaldada. Esas pocas cosas que podemos aprender estando privados de sueño se olvidan mucho más rápido en las horas y los días posteriores. Los recuerdos formados sin dormir son recuerdos más débiles, que se evaporan rápidamente. Los estudios en ratas han encontrado que en los animales que han sido privados de sueño es casi imposible fortalecer las conexiones sinápticas entre las neuronas individuales que normalmente forjan un nuevo circuito de memoria. La impresión de recuerdos duraderos en la arquitectura del cerebro se vuelve casi imposible. Esto es cierto tanto si los investigadores privan del sueño a las ratas durante 24 horas completas como si lo hacen solo durante dos o tres horas. Incluso las unidades más elementales del proceso de aprendizaje —la producción de proteínas que forman los bloques de construcción de recuerdos dentro de estas sinapsis— se atrofian debido a la pérdida de sueño.

El último trabajo en esta área ha revelado que la privación del sueño afecta incluso al ADN y los genes relacionados con el aprendizaje de las células cerebrales del hipocampo. Por lo tanto, la falta de sueño es una fuerza profundamente penetrante y corrosiva que debilita el aparato de creación de recuerdos dentro del cerebro, impidiendo la construcción de trazas de memoria duraderas. Es como construir un castillo de arena demasiado cerca de la orilla del mar: las consecuencias son inevitables.

Mientras estaba en la Universidad de Harvard, fui invitado a escribir mi primer artículo de opinión para su periódico, el *Crimson*. El tema era la pérdida de sueño, el aprendizaje y la memoria. Fue también el último texto que me invitaron a escribir.

En el artículo, describía los estudios anteriores y su relevancia, y alertaba de la pandemia de privación del sueño que se extendía por el cuerpo estudiantil. Sin embargo, en lugar de dirigir las críticas hacia los estudiantes por sus hábitos, señalé la responsabilidad de la facultad, de la que yo formaba parte. Sugería que si nosotros, como maestros, teníamos verdaderamente el propósito de enseñar, la decisión de cargar a los alumnos con tantos exámenes finales los últimos días del semestre no tenía sentido. Nuestros estudiantes se veían forzados a dormir muy poco para poder preparar esos exámenes, lo que se oponía directamente al objetivo de nutrir de erudición las mentes jóvenes. Argumenté que la lógica, respaldada por evidencias científicas, debía prevalecer, y que había llegado el momento de reconsiderar nuestros métodos de evaluación, su impacto negativo para la educación y los comportamientos poco saludables que alentaban en nuestros estudiantes.

Decir que la facultad reaccionó con frialdad sería un cumplido. «Esa elección depende de los estudiantes», me dijeron como respuesta en inflexibles correos electrónicos. «La falta de planificación en el estudio es propia de alumnos irresponsables», fue otra de las refutaciones con que los miembros de la facultad y sus administradores trataron de eludir su responsabilidad. En verdad, nunca creí que una simple columna de opinión pudiera desencadenar algún cambio en los pobres métodos educativos basados en exámenes de esa o de cualquier otra institución superior de enseñanza. Pero la discusión y la batalla deben empezar en algún lado.

Tal vez te preguntes si yo he cambiado mi propia práctica educativa y de evaluación. Sí, lo he hecho. En mis clases no hay exámenes «finales» al término del semestre. En lugar de ello, divido mis cursos en tres partes para que los alumnos solo tengan que estudiar una serie de temas concretos cada vez. Además, ninguno de los exámenes es acumulativo. La efectividad de este sistema ha sido corroborada por la psicología de la memoria, que diferencia entre el aprendizaje masivo y el aprendizaje espaciado. Al igual que ocurre con la experiencia culinaria, es preferible separar la comida educativa en platos pequeños, con pausas intermedias que permitan la digestión, en lugar de intentar agrupar toda la información calórica en una sola sesión.

En el capítulo 6 describimos el papel crucial del sueño tras el aprendizaje para la posterior consolidación de los recuerdos recién aprendidos. Mi amigo y antiguo colaborador de la Facultad de Medicina de Harvard, el doctor Robert Stickgold, realizó un inteligente estudio con implicaciones de gran alcance. Puso a un total de 133 estudiantes de pregrado a aprender una tarea de memoria visual a través de la repetición. Luego, los participantes volvieron a su laboratorio y fueron evaluados para ver cuánto habían retenido. Algunos sujetos regresaron al día siguiente, después de toda una noche de sueño; otros regresaron dos días más tarde, tras dos noches completas de sueño, y otros después de tres días con tres noches de sueño.

Tal como suponíamos, una noche de sueño fortaleció los recuerdos recién aprendidos, aumentando su retención. Además, a mayor número de noches dormidas antes de la prueba, mejor era su memoria. Excepto en el caso de un subgrupo específico de participantes. Al igual que los integrantes del tercer grupo, estos participantes aprendieron la tarea el primer día, y la aprendieron igual de bien. Fueron evaluados tres noches más tarde, al igual que los otros tres grupos. La diferencia fue que se les privó de sueño la primera noche después de aprender y no se les realizó la prueba al día siguiente. En lugar de ello, Stickgold les dio dos noches de recuperación completa de sueño antes de examinarlos. No mostraron absolutamente ninguna evidencia de mejora en la consolidación de la memoria. En otras palabras, si no duermes la primera noche después de aprender, pierdes la oportunidad de consolidar esos recuerdos, incluso si después obtienes un montón de sueño de recuperación. Así pues, en términos de memoria el sueño no es como un banco. No puedes acumular una deuda y esperar a pagarla en un momento posterior. Dormir para la consolidación de la memoria es un evento de todo o nada.

Sueño y enfermedad de Alzheimer

Las dos enfermedades más temidas en los países desarrollados son la demencia y el cáncer. Y ambas enfermedades están relacionadas con un sueño inadecuado. Nos ocuparemos del cáncer en el próximo capítulo, que habla de la relación entre la privación del sueño y el cuerpo. Con respecto a la demencia, que es una enfermedad que se centra en el cerebro, cada vez tenemos más evidencias de que la falta de sueño es un factor clave para determinar si se desarrollará o no la enfermedad de Alzheimer.

Esta enfermedad, originalmente identificada en 1901 por el médico alemán Aloysius Alzheimer, se ha convertido en uno de los desafíos económicos y de salud pública más grandes del siglo XXI. Más de cuarenta millones de personas sufren esta enfermedad degenerativa. El número de afectados se ha acelerado a medida que aumenta la duración de la vida humana, pero también, lo que es más importante, a medida que el tiempo total de sueño disminuye. Uno de cada diez individuos de 65 años padece la enfermedad de Alzheimer. Sin avances en el diagnóstico, la prevención y el tratamiento, el porcentaje continuará aumentando.

El sueño representa un nuevo candidato para la esperanza en los tres frentes: diagnóstico, prevención y tratamiento. Antes de discutir el porqué, permíteme primero describir cómo están relacionados causalmente el trastorno del sueño y la enfermedad de Alzheimer.

Como vimos en el capítulo 5, la calidad del sueño, especialmente la del sueño no-REM profundo, se deteriora a medida que envejecemos. Esto está vinculado a una disminución de la memoria. Sin embargo, en un paciente con la enfermedad de Alzheimer, su trastorno del sueño profundo es mucho más exagerado. Más revelador, quizás, es el hecho de que la alteración del sueño precede en varios años al inicio de la enfermedad de Alzheimer, lo que sugiere que puede ser un signo de advertencia temprano de la enfermedad, o incluso un detonante de la misma. Tras el diagnóstico, la magnitud del trastorno del sueño progresará al unísono con la gravedad de los síntomas del alzhéimer, sugiriendo un vínculo entre ambos. Para empeorar las cosas, más del 60% de los pacientes con esta enfermedad tienen al menos un trastorno clínico del sueño. En ellos el insomnio es muy frecuente, como bien saben los familiares y cuidadores de estas personas.

Sin embargo, no fue hasta hace relativamente poco cuando se descubrió que la relación entre el sueño alterado y la enfermedad de Alzheimer era más que una simple asociación. Aunque aún queda mucho por entender, ahora reconocemos que el trastorno del sueño y la enfermedad de Alzheimer interactúan en una espiral negativa que puede iniciar o acelerar la afección.

La enfermedad de Alzheimer está asociada con la acumulación de una forma tóxica de proteína llamada beta-amiloide, que se agrega en grumos pegajosos o placas dentro del cerebro. Las placas amiloides son venenosas para las neuronas, matando las células cerebrales circundantes. Lo que es extraño, sin embargo, es que las placas amiloides solo afectan a algunas partes del cerebro y no a otras, y las razones siguen sin estar claras.

Lo que más me llamó la atención de este inexplicable patrón fue la zona del cerebro en la que se acumula el amiloide al inicio del curso de la enfermedad y, más severamente, en sus últimas etapas. Esa zona es la parte media del lóbulo frontal, que, como recordarás, es la misma región del cerebro que resulta esencial para la generación eléctrica de sueño no-REM profundo en individuos jóvenes sanos. En un primer momento no sabíamos si la enfermedad de Alzheimer provocaba la interrupción del sueño; lo único que sabíamos era que las dos alteraciones se presentaban siempre de forma conjunta. Me preguntaba si la razón por la cual los pacientes con alzhéimer tienen un sueño no-REM tan deteriorado era, en parte, porque la enfermedad erosiona la misma región del cerebro que normalmente genera esta etapa clave del sueño.

Uní fuerzas con el doctor William Jagust, una autoridad líder en la enfermedad de Alzheimer de la Universidad de California en Berkeley. Nuestros equipos de investigación pusieron a prueba esta hipótesis. Varios años después, tras analizar el sueño de muchos ancianos con diversos grados de acumulación de amiloide en el cerebro, que cuantificamos con un tipo especial de tomografía por emisión de positrones (PET), llegamos a la respuesta. Cuantos más depósitos de amiloide había en las regiones medias del lóbulo frontal, peor era la calidad del sueño profundo del individuo. Y no se trataba solo de una pérdida general del sueño profundo, cosa habitual a medida que envejecemos, sino que la enfermedad estaba erosionando implacablemente las ondas cerebrales lentas más profundas del sueño no-REM. Esta distinción era importante, ya que significaba que la alteración del sueño causada por la acumulación de amiloide en el cerebro respondía a algo más que a un «envejecimiento normal». Era una alteración diferente; suponía una desviación respecto al declive del sueño que se observa a medida que envejecemos.

Ahora estamos examinando si esta «mella» tan particular en la actividad de las ondas cerebrales del sueño puede ser un identificador temprano de aquellas personas que tienen un mayor riesgo de desarrollar la enfermedad de Alzheimer. Si el sueño resulta ser una medida diagnóstica temprana (una medida que sería además poco costosa, no invasiva y fácil de llevar a cabo en un gran número de individuos, a diferencia de las costosas IRM o PET), permitiría una intervención también temprana.

Sobre la base de estos hallazgos, nuestro trabajo reciente ha agregado una pieza clave al rompecabezas del alzhéimer. Hemos descubierto una nueva vía a través de la cual las placas de amiloide pueden contribuir a la disminución de la memoria más adelante en la vida, lo cual es algo que necesitábamos saber para poder comprender cómo funciona esta enfermedad. He dicho que los depósitos tóxicos de amiloide solo se acumulan en algunas partes del cerebro y no en otras. A pesar de que la enfermedad de Alzheimer se caracteriza por la pérdida de la memoria, el hipocampo, el depósito de memoria clave en el cerebro, no se ve afectado por la proteína amiloide. Una pregunta desconcertaba hasta ahora a los científicos: ¿cómo causa el amiloide la pérdida de memoria en los pacientes con alzhéimer cuando por sí mismo no afecta a las áreas de memoria del cerebro? Me parecía verosímil que la respuesta estuviera en un factor que ejerciese de intermediario; un factor que, pese a permitir que el amiloide afecte a la zona cerebral que gestiona la memoria, dependa de una región diferente del cerebro. ¿Podría ser el trastorno del sueño ese factor?

Para probar esta teoría, hicimos que pacientes de edad avanzada con diferentes niveles de amiloide —mayor o menor concentración— en sus cerebros, aprendieran una lista de hechos nuevos por la noche. A la mañana siguiente, después de registrar su sueño en el laboratorio durante la noche, los examinamos para ver cuán efectivo había sido su sueño a la hora de fijar y consolidar esos nuevos recuerdos. Descubrimos un efecto de reacción en cadena. Aquellos individuos con los niveles más altos de depósitos de amiloide en las regiones frontales del cerebro tuvieron la pérdida más severa de sueño profundo, y, como consecuencia de ello, no lograron consolidar adecuadamente los nuevos recuerdos. En lugar de la consolidación, se había producido un olvido nocturno. La falta de sueño no-REM profundo era, por lo tanto, un intermediario oculto entre el amiloide y el deterioro de la memoria en la enfermedad de Alzheimer. Un eslabón perdido.

Estos hallazgos, sin embargo, representaron solo la mitad de la historia, y sin duda la mitad menos importante. Nuestro trabajo ha demostrado que las placas amiloides de la enfermedad de Alzheimer pueden estar asociadas con la pérdida del sueño profundo, pero ¿funciona en ambos sentidos? ¿La falta de sueño puede hacer que el amiloide se acumule en el cerebro? Si es así, la falta de sueño en la vida de un individuo aumentaría significativamente el riesgo de desarrollar alzhéimer.

Casi al mismo tiempo que realizábamos nuestros estudios, el doctor Maiken Nedergaard, de la Universidad de Rochester, realizó uno de los descubrimientos más espectaculares de las últimas décadas en el campo de la investigación del sueño. Trabajando con ratones, Nedergaard descubrió que existe una especie de red de aguas residuales llamada sistema glifático dentro del cerebro. Su nombre se deriva del sistema linfático, pero está compuesto de unas células llamadas glías (de la raíz griega que significa «pegamento»).

Las células gliales se distribuyen por todo el cerebro junto a las neuronas que generan los impulsos eléctricos. Así como el sistema linfático drena los elementos contaminantes del cuerpo, el sistema glifático recolecta y elimina contaminantes metabólicos peligrosos generados a partir del arduo trabajo realizado por las neuronas en el cerebro. Sería algo así como el equipo de apoyo que acompaña a un atleta de élite.

Aunque el sistema glifático —el equipo de apoyo— se mantiene moderadamente activo durante el día, Nedergaard y su equipo descubrieron que es durante el sueño cuando este trabajo de saneamiento neuronal se pone en marcha. Cuando va asociada al ritmo pulsante del sueño no-REM profundo, la expulsión de efluentes del cerebro es de diez a veinte veces mayor. En lo que se puede describir como una poderosa limpieza nocturna, el trabajo purificador del sistema glifático se logra mediante el líquido cefalorraquídeo que baña el cerebro.

Nedergaard hizo un segundo descubrimiento sorprendente que explica por qué el líquido cefalorraquídeo es tan efectivo en la eliminación de los desechos metabólicos durante la noche. Las células gliales del cerebro reducen su tamaño hasta un 60% durante el sueño no-REM, ampliando el espacio alrededor de las neuronas y permitiendo que el líquido cefalorraquídeo limpie profusamente los residuos metabólicos que deja la actividad neuronal del día. Imaginémonos los edificios de una gran ciudad metropolitana contrayéndose físicamente por la noche para facilitar que los equipos municipales de limpieza recojan la basura esparcida en las calles y, seguidamente, apliquen un buen tratamiento de presión a chorro en cada rincón y grieta. Cuando despertamos cada mañana, nuestros cerebros pueden volver a funcionar eficazmente gracias a esta limpieza profunda.

Pero ¿qué tiene esto que ver con la enfermedad de Alzheimer? Entre los desechos tóxicos que el sistema glifático evacúa durante el sueño está la proteína amiloide, el elemento venenoso asociado con la enfermedad. Otros elementos peligrosos de desecho metabólico relacionados con la enfermedad de Alzheimer también se eliminan mediante el proceso de limpieza durante el sueño, incluida una proteína llamada tau, así como las moléculas del estrés producidas por las neuronas cuando combinan energía y oxígeno durante el día. Si en un experimento se impide a un ratón entrar en el sueño no-REM manteniéndolo despierto, inmediatamente aumentan los depósitos de amiloide en su cerebro. Sin dormir, una escalada de proteína relacionada con el alzhéimer se acumula en el cerebro de los ratones, junto con varios otros metabolitos tóxicos. Dicho de una manera más sencilla, la vigilia conlleva un tipo de daño cerebral de bajo nivel, mientras que el sueño permite un saneamiento neurológico.

Los hallazgos de Nedergaard completaron el círculo de conocimiento que nuestros descubrimientos habían dejado sin respuesta. El sueño inadecuado y la patología de la enfermedad de Alzheimer interactúan en un círculo vicioso. Sin dormir lo suficiente, las placas de amiloide se acumulan en el cerebro, especialmente en las regiones generadoras de sueño profundo, atacándolas y degradándolas. La pérdida de sueño no-REM profundo causada por este ataque, por lo tanto, disminuye la capacidad de eliminar el amiloide del cerebro por la noche, lo que provoca una mayor deposición de amiloide. A mayor cantidad de amiloide, menor sueño profundo; a menor sueño profundo, más amiloide. Y así sucesivamente.

De este efecto en cascada surge una predicción: dormir muy poco en la vida adulta aumentará significativamente el riesgo de desarrollar la enfermedad de Alzheimer. Esta relación se ha constatado en numerosos estudios epidemiológicos, incluidos los que analizaban a individuos que sufren trastornos del sueño como el insomnio y la apnea del sueño.[7] Dicho entre paréntesis, y sin otorgarle ningún valor científico, siempre me ha llamado la atención que Margaret Thatcher y Ronald Reagan, dos jefes de Estado que pregonaban con orgullo dormir solo cuatro o cinco horas por noche, desarrollaran ambos esta despiadada enfermedad. Tal vez el actual presidente de los Estados Unidos, Donald Trump, que también presume de dormir solo unas pocas horas cada noche, quiera tomar nota de ello.

---

[7] A.S. Lim et al., «Sleep Fragmentation and the Risk of Incident Alzheimer's Disease and Cognitive Decline in Older Persons», *Sleep* 36, 2013, pp. 1027-1032; A.S. Lim et al., «Modification of the relationship of the apolipoprotein E epsilon4 allele to the risk of Alzheimer's disease and neurofibrillary tangle density by sleep», *JAMA Neurology* 70, 2013, pp. 1544-1551; R.S. Osorio et al., «Greater risk of Alzheimer's disease in older adults with insomnia», *Journal of the American Geriatric Society* 59, 2011, pp. 559-562; y K. Yaffe et al., «Sleep-disordered breathing, hypoxia, and risk of mild cognitive impairment and dementia in older women», *JAMA* 306, 2011, pp. 613-619.

Otra predicción, recíproca de la anterior e igualmente radical, se desprende de estos hallazgos: al mejorar el sueño de una persona, deberíamos poder reducir el riesgo de que desarrolle la enfermedad de Alzheimer, o, al menos, retrasar su aparición. Estudios clínicos de adultos de mediana y avanzada edad que han sido tratados con éxito de trastornos del sueño apoyan esta afirmación: su tasa de deterioro cognitivo disminuyó significativamente, logrando retrasar la aparición de la enfermedad de Alzheimer entre cinco y diez años.[8]

Mi propio grupo de investigación está tratando de desarrollar una serie de métodos para aumentar artificialmente el sueño no-REM profundo, lo que podría restaurar en algún grado la función de consolidación de la memoria, ausente en las personas mayores con grandes cantidades de amiloide en el cerebro. Si podemos encontrar un método que sea rentable y que pueda llegar a la población para su uso repetido, lograremos avanzar mucho en la prevención de esta enfermedad. ¿Podemos empezar a combatir la disminución del sueño profundo de los individuos vulnerables de la sociedad en la mediana edad, muchas décadas antes de que se alcance el punto de inflexión de la enfermedad de Alzheimer, con el objetivo de evitar el riesgo de demencia más adelante en la vida? Se trata, sin duda, de un objetivo ambicioso, y a algunos les parecerá poco realista. Pero vale la pena recordar que ya usamos este enfoque conceptual en medicina al prescribir estatinas a las personas de alto riesgo en sus cuarenta y cincuenta años para ayudar a prevenir enfermedades cardiovasculares, en lugar de tener que tratarlas décadas después.

La falta de sueño es solo uno entre varios factores de riesgo asociados con la enfermedad de Alzheimer. Dormir no es la fórmula mágica que erradica la demencia. Sin embargo, prio-

---

[8] S. Ancoli-Israel *et al.*, «Cognitive effects of treating obstructive sleep apnea in Alzheimer's disease: a randomized controlled study», *Journal of the American Geriatric Society* 56, 2008, pp. 2076-2081; y W.d.S. Moraes *et al.*, «The effect of donepezil on sleep and REM sleep EEG in patients with Alzheimer's disease: a double-blind placebo-controlled study», *Sleep* 29, 2006, pp. 199-205.

rizar el sueño a lo largo de la vida se está convirtiendo claramente en un factor importante para reducir el riesgo de sufrir alzhéimer.

8

Cáncer, ataques al corazón y una vida más corta

La privación del sueño y el cuerpo

Siempre me ha gustado decir que el sueño es el tercer pilar de la buena salud, junto con la dieta y el ejercicio. Ahora matizaría esa afirmación. El sueño es más que un pilar; es la base sobre la cual se asientan los otros dos bastiones de la salud. Si quitas la base del sueño o la debilitas aunque sea un poco, la alimentación cuidadosa y el ejercicio físico se volverán menos efectivos, como veremos.

Sin embargo, el impacto pernicioso de la pérdida de sueño para la salud va mucho más allá. Cada uno de los sistemas principales de tu cuerpo sufre cuando el sueño se reduce. Ningún aspecto de tu salud puede sustraerse a la pérdida de sueño y escapar ileso. Al igual que el agua de una tubería que se revienta en tu hogar, los efectos de la privación del sueño se filtrarán en cada rincón de tu biología, descenderán hasta tus células e incluso alterarán tu yo más fundamental: tu ADN.

Más de veinte estudios epidemiológicos a gran escala han analizado a millones de personas durante muchas décadas y todos ellos establecen una relación clara: cuanto más corto sea tu sueño, más corta será tu vida. Las principales causas de enfermedad y muerte en los países desarrollados —enfermedades que están colapsando los sistemas de atención de la salud, como las dolencias cardíacas, la obesidad, la demencia, la diabetes y el cáncer— tienen vínculos causales con la falta de sueño.

Este capítulo describe la triste realidad de las muchas y variadas formas en que el sueño insuficiente resulta dañino para los principales sistemas fisiológicos del cuerpo humano: cardiovascular, metabólico, inmune y reproductivo.

Pérdida del sueño y sistema cardiovascular

Sueño poco saludable, corazón poco saludable. Así de sencillo. Tomemos en cuenta los resultados de un estudio de 2011 que se realizó con más de medio millón de hombres y mujeres de distintas edades, razas y etnias en ocho países diferentes. El sueño progresivamente más corto se asoció con un aumento del 45% en el riesgo de desarrollar o morir de enfermedad coronaria en un período de entre 7 y 25 años desde el inicio del estudio. Una relación similar se observó en un estudio japonés con más de 4 000 trabajadores varones. Los que durante un período de 14 años dormían seis horas o menos tenían entre un 400% y un 500% más de probabilidades de sufrir uno o más paros cardíacos que aquellos que dormían más de seis horas. En muchos de estos estudios, la evidente relación entre dormir poco y la insuficiencia cardíaca persistía incluso después de controlar otros factores de riesgo cardíacos conocidos, como el tabaquismo, el sedentarismo y la obesidad. La falta de sueño origina su propio ataque al corazón.

A medida que nos acercamos a la mediana edad, cuando nuestro cuerpo comienza a deteriorarse y la capacidad de recuperación de la salud comienza a declinar, el impacto de la falta de sueño sobre el sistema cardiovascular se intensifica. Los adultos de más de 45 años que duermen menos de seis horas por noche tienen un 200% más de probabilidades de sufrir un ataque cardíaco o un derrame cerebral durante su vida que aquellos que duermen de siete a ocho horas por noche. Este hallazgo subraya la importancia de priorizar el sueño en la mediana edad, que por desgracia es el momento en que las circunstancias familiares y profesionales nos animan a hacer exactamente lo contrario.

Parte del motivo por el que el corazón sufre tan dramáticamente bajo el peso de la falta de sueño tiene que ver con la presión arterial. Echa un vistazo rápido a tu antebrazo derecho y elige algunas venas. Si colocas tu mano izquierda alrededor del antebrazo, justo debajo del codo, y lo aprietas como si hicieras un torniquete, verás que esas venas comienzan a hincharse. Un poco alarmante, ¿no? La facilidad con la que solo una pequeña pérdida de sueño puede aumentar la presión en las venas de todo tu cuerpo, estirando y tensando las paredes de los vasos sanguíneos, es igualmente alarmante. La presión arterial alta es tan común hoy en día que nos olvidamos de la cantidad de muertes que provoca. Solo este año, la hipertensión arrebatará la vida de más de siete millones de personas por insuficiencia cardíaca, isquemia, accidente cerebrovascular o insuficiencia renal. El sueño deficiente es el responsable de la pérdida de muchos padres, madres, abuelos y amigos queridos.

Al igual que con otras consecuencias derivadas de la pérdida de sueño que hemos estudiado, no es necesaria toda una noche de privación total del sueño para provocar un impacto medible en el sistema cardiovascular. Una noche con una reducción moderada del sueño, incluso de tan solo un par de horas, acelerará rápidamente, hora tras hora, la tasa de contracción del corazón y aumentará significativamente la presión sanguínea sistólica dentro de los vasos sanguíneos.[1] Estos experimentos se llevaron a cabo en individuos jóvenes y en buena forma física, con un sistema cardiovascular que, horas antes del estudio, estaba perfectamente sano. Esa buena condición física, sin embargo, no consiguió ofrecer resistencia a una noche de poco sueño.

Más allá de acelerar el ritmo cardíaco y de aumentar la presión sanguínea, la falta de sueño erosiona la estructura de los vasos sanguíneos, especialmente los que alimentan al corazón, que reciben el nombre de arterias coronarias. Estas carreteras de vida deben estar limpias y abiertas de par en par para sumi-

---

[1] O. Tochikubo, A. Ikeda, E. Miyajima y M. Ishii, «Effects of insufficient sleep on blood pressure monitored by a new multibiomedical recorder», *Hypertension* 27, n.º 6, 1996, pp. 1318-1324.

nistrar sangre a tu corazón en todo momento. Si se estrechan o bloquean, tu corazón puede sufrir un ataque fatal a causa de la falta de oxígeno en la sangre, lo que coloquialmente se conoce como «ataque coronario fulminante».

Una causa de bloqueo de las arterias coronarias es la arteriosclerosis u obstrucción de esas vías cardíacas mediante placas endurecidas que contienen depósitos de calcio. Investigadores de la Universidad de Chicago estudiaron a casi quinientos adultos sanos de mediana edad, ninguno de los cuales mostraba signos de arteriosclerosis o de padecer algún tipo de enfermedad cardíaca. Realizaron un seguimiento de las arterias coronarias de estos participantes durante varios años, al tiempo que evaluaban su sueño. Las personas que dormían de cinco a seis horas o menos cada noche tenían entre un 200% y un 300% más de probabilidades de sufrir calcificación de las arterias coronarias durante los siguientes cinco años que las personas que dormían entre siete y ocho horas. El sueño deficiente de esos individuos se asoció con la oclusión de estas vías críticas, lo que impide que llegue suficiente sangre al corazón y aumenta significativamente el riesgo de infarto.

Aunque los mecanismos por los que la privación del sueño degrada la salud cardiovascular son numerosos, todos parecen agruparse alrededor de un culpable común, llamado sistema nervioso simpático. Abandona cualquier pensamiento cariñoso o de serena compasión que el nombre de este sistema pueda despertar en ti. El sistema nervioso simpático te activa, te incita e incluso te agita. Si es necesario, movilizará en cuestión de segundos la antigua respuesta evolutiva de lucha o huida dentro del cuerpo. Como un consumado general al mando de un vasto ejército, el sistema nervioso simpático puede convocar a la actividad a una gran variedad de divisiones fisiológicas del cuerpo, desde la respiración, la función inmune y los químicos de estrés hasta la presión arterial y la frecuencia cardíaca.

Una respuesta aguda de estrés del sistema nervioso simpático, que normalmente solo se despliega durante cortos períodos que van de unos cuantos minutos a unas pocas horas, puede ser altamente adaptativa en condiciones de amenaza creíble como un potencial ataque físico real. El objetivo es la supervivencia, y estas respuestas promueven la acción inmediata para lograr precisamente eso. Pero si dejamos ese sistema atascado en la posición de «encendido» durante largos períodos de tiempo, la activación simpática se vuelve profundamente desadaptativa. De hecho, es asesina.

Durante el último medio siglo, y salvo excepciones, los experimentos que han investigado el impacto del sueño deficiente en el cuerpo humano han advertido de la presencia de un sistema nervioso simpático hiperactivo. Mientras dura el período de sueño insuficiente, y durante un tiempo después, el cuerpo permanece estancado en un estado de lucha o huida. Esta situación puede durar años, por ejemplo, en el caso de personas con un trastorno del sueño no atendido o de sujetos con un horario de trabajo que les impide dormir de forma suficiente o adecuada. Al igual que un motor de automóvil sometido a una aceleración excesiva durante mucho rato, el sistema nervioso simpático cae en una sobrecarga permanente por la falta de sueño. La fuerza persistente de la activación simpática somete al cuerpo a tal tensión que acaba generando todo tipo de problemas de salud.

A través de este sistema nervioso simpático hiperactivo, la privación del sueño desencadena un efecto dominó que se extenderá como una ola de daños a la salud en todo el cuerpo. Comienza con la eliminación del freno de descanso, que normalmente impide que el corazón acelere su tasa de contracción. Una vez que se suelta este freno, se experimenta una aceleración sostenida del ritmo cardíaco.

A medida que el corazón privado de sueño late más rápido, aumenta la tasa volumétrica de la sangre bombeada a través de la vasculatura, lo que lleva a una hipertensión arterial. Simultáneamente, se produce el aumento crónico de una hormona del estrés llamada cortisol, que es liberada por el sistema nervioso simpático hiperactivo. Una consecuencia indeseable de esta descarga sostenida de cortisol es la constricción de los vasos sanguíneos, lo que desencadena un nuevo aumento de la presión arterial.

Para empeorar las cosas, la hormona del crecimiento —gran sanadora del cuerpo—, que normalmente se libera por las noches, deja de segregarse ante la privación del sueño. Sin la hormona del crecimiento para reponer el revestimiento de los vasos sanguíneos, llamado endotelio, estos se encogerán lentamente y perderán su volumen. Y lo que es más grave: la hipertensión que la privación del sueño provoca en el sistema vascular hace que ya no se puedan reparar adecuadamente los vasos fracturados. El estado dañado y debilitado de las tuberías vasculares en todo el cuerpo propicia la arteriosclerosis (taponamiento de las arterias). Los vasos se romperán. Es un barril de pólvora cuya explosión causa comúnmente entre sus víctimas ataques cardíacos y accidentes cerebrovasculares.

Conviene comparar esta catarata de daños con los beneficios curativos que toda una noche de sueño suele ofrecer al sistema cardiovascular. Durante el sueño no-REM profundo, en concreto, el cerebro comunica una señal de calma prolongada al sistema nervioso simpático responsable de activar la respuesta de lucha o huida. De este modo, el sueño profundo evita una escalada de este estrés fisiológico que es sinónimo de aumento de la presión arterial, ataque cardíaco, insuficiencia cardíaca y accidente cerebrovascular. Esto incluye un efecto calmante sobre la velocidad de contracción del corazón. Piensa en tu sueño no-REM profundo como una forma natural de controlar la presión arterial durante la noche y de evitar la hipertensión y el accidente cerebrovascular.

Cuando expongo asuntos de índole científica al público en general a través de conferencias o escritos, procuro no abrumar a la audiencia con interminables estadísticas de mortalidad, no vaya a ser que acaben perdiendo las ganas de vivir. Es difícil no hacerlo disponiendo de tantos estudios convincentes en el campo de la privación del sueño. A menudo, sin embargo, todo lo que la gente necesita para entender el fondo del asunto es un único resultado sorprendente. En cuanto a la salud cardiovascular, creo que el hallazgo proviene de un «experimento global» en el que, una noche cada año, 1 500 millones de personas se ven obligadas a reducir su sueño en una hora o menos. Es muy probable que tú mismo hayas formado parte de este experimento, también conocido como «horario de verano».

En el hemisferio norte, el cambio al horario de verano en marzo hace que la mayoría de las personas pierda una hora de sueño. Si haces una tabla comparando los millones de registros hospitalarios diarios, como han hecho los investigadores, descubrirás que esta reducción del sueño aparentemente trivial conlleva un aumento aterrador del número de ataques cardíacos al día siguiente. Lo impresionante es que funciona en ambos sentidos. En el otoño, cuando en el hemisferio norte los relojes avanzan y ganamos una hora de sueño, las tasas de ataques cardíacos caen en picado al día siguiente. Una relación similar de ascenso y caída se puede ver con la cantidad de accidentes de tráfico, lo que demuestra que el cerebro es tan sensible como el corazón a las pequeñas perturbaciones del sueño. La mayoría de las personas piensan que perder una hora de sueño una sola noche es trivial e intrascendente. Es todo menos eso.

Pérdida de sueño y metabolismo: diabetes y aumento de peso

Normalmente, cuanto menos duermes, más comes. Además, tu cuerpo se vuelve incapaz de administrar esas calorías adicionales de manera efectiva, especialmente las concentraciones de azúcar en sangre. De este modo, dormir menos de siete u ocho horas por noche no solo aumenta la probabilidad de ganar peso, tener sobrepeso o ser obeso, también aumentará significativamente la probabilidad de desarrollar diabetes tipo 2.

El costo económico de la diabetes en los Estados Unidos se cifra en 375 000 millones de dólares al año. El de la obesidad, en más de dos billones de dólares. Sin embargo, para quienes duermen poco, el costo en salud, calidad de vida y muerte prematura resulta mucho más importante. Y es que ahora conocemos muy bien cómo la falta de sueño genera un alto riesgo de sufrir tanto diabetes como obesidad.

Diabetes

El azúcar es peligrosa. Sí, también en tu dieta, pero aquí nos referimos a la que realmente circula por la sangre. Niveles excesivamente altos de azúcar o glucosa en la sangre, mantenidos durante semanas o años, provocan un daño extraordinario a los tejidos y órganos de tu cuerpo, empeorando tu salud y acortando tu ciclo de vida. Un elevado nivel de azúcar en sangre puede provocar enfermedades oculares que terminen en ceguera, enfermedades nerviosas que a menudo acaban en amputaciones y fallos renales que requieren diálisis o trasplante, así como hipertensión y enfermedades cardíacas. Pero la consecuencia más común y con una relación más directa con los niveles de azúcar es la diabetes tipo 2.

En un individuo sano, la hormona insulina activará las células de su cuerpo para que absorban rápidamente la glucosa del torrente sanguíneo en caso de que esta aumente, como ocurre tras la comida. Guiadas por la insulina, las células de su cuerpo abrirán canales especiales en su superficie que funcionarán como los desagües de una carretera durante un aguacero. No tienen problema para lidiar con el diluvio de glucosa que corre por las arterias y evitar lo que de otra manera podría ser una inundación peligrosa de azúcar en el torrente sanguíneo.

Sin embargo, si las células de tu cuerpo dejan de responder a la insulina, no pueden absorber la glucosa de la sangre de manera eficiente. De forma similar a los drenajes en el borde de la carretera que se taponan o se bloquean, la creciente oleada de azúcar en la sangre no puede reducirse a niveles seguros. En ese momento, el cuerpo pasa a un estado de hiperglucemia. Si esta condición persiste y las células del cuerpo permanecen intolerantes a los altos niveles de glucosa, se pasa a un estado prediabético y, en última instancia, se desarrolla diabetes tipo 2.

Los primeros signos de advertencia de un vínculo entre la pérdida del sueño y el nivel anormal de azúcar en la sangre surgieron tras una serie de grandes estudios epidemiológicos que abarcaron varios continentes. Los grupos de investigación, independientes unos de otros, encontraron tasas mucho más altas de diabetes tipo 2 entre las personas que informaron dormir habitualmente menos de seis horas por noche. La asociación se mantuvo significativa incluso cuando se tenían en cuenta otros factores detonantes como el peso corporal, el alcohol, el tabaquismo, la edad, el sexo, la raza y el consumo de cafeína. Sin embargo, por muy contundentes que sean estos estudios, no informan sobre la dirección de la causalidad. ¿Es la diabetes la que perjudica al sueño, o es el escaso sueño lo que afecta a la capacidad del cuerpo de regular el azúcar en la sangre, causando la diabetes?

Para responder a esta pregunta, los científicos tuvieron que llevar a cabo cuidadosos experimentos controlados con adultos sanos que no tenían signos de diabetes o problemas de azúcar en la sangre. En el primero de estos estudios, los participantes se limitaron a dormir cuatro horas por noche durante seis noches. Al final de esa semana, estos participantes (anteriormente sanos) presentaban un 40% menos de eficacia en la absorción de una dosis estándar de glucosa que cuando estaban completamente descansados.

Para hacernos una idea de lo que eso significa, si los investigadores mostraran esas lecturas de azúcar en sangre a un médico de familia, este diagnosticaría inmediatamente a la persona como prediabética y pondría en marcha un programa de intervención rápida para prevenir el desarrollo de la irreversible diabetes tipo 2. Numerosos laboratorios científicos de todo el mundo han replicado este efecto alarmante de dormir poco, algunos basándose en reducciones aún menos agresivas en la cantidad de sueño.

¿Cómo afecta la falta de sueño al control efectivo del azúcar en sangre del cuerpo? ¿Es por un bloqueo en la liberación de insulina que elimina la instrucción esencial para que las células absorban la glucosa? ¿O son las propias células las que no responden al mensaje normal de la insulina?

Según hemos descubierto, ambas afirmaciones son verdaderas, aunque la evidencia más convincente apunta a la segunda hipótesis. Tomando pequeñas muestras de tejido de los participantes al final de los experimentos anteriores, podemos examinar cómo están funcionando las células del cuerpo. Después de que a los participantes se les limitase el sueño a cuatro o cinco horas diarias durante una semana, las células de estos individuos cansados se volvieron mucho menos receptivas a la insulina. En este estado de falta de sueño, las células se resisten obstinadamente al mensaje de la insulina, negándose a abrir sus canales de superficie. Las células, en lugar de absorber, repelen los niveles peligrosamente altos de glucosa. Los drenajes se taponan totalmente, lo que provoca una creciente marea de azúcar en sangre y un estado prediabético de hiperglucemia.

Si bien mucha gente sabe que la diabetes es una cosa seria, es posible que no aprecien su verdadera gravedad. Más allá del alto costo económico del tratamiento, la diabetes reduce en diez años la esperanza de vida de un individuo. La privación crónica de sueño se reconoce ya como uno de los principales factores que desencadenan la diabetes tipo 2 en todos los países del primer mundo. Y es un factor que se puede prevenir.

Aumento de peso y obesidad

Cuando el sueño se acorta, se gana peso. Múltiples fuerzas conspiran para ensanchar tu cintura. La primera de ellas tiene que ver con dos hormonas que controlan el apetito: la leptina y la ghrelina.[2] La leptina se encarga de la sensación de saciedad. Cuando los niveles de leptina son altos, tu apetito se reduce y no tienes ganas de comer. Por el contrario, la ghrelina desencadena una fuerte sensación de hambre. Cuando los niveles de ghrelina aumentan, también lo hace tu deseo de comer. Un desequilibrio en cualquiera de estas hormonas puede

---

[2] Si bien leptina y ghrelina pueden parecer los nombres de dos *hobbits*, el primero viene del término griego *leptos,* que significa «esbelto», mientras que el segundo proviene de *ghre,* el término protoindoeuropeo para «crecimiento».

provocar un aumento de la ingesta calórica y por lo tanto del peso corporal. Si alteramos ambas en cualquier sentido será más que probable que aumentes de peso.

En los últimos treinta años, mi colega la doctora Eve Van Cauter, de la Universidad de Chicago, ha realizado una incansable investigación sobre el vínculo entre el sueño y el apetito tan brillante como impactante. En lugar de privar a las personas de toda una noche de sueño, Van Cauter adoptó un enfoque más relevante. Dio por hecho que más de un tercio de las personas en las sociedades industrializadas dormía menos de cinco o seis horas por noche entre semana. En una primera serie de estudios con jóvenes sanos y de peso perfectamente normal, empezó a investigar si una semana de este sueño corto, habitual en la sociedad, era suficiente para interrumpir los niveles de leptina o de ghrelina, o de ambos.

Participar en uno de los estudios de Van Cauter se parece bastante a pasar una semana de vacaciones en un hotel. Tendremos nuestra propia habitación, cama, sábanas limpias, televisor, acceso a internet, etc., todo excepto té y café gratis, ya que no se permite la cafeína. En una fase del experimento, se te da la oportunidad de dormir ocho horas y media cada noche durante cinco noches, que se registran a través de electrodos en la cabeza. En la otra fase del estudio, solo se permiten de cuatro a cinco horas de sueño por noche durante cinco días, que también se registran a través de electrodos. En ambas fases del estudio, recibiremos exactamente la misma cantidad y el mismo tipo de alimento, y nuestro nivel de actividad física también se mantendrá constante. Cada día se controla la sensación de hambre y la ingesta de alimentos, al igual que los niveles circulantes de leptina y ghrelina.

Utilizando este diseño experimental en un grupo de participantes sanos y delgados, Van Cauter descubrió que los participantes se mostraban mucho más voraces cuando dormían de cuatro a cinco horas por noche. A pesar de recibir la misma cantidad de alimento y de realizar el mismo tipo de actividad física, los niveles de hambre de estas mismas personas se mantenían bajo control cuando tenían ocho o más horas de sueño.

Apenas al segundo día de dormir poco, se producía rápidamente un fuerte aumento de la sensación de hambre.

Las culpables fueron la leptina y la ghrelina. El sueño inadecuado disminuyó las concentraciones de leptina, hormona que da la señal de saciedad, y aumentó las de ghrelina, que detona el hambre. Era el típico caso de doble riesgo fisiológico: los participantes fueron castigados por partida doble por haber dormido poco: se eliminó la señal de «estoy lleno» de su sistema y se amplificó el mensaje de «todavía tengo hambre». Como consecuencia de ello, los participantes no se sentían nunca satisfechos con la comida ingerida.

Desde una perspectiva metabólica, los sujetos con restricción de sueño perdieron el control del apetito. Al hacer que estos individuos durmieran solo cinco horas por noche —una cantidad de tiempo que muchos en nuestra sociedad consideran «suficiente»—, Van Cauter provocó un profundo desequilibrio en los niveles hormonales relacionados con el deseo de alimentarse. Al silenciar el mensaje químico que dice «deja de comer» (leptina) y aumentar la voz hormonal que grita «por favor, sigue comiendo» (ghrelina), la falta de sueño impide que el apetito se satisfaga, incluso después de una comida generosa. Como Van Cauter ha descrito con elegancia, un cuerpo privado de sueño experimentará hambre en medio de la abundancia.

Pero sentir hambre y comer más no es lo mismo. ¿Realmente comes más cuando duermes menos? ¿Se ensancha realmente tu cintura como consecuencia de ese aumento del apetito?

Con otro estudio histórico, Van Cauter demostró que es exactamente así. Los participantes en este experimento se sometieron nuevamente a dos condiciones diferentes: cuatro noches de ocho horas y media de sueño y cuatro noches de cuatro horas y media de sueño. La actividad física de los sujetos fue la misma en ambas condiciones. Cada día se les daba acceso libre a los alimentos, y los investigadores registraban meticulosamente la diferencia en el consumo de calorías entre los dos escenarios experimentales.

Cuando dormían poco, los mismos individuos consumían trescientas calorías más al día (es decir, mil calorías más al final del experimento) que cuando tenían toda una noche de sueño. Las diferencias son similares si se le da a la gente entre cinco y seis horas de sueño durante un período de diez días. Calcula este aumento en relación con un año laboral, e incluso suponiendo que duermas de una forma milagrosamente abundante durante el mes de vacaciones, habrás consumido más de setenta mil calorías adicionales. Según las estimaciones calóricas, eso causaría un aumento de peso de entre 4.5 y 7 kilogramos al año (lo cual a muchos les puede sonar dolorosamente familiar).

El siguiente experimento de Van Cauter fue el más sorprendente (y diabólico) de todos. Se sometió a personas sanas a las mismas dos condiciones anteriores: cuatro noches de ocho horas y media en la cama y cuatro noches de cuatro horas y media en la cama. Sin embargo, en esta ocasión se introdujo una variante en el último día del experimento: se les ofreció a los participantes un bufet de comida adicional durante un período de cuatro horas. Se les ponía delante de los ojos una gran variedad de alimentos: carnes, verduras, pan, papas, ensalada, fruta, helados... Sin embargo, a un lado, se dispuso también una mesa alargada llena de golosinas, galletas, chocolates, *chips* y *pretzels*. Los participantes podían comer todo lo que quisieran en el período de cuatro horas, y el bufet incluso se reponía. Es importante destacar que los sujetos estaban solos mientras comían para evitar condicionamientos sociales o estigmatizantes que pudieran alterar sus naturales deseos de comer.

Pasadas esas cuatro horas, Van Cauter y su equipo cuantificaron cuánto habían comido los participantes. Pese a haber consumido casi dos mil calorías durante el almuerzo del bufet, los participantes privados de sueño se lanzaron a la mesa de las golosinas. Consumieron 330 calorías más después de la comida completa, en comparación con cuando dormían lo suficiente cada noche.

Para entender este comportamiento resulta relevante mencionar un descubrimiento reciente: la pérdida de sueño aumenta los niveles de endocannabinoides circulantes, que, como habrás adivinado a partir del nombre, son sustancias químicas producidas por el cuerpo muy similares a la droga del cannabis. Al igual que el consumo de mariguana, estos productos químicos estimulan el apetito y aumentan el deseo de comer golosinas.

Si combinas este aumento de endocannabinoides con las alteraciones en la leptina y la ghrelina causadas por la falta de sueño, obtendrás una poderosa mezcla de mensajes químicos que te guiarán en una sola dirección: comer en exceso.

Algunos autores argumentan que comemos más cuando estamos privados de sueño porque cuando permanecemos despiertos quemamos más calorías. Lamentablemente, esto no es verdad. En los experimentos de restricción del sueño descritos anteriormente, no hay diferencias en el gasto calórico entre las dos condiciones. Si lo llevásemos al extremo, un individuo privado de sueño durante 24 horas seguidas solo quemaría 147 calorías más que si hubiera dormido ocho horas completas durante ese mismo período. Resulta que el sueño conlleva un estado de intensa actividad metabólica tanto para el cerebro como para el cuerpo. Por esta razón, ya no se sustentan las teorías que proponen que durmamos para conservar grandes cantidades de energía. Los insignificantes ahorros calóricos obtenidos mientras se duerme son insuficientes para compensar los peligros y desventajas asociados con la falta de sueño.

Más importante aún, las calorías adicionales que ingieres cuando estás privado de sueño superan con creces cualquier energía adicional que quemes estando despierto. Para empeorar las cosas, cuanto menos dormimos, menos energía sentimos que tenemos, lo que nos torna sedentarios y menos dispuestos a hacer ejercicio. El sueño inadecuado es la receta perfecta para la obesidad: mayor ingesta de calorías y menor gasto calórico.

El aumento de peso causado por el poco sueño no tiene que ver solo con que comemos más, sino con el tipo de cosas que comemos en exceso. Analizando los diferentes estudios, Van Cauter constató que el consumo de dulces (por ejemplo, galletas, chocolate y helado), de alimentos ricos en carbohidratos (por ejemplo, pan y pasta) y de aperitivos salados (por ejemplo, papas fritas y *pretzels*) aumentó entre un 30% y un

40% cuando el sueño se redujo varias horas por noche. Los alimentos ricos en proteínas (por ejemplo, carne y pescado), los productos lácteos (como yogur y queso) y los alimentos grasos se vieron menos afectados, mostrando un aumento de entre un 10% y un 15 por ciento.

¿Por qué deseamos azúcares procesados y carbohidratos complejos cuando hemos dormido poco? Junto con mi equipo de investigación, realizamos un estudio en el que escaneamos el cerebro de las personas mientras miraban y elegían alimentos, y luego les preguntamos qué grado de deseo despertaban en ellos. La hipótesis que planteamos era que los cambios dentro del cerebro pueden ayudar a explicar esta poco saludable modificación en la preferencia de los alimentos causada por la falta de sueño. ¿Se produce un colapso en las regiones que controlan nuestros impulsos y que normalmente mantienen nuestros deseos hedónicos de alimento bajo control, haciéndonos preferir donas o pizza en lugar de cereales integrales y verduras?

Los participantes sanos de peso medio realizaron el experimento dos veces: una vez después de haber tenido toda una noche de sueño y otra después de una noche sin dormir. En cada una de las dos condiciones vieron ochenta imágenes de alimentos similares, que iban desde frutas y verduras, como fresas, manzanas y zanahorias, hasta productos con alto contenido calórico, como helados, pastas y donas. Para garantizar que los participantes tomaran decisiones que reflejaran sus verdaderos deseos, en lugar de simplemente elegir los elementos que pensaban que serían la elección correcta o más apropiada, añadimos un incentivo: tras salir de la máquina de IRM, les dábamos una ración de la comida que más ansiaban y dejábamos que se la comieran.

Comparando los patrones de actividad cerebral entre ambas condiciones en el mismo individuo descubrimos que, debido a la falta de sueño, las regiones de supervisión situadas en la corteza prefrontal requeridas para los juicios reflexivos y las decisiones controladas silenciaron su actividad. En contraste, las profundas estructuras del cerebro que impulsan las motivaciones y el deseo se amplificaron en respuesta a las imágenes de los alimentos. Este cambio hacia un patrón más primitivo de actividad cerebral sin control deliberativo vino acompañado de un cambio en la preferencia de alimentos de los participantes. Los alimentos con alto contenido calórico se volvieron significativamente más deseables a los ojos de los participantes cuando se les privaba del sueño. Cuando contabilizamos los alimentos adicionales que los participantes deseaban cuando estaban privados de sueño, sumaban seiscientas calorías adicionales.

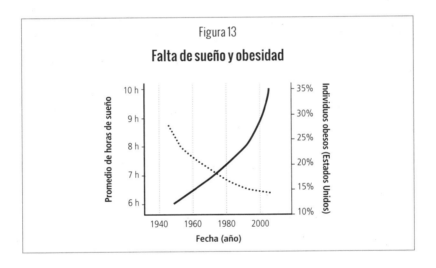

Figura 13
Falta de sueño y obesidad

La buena noticia es que dormir lo suficiente te ayudará a controlar el peso corporal. Descubrimos que toda una noche de sueño repara la vía de comunicación entre las áreas del cerebro profundo que desencadenan deseos hedónicos y las regiones cerebrales de orden superior cuyo trabajo es controlar estos antojos. Por lo tanto, dormir bien puede restaurar el sistema de control de los impulsos dentro de tu cerebro, poniendo freno a una alimentación potencialmente excesiva.

También hemos descubierto que el sueño abundante hace que tu intestino esté más feliz. El papel del sueño al restablecer el equilibrio del sistema nervioso del cuerpo, especialmente al calmar el sistema simpático de lucha o huida, mejora la flora bacteriana conocida como microbioma, que se encuentra en el intestino (llamado también sistema nervioso entérico). Como vimos anteriormente, cuando no se duerme lo suficiente, el sistema de lucha-huida relacionado con el estrés se acelera, desencadenando un exceso de cortisol circulante que cultiva «bacterias malas» que se propagarán a través del microbioma. Así pues, un sueño insuficiente evita la absorción de todos los nutrientes de los alimentos, lo que causará problemas gastrointestinales.[3]

Por supuesto, la epidemia de obesidad que afecta a nuestras sociedades no está causada solo por la falta de sueño. El aumento en el consumo de alimentos procesados, el aumento en el tamaño de las porciones y un mayor sedentarismo son factores desencadenantes. Sin embargo, estos cambios son insuficientes para explicar la dramática escalada de la obesidad. Deben tenerse en cuenta otros factores.

Las evidencias recopiladas en las últimas tres décadas nos indican que la epidemia de falta de sueño muy probablemente esté contribuyendo de manera decisiva a la epidemia de obesidad. Los estudios epidemiológicos han establecido que las personas que duermen menos tienen más probabilidades de padecer sobrepeso u obesidad. De hecho, la figura 13 muestra claramente esta correlación: basta con comparar la línea punteada que indica la reducción en el tiempo de sueño en los últimos cincuenta años con la línea continua que marca el aumento de las tasas de obesidad en el mismo período.

Actualmente estamos constatando estos efectos en etapas muy tempranas de la vida. Los niños de tres años que duermen solo diez horas y media o menos tienen un 45% más de probabilidades de ser obesos a los siete años que aquellos que duermen 12 horas por noche. Poner a nuestros hijos en

---

[3] Sospecho que existe una relación bidireccional: no solo el sueño afecta al microbioma, sino que el microbioma también puede comunicarse y alterar el sueño a través de numerosos canales biológicos diferentes.

la senda de la mala salud descuidando su sueño es un verdadero disparate.

Un último comentario sobre tratar de perder peso. Imaginemos que decidimos seguir una dieta estricta y baja en calorías durante dos semanas con la esperanza de perder peso y lucir más esbeltos y tonificados. Eso es precisamente lo que hicieron los investigadores con un grupo de hombres y mujeres con sobrepeso que permanecieron en un centro médico durante 15 días. Sin embargo, un grupo durmió solo cinco horas y media por noche, mientras que el otro grupo durmió ocho horas y media por noche.

Aunque la pérdida de peso se produjo en ambas condiciones, el tipo de pérdida de peso provino de fuentes muy diferentes. En el grupo que durmió solo cinco horas y media, más del 70% de los kilos perdidos provino de la masa muscular, no de la grasa. En cambio, el grupo que durmió ocho horas y media obtuvo un resultado mucho más deseable: más del 50% de la pérdida de peso provino de la grasa, mientras que la masa muscular no se vio afectada. Cuando no duermes lo suficiente, el cuerpo se vuelve especialmente reacio a deshacerse de la grasa. La masa muscular, por su parte, tiende a reducirse cuando se retiene grasa. La carencia de sueño no favorece ni la esbeltez ni la tonicidad.

El resultado de este trabajo puede resumirse de la siguiente manera: el sueño escaso (al que muchos adultos en los países del primer mundo están habituados) aumenta el hambre y el apetito, compromete el control cerebral de los impulsos, aumenta el consumo de alimentos (especialmente alimentos ricos en calorías), disminuye la sensación de saciedad después de comer y evita la pérdida de peso efectiva al hacer dieta.

Falta de sueño y sistema reproductivo

Si deseas tener éxito reproductivo y estar en forma, harías bien en dormir durante toda la noche todas las noches. Seguro que Charles Darwin estaría de acuerdo con este consejo si conociera la evidencia que ahora presento.

Si escoges a unos cuantos hombres jóvenes (de unos 25 años) sanos y delgados, y durante una semana les impides dormir más de cinco horas al día, como hizo un grupo de investigación de la Universidad de Chicago, las muestras de los niveles hormonales en sangre de estos exhaustos participantes revelarán una marcada disminución de la testosterona en comparación con sus propios niveles basales de testosterona cuando estaban completamente descansados. El tamaño de la disminución hormonal es tan grande que equivale a «envejecer» a un hombre entre 10 y 15 años en términos de virilidad testosterónica. Los resultados experimentales respaldan el hallazgo de que los hombres que padecen trastornos del sueño, especialmente apnea del sueño asociada con el ronquido, tienen niveles significativamente más bajos de testosterona que aquellos de edad y antecedentes similares pero que no padecen una enfermedad del sueño.

Cuando en una conferencia expongo los resultados de tales estudios, a menudo los machos alfa presentes en la sala se muestran confusos. Como puedes imaginar, su militante postura antisueño se vuelve un poco endeble al escuchar tal información. Con genuina falta de malicia, les informo que los hombres que dicen dormir muy poco o tener un sueño de poca calidad presentan un conteo de espermatozoides un 29% más bajo que aquellos que disfrutan habitualmente de toda una noche de sueño reparador, y que los espermatozoides de los primeros presentan más deformidades. Generalmente concluyo mi exposición con un golpe bajo, señalando que estos hombres con sueño insuficiente también tienen testículos significativamente más pequeños que sus homólogos bien descansados.

Al margen de esta absurda competitividad, los bajos niveles de testosterona es un tema clínicamente preocupante. Los hombres con niveles bajos de testosterona a menudo se sienten cansados y fatigados durante el día. Les resulta difícil concentrarse en las tareas laborales, ya que la testosterona tiene un efecto agudo sobre la capacidad de concentración del cerebro. Y por supuesto su libido está atenuada, lo que les dificulta tener una vida sexual activa, satisfactoria y saludable. De hecho, el vigor y el estado de ánimo que los participantes mostraron en el estudio anterior disminuyeron progresivamente a medida que decrecían sus horas de sueño y sus niveles de testosterona. Si a esto le agregas que la testosterona mantiene la densidad ósea y tiene un papel causal en la construcción de la masa muscular y, por lo tanto, de la fuerza, comprenderás por qué toda una noche de sueño, con su terapia natural de reemplazo hormonal, es tan esencial para mantener un aspecto saludable y una vida sexualmente activa para hombres de todas las edades.

Los hombres no son los únicos que se ven comprometidos reproductivamente por la falta de sueño. Dormir habitualmente menos de seis horas por noche produce una caída del 20% en la hormona liberadora de folículos en las mujeres: un elemento reproductivo fundamental que alcanza su punto máximo justo antes de la ovulación y que es necesario para la concepción. En un informe que reunió los hallazgos de estudios realizados durante los últimos cuarenta años, y en los que participaron más de 100 000 mujeres, se constató que las trabajadoras que tenían horarios nocturnos irregulares, y cuyo sueño, por tanto, era de poca calidad, como las enfermeras que realizan su trabajo por turnos —una profesión casi exclusivamente femenina en la época en que se realizaron estos estudios—, presentaban una tasa de ciclos menstruales anormales un 33% más alta que las mujeres que tenían un horario de trabajo diurno regular. Además, las mujeres que trabajaban horas erráticas tenían un 80% más de probabilidades de sufrir problemas de baja fertilidad, lo que reducía sus posibilidades de quedar embarazadas. Las mujeres embarazadas que duermen habitualmente menos de ocho horas por noche también son significativamente más propensas a sufrir abortos espontáneos durante el primer trimestre, en comparación con aquellas que tienen la costumbre de dormir ocho horas o más por noche.

Si combinamos estos dañinos efectos sobre la salud reproductiva en una pareja en la que ambas partes sufren trastornos del sueño, nos resultará fácil comprender por qué la epidemia de la falta de sueño está relacionada con la infertilidad o la baja fertilidad y por qué Darwin encontraría estos resultados tan significativos en el contexto del futuro éxito evolutivo.

Por cierto, si le preguntas a la doctora Tina Sundelin, mi amiga y colega de la Universidad de Estocolmo, sobre cómo afecta la falta de sueño a nuestra capacidad de mostrarnos con un aspecto atractivo —una expresión física de la biología subyacente que condiciona tus posibilidades de relacionarte y, por tanto, de reproducirte—, te comunicará una fea verdad. Ella no pretende ser juez en este concurso científico de belleza; en un refinado experimento que realizó al respecto de este tema, reservó ese papel al público en general.

Sundelin tomó un grupo de hombres y mujeres sanos de entre 18 y 31 años. Todos fueron fotografiados dos veces bajo idénticas condiciones de iluminación, a la misma hora del día (14:30 horas), con el pelo recogido y sin maquillaje en el caso de las mujeres, y bien afeitados en el de los hombres. Sin embargo, había una diferencia: la cantidad de sueño que se les permitió a estas personas antes de cada sesión fotográfica. En una de las sesiones, a los participantes se les dieron solo cinco horas de sueño antes de colocarse frente a la cámara, mientras que en la otra sesión, estas mismas personas durmieron ocho horas completas. El orden temporal de estas dos condiciones fue aleatorio.

Al mismo tiempo, llevó a otro grupo de participantes al laboratorio para que ejercieran como jueces independientes. Estas personas ignoraban el verdadero propósito del experimento y desconocían las manipulaciones del sueño a las que habían sido sometidos los participantes que aparecían en las fotografías. Los jueces observaron las fotografías de forma desordenada, y se les pidió que evaluaran a los retratados en función de tres factores: el aspecto saludable, el cansancio y el atractivo.

Pese a desconocer la premisa del estudio y, por lo tanto, ignorar las diferentes condiciones de sueño, las notas de los jueces fueron muy claras. Los rostros mostrados tras una noche de sueño insuficiente fueron calificados como más fatigados, menos sanos y mucho menos atractivos que los rostros de esos mismos individuos después de haber dormido ocho horas completas. Sundelin reveló el verdadero rostro de la falta de sueño, y con ello ratificó el concepto largamente sostenido del «sueño reparador».

Lo que podemos aprender gracias a este tipo de investigaciones es que los aspectos clave del sistema reproductivo humano se ven afectados por el sueño tanto en hombres como en mujeres. Las hormonas reproductivas, los órganos reproductivos y la naturaleza misma del atractivo físico, que tienen un peso importante en las oportunidades de reproducción, se ven afectados por la falta de descanso. Sobre la base de esta última afirmación, podemos imaginar que Narciso dormía entre ocho y nueve horas diarias, y que cada tarde se echaba una siesta junto a su estanque.

Pérdida de sueño y sistema inmune

¿Recuerdas la última vez que tuviste la gripe? Terrible, ¿verdad? Secreción nasal, dolor de huesos, dolor de garganta, tos fuerte y falta total de energía. Probablemente lo único que querías era acurrucarte en la cama y dormir. Y es lo que deberías haber hecho. Tu cuerpo necesita dormir bien. Existe una asociación íntima y bidireccional entre tu sueño y tu sistema inmune.

El sueño combate las infecciones y las enfermedades desplegando todo tipo de armamento de tu arsenal inmune para protegerte. Cuando enfermas, el sistema inmunitario estimula la activación del sistema de sueño y exige más descanso para ayudar a reforzar el esfuerzo combativo. La falta de sueño, incluso por una sola noche, despoja de forma contundente al cuerpo de ese traje invisible de inmunidad.

Más allá de insertar sondas rectales para medir la temperatura corporal, como se hace en ciertos estudios del sueño, mi buen colega el doctor Aric Prather, de la Universidad de California en San Francisco, realizó uno de los experimentos de sueño más nauseabundos que conozco. Midió el sueño de más de 150 hombres y mujeres sanos durante una semana utilizando un dispositivo de reloj de pulsera. Luego los puso en cuarentena y procedió a inyectarles una buena dosis de rinovirus, un cultivo vivo del virus del resfriado común, literalmente en sus narices. Debo señalar que todos los participantes sabían de esto con anticipación y sorprendentemente dieron su total consentimiento para este maltrato.

Una vez que el virus de la gripe penetró satisfactoriamente las fosas nasales de los participantes, Prather los mantuvo en el laboratorio durante la semana siguiente y los controló minuciosamente. No solo evaluó el alcance de la reacción inmune tomando muestras frecuentes de sangre y saliva, sino que reunió casi todos los grumos de moco nasal que produjeron los participantes. Prather hizo que estos se sonaran la nariz rigurosamente, y cada gota obtenida fue embolsada, etiquetada, pesada y analizada detalladamente por su equipo de investigación. Con estas mediciones —anticuerpos en sangre y saliva junto con el moco producido—, se podía determinar objetivamente quiénes estaban resfriados.

Prather separó a los participantes en cuatro subgrupos en función de la cantidad de sueño que habían obtenido en la semana anterior a la exposición al virus del resfriado común: menos de cinco horas de sueño, de cinco a seis horas de sueño, de seis a siete horas de sueño y siete o más horas de sueño. Se observó una relación clara y lineal con la tasa de infección. Cuantas menos horas dormía una persona en la semana antes de enfrentarse al virus del resfriado común activo, más probable era que se infectara y se resfriara. En aquellos que dormían un promedio de cinco horas, la tasa de infección era casi del 50%. En aquellos que durmieron siete horas o más por noche durante la semana anterior, la tasa de infección fue solo del 18 por ciento.

Teniendo en cuenta que las enfermedades infecciosas, como el resfriado común, la gripe y la neumonía, se encuentran entre las principales causas de muerte en los países desarrollados, los médicos y los gobiernos harían bien en recalcar la importancia crucial de dormir lo suficiente durante la temporada de gripe.

Quizá tú seas una de las personas responsables que se vacunan contra la gripe todos los años, aumentando así tu capacidad de recuperación y fortaleciendo la inmunidad de todo el rebaño, es decir, de tu comunidad. Sin embargo, la vacuna contra la gripe solo es efectiva si tu cuerpo realmente reacciona generando anticuerpos.

En 2002 se realizó un importante descubrimiento: que el sueño afecta profundamente a tu respuesta a una vacuna estándar contra la gripe. En el estudio, se separaron dos grupos de jóvenes sanos: uno con sueño limitado a cuatro horas por noche durante seis noches, y otro con un sueño por noche de entre siete horas y media y ocho horas y media. Al final de los seis días, todos recibieron una vacuna contra la gripe. En los días posteriores, los investigadores tomaron muestras de sangre para determinar con qué efectividad estas personas estaban generando una respuesta de anticuerpos, lo que determinaría si la vacunación tenía éxito o no.

Aquellos participantes que durmieron entre siete y nueve horas por noche durante la semana previa a la vacunación contra la gripe, generaron una poderosa reacción de anticuerpos, lo que reflejaba un sistema inmune robusto y saludable. Por el contrario, los sujetos del grupo con restricción del sueño ofrecieron una pobre respuesta, produciendo menos del 50% de reacción inmune que sus homólogos bien descansados. Desde entonces se han registrado consecuencias similares de dormir muy poco para las vacunas contra la hepatitis A y B.

¿Sería posible que las personas privadas de sueño pudieran producir una reacción inmune más fuerte si tuvieran la posibilidad de recuperar el sueño? Parecería una buena idea, pero la respuesta es que no. Incluso si a un individuo se le permiten dos o tres semanas de recuperación tras una semana de sueño escaso, no desarrollará una reacción inmunológica completa a la vacuna contra la gripe. De hecho, es posible observar una disminución en ciertas células inmunes incluso un año después de haber pasado por una breve y pequeña restricción en la cantidad de sueño. Al igual que ocurre con los efectos de privación del sueño en la memoria, no es posible recuperar el beneficio simplemente tratando de compensar el sueño perdido. El daño ya está hecho, y parte de ese daño es aún medible un año después.

No importa en qué circunstancia inmunológica te encuentres. Si vas a recibir una vacuna, ya sea para mejorar tu inmunidad o para movilizar una respuesta inmune adaptativa para vencer un ataque viral, es indispensable toda una noche de sueño.

No son necesarias muchas noches de dormir poco para que el cuerpo se vuelva inmunológicamente débil, y aquí el problema del cáncer se torna relevante. Las células asesinas naturales forman un poderoso escuadrón de élite dentro del sistema inmune. Piensa en estas células como los agentes del servicio secreto de tu cuerpo, cuyo trabajo es identificar elementos extraños peligrosos y eliminarlos. Como el agente 007, si lo prefieres.

Una de esas entidades extrañas a las que se dirigen las células asesinas son las células tumorales malignas (cancerosas). Las células asesinas harán un agujero en la superficie externa de estas células cancerosas e inyectarán una proteína capaz de destruir su malignidad. Por ello, necesitas tener siempre a punto un aguerrido ejército de estas células inmunes. Y eso es precisamente lo que no tienes cuando duermes muy poco.

El doctor Michael Irwin, de la Universidad de California en Los Ángeles, ha realizado estudios de referencia que revelan cuán rápida y exhaustivamente una breve dosis de falta de sueño puede afectar a las células inmunes que combaten el cáncer. Examinando a jóvenes sanos, Irwin demostró que una sola noche de cuatro horas de sueño —irse a la cama a las tres de la madrugada y levantarse a las siete de la mañana— arrasa con el 70% de las células asesinas naturales que circulan por el sistema inmune, en comparación con toda una noche de sueño de ocho horas. Supone una situación dramática de deficiencia inmune, y sucede rápidamente tras una «mala noche» de sueño. Así que ya podrás imaginarte el débil estado en que queda tu arsenal inmune contra el cáncer después de una semana de sueño escaso, y no hablemos ya después de meses o años durmiendo de forma insuficiente.

No lo tienes que imaginar. Varios estudios epidemiológicos destacados revelan que el trabajo por turnos durante la noche y la interrupción de los ritmos circadianos y del sueño aumentan considerablemente las probabilidades de desarrollar numerosos tipos de cáncer, como el de mama, el de próstata, el de útero y el de colon.

Dinamarca se convirtió recientemente en el primer país en pagar una indemnización laboral a mujeres que desarrollaron cáncer de mama después de años de trabajo nocturno en empleos otorgados por el Gobierno, como enfermeras y auxiliares de vuelo. Otros gobiernos, como el de Gran Bretaña, por ejemplo, han hecho frente a denuncias legales similares, rechazando el pago de indemnizaciones pese a las evidencias científicas.

Con cada año que pasa de investigación, más formas de tumores malignos se relacionan con un sueño insuficiente. Un gran estudio europeo de casi 25 000 personas demostró que dormir seis horas o menos se asocia con un 40% más de riesgo de desarrollar cáncer, en comparación con las personas que duermen siete horas o más por noche. Asimismo, se han encontrado relaciones similares en un estudio que siguió a más de 75 000 mujeres durante un período de 11 años.

También se ha ido haciendo más evidente cómo y por qué la falta de sueño provoca cáncer. Parte del problema está relacionado con la influencia del sistema nervioso simpático, ya que este se dispara ante la falta de sueño. El aumento en el nivel de actividad nerviosa simpática del cuerpo provoca una respuesta inflamatoria innecesaria y sostenida por parte del sistema inmune. Cuando te enfrentas a una amenaza real, un breve aumento de la actividad simpática del sistema nervioso desencadena una respuesta transitoria similar a la actividad inflamatoria que es útil en la anticipación de posibles daños corporales (piensa en una pelea con un animal salvaje o con un rival de la tribu). Sin embargo, la inflamación tiene su lado oscuro. Si se deja activado sin volver al estado natural de pacífica quietud, ese estado inespecífico de inflamación crónica causa múltiples problemas de salud, incluidos los relacionados con el cáncer.

Sabemos ya que el cáncer utiliza la respuesta inflamatoria a su favor. Por ejemplo, algunas células cancerosas atraen factores inflamatorios a la masa tumoral para ayudar a iniciar el crecimiento de los vasos sanguíneos que las alimentan con más nutrientes y oxígeno. Los tumores también pueden usar factores inflamatorios para ayudar a dañar aún más y mutar el ADN de sus células cancerosas, aumentando así su potencia. Los factores inflamatorios asociados con la falta de sueño también inciden para ayudar a cortar físicamente parte del tumor de sus puntos de anclaje local, lo que permite que el cáncer se extienda a otras zonas del cuerpo, provocando metástasis, que es el término médico que indica el momento en que el cáncer rompe los límites del tejido original (sitio de inyección) y comienza a aparecer en otras regiones del cuerpo.

Ahora sabemos que estos procesos de amplificación y propagación del cáncer se ven favorecidos por la falta de sueño, como lo ha demostrado un estudio reciente del doctor David Gozal, de la Universidad de Chicago. En dicho estudio, se inyectaron a ratones por primera vez células malignas y se rastreó la progresión del tumor durante un período de cuatro semanas. A la mitad de los ratones se les permitió dormir normalmente durante este tiempo; la otra mitad tuvo un sueño parcialmente interrumpido, reduciendo así la calidad general del descanso.

Los ratones privados de sueño sufrieron un aumento del 200% en la velocidad de crecimiento del cáncer. A pesar de que resulta desagradable verlo, durante mis conferencias muestro con frecuencia imágenes comparativas del tamaño de estos tumores en los dos grupos experimentales. Estas imágenes provocan reacciones como jadeos audibles o manos que se tapan la boca, y algunas personas se dan la vuelta para no ver los monstruosos tumores que crecen en los ratones privados de sueño.

Cuando Gozal realizó la autopsia de los ratones, descubrió que los tumores eran mucho más agresivos en los animales con deficiencia de sueño. El cáncer había hecho metástasis y se había diseminado por los órganos, tejidos y huesos circundantes. La medicina moderna es cada vez más experta en el tratamiento del cáncer localizado, pero cuando hay metástasis, como la que favorece la falta de sueño, la intervención médica a menudo se vuelve impotentemente ineficaz y las tasas de mortalidad aumentan.

En años posteriores a ese experimento, Gozal ha descorrido aún más las cortinas de la privación del sueño para desvelar los mecanismos responsables de este maligno estado de cosas. En una serie de estudios, Gozal ha demostrado que las células inmunes asociadas a tumores, llamadas macrófagos, son una de las principales causas de la influencia cancerígena de la pérdida de sueño. Descubrió que la privación de sueño disminuye una de las formas de estos macrófagos, llamados células M1, que de otra forma ayudarían a combatir el cáncer. En cambio, la privación del sueño aumenta los niveles de una forma alternativa de macrófagos, llamados células M2, que promueven el crecimiento del cáncer. Esta combinación permite explicar los devastadores efectos cancerígenos que se observan en los ratones cuando se les altera el sueño.

La mala calidad del sueño, por lo tanto, aumenta el riesgo de desarrollar cáncer, y si este se desarrolla, proporciona un virulento abono para su rápido y desenfrenado crecimiento. No dormir lo suficiente cuando se lucha en una batalla contra el cáncer se puede comparar con verter gasolina en medio de un voraz incendio. Esto puede parecer alarmista, pero la evidencia científica que relaciona los trastornos del sueño con el cáncer es ahora tan contundente que la OMS ha clasificado oficialmente el trabajo por turnos durante la noche como un «probable carcinógeno».

Pérdida de sueño, genes y ADN

Por si el aumento del riesgo de desarrollar enfermedad de Alzheimer, cáncer, diabetes, depresión, obesidad, hipertensión y enfermedades cardiovasculares no fuera suficientemente inquietante, la pérdida crónica de sueño también erosiona la esencia misma de la vida biológica: el código genético y las estructuras que lo encapsulan.

Cada célula de tu cuerpo tiene un núcleo interno o médula. Dentro de ese núcleo reside la mayoría de tu material genético en forma de moléculas de ácido desoxirribonucleico (ADN). Las moléculas de ADN forman hermosas hebras helicoidales, como altas escaleras de caracol en una elegante residencia. Los segmentos de estas espirales proporcionan planos de ingeniería específicos que instruyen a las células para realizar funciones particulares. Estos distintos segmentos se llaman genes. Más o menos como cuando hacemos doble clic en «abrir un archivo» de Word en la computadora para luego enviarlo a imprimir, cuando los genes son activados y leídos por la célula, se imprime un producto biológico, como la enzima que ayuda a la digestión o la proteína que ayuda a fortalecer un circuito de memoria dentro del cerebro.

Cualquier cosa que cause un desajuste en la estabilidad genética puede tener consecuencias. La inadecuada sobreexpresión o subexpresión de determinados genes puede causar biológicamente la impresión de productos que aumentan tu riesgo de padecer una enfermedad, como demencia, cáncer, enfermedad cardiovascular y disfunción inmune. Una de las fuerzas que pueden producir este tipo de desajuste es la privación del sueño.

Miles de genes dentro del cerebro dependen de un sueño constante y suficiente para su regulación estable. Privar a un ratón de dormir durante solo un día, como han hecho los investigadores, provoca una disminución del 200% en la actividad de estos genes. Al igual que un archivo rebelde que se niega a ser transcrito por una impresora, cuando no se da a estos segmentos de ADN el suficiente sueño, no traducen su código de instrucciones en acciones impresas para dar al cerebro y al cuerpo lo que necesitan.

El doctor Derk-Jan Dijk, que dirige el Centro de Investigación del Sueño de Surrey, en Inglaterra, ha demostrado que los efectos del sueño insuficiente en la actividad genética son tan sorprendentes en los humanos como en los ratones. Dijk y su prolífico equipo examinaron la expresión génica en un grupo de hombres y mujeres jóvenes sanos después de haberlos restringido a seis horas de sueño por noche durante una semana, todos controlados bajo estrictas condiciones de laboratorio. Después de una semana de sueño sutilmente reducido, la actividad de 711 genes se distorsionó, en relación con el perfil de actividad genética de estos mismos individuos cuando obtenían ocho horas y media de sueño durante una semana.

Curiosamente, el efecto fue en ambas direcciones: alrededor de la mitad de esos 711 genes había acelerado anormalmente su expresión por la pérdida de sueño, mientras que la otra mitad había disminuido su expresión o la había detenido por completo. Entre los genes que se incrementaron se incluían aquellos relacionados con la inflamación crónica, el estrés celular y diversos factores que causan enfermedades cardiovasculares. Entre los genes que disminuyeron su expresión se encontraban aquellos que ayudan a mantener un metabolismo estable y una respuesta inmune óptima. Estudios posteriores han encontrado que la corta duración del sueño también altera la actividad de los genes que regulan el colesterol. En particular, la falta de sueño causa una caída en las lipoproteínas de alta densidad (HDL), un perfil direccional que se ha relacionado constantemente con la enfermedad cardiovascular.[4]

---

[4] Más allá de la simple falta de sueño, el equipo de investigación de Dijk ha demostrado además que el sueño de duración inadecuada, como el impuesto por el *jet lag* o el trabajo por turnos, puede tener efectos igualmente importantes en la expresión de los genes humanos. Adelantando el ciclo de sueño y vigi-

La falta de sueño no solo altera la actividad y la lectura de los genes, también ataca a la estructura misma de tu material genético. Las hebras espirales de ADN de las células flotan en torno al núcleo, pero se unen entre sí para formar estructuras llamadas cromosomas, más o menos como si tejieran hilos individuales para formar una resistente agujeta de zapato. Y al igual que una agujeta, los extremos de los cromosomas deben estar protegidos por una tapa o punta. Para los cromosomas, esa tapa protectora se llama telómero. Si los telómeros al final de los cromosomas se dañan, las espirales de ADN quedan expuestas y su vulnerable código genético no puede funcionar correctamente, como una agujeta deshilachada sin punta.

Cuanto menos duerme un individuo o peor es la calidad de su sueño, más dañados están los telómeros de sus cromosomas. Estos hallazgos han sido recopilados recientemente por numerosos equipos de investigación independientes de todo el mundo en estudios sobre miles de adultos de cuarenta, cincuenta y sesenta años.[5]

Queda por determinar si esta asociación es causal. Pero la naturaleza particular del daño del telómero causado por el escaso sueño se está volviendo cada vez más clara. Parece imitar lo visto en el envejecimiento o la decrepitud avanzada. Es decir, dos individuos de la misma edad cronológica no parecerían tener la misma edad biológica en cuanto a la salud de sus telómeros si uno de ellos durmiera habitualmente cinco horas por noche y el otro durmiera siete horas por noche. Este último parecería «más joven» que el primero, que habría envejecido artificialmente mucho más allá de su edad cronológica.

---

lia unas pocas horas al día durante tres días, Dijk interrumpió un tercio de la actividad de transcripción de los genes en un grupo de adultos jóvenes y sanos. Una vez más, los genes que se vieron afectados controlaban procesos vitales elementales, como el ritmo de la actividad metabólica, termorreguladora e inmune, así como la salud cardíaca.

[5] Esta relación significativa entre el sueño insuficiente y los telómeros dañados se observa incluso cuando se tienen en cuenta otros factores que se sabe que dañan los telómeros, como la edad, el peso, la depresión y el tabaquismo.

La ingeniería genética en animales y alimentos es un tema controvertido, con una importante carga emocional. El ADN ocupa una posición trascendente, casi divina, en la mente de muchos individuos, tanto liberales como conservadores. Sobre esta base, deberíamos sentirnos mucho más reacios e incómodos ante nuestra propia falta de sueño. No dormir lo suficiente, lo cual es una opción voluntaria para una parte de la población, modifica significativamente tu transcriptoma genético, es decir, tu propia esencia, o al menos la forma biológica definida por tu ADN. Si descuidas tu sueño, estás decidiendo realizar una manipulación de ingeniería genética en tu persona cada noche, alterando el alfabeto de los núcleos que detallan tu historial de salud diario. Si permites lo mismo en tus hijos, les estás imponiendo un experimento de ingeniería genética similar.

PARTE 3

CÓMO Y POR QUÉ SOÑAMOS

CÓMO
Y
POR QUÉ
SOÑAMOS

9

Rutinariamente psicótico

Soñar durante la fase REM

Definitivamente, anoche fuiste un psicótico. Y eso va a ocurrir de nuevo esta noche. Antes de que rechaces este diagnóstico, permíteme ofrecerte cinco razones que lo justifican. Primera: cuando soñaste esta noche, empezaste a ver cosas que no estaban allí; estabas alucinando. Segunda: creías en cosas que no son posibles; estabas delirando. Tercera: estabas confundido sobre el tiempo, los lugares y las personas; estabas desorientado. Cuarta: presentabas emociones cambiantes; algo que los psiquiatras llaman ser afectivamente inestable. Quinta (¡y la más deliciosa!): al despertarte esta mañana habías olvidado casi todo, si no todo, de esta extravagante experiencia; sufrías amnesia. Si experimentaras cualquiera de estos síntomas estando despierto, buscarías de inmediato ayuda psicológica. Sin embargo, por razones que solo ahora empiezan a entenderse, el estado cerebral llamado sueño REM y la experiencia mental que lo acompaña, soñar, son procesos biológicos y psicológicos normales y, como veremos, absolutamente fundamentales.

El sueño REM no es el único momento en que soñamos mientras dormimos. De hecho, si usamos una definición amplia de *soñar* y decimos que es cualquier actividad mental reseñable al despertar —como «estaba pensando en la lluvia»—, entonces técnicamente soñamos en todas las etapas del proceso de dormir. Si te despierto en la etapa más profunda del sueño no-REM, existen de un 0 a un 20% de probabilidades de que expreses algún tipo de pensamiento vago. Cuando te estás quedando dormido o te estás despertando, las experiencias de ensueño tienden a ser visuales o basadas en el movimiento. Pero los sueños tal como la mayoría los concebimos —esas experiencias alucinógenas, dinámicas, emotivas, extrañas y con una rica narrativa— provienen del sueño REM, y, de hecho, muchos investigadores del sueño limitan su definición de *soñar* a lo que ocurre durante la fase REM. En consecuencia, este capítulo se centrará en el sueño REM y en los sueños que surgen de este estado. Sin embargo, exploraremos también la experiencia onírica que tiene lugar en otros momentos, ya que esos sueños también ofrecen importantes conocimientos sobre el proceso de soñar.

El cerebro en sueños

En las décadas de 1950 y 1960, las grabaciones con electrodos colocados en la cabeza de individuos dormidos ofrecieron a los científicos una idea general del tipo de actividad de ondas cerebrales en la que se sustenta la fase REM. Pero tuvimos que esperar hasta el advenimiento de las máquinas de imágenes cerebrales, a principios de la década del 2000, para que pudiéramos reconstruir gloriosas visualizaciones tridimensionales de la actividad cerebral durante el sueño REM. La espera valió la pena.

Entre otros avances, el método y sus resultados socavaron los postulados de Sigmund Freud y de su teoría no científica de los sueños como realización de deseos, que había dominado la psiquiatría y la psicología durante todo un siglo. Había virtudes importantes en la teoría de Freud, y hablaremos de ellas a continuación. Pero había también defectos profundos y sistémicos que han llevado al rechazo de su teoría por parte de la ciencia moderna. Nuestra visión más informada y neurocientífica del sueño REM ha dado origen a teorías científicamente comprobables sobre cómo soñamos (por ejemplo, lógico/ilógico, visual/no visual, emocional/no emocional) y qué es lo que soñamos (por ejemplo, experiencias recientes de nuestra vida/experiencias nuevas), e incluso nos ha dado la oportunidad de acercarnos a la que seguramente es la pregunta más fascinante de la ciencia del sueño, y podría decirse que de la ciencia en general: ¿por qué soñamos? O, planteado de otro modo: ¿cuál es la función del sueño REM?

Para entender en su justa medida el avance que los escáneres cerebrales han aportado a nuestro entendimiento de la fase REM y del sueño más allá de los simples trazos del electroencefalograma, podemos volver a la analogía del estadio deportivo que propusimos en el capítulo 3. Colgar un micrófono sobre el estadio puede medir la actividad conjunta de la multitud. Pero no resulta útil respecto de la ubicación. No se puede determinar si una parte de la multitud está cantando muy alto ni si otra parte situada en el extremo opuesto del estadio canta más bajito o incluso está en absoluto silencio.

Se da la misma inespecificidad si se mide la actividad cerebral con un electrodo colocado en la cabeza. Sin embargo, las exploraciones de imágenes por resonancia magnética (IRM) no presentan este mismo efecto de dispersión espacial en la actividad cerebral cuantitativa. Los escáneres de IRM dividen eficazmente el estadio (cerebro) en miles de secciones pequeñas y discretas, como imágenes individuales en una pantalla (píxeles), y luego miden la actividad local de la multitud (células cerebrales) dentro de ese píxel específico, que es distinto de otros píxeles en otras partes del estadio. Además, los escáneres de IRM trazan esta actividad en tres dimensiones, cubriendo todos los niveles del estadio cerebral: inferior, medio y superior.

Al colocar a las personas dentro de las máquinas de escaneo cerebral hemos podido observar los sorprendentes cambios en la actividad cerebral que tienen lugar cuando las personas entran en la fase REM y comienzan a soñar. Por primera vez, pudimos ver cómo incluso las estructuras más profundas, ocultas antes a la vista, cobraban vida a medida que la fase REM y los sueños se ponían en marcha.

Durante la fase no-REM profunda, sin sueños, la actividad metabólica general muestra una modesta disminución con respecto a la que encontramos en un individuo en reposo pero despierto. Sin embargo, algo muy diferente ocurre a medida que el individuo pasa a la fase de sueño REM y comienza a soñar. Numerosas partes del cerebro «se iluminan» en la exploración con IRM conforme el sueño REM se consolida, lo que indica un fuerte aumento en la actividad subyacente. De hecho, hay cuatro partes principales del cerebro que aumentan su actividad cuando alguien comienza a soñar en la fase REM: *1)* las regiones visoespaciales en la parte posterior del cerebro, que permiten una percepción visual compleja; *2)* la corteza motora, que instiga el movimiento; *3)* el hipocampo y las regiones circundantes, que respaldan la memoria autobiográfica, y *4)* los centros emocionales profundos del cerebro, la amígdala y la corteza cingulada, una cinta de tejido que se sitúa sobre la amígdala y recubre la superficie interna del cerebro ayudando a generar y procesar emociones. De hecho, estas regiones emocionales del cerebro son hasta un 30% más activas durante el sueño REM que cuando estamos despiertos.

Como la fase REM se asocia con la experiencia activa y consciente de los sueños, podría resultar predecible que involucrara un patrón similar de creciente actividad cerebral. Pero, sorprendentemente, se observó una pronunciada desactivación de determinadas regiones cerebrales, en concreto, de las circunscritas a los lados izquierdo y derecho de la corteza prefrontal. Para localizar esta zona, coloca tus manos sobre los ángulos laterales de la parte delantera de la cabeza, aproximadamente cinco centímetros por encima de tus ojos (piensa en cuando un jugador falla un gol durante el tiempo de descuento en la final de la Copa del Mundo y en dónde ponen sus manos todos los aficionados). Estas son las regiones que se convirtieron en manchas azules en los escáneres cerebrales, informándonos de que estos territorios neuronales habían disminuido notablemente su actividad durante la altamente dinámica fase REM.

Ya vimos en el capítulo 7 que la corteza prefrontal actúa como directora del cerebro. Esta región, especialmente a través de sus lados izquierdo y derecho, controla el pensamiento racional y la toma de decisiones lógicas, enviando instrucciones «de arriba abajo» a los centros cerebrales más profundos, como aquellos que detonan las emociones. Y es esta región directiva de tu cerebro, que habitualmente mantiene tu capacidad cognitiva para el pensamiento ordenado y lógico, la que cesa temporalmente cada vez que ingresas en el estado de sueño REM.

Por lo tanto, el sueño REM se puede considerar como un estado caracterizado por una fuerte activación de las regiones cerebrales visuales, motoras, emocionales y autobiográficas del cerebro, y por una relativa desactivación de las regiones que controlan el pensamiento racional. Finalmente, gracias a las IRM, tuvimos nuestra primera visualización científicamente fundamentada del cerebro durante la fase REM. Por muy burdo y rudimentario que fuera el método, nos permitió entrar en una nueva era de comprensión del porqué y el cómo del sueño durante la fase REM, sin tener que depender de reglas o explicaciones opacas pertenecientes a teorías oníricas pasadas, como las de Freud.

Es posible hacer predicciones científicas simples que puedan ser refutadas o respaldadas. Por ejemplo, después de haber medido el patrón de actividad cerebral de un individuo en sueño REM, podríamos despertarlo y obtener un informe de su sueño. Pero incluso sin el informe de ese sueño, deberíamos poder leer los escáneres cerebrales y predecir con precisión la naturaleza del sueño de esa persona. Si hay actividad motora mínima, pero mucha actividad cerebral visual y emocional, entonces ese sueño en particular debe tener poco movimiento, pero estar lleno de objetos visuales, escenas y fuertes emociones, y viceversa. Hemos llevado a cabo tal experimento, y los hallazgos demostraron que era posible predecir con certeza la forma del sueño de un individuo, ya fuera visual, motriz, con mucha carga emotiva o completamente irracional y extravagante, antes de que el propio soñador informase de la experiencia de sus sueños.

Más revolucionario todavía que predecir la naturaleza general de lo que alguien ha soñado (si es emocional, visual, motriz, etc.), sería poder predecir el contenido de ese sueño, es decir, lo que un individuo está soñando (por ejemplo, un automóvil, una mujer, comida).

En 2013, un equipo de investigación japonés, dirigido por el doctor Yukiyasu Kamitani, del Advanced Telecommunications Research Institute International de Kioto, encontró una manera ingeniosa de abordar la cuestión. Básicamente, descifraron el código del sueño de un individuo por primera vez, y al hacerlo nos llevaron a un lugar éticamente incómodo.

Los individuos que participaron en el experimento dieron su consentimiento para el estudio; un hecho importante, como veremos. Los resultados siguen siendo preliminares, ya que se obtuvieron en solo tres individuos. Pero fueron muy relevantes. Además, los investigadores se centraron en los sueños cortos que todos tenemos con frecuencia justo en el momento en que nos estamos quedando dormidos, en lugar de en los sueños de la fase REM. Sin embargo, el método pronto se aplicará a esta fase.

Los científicos colocaron a cada participante en un escáner de IRM múltiples veces en el transcurso de varios días. Cada vez que el participante se quedaba dormido, los investigadores grababan durante unos instantes su actividad cerebral y después despertaban a la persona y obtenían un informe de su sueño. Luego dejaban que la persona se durmiera de nuevo y repetían el procedimiento. Los investigadores continuaron haciendo esto hasta que reunieron cientos de informes de sueños y las correspondientes instantáneas de la actividad cerebral de sus participantes. Uno de los informes, por ejemplo, decía: «Vi una gran estatua de bronce... en una pequeña colina, y debajo de la colina había casas, calles y árboles».

Luego, Kamitani y su equipo filtraron todos los informes de los sueños en veinte categorías principales basadas en el contenido onírico más frecuente en estas personas, como libros, automóviles, muebles, computadoras, hombres, mujeres y alimentos. Para obtener algún tipo de información sobre cómo era la actividad cerebral de los participantes cuando percibían este tipo de imágenes visuales mientras estaban despiertos, los investigadores seleccionaron fotografías reales que representaban cada categoría (imágenes de automóviles, hombres, mujeres, muebles, etc.). Los participantes fueron colocados de nuevo dentro del escáner de IRM y se les mostraron estas imágenes mientras estaban despiertos, y los investigadores midieron nuevamente su actividad cerebral. Luego, usando los patrones de la actividad cerebral durante la vigilia como una especie de plantilla verdadera, Kamitani fue combinando patrones en el mar de la actividad cerebral que presentaban los participantes mientras dormían. Vendría a ser algo parecido a buscar la coincidencia de ADN en la escena del crimen: el equipo forense obtiene una muestra del ADN de la víctima, que utiliza como plantilla, y luego busca una coincidencia específica entre la miríada de muestras posibles.

Los científicos pudieron predecir con significativa precisión cuál era el contenido de los sueños de los participantes en un momento determinado utilizando solo las IRM, por tanto, sin necesidad de acceder a los informes de los sueños proporcionados por los participantes. Usando los datos de la plantilla de las IRM, podían saber si un individuo estaba soñando con un hombre o con una mujer, con un perro o con una cama, con flores o con un cuchillo. Se trataba, en efecto, de una lectura mental. O, mejor dicho, de una lectura de sueños. Los científicos habían convertido la máquina de IRM en una versión muy cara de los hermosos atrapasueños hechos a mano que algunas culturas nativas americanas cuelgan sobre sus camas con la esperanza de atrapar el sueño. Y lograron su objetivo.

El método dista mucho de ser perfecto. Por el momento no es capaz de determinar exactamente qué hombre, mujer o automóvil está viendo el soñador. Por ejemplo, recientemente yo soñé con un impresionante Aston Martin DB4 *vintage* de la década de 1960: si yo hubiera participado en el experimento, las IRM no habrían permitido nunca a los investigadores alcanzar ese grado de especificidad. Simplemente sabrían que estaba soñando con un automóvil en lugar de con una computadora o un mueble, pero no podrían determinar de qué automóvil se trataba. Sin embargo, constituye un avance notable que solo mejorará cuando los científicos tengan la habilidad de decodificar y visualizar los sueños. Ahora empezamos a saber más sobre la construcción de los sueños, y ese conocimiento puede ayudar en los trastornos mentales en los que los sueños representan un grave problema, como es el caso de las pesadillas en pacientes con trastorno de estrés postraumático (TEPT).

Como individuo, más que como científico, debo admitir que la idea me inquieta. Antes los sueños eran solo nuestros. Decidíamos si los compartíamos o no con otros, y cuando lo hacíamos, también decidíamos qué partes explicábamos y cuáles no. Los participantes en estos estudios siempre dan su consentimiento. Pero ¿llegará algún día en el que este método, además de cuestiones científicas, plantee dilemas en el ámbito filosófico y ético? Bien podría ser que en un futuro no muy lejano podamos «leer» con precisión y, por tanto, hacer nuestro un proceso sobre el que pocas personas tienen control volitivo: el de los sueños.[1] Cuando esto finalmente suceda, y estoy seguro de que sucederá, ¿responsabilizaremos al soñador de sus sueños?, ¿es justo juzgar lo que otros sueñan, dado que no son arquitectos conscientes del contenido onírico? Pero si no lo son, entonces, ¿quién es el responsable? Es un tema desconcertante e incómodo de abordar.

El significado y el contenido de los sueños

Los estudios de IRM han ayudado a los científicos a comprender mejor la naturaleza del sueño, permitiéndonos realizar una decodificación de bajo nivel de los sueños. Los resultados de estos experimentos de escaneo cerebral también han posibilitado que intentemos responder a una de las preguntas más antiguas de toda la humanidad: ¿de dónde vienen los sueños?

---

[1] Digo «pocas» porque algunas personas no solo pueden darse cuenta de que están soñando, sino que incluso pueden controlar cómo y qué sueñan. Se llama sueño lúcido, y hablaremos más sobre ello en un capítulo posterior.

Antes de que existiera la nueva ciencia de los sueños, y antes de la visión no sistemática de Freud sobre el tema, los sueños provenían de todo tipo de fuentes. Los antiguos egipcios creían que los sueños descendían de los dioses en las alturas. Los griegos compartían una opinión similar, pues pensaban que los sueños eran visitas de los dioses, que ofrecían así información divina. Aristóteles, sin embargo, supuso una notable excepción en este sentido. Tres de los siete temas de su *Parva naturalia* (conjunto de tratados breves sobre la naturaleza) abordaron el tema del sueño: *De somno et vigilia* (sobre la experiencia de dormir), *De insomniis* (sobre la experiencia onírica) y *De divinatione per somnum* (sobre la adivinación de los sueños). Como siempre con los pies en la tierra, Aristóteles descartó la idea de que los sueños estuvieran dirigidos celestialmente y, en lugar de ello, se inclinó claramente por la idea de que los sueños tienen su origen en eventos recientes de la vigilia.

Pero fue en realidad Freud quien hizo la contribución científica más notable en el campo de la investigación de los sueños; una contribución a la que la neurociencia moderna, a mi entender, no ha dado suficiente crédito. En su libro *La interpretación de los sueños* (1899), Freud situó los sueños, de forma incuestionable, dentro del cerebro (es decir, de la mente, ya que no existe diferencia ontológica entre los dos). Esto puede parecer obvio ahora, incluso intrascendente, pero en ese momento no lo era, especialmente si tenemos en cuenta los antecedentes mencionados. Freud arrebató a los seres celestiales la propiedad de los sueños y su ubicación anatómicamente incierta en el alma. Al hacerlo, hizo de ellos un claro dominio de lo que se convertiría en la neurociencia, es decir, la tierra firme del cerebro. Su propuesta de que los sueños surgían del cerebro implicaba que para encontrar respuestas sobre ellos se debía interrogar al cerebro. Debemos agradecer a Freud este cambio paradigmático en el pensamiento.

Sin embargo, podría decirse que Freud tenía razón en un 50% y estaba equivocado en un 100%. Las cosas se precipitaron rápidamente y su teoría se sumió en un atolladero de improbabilidad. En pocas palabras, Freud creía que los sueños venían de deseos inconscientes reprimidos. Conforme a su teoría, los deseos reprimidos, que denominó «contenido latente», eran tan contundentes e impactantes que si apareciesen en el sueño sin disimulo despertarían al soñador. Para proteger al soñador y su sueño, Freud creía que había un censor o filtro dentro de la mente. Los deseos reprimidos pasaban a través de ese censor y emergían disfrazados. Los deseos y los apetitos camuflados, que Freud describió como el «contenido manifiesto», resultaban, por lo tanto, irreconocibles para el soñador, eliminándose así el riesgo de despertar al individuo dormido.

Como Freud creía entender cómo funcionaba el censor, pensaba que podía descifrar el sueño disfrazado (contenido manifiesto) y aplicarle una ingeniería inversa para revelar su verdadero significado (el contenido latente; algo así como la encriptación de un correo electrónico en el que el mensaje está cifrado dentro de un código: sin la clave de descifrado, el contenido del correo electrónico no se puede leer). Freud consideró que había descubierto la clave de descifrado de los sueños, y ofreció a sus acaudalados pacientes vieneses un servicio para arrancar el disfraz de sus sueños y revelarles el mensaje original contenido en ellos.

El problema de la teoría de Freud era la ausencia de predicciones claras. Los científicos no podían diseñar un experimento que pusiera a prueba ninguno de sus principios, por lo que se veían incapaces de corroborar o refutar su teoría. Ahí residía la genialidad de Freud, pero también su fracaso. La ciencia nunca podrá demostrar que estaba equivocado, razón por la cual Freud continúa proyectando una larga sombra sobre la investigación de los sueños hasta el día de hoy. Pero, por la misma razón, nunca podremos probar que su teoría es correcta. Una teoría que no puede discernirse como verdadera o falsa siempre será abandonada por la ciencia, y eso es precisamente lo que les sucedió a Freud y a sus prácticas psicoanalíticas.

Como ejemplo concreto, considera el método científico de la datación por carbono, que se usa para determinar la edad de un objeto orgánico, como un fósil. Para validar el método, los científicos analizaron un mismo fósil a través de diferentes máquinas de datación por carbono. Si el método era científicamente sólido, estas máquinas independientes arrojarían el mismo valor respecto de la edad del fósil. Si no fuera así, el método debería considerarse defectuoso, ya que los datos serían inexactos y no podrían ser replicados.

Gracias a este proceso pudo demostrarse que el método de datación por carbono era legítimo. No sucedió lo mismo con el método psicoanalítico freudiano de la interpretación de los sueños. Los investigadores hicieron que diferentes psicoanalistas freudianos interpretasen el mismo sueño de un individuo. Si el método fuera científicamente confiable, con reglas y métricas claras y estructuradas que los terapeutas pudieran aplicar, entonces las respectivas interpretaciones de ese sueño deberían ser iguales, o al menos tener cierto grado de similitud. En cambio, todos los psicoanalistas hicieron interpretaciones notablemente diferentes del mismo sueño, sin ninguna similitud estadísticamente significativa entre ellos. No hubo consistencia. Por ello, no se puede colocar una etiqueta de control de calidad al psicoanálisis freudiano.

Una crítica cínica del método psicoanalítico freudiano es la que dice que sufre de la «enfermedad de la generalización». Al igual que los horóscopos, las interpretaciones ofrecidas son generalizables y proporcionan una explicación que aparentemente se ajusta a todas las cosas. Por ejemplo, antes de describir las críticas a la teoría freudiana en mis clases universitarias, a menudo hago lo siguiente con mis alumnos a modo de demostración (quizás un tanto cruel). Empiezo por preguntar si alguien en el auditorio estaría dispuesto a compartir un sueño para que yo lo interprete. Unos cuantos alzan la mano. Señalo a uno de ellos, le pregunto su nombre (llamémosle Kyle) y le pido que me cuente su sueño. Dice:

> Estaba corriendo por un estacionamiento subterráneo tratando de encontrar mi coche. No sé por qué estaba corriendo, pero sentía que realmente necesitaba llegar a mi automóvil. Encontré el

coche. En realidad no era el mío, pero en el sueño pensaba que sí lo era. Intentaba arrancarlo, pero al girar la llave no sucedía nada. Luego mi teléfono celular empezó a sonar y desperté.

En respuesta, miro seria e intensamente a Kyle después de haber asentido mientras él contaba su sueño. Hago una pausa y digo: «Sé exactamente de qué trata tu sueño, Kyle». Asombrado (al igual que el resto de los oyentes), espera mi respuesta como si el tiempo se hubiera detenido. Después de otra larga pausa, digo con confianza lo siguiente: «Kyle, tu sueño trata sobre el tiempo y, de forma específica, sobre no tener tiempo suficiente para hacer las cosas que realmente quieres hacer en la vida». Un gesto de aprobación, casi de alivio, se refleja en el rostro de Kyle, y el resto de los asistentes parecen igualmente convencidos.

Entonces aclaro: «Kyle, tengo una confesión que hacerte. No importa el sueño que me cuenten, siempre doy la misma respuesta genérica y siempre parece encajar». Por fortuna, Kyle es un buen deportista y se lo toma a bien, riéndose como el resto de la clase. Me disculpo de nuevo con él. Sin embargo, el ejercicio revela los peligros de las interpretaciones genéricas, que uno siente como únicas y personales aunque científicamente no tengan ninguna especificidad.

Me gustaría ser claro, pues lo dicho hasta ahora podría parecer excesivamente desdeñoso. De ninguna manera quiero sugerir que el hecho de analizar o compartir tus sueños con alguien sea una pérdida de tiempo. Al contrario, pienso que es muy útil, ya que, como veremos en el próximo capítulo, los sueños tienen una función. De hecho, se ha demostrado que registrar en un diario los pensamientos, sentimientos y preocupaciones del día es beneficioso para la salud mental, y lo mismo ocurre con los sueños. Sócrates solía decir que una vida plena y psicológicamente sana es aquella que se revisa. Sin embargo, el método psicoanalítico construido a partir de la teoría freudiana no es científico, no se puede repetir de modo sistemático y no resulta fiable para descifrar los sueños. La gente debe ser consciente de ello.

De hecho, Freud sabía de esta limitación. Tenía la sensibilidad profética de reconocer que llegaría un día en el que este tema tendría que ser revisado científicamente. Esta idea está claramente inscrita en sus propias palabras cuando habla del origen de los sueños en *La interpretación de los sueños*, donde dice: «Algún día una investigación más profunda trazará la ruta hacia el descubrimiento de una base orgánica para el evento mental». Él sabía que una explicación orgánica (cerebral) finalmente revelaría la verdad de los sueños; una verdad de la que carecía su teoría.

De hecho, cuatro años antes de presentar su teoría psicoanalítica sobre el sueño, en 1895, Freud trató de elaborar una explicación neurobiológica de la mente científicamente fundamentada en una obra llamada *Proyecto para una psicología científica*. En ella hay hermosos dibujos trazados por Freud de circuitos neuronales con conexiones sinápticas, a través de los cuales trataba de entender el funcionamiento de la mente despierta y dormida. Por desgracia, en aquella época el campo de la neurociencia todavía estaba en pañales. La ciencia, simplemente, no estaba preparada para la tarea de deconstruir los sueños, por lo que postulados no científicos como los de Freud eran inevitables. No debemos culparlo por ello, pero tampoco debe servir como excusa para aceptar una explicación no científica de los sueños.

Los métodos de escaneo cerebral han ofrecido los primeros indicios de esta verdad orgánica sobre la fuente de los sueños. Debido a que las regiones de la memoria autobiográfica del cerebro, incluido el hipocampo, son tan activas durante el sueño REM, podríamos esperar que los sueños contuvieran elementos de la experiencia reciente del individuo, y esto probablemente ofrecería pistas sobre su significado, si es que tienen alguno: lo que Freud elegantemente describía como los «residuos del día». Se trata de una predicción clara y coherente que, sin embargo, mi viejo amigo y colega Robert Stickgold, de la Universidad de Harvard, demostró que era completamente falsa... Con una importante salvedad.

Stickgold diseñó un experimento que determinaría en qué grado los sueños son una repetición precisa de nuestras recientes experiencias autobiográficas. Durante dos semanas seguidas hizo que 29 jóvenes sanos llevaran un detallado registro de sus actividades diurnas, los eventos en los que se veían involucrados (trabajo, encuentros con amigos, comidas, deportes a los que jugaban, etc.) y sus preocupaciones emocionales. Además, les pidió que llevaran diarios de sus sueños, encargándoles que anotaran todos los que recordaran al despertarse por la mañana. Luego pidió a jueces externos que compararan de forma sistemática los informes de las actividades de vigilia de los participantes con los informes oníricos centrándose en el grado de similitud de las características bien definidas, como ubicaciones, acciones, objetos, personajes, temas y emociones.

De entre el total de los 299 informes de sueños que Stickgold recolectó de estos individuos durante los 14 días, solo encontraron entre un 1% y un 2% de coincidencia clara con eventos de la vigilia anterior al sueño (residuos del día). Los sueños no son, por lo tanto, una repetición al por mayor de nuestras vidas de vigilia. No se trata solo de rebobinar el video de la experiencia grabada del día y revivirla por la noche, proyectada en la pantalla grande de nuestra corteza. Si existe algo parecido a los «residuos del día», solo hay unas pocas gotas de ese material en nuestros sueños.

Sin embargo, Stickgold encontró una señal diurna fuerte y predictiva en los informes nocturnos del sueño: las emociones. Entre el 35% y el 55% de los asuntos emocionales y las preocupaciones que los participantes tenían mientras estaban despiertos durante el día resurgían de manera contundente y sin ambigüedades en los sueños que tenían por la noche. Los propios concursantes dejaban constancia de esos puntos en común cuando se les pedía que comparasen sus informes oníricos con los de la vigilia.

Si hay un hilo conductor entre nuestra vida despierta y nuestra vida onírica, ese hilo lo trenzan nuestras preocupaciones emocionales. Contrariamente a las suposiciones freudianas, Stickgold demostró que no hay censura, ni velo, ni disfraz. Las fuentes de los sueños son transparentes, lo suficientemente claras como para que cualquier persona pueda identificarlas y reconocerlas sin la necesidad de un intérprete.

¿Tienen los sueños una función?

A través de una combinación de técnicas para medir la actividad cerebral y rigurosas pruebas experimentales, finalmente hemos empezado a desarrollar una comprensión científica de los sueños humanos. Sin embargo, ninguno de los estudios que he descrito hasta ahora demuestra que los sueños tengan alguna función. El sueño REM, del cual emergen los sueños principales, ciertamente tiene muchas funciones, como hemos explicado y seguiremos explicando. Pero más allá del sueño REM, ¿los sueños, por sí mismos, hacen realmente algo por nosotros? La respuesta científica es que sí.

10

Soñar como terapia nocturna

Durante mucho tiempo se pensó que los sueños eran simplemente epifenómenos de la etapa del sueño (REM) de la que surgen. Para ilustrar el concepto de epifenómeno, pensemos en un foco.

La razón por la que construimos los elementos físicos de un foco —la esfera de vidrio, el alambre enrollado que se encuentra dentro, el contacto eléctrico atornillado en la base— es para crear luz. Esa es la función del foco y la razón por la que lo diseñamos tal como es. Sin embargo, un foco también produce calor. El calor no es la función del foco ni la razón por la que originalmente lo diseñamos. El calor es simplemente lo que sucede cuando la luz se genera de esta manera. Es un subproducto no intencionado de la operación, no es su verdadera función. En este caso, el calor es un epifenómeno.

De forma similar, la evolución podría haber hecho grandes esfuerzos para construir los circuitos neuronales del cerebro que producen el sueño REM y las funciones que este sustenta. Sin embargo, cuando el cerebro (humano) produce sueño REM de esta manera específica, también puede producir lo que llamamos sueños (como construcción onírica). Los sueños, como el calor de un foco, podrían no tener ninguna función. Podrían ser simplemente epifenómenos sin uso o consecuencia, no ser más que un subproducto involuntario del sueño REM.

Suena bastante deprimente, ¿verdad? Estoy seguro de que muchos de nosotros sentimos que nuestros sueños tienen un significado y un propósito útil.

Para abordar esta cuestión y averiguar si soñar tiene un verdadero propósito, más allá de la etapa del sueño de la que surge, los científicos empezaron por definir las funciones del sueño REM. Una vez conocidas esas funciones, podremos examinar si los sueños que acompañan al sueño REM, y de manera específica el contenido de esos sueños, son determinantes cruciales de los beneficios adaptativos que aporta esa fase del sueño. Si lo que soñamos no ofreciera ningún poder predictivo para determinar los beneficios del sueño REM, los sueños deberían considerarse simplemente epifenómenos. Sin embargo, si constatáramos que se necesita tanto el sueño REM como soñar con cosas específicas para lograr tales funciones, los sueños no podrían considerarse como un mero subproducto epifenómico del sueño REM. Más bien, la ciencia debería reconocer el fenómeno onírico como una parte esencial del sueño y de las ventajas adaptativas a él asociadas

Partiendo de este planteamiento, hemos encontrado dos beneficios principales del sueño REM. Ambos beneficios funcionales requieren no solo entrar en fase REM, sino también soñar y hacerlo con cosas específicas. El sueño REM es necesario, pero el sueño REM solo no es suficiente. Los sueños no son el calor del foco, no son un subproducto.

La primera función, de la que nos ocuparemos en este capítulo, implica cuidar nuestra salud emocional y mental. La segunda tiene que ver con la creatividad y la resolución de problemas, cosas ambas que algunos individuos tratan de aprovechar más plenamente a través del control de sus sueños, y hablaremos de ella en el próximo capítulo.

Soñar: bálsamo relajante

Se dice que el tiempo lo cura todo. Hace años decidí probar científicamente esta antigua máxima, ya que me preguntaba si no requería una revisión. Tal vez no era el tiempo el que curaba todas las heridas, sino más bien el tiempo que empleamos en soñar mientras dormimos. Había estado desarrollando una teoría basada en los patrones combinados de la actividad cerebral y la neuroquímica cerebral del sueño REM, y de esta teoría surgió una predicción específica: los sueños durante la fase REM brindan una forma de terapia nocturna. ¿De qué manera? Reduciendo la angustia dolorosa de los episodios emocionales difíciles o incluso traumáticos experimentados durante el día y ofreciendo una solución emocional cuando te despiertas a la mañana siguiente.

El núcleo de la teoría se basaba en el asombroso cambio en el coctel de sustancias químicas del cerebro que tiene lugar durante la fase REM. Las concentraciones de una sustancia química clave relacionada con el estrés, llamada noradrenalina, se desactivan por completo dentro del cerebro cuando se ingresa en este estado de sueño. De hecho, el sueño REM es el único momento en el que el cerebro queda completamente libre de esta molécula desencadenante de la ansiedad. La noradrenalina, también conocida como norepinefrina, es el equivalente cerebral a una sustancia química corporal cuyos efectos seguro que conoces bien: la adrenalina (epinefrina).

Estudios previos realizados con IRM han demostrado que las estructuras cerebrales relacionadas con la emoción y la memoria —la amígdala, las regiones de la corteza cerebral que tienen que ver con la emoción y el centro clave mnemotécnico, el hipocampo— se reactivan mientras soñamos durante la fase REM. Esto no solo sugiere que es posible, e incluso probable, el procesamiento de la memoria específica de la emoción durante el estado de sueño, sino también que esta reactivación de la memoria emocional ocurre en un cerebro libre de un químico clave del estrés. Por lo tanto, me preguntaba si durante el sueño REM el cerebro reprocesaba la memoria de experiencias perturbadoras en este entorno cerebral de sueño «seguro» y neuroquímicamente tranquilo (bajo en noradrenalina). ¿Es el sueño durante la fase REM un bálsamo nocturno perfectamente diseñado que elimina las aristas de nuestra vida emocional cotidiana? Así parecían confirmarlo la neurobiología y la neurofisiología. En tal caso, en lo referente a los episodios angustiantes del día anterior, deberíamos despertarnos sintiéndonos mejor.

Esta es la teoría de la terapia nocturna. Postula que el proceso del sueño durante la fase REM cumple dos objetivos fundamentales: *1)* dormir para recordar los detalles de las experiencias valiosas y destacadas, integrándolas con el conocimiento existente y colocándolas en una perspectiva autobiográfica, y *2)* dormir para olvidar o disolver la carga emocional visceral y dolorosa que previamente ha envuelto esos recuerdos. Si esto es cierto, el estado de sueño conlleva una especie de revisión de la vida introspectiva con fines terapéuticos.

Pensemos en nuestra infancia y tratemos de recordar algunos de nuestros recuerdos más vívidos. Lo que comprobaremos es que casi todos son recuerdos de naturaleza emocional: tal vez la experiencia espantosa de la separación de nuestros padres, o la vez en que un coche estuvo a punto de atropellarnos. Pero hay que tener en cuenta que nuestro recuerdo de estas experiencias detalladas no lleva aparejado el mismo grado de emoción que estaba presente en el momento de la experiencia. No hemos olvidado el hecho, pero sí hemos desechado la carga emocional, o al menos una cantidad significativa de ella. Podemos revivir con precisión el recuerdo, pero no revivimos la misma reacción visceral que estaba presente e impresa en el momento en que ocurrió.[1] La teoría defiende que tenemos que agradecer al sueño REM esta disolución paliativa de la emoción asociada a la experiencia. A través de su trabajo terapéutico durante la noche, el sueño REM realiza el elegante truco de separar la amarga corteza emocional de la fruta rica en información. Por lo tanto, podemos aprender y recordar acontecimientos vitales importantes sin quedar paralizados por el bagaje emocional que esas experiencias dolorosas conllevaron originalmente.

De hecho, argumenté que si el sueño REM no realizara esta operación, todos presentaríamos un estado de ansiedad cróni-

---

[1] El trastorno de estrés postraumático (TEPT), que trataremos más adelante en este capítulo, supone una excepción a esto.

ca en nuestras redes de memoria autobiográfica; cada vez que recordáramos algo sobresaliente, no solo recordaríamos los detalles de la memoria, sino que reviviríamos la misma carga emocional estresante una vez más. Gracias a su actividad cerebral única y a su composición neuroquímica, la etapa REM del sueño nos ayuda a evitar esta circunstancia.

Esa era la teoría, esas eran las predicciones; luego vino la prueba experimental, cuyos resultados darían un primer paso hacia la comprobación o la refutación de ambas.

Reclutamos a un grupo de jóvenes sanos y los asignamos aleatoriamente a dos grupos. Cada grupo vio una serie de imágenes emocionales mientras estaba dentro de un escáner de IRM y medíamos su reactividad emocional cerebral. Luego, 12 horas después, los participantes volvieron a colocarse en el escáner de IRM y volvimos a presentar esas mismas imágenes emocionales, midiendo nuevamente la reactividad emocional del cerebro. Durante estas dos sesiones de exposición separadas por 12 horas los participantes también calificaron el nivel emocional experimentado ante cada imagen.

Sin embargo, es importante destacar que la mitad de los participantes vio las imágenes por la mañana y de nuevo por la noche, pasando todo el día despiertos. La otra mitad de los participantes, en cambio, vio las imágenes por la tarde y nuevamente a la mañana siguiente, después de toda una noche de sueño. De esta forma, pudimos medir objetivamente lo que sus cerebros nos decían mediante escáneres de IRM, además de saber lo que los participantes sentían subjetivamente sobre las experiencias revividas, después de haber tenido una noche de sueño o no haber dormido.

Aquellos que durmieron entre las dos sesiones afirmaron sentirse sensiblemente menos impactados emocionalmente al ver de nuevo las mismas imágenes. Además, los resultados de las IRM mostraron una reducción grande y significativa en la reactividad de la amígdala, el centro emocional del cerebro que crea sentimientos dolorosos. Por otra parte, hubo un reajuste en la corteza prefrontal racional del cerebro después del sueño, lo que ayudó a mantener el freno que amortigua las reacciones emocionales. Por el contrario, aquellos que permanecieron despiertos durante todo el día, sin la posibilidad de dormir y digerir esas experiencias, no mostraron tal disolución de la reactividad emocional con el paso de las horas. Sus profundas reacciones emocionales fueron igual de fuertes y negativas en las dos sesiones, o incluso más durante la segunda sesión, y afirmaron haber sentido un dolor parecido.

Dado que habíamos registrado el sueño de cada participante durante la noche intermedia entre las dos sesiones de prueba, pudimos responder a una pregunta de seguimiento: ¿hay algo en el tipo o la calidad del sueño que experimenta un individuo que pueda predecir cuán exitoso será el sueño a la hora de conseguir la resolución emocional al día siguiente?

Como la teoría había predicho, fue el sueño en la fase REM, con patrones específicos de actividad eléctrica que reflejaban la caída en la química cerebral relacionada con el estrés, lo que determinó el éxito de la terapia nocturna. No fue, por tanto, el tiempo en sí lo que curó las heridas emocionales, sino el tiempo empleado en el sueño. Dormir, tal vez curarse.[2]

El sueño, y específicamente el sueño REM, es claramente necesario para poder sanar las heridas emocionales. Pero ¿es en concreto el acto de soñar durante la fase REM, o incluso soñar con esos mismos acontecimientos emocionales, lo que se necesita para mantener nuestras mentes a salvo de las garras de la ansiedad y la depresión reactiva? Esta hipótesis fue elegantemente corroborada por la doctora Rosalind Cartwright, de la Universidad de Rush en Chicago, en una serie de estudios con sus pacientes clínicos.

Cartwright, a quien considero tan pionera en la investigación de los sueños como Sigmund Freud, decidió estudiar el contenido de los sueños en personas que mostraban signos de depresión como consecuencia de experiencias emocionales especialmente difíciles, como rupturas devastadoras y amargos divorcios. Justo en torno al momento del trauma emocional empezó a recolectar informes de sus sueños nocturnos y

---

[2] Guiño a *Hamlet*, de William Shakespeare. (*N. del E.*).

los analizó buscando signos claros de coincidencia entre los temas que emergían en sus sueños y sus experiencias durante la vigilia. Cartwright realizó evaluaciones de seguimiento hasta un año después para determinar si la depresión y la ansiedad causadas por el trauma emocional se habían resuelto o persistían.

En una serie de publicaciones que todavía hoy en día reviso con admiración, Cartwright demostró que solo aquellos pacientes que soñaron expresamente con sus experiencias dolorosas lograron una resolución clínica de su situación, de tal manera que un año después se habían recuperado mentalmente, no mostrando signos clínicos de depresión. Los que soñaron, pero no con la experiencia dolorosa en sí misma no pudieron superar el problema y se vieron arrastrados por una fuerte corriente subterránea de depresión.

Cartwright demostró que cuando se trata de resolver nuestro pasado emocional, no basta con entrar en sueño REM, ni tampoco con tener sueños genéricos. Sus pacientes necesitaban soñar en fase REM, pero además sus sueños debían versar específicamente sobre los asuntos emocionales y los sentimientos que despertaba el trauma. Solo esa forma de sueño con un contenido concreto lograba la remisión clínica y un cierre emocional en estos pacientes, lo que les permitía avanzar hacia un nuevo futuro emocional y no quedarse esclavizados por un pasado traumático.

Los datos de Cartwright ofrecieron un importante respaldo psicológico a nuestra teoría de la terapia biológica nocturna, pero fue gracias a un encuentro casual durante una conferencia, un inclemente sábado en Seattle, que mi propia investigación y mi teoría se tradujeron en una ayuda para la resolución de una acuciante afección psiquiátrica: el trastorno de estrés postraumático (TEPT).

Los pacientes con TEPT, entre los que a menudo se cuentan veteranos de guerra, presentan dificultades para recuperarse de terribles experiencias traumáticas. Con frecuencia se ven afectados por *flashbacks* diurnos de estos recuerdos intrusivos y sufren pesadillas recurrentes. Me preguntaba si el mecanismo de terapia de sueño REM nocturno que habíamos descubierto en individuos sanos se podría haber desactivado en personas que sufrían de TEPT.

Cuando un soldado veterano sufre un *flashback*, desencadenado, por ejemplo, por el repentino estruendo del tubo de escape de un coche, puede volver a vivir toda la experiencia traumática visceral. Esto indica que la emoción no ha sido apropiadamente eliminada del recuerdo traumático durante el sueño. Si entrevistas a pacientes con TEPT, con frecuencia te cuentan que simplemente no pueden «superar» la experiencia. En parte, están describiendo un cerebro que no ha eliminado la emoción del recuerdo traumático, de modo que cada vez que revive el recuerdo (el *flashback*), también revive la emoción que no se ha eliminado efectivamente.

Ya sabíamos que los pacientes que sufren TEPT tienen problemas de sueño, especialmente del sueño REM. También hay evidencias que sugieren que el sistema nervioso de los pacientes con TEPT liberan niveles de noradrenalina más altos de lo normal. Con base en nuestra teoría de la terapia nocturna de los sueños durante la fase REM, y a partir de los datos que la avalan, elaboré una teoría subsiguiente para aplicar su modelo al TEPT. La teoría propone que lo que contribuye a sostener el trastorno son los excesivos niveles de noradrenalina dentro del cerebro, que inhiben la capacidad de estos pacientes para entrar y mantenerse en la fase REM. Como consecuencia de esto, sus cerebros no pueden deshacerse por la noche de la emoción ligada al recuerdo traumático, dado que los elementos químicos vinculados al estrés son demasiado elevados.

Sin embargo, lo más apremiante para mí eran las pesadillas repetitivas recogidas en pacientes con TEPT, un síntoma tan contrastado que forma parte de la lista de características necesarias para el diagnóstico del síndrome. Si el cerebro no puede separar la emoción del recuerdo durante la primera noche después de una experiencia traumática, la teoría sugiere que el intento de extracción de memoria emocional se repetirá la segunda noche, ya que la fuerza de la «etiqueta emocional» asociada con el recuerdo sigue siendo demasiado elevada. Si el proceso falla por segunda vez, se seguirá repitiendo noche tras noche como un disco rayado.

Esto era precisamente lo que parecía estar sucediendo con las pesadillas recurrentes vinculadas a la experiencia traumática en pacientes con TEPT.

Surgió una predicción comprobable: si pudiéramos reducir los niveles de noradrenalina en el cerebro de los pacientes con TEPT durante el sueño, restableciendo así las condiciones químicas correctas para que el sueño hiciera su trabajo de terapia del trauma, entonces seríamos capaces de restaurar la calidad curativa del sueño REM. Con la calidad restaurada del sueño REM debería haber una mejora en los síntomas clínicos del TEPT y, además, una disminución en la frecuencia de estas dolorosas pesadillas recurrentes. Era una teoría científica en busca de evidencia clínica. Y entonces llegó la maravillosa intervención de la casualidad.

Poco después de la publicación de mi trabajo teórico, conocí al doctor Murray Raskind, un notable médico que trabajaba en un hospital del Departamento de Asuntos para Veteranos de los Estados Unidos en el área de Seattle. Ambos presentamos nuestros propios hallazgos de investigación en una conferencia en Seattle, sin que en ese momento ninguno de los dos conociera los nuevos datos que habían arrojado las investigaciones del otro. Raskind, un hombre alto de ojos amables, cuya actitud relajada y jocosa oculta una perspicacia clínica que no debe subestimarse, es una prominente figura de la investigación en los campos del TEPT y la enfermedad de Alzheimer. En su conferencia, Raskind presentó hallazgos recientes que lo habían dejado perplejo. En su clínica de TEPT, Raskind había estado tratando a sus pacientes veteranos de guerra con un medicamento genérico llamado prazosina para controlar su hipertensión. Si bien el medicamento resultaba efectivo para reducir la presión sanguínea, Raskind descubrió que tenía un beneficio mucho mayor, y totalmente inesperado, para el cerebro: aliviaba las pesadillas recurrentes en sus pacientes con TEPT. Después de unas pocas semanas de tratamiento, sus pacientes regresaban a la clínica y, con perplejidad y asombro, decían cosas como «Doctor, lo más extraño es que ya no tengo esas terribles pesadillas en forma de *flashbacks*. Me siento mejor, me asusta menos irme a dormir por las noches».

Resulta que la prazosina, que Raskind recetaba simplemente para la presión sanguínea, también tenía el efecto secundario fortuito de suprimir la noradrenalina en el cerebro. Raskind había llevado a cabo, exquisita e inadvertidamente, el experimento que yo mismo intentaba realizar. Había creado en el cerebro precisamente la condición neuroquímica —una disminución en las concentraciones anormalmente altas de noradrenalina, relacionada con el estrés— que se da durante el sueño REM, ausente durante tanto tiempo en estos pacientes con TEPT. La prazosina fue disminuyendo de forma gradual la altamente perjudicial marea de noradrenalina en el cerebro, brindando a estos pacientes una calidad de sueño REM más saludable. Con el sueño REM saludable se produjo una reducción de los síntomas clínicos de los pacientes y, lo más importante, una disminución en la frecuencia de sus pesadillas repetitivas.

Raskind y yo continuamos nuestras discusiones científicas a lo largo de esa jornada. En los meses siguientes visitó mi laboratorio en la Universidad de Berkeley y hablamos sin parar día y noche sobre el modelo neurobiológico de la terapia emocional nocturna, y sobre cómo este parecía explicar perfectamente sus hallazgos clínicos con la prazosina. Eran conversaciones que ponían los pelos de punta, tal vez las más emocionantes que haya sostenido a lo largo de mi carrera. La teoría científica básica ya no buscaba confirmación clínica. Ambas se habían encontrado un lluvioso día en Seattle.

Tras informar sobre nuestros respectivos trabajos, y gracias a la solidez de los estudios de Raskind, respaldados posteriormente por varios ensayos clínicos independientes a gran escala, la prazosina se ha convertido en un fármaco aprobado oficialmente por el Departamento de Asuntos para los Veteranos para el tratamiento de pesadillas repetitivas asociadas al trauma, y ha recibido la aprobación de la Administración de Alimentos y Medicamentos (FDA) para ese propósito.

Aún quedan muchas cuestiones por abordar, incluida una replicación más independiente de los hallazgos para otros tipos de trauma, como el abuso sexual o la violencia. Además, no es un medicamento perfecto, pues produce importantes efectos secundarios a dosis muy altas, y no todas las personas responden al tratamiento con el mismo éxito. Pero es un comienzo. Ahora contamos con una explicación científica de una función del sueño REM y del proceso de soñar inherente a ella, y a partir de ese conocimiento hemos dado los primeros pasos para tratar una afección clínica tan angustiante e incapacitante como el TEPT. También puede abrir nuevas vías de tratamiento para trastornos relacionados con el sueño y otras enfermedades mentales, incluida la depresión.

Sueños para decodificar experiencias

Justo cuando pensaba que el sueño REM había revelado todo lo que podía ofrecer a nuestra salud mental, salió a la luz una segunda ventaja emocional para el cerebro que es especialmente relevante para nuestra supervivencia.

Leer con precisión las expresiones y las emociones de los rostros es un requisito indispensable para el funcionamiento humano. De hecho, es una función propia de la mayor parte de los primates superiores. Las expresiones faciales representan una de las señales más importantes en nuestro entorno. Comunican el estado emocional y la intención de un individuo, y si las interpretamos correctamente, influyen en nuestro comportamiento. Hay regiones de tu cerebro cuyo trabajo es leer y decodificar el valor y el significado de las señales emocionales, especialmente las de los rostros. Y es ese mismo conjunto esencial de regiones cerebrales el que el sueño REM recalibra cada noche.

Para entender esta faceta del sueño REM podemos pensar en un afinador de piano que reajusta por la noche la instrumentación emocional del cerebro para darle una precisión perfecta, de modo que cuando te despiertes por la mañana puedas identificar con exactitud las más sutiles y veladas expresiones. Al privar a un individuo de sus sueños durante la fase REM, la curva de ajuste emocional del cerebro pierde su nítida precisión. Al igual que cuando miras un objeto a través de un vidrio esmerilado o ves una imagen desenfocada, un cerebro carente de sueño no puede decodificar de forma precisa las expresiones faciales, las cuales se distorsionan. Empiezas a confundir amigos con enemigos.

A continuación explico cómo hicimos este descubrimiento. Los participantes llegaron a mi laboratorio y tuvieron toda una noche de sueño. A la mañana siguiente, les mostramos muchas imágenes del rostro de un individuo determinado. Sin embargo, no había dos imágenes iguales. La expresión facial del individuo variaba a través de las imágenes en un sutil gradiente, pasando de amistosa (con una sonrisa leve, una mirada serena y accesible) a cada vez más severa y amenazante (labios y ceño fruncidos y mirada desafiante). Cada imagen de este individuo era sutilmente diferente de las que estaban a cada lado en el gradiente emocional, y a través de decenas de imágenes se expresaba un abanico completo de intenciones, desde una intención muy prosocial (amigable) a una fuertemente antisocial (hostil).

Los participantes vieron las caras de forma aleatoria mientras escaneábamos sus cerebros con una máquina de IRM, y calificaron cuán accesibles o amenazantes resultaban las imágenes. Las resultados de las IRM nos permitieron medir cómo sus cerebros interpretaban y analizaban con precisión las expresiones faciales (de amenazantes a amigables) tras haber dormido toda la noche. Todos los participantes repitieron el mismo experimento, pero esta vez los privamos de sueño, incluyendo la fundamental etapa del sueño REM. La mitad de los participantes pasó primero por la sesión de privación de sueño, seguida de la sesión de sueño, y viceversa. En cada sesión, se presentó una persona diferente en las imágenes, por lo que se suprimieron los efectos de memoria y de repetición.

Después de haber tenido toda una noche de sueño que contenía sueño REM, los participantes demostraron una curva de afinación maravillosamente precisa de reconocimiento facial emocional, con forma de V estirada. Cuando navegaron por el abanico de expresiones faciales que les mostramos dentro del escáner de IRM, sus cerebros no tuvieron problemas para distinguir con destreza una emoción de otra a medida que la expresión cambiaba sutilmente, y en sus propias calificaciones ofrecieron el mismo grado de precisión. Con facilidad lograban distinguir las señales amistosas de las amenazantes, incluso a través de las mínimas modificaciones que se producían en el gradiente emocional.

Confirmando la importancia del estado del sueño, cuanto mejor era la calidad del sueño REM del individuo a lo largo de la noche, más precisa era la sintonización de las redes de decodificación emocional de su cerebro al día siguiente. Es decir, una mejor calidad de sueño REM nocturno proporciona una comprensión superior del mundo social al día siguiente.

Por el contrario, cuando esos mismos participantes fueron privados del sueño, incluida la influencia esencial del sueño REM, ya no pudieron distinguir una emoción de otra con precisión. Al ser arrancada groseramente de su base, la afinación del cerebro cambió, pasando de su forma de V a una posición horizontal aplanada, como si el cerebro hubiera entrado en un estado de hipersensibilidad generalizada y no tuviera capacidad para asignar gradaciones a las señales emocionales del mundo exterior. Se perdió la habilidad para leer con precisión las pistas ofrecidas por los rostros. El sistema de navegación emocional del cerebro había perdido su verdadero norte magnético de direccionalidad y sensibilidad: una brújula que, de otra manera, nos guía hacia numerosas ventajas evolutivas.

Ante esta ausencia de agudeza emocional, normalmente aportada por las habilidades ligadas al sueño REM nocturno, los participantes privados de sueño cayeron en un sesgo de temor por defecto, creyendo que incluso las caras de aspecto amable o amigable eran amenazantes. Cuando el cerebro carecía de sueño REM, el mundo exterior se convertía en un lugar más amenazante y desagradable. La realidad y la realidad percibida ya no eran lo mismo a los «ojos» del cerebro insomne.

Al eliminar el sueño REM, habíamos suprimido, literalmente, la capacidad de los participantes para leer de forma equilibrada el mundo social que los rodeaba.

Pensemos ahora en trabajos que conllevan privación de sueño para las personas que los llevan a cabo, como policías, militares, doctores, enfermeros y aquellos que realizan servicios de emergencia, por no mencionar el trabajo de cuidado más importante: el de los padres de recién nacidos. Cada una de estas funciones exige la capacidad precisa de leer las emociones de los demás para tomar decisiones críticas, incluso de vida, como detectar una amenaza real que requiera el uso de armas, evaluar la incomodidad emocional o la angustia de la que se derivará un diagnóstico u otro, la prescripción de medicación paliativa para el dolor o decidir cuándo expresar compasión o dar una lección de crianza asertiva. Sin sueño REM, y sin su capacidad para restablecer la brújula emocional del cerebro, esos mismos individuos serán inexactos en su comprensión social y emocional del mundo que los rodea, lo que los llevará a decisiones y acciones inapropiadas que pueden tener graves consecuencias.

Haciendo un recorrido vital, hemos descubierto que el servicio de recalibración llevado a cabo por el sueño REM se inicia justo antes de la transición a la adolescencia. Con anterioridad, cuando los niños todavía están bajo la atenta mirada de sus padres y muchas de las decisiones son tomadas por mamá o papá, el sueño REM proporciona menos beneficios para el cerebro del niño. Pero en los primeros años de la adolescencia, concretamente en el punto de inflexión de la independencia de los padres, a partir del cual un adolescente debe navegar por sí mismo a través del mundo socioemocional, vemos ya cómo el joven cerebro se beneficia de la recalibración emocional del sueño REM. Eso no quiere decir que el sueño REM sea innecesario para los niños o los bebés; lo es, y mucho, ya que apoya otras funciones de las que hemos hablado (desarrollo del cerebro) y seguiremos hablando (creatividad). Lo que ocurre es que esta función particular del sueño REM, que se afianza en un hito preciso del desarrollo, permite que el floreciente cerebro preadulto se dirija a sí mismo con autonomía a través de las aguas turbulentas de un mundo emocional complejo.

Volveremos sobre este tema en el penúltimo capítulo, cuando abordemos el daño que las horas tempranas de inicio de las clases están causando en nuestros adolescentes. Lo más significativo es el problema de los horarios de salida del autobús escolar, que privan a nuestros jóvenes del sueño de las primeras horas de la mañana, que es precisamente el momento del ciclo en el que sus cerebros en desarrollo están a punto de recibir el tan necesario sueño REM. Estamos arruinando sus sueños de muchas maneras diferentes.

11
La creatividad y el control de los sueños

Además de ser un severo centinela de tu cordura y tu bienestar emocional, el sueño REM, y en concreto la capacidad de soñar, aporta otro beneficio distintivo: el procesamiento de la información inteligente que inspira la creatividad y promueve la resolución de problemas. Tanto es así que algunas personas intentan controlar este proceso normalmente no volitivo y dirigir sus propias experiencias oníricas mientras duermen.

Soñar: la incubadora creativa

Como ya sabemos, el sueño no-REM profundo fortalece los recuerdos individuales. Pero es el sueño REM el que ofrece el beneficio magistral y complementario de fusionar y mezclar esos ingredientes elementales de manera abstracta y altamente novedosa. Durante el estado de sueño onírico, tu cerebro contemplará vastas áreas de conocimiento adquirido[1] y luego extraerá reglas generales y aspectos en común: «la esencia». Nos despertamos con una «red mental» capaz de hallar soluciones a problemas que antes eran impenetrables. De esta manera, el

---

[1] Un ejemplo es el aprendizaje de idiomas y de nuevas reglas gramaticales. Los niños lo ejemplifican muy bien. Comenzarán a usar las reglas de la gramática (por ejemplo, conjunciones, tiempos verbales, pronombres, etc.) mucho antes de que comprendan qué son estas cosas. Es durante el sueño cuando sus cerebros extraerán implícitamente estas reglas basadas en la experiencia de la vigilia, a pesar de que el niño no tiene conocimiento explícito de las mismas.

hecho de soñar durante la fase REM se convierte en una alquimia informativa.

Del proceso de soñar, que yo calificaría de ideaestesia,[2] han surgido algunos de los más revolucionarios avances del progreso humano. Tal vez nada ilustra mejor la inteligencia de los sueños durante la fase REM que las sofisticadas soluciones a todo lo que conocemos, y cómo encajan entre sí. No estoy tratando de ser confuso. Más bien estoy describiendo el sueño de Dmitri Mendeléiev el 17 de febrero de 1869, que lo condujo a la elaboración de la tabla periódica de elementos: la sublime ordenación de todos los componentes constitutivos de la naturaleza que se conocen.

Mendeléiev, un químico ruso de renombrado ingenio, tenía una obsesión. Sentía que podía haber una lógica organizativa en los elementos conocidos del universo, lo que se describió eufemísticamente por algunos como la búsqueda del ábaco de Dios. Como prueba de su obsesión, Mendeléiev hizo su propio juego de naipes, en el que cada carta representaba uno de los elementos universales con sus propiedades químicas y físicas particulares. Sentado en su oficina o en su casa, o durante largos viajes en tren, barajaba los naipes y repartía una carta cada vez, tratando de deducir la regla de todas las reglas: una regla que explicara cómo encajaba este rompecabezas ecuménico. Durante años, reflexionó sobre el enigma de la naturaleza sin obtener respuesta.

Se cree que después de pasar tres días y tres noches sin dormir, llegó al límite de su creciente frustración. Si bien parece improbable que pasara esa cantidad de tiempo sin dormir, lo que sí resulta incuestionable era su continuo fracaso a la hora de intentar descifrar el código. Sucumbiendo al agotamiento, y con los elementos todavía arremolinándose en su mente rechazando toda lógica organizada, Mendeléiev se echó a dormir. Mientras dormía, soñó, y su cerebro soñador logró lo que su cerebro despierto había sido incapaz de hacer. El sueño se

---

[2] La ideaestesia se define como el fenómeno por el que la activación de conceptos evoca percepciones similares a la experiencia. *(N. del T.)*.

apoderó de los ingredientes arremolinados en su mente y, en un momento de brillantez creativa, los ordenó en una cuadrícula divina con filas (períodos) y columnas (grupo). En palabras del propio Mendeléiev:

> Vi en sueños una mesa donde todos los elementos encajaban como debían. Al despertar, inmediatamente lo escribí en un pedazo de papel. Más tarde constaté que solo parecía necesario hacer una corrección.[3]

Si bien algunos cuestionan hasta qué punto fue completa la solución del sueño, nadie cuestiona la evidencia de que Mendeléiev tuvo un sueño que inspiró la formulación de la tabla periódica. Fue su cerebro soñador, no su cerebro despierto, el que percibió una disposición organizada de todos los elementos químicos conocidos. Dejó que el sueño de la fase REM resolviera el desconcertante acertijo de cómo se unían todos los componentes del universo conocido: una revelación inspirada de magnitud cósmica.

Mi propio campo de la neurociencia ha sido beneficiario de revelaciones alimentadas por sueños similares. El más impactante es el del neurocientífico Otto Loewi. Loewi soñó con un inteligente experimento con el corazón de dos ranas que finalmente revelaría cómo se comunican las células nerviosas usando químicos (neurotransmisores) liberados a través de las pequeñas brechas que los separan (sinapsis), en lugar de por señales eléctricas directas. Tan profundo fue este descubrimiento derivado de un sueño que le valió a Loewi un Premio Nobel.

También sabemos de preciosas aportaciones artísticas que han surgido de los sueños. Así pasó con la creación de las canciones *Yesterday* y *Let it be*, de Paul McCartney. Ambas llegaron a su autor mientras dormía. En el caso de *Yesterday*, Mc-

---

[3] Citado por B.M. Kedrov en su texto «On the question of the psychology of scientific creativity (on the occassion of the discovery by D.I. Mendeleev of the periodic law)». *Soviet Psychology* 3, 1957, pp. 91-113.

Cartney relata su despertar tras un sueño inspirador mientras se alojaba en una pequeña habitación del ático de la casa de su familia en Wimpole Street, Londres, durante el rodaje de la estupenda película *Help*:

> Me desperté con una hermosa melodía en mi cabeza. Pensé: «Es genial, me pregunto qué es». Había un piano vertical a la derecha de la cama, al lado de la ventana. Me levanté, me senté al piano, encontré el sol, encontré el fa sostenido, y eso te lleva a si, a mi menor, y finalmente de vuelta a mi. Todo avanza de forma lógica. Me gustó mucho la melodía, pero, como la había soñado, no podía creer que la hubiera escrito. Pensé: «No, nunca antes he escrito algo así». ¡Pero lo había hecho, que era lo más mágico!

Nací y crecí en Liverpool, de modo que estoy ciertamente predispuesto a enfatizar la brillantez soñadora de los Beatles. Para no quedarse atrás, sin embargo, Keith Richards, de los Rolling Stones, tiene posiblemente la mejor historia inspirada en un sueño: la que dio lugar a los acordes iniciales de su canción *Satisfaction*. Richards dejaba habitualmente una guitarra y una grabadora junto a su cama para grabar ideas que le venían durante la noche. Él mismo describe la siguiente experiencia del 7 de mayo de 1965, después de haber regresado a su habitación de hotel en Clearwater, Florida, tras una presentación esa noche:

> Como de costumbre, me fui a la cama con mi guitarra, y a la mañana siguiente me despierto y veo que la cinta ha llegado al final. Y pienso: «Bueno, tal vez presioné un botón cuando estaba dormido». Así que rebobiné la cinta hasta el principio y le di al *play*, y allí, en algún tipo de versión fantasmal, estaba la primera línea de *Satisfaction*. Estaba todo el verso. Y después de eso, había cuarenta minutos con mis ronquidos. Pero ahí estaba el embrión de la canción; realmente soñé con esa mierda.

La musa creativa de los sueños también ha provocado innumerables ideas literarias y épicas. Tomemos como ejemplo a la autora Mary Shelley, que se vio inmersa en un terrorífico sueño una noche de verano de 1816, mientras se hospedaba en una de las fincas de Lord Byron cerca del lago Lemán; un sueño que le pareció casi real. Ese paisaje onírico le dio a Shelley la estética y la narrativa de la espectacular novela gótica *Frankenstein*. Luego está el poeta surrealista francés St. Paul Boux, que conocía bien el fértil talento que proporcionan los sueños. Se dice que cada noche, antes de retirarse a dormir, colgaba un letrero en la puerta de su habitación que decía: «No molestar: poeta trabajando».[4]

Este tipo de anécdotas resultan divertidas de contar, pero no sirven como datos experimentales. ¿Cuál es, entonces, la evidencia científica que establece que el sueño, y específicamente la fase REM y el soñar, ofrece una forma de procesamiento asociativo de la memoria que fomenta la resolución de problemas? ¿Y qué tiene de especial la neurofisiología del sueño REM y de los sueños vinculados a él para explicar estos beneficios creativos?

La confusa lógica del sueño REM

Un desafío obvio que plantea el examen del cerebro cuando está dormido es que... está dormido. Las personas dormidas no pueden participar en pruebas computarizadas ni dar respuestas útiles, que es como habitualmente los científicos cognitivos abordan el estudio del cerebro. Dejando a un lado los sueños lúcidos, que abordaremos al final de este capítulo, podemos decir que los científicos se quedan con las ganas de saber más. Incapaces de conseguir que los participantes realicen pruebas mientras duermen, con frecuencia nos vemos resignados a observar pasivamente la actividad cerebral durante el sueño. Medimos el desempeño de la vigilia antes y después del sueño e intentamos determinar si las fases del sueño o la

---

[4] Esta oda a la capacidad creativa de los sueños a veces también se atribuye al poeta simbolista francés Paul-Pierre Roux.

actividad onírica que han tenido lugar entremedio pueden explicar cualquier beneficio observado al día siguiente.

Mi colega de la Facultad de Medicina de Harvard, Robert Stickgold, y yo diseñamos una solución para este problema, aunque indirecta e imperfecta. En el capítulo 7 describí el fenómeno de la inercia del sueño, que genera remanentes que quedan en el cerebro hasta pocos minutos después de despertar. Nos preguntamos si podríamos convertir esta breve ventana que ofrece la inercia del sueño en una posibilidad experimental, pero no despertando a los sujetos para su evaluación por la mañana, sino despertándolos en diferentes etapas del sueño no-REM y del sueño REM durante la noche.

Cuando te despiertas, las dramáticas alteraciones en la actividad cerebral producidas por el sueño no-REM y REM, así como los cambios en las concentraciones neuroquímicas, no se revierten instantáneamente. Por el contrario, las propiedades neuronales y químicas de esas etapas de sueño particular se prolongan durante unos minutos, creando un período de inercia que separa la verdadera vigilia del sueño. Tras el despertar forzoso, la neurofisiología del cerebro está más cerca del sueño que de la vigilia, y con cada minuto que pase, la concentración de la etapa previa del sueño desde la cual un individuo ha despertado se desvanecerá gradualmente hasta el despertar pleno.

Pensamos que si restringíamos la duración de las pruebas cognitivas a tan solo noventa segundos, podríamos despertar a las personas y evaluarlas rápidamente en esta fase transicional del sueño. Al hacerlo, quizá pudiéramos capturar algunas de las propiedades funcionales de la etapa de sueño de la que se despertaba al participante, como si atrapáramos los vapores de una sustancia que se evapora para analizar esas emanaciones y sacar conclusiones sobre las propiedades de la sustancia en cuestión.

Funcionó. Desarrollamos una prueba de anagrama en la que las letras de las palabras estaban desordenadas. Cada palabra estaba compuesta por cinco letras, y los rompecabezas del anagrama solo tenían una solución correcta (como por ejemplo, «NASOG» = «GANSO»). Los participantes verían las palabras codificadas una a una en la pantalla durante unos segundos, y se les pediría que dijeran la solución, si es que la sabían, antes de que se acabara el tiempo y apareciera el siguiente acertijo en pantalla. Cada sesión de prueba duraría solo noventa segundos y, tras registrar los resultados, permitiríamos que los participantes se volvieran a dormir.

Antes de acostarlos en el laboratorio del sueño con electrodos colocados en la cabeza y en el rostro para poder medir su sueño en tiempo real a través de un monitor ubicado en la habitación contigua, a los sujetos se les describió la tarea. También se les permitió realizar unas cuantas pruebas para que se familiarizaran con el funcionamiento de la misma. Después de que conciliaran el sueño, desperté a los sujetos cuatro veces durante toda la noche: dos veces cuando estaban en sueño no-REM (a primera y última hora de la noche) y dos veces estando en sueño REM (también temprano y tarde en la noche).

Al despertarlos del sueño no-REM, los participantes no parecían mostrarse especialmente creativos; resolvieron solo algunos de los acertijos. Pero la historia fue diferente cuando los desperté del sueño REM en la fase onírica. En general, las habilidades para resolver los problemas se dispararon: los participantes resolvieron entre un 15% y un 35% más de acertijos al salir del sueño REM que cuando se despertaban del sueño no-REM o que cuando estaban despiertos durante el día.

Además, la forma en que los participantes resolvían los problemas tras salir del sueño REM era diferente de como resolvían los problemas cuando salían del sueño no-REM o cuando estaban despiertos durante el día. Uno de los sujetos me dijo que las soluciones simplemente «brotaron», aunque en ese momento él no sabía que había estado en el sueño REM justo antes. Las soluciones parecían más sencillas cuando el cerebro estaba siendo bañado por el resplandor de los sueños. Por lo que respecta a los tiempos de respuesta, las soluciones llegaron más instantáneamente después de despertar del sueño REM. Los vapores persistentes de los sueños proporcionaban un estado de procesamiento de la información más fluido, divergente y de «mente abierta».

Usando este mismo método de despertar experimental, Stickgold realizó otra prueba de inteligencia que reafirmó cómo el cerebro soñador de la fase REM opera de manera radicalmente diferente cuando se trata de procesar la memoria creativa. Examinó la forma en que nuestros almacenes de conceptos relacionados, también conocidos como conocimiento semántico, funcionan durante la noche. El conocimiento semántico es como un árbol familiar piramidal que se expande de arriba abajo en función de la intensidad de la relación. La figura 14 es un ejemplo de una de esas redes asociativas extraídas de mi propia mente con respecto a la Universidad de California (UC) en Berkeley, donde soy profesor:

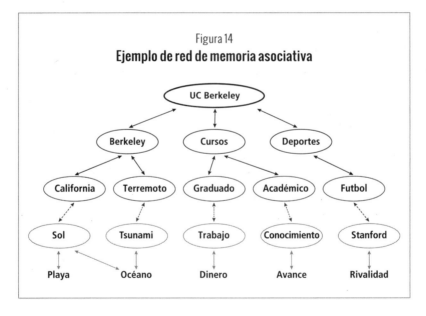

A través de una prueba estándar de computadora, Stickgold midió cómo operaban estas redes asociativas de información después de despertar de la fase no-REM y de la fase REM, así como en el desempeño habitual durante el estado de vigilia. Cuando se despierta al cerebro en la fase no-REM o se mide el rendimiento durante el día, los principios operativos del cerebro están estrecha y lógicamente conectados, tal como se muestra en la figura 14. Sin embargo, si despiertas al cerebro cuando está soñando en la fase REM, el algoritmo del funcionamiento es completamente diferente. Ya no existe esa preponderancia de la conexión asociativa lógica. El cerebro soñador de la fase REM muestra un absoluto desinterés por los enlaces insulsos y de sentido común de las asociaciones: ataca los enlaces obvios y favorece la relación de conceptos distantes. La protección lógica abandona al cerebro cuando este sueña en la fase REM, y a partir de entonces serán los lunáticos los que dirigirán, de forma maravillosamente ecléctica, el manicomio de la memoria asociativa. Los resultados sugieren que mientras se sueña en la fase REM casi todo vale, y cuanto más extraño sea, mejor.

Los experimentos de resolución de anagramas y preparación semántica revelaron cuán radicalmente diferentes eran los principios operativos del cerebro soñador en comparación con los del sueño no-REM y la vigilia. A medida que entramos en la fase REM y los sueños se afianzan, comienza a producirse una forma inspirada de mixología de la memoria. Ya no estamos obligados a ver las conexiones típicas y evidentes entre las unidades de memoria. Por el contrario, el cerebro se inclina activamente hacia la búsqueda de los enlaces más distantes y no obvios entre los conjuntos de información.

Esta ampliación de la apertura de nuestra memoria es similar a mirar a través de un telescopio desde el extremo opuesto. Desde el punto de vista de la creatividad transformadora, cuando estamos despiertos miramos por el lado equivocado del telescopio. Tenemos una visión miope, hiperfocal y estrecha que no puede capturar el cosmos informativo completo que se ofrece en el cerebro. Cuando estamos despiertos, vemos solo una estrecha porción de todas las posibles interrelaciones de la memoria. Sin embargo, cuando entramos en el estado de soñar sucede lo contrario: empezamos a mirar a través del otro extremo del telescopio (el extremo correcto). Usando el objetivo gran angular de los sueños, podemos aprehender la constelación completa de información almacenada y sus diversas posibilidades combinatorias, todo ello en beneficio de la creatividad.

Fusión de la memoria en el horno de los sueños

Si combinamos estos dos hallazgos experimentales con la resolución de problemas gracias a la inspiración de los sueños, como le ocurrió a Dmitri Mendeléiev, surgen dos hipótesis claras y comprobables científicamente.

Primero, si alimentamos a un cerebro despierto con los ingredientes de un problema concreto, las conexiones novedosas y las soluciones al mismo surgirán preferentemente, si no de forma exclusiva, tras pasar un tiempo soñando en la fase REM. En segundo lugar, más allá del mero hecho de tener sueños en REM, el contenido de esos sueños debería determinar el éxito de los beneficios hiperasociativos en la resolución de problemas. Al igual que con los efectos del sueño REM para nuestro bienestar emocional y mental explicados en el capítulo anterior, esto último demuestra que el sueño REM es necesario pero no suficiente. Lo que determina el éxito creativo es el acto de soñar y el contenido concreto de esos sueños.

Eso es precisamente lo que nosotros y otros investigadores hemos encontrado una y otra vez. Como ejemplo, supongamos que te muestro una relación simple entre dos objetos, A y B, donde A debe elegirse sobre B (A > B). Luego te enseño otra relación, en la que el objeto B debe elegirse sobre el objeto C (B > C). Son dos premisas separadas y aisladas. Si después te muestro A y C juntos y te pregunto cuál elegirías, es muy probable que elijas a A sobre C, porque tu cerebro hará un salto inferencial. Al tomar dos memorias preexistentes (A > B y B > C) y relacionarlas de modo flexible (A > B > C), se te habrá ocurrido una respuesta completamente nueva a una pregunta que no se te había formulado con anterioridad (A > C). Este es el poder del procesamiento de la memoria relacional, que recibe un impulso acelerado durante el sueño REM.

En un estudio realizado con mi colega de Harvard, el doctor Jeffrey Ellenbogen, les enseñamos a los participantes muchas de estas premisas individuales anidadas en una gran cadena de interconexión. Luego les hicimos pruebas para evaluar no solo su conocimiento de estos pares individuales, sino también si sabían cómo estos elementos se conectaban entre sí en la cadena asociativa. Solo aquellos que habían dormido y obtenido un sueño REM a última hora de la mañana, rico en contenido onírico, realizaron vinculaciones entre los distintos elementos de la memoria (A > B > C > D > E > F, etc.), lo que les permitió saltar entre asociaciones más distantes (por ejemplo, B > E). El mismo beneficio se encontró después de realizar siestas diurnas de entre sesenta y noventa minutos que también incluyeron sueño REM.

El sueño construye conexiones entre elementos de información distantes cuya relación no es obvia a la luz del día. Nuestros participantes se acostaron con piezas dispares del rompecabezas y se despertaron con el rompecabezas completado. Es la diferencia entre el conocimiento (retención de hechos individuales) y la sabiduría (descubrir un significado cuando se unen todos los hechos). O, dicho más simplemente, es la diferencia entre aprender y comprender. El sueño REM permite que tu cerebro vaya más allá del aprendizaje para alcanzar la comprensión.

Algunos pueden considerar que este encadenamiento informativo es trivial, pero es una de las operaciones clave que distinguen tu cerebro de tu computadora. Las computadoras pueden almacenar miles de archivos individuales con precisión. Pero las computadoras estándar no interconectan inteligentemente esos archivos a través de combinaciones creativas. Los archivos de la computadora son como islas. Nuestros recuerdos humanos, en cambio, están ricamente interconectados en redes de asociaciones que conducen a facultades flexibles y predictivas. Tenemos que agradecer al sueño REM y al acto de soñar gran parte de ese arduo trabajo inventivo.

Descifrar códigos y resolver problemas

Más que simplemente fusionar información de forma creativa, los sueños de la fase REM pueden llevar las cosas un paso más allá. El sueño REM es capaz de crear conocimiento abstracto general y conceptos de orden superior a partir de conjuntos de información. Piensa en un médico experimentado capaz de intuir un diagnóstico a partir de las muchas decenas de síntomas variados y sutiles que observa en un paciente. Si bien este tipo de habilidad abstracta puede adquirirse tras largos años de experiencia, también puede surgir, como hemos visto, tras una sola noche de sueño REM.

Un ejemplo precioso de esto puede observarse en los bebés, que abstraen complejas reglas gramaticales del lenguaje que deben aprender. Se ha demostrado que incluso los bebés de 18 meses deducen una estructura gramatical de alto nivel a partir de los nuevos lenguajes que oyen, pero solo después de haber dormido tras la exposición inicial. Como hemos visto, el sueño REM es especialmente dominante durante esta etapa temprana de la vida y creemos que desempeña un papel fundamental en el desarrollo del lenguaje. Pero ese beneficio se extiende más allá de la infancia: se han informado resultados muy similares en adultos a quienes se les exige aprender nuevas estructuras lingüísticas y gramaticales.

Tal vez la prueba más sorprendente de percepción inspirada en el sueño, y una de las que más frecuentemente describo en las charlas que doy a compañías tecnológicas o de innovación para ayudarles a priorizar el sueño de sus empleados, proviene de un estudio realizado por el doctor Ullrich Wagner en la Universidad de Lübeck (Alemania). Confía en mí cuando te digo que es mejor no participar en estos experimentos. No porque tengas que sufrir privaciones extremas de sueño durante varios días, sino porque tendrás que trabajar en cientos de problemas tristemente laboriosos, como hacer largas divisiones durante una hora o más. En realidad «laborioso» es un término bastante generoso. ¡Es posible que algunas personas hayan perdido las ganas de vivir mientras trataban de resolver cientos de estos problemas numéricos! Lo sé porque yo mismo he hecho esas pruebas.

Se informó a los participantes que podían resolver estos problemas usando reglas específicas que se proporcionaron al inicio del experimento. Lo que los investigadores no dijeron era que existía una regla oculta o atajo que era común a todos los problemas. Con ese truco se podían resolver muchos más problemas en un tiempo mucho más corto. Volveré a este atajo en solo un minuto. Después de que los participantes realizaran cientos de estos problemas, debían regresar 12 horas después y enfrentarse de nuevo a otros cientos de estos aburridísimos problemas. Sin embargo, al final de esta segunda sesión de prueba, los investigadores les preguntaron a los participantes si habían encontrado la regla oculta. Algunos de los participantes pasaron ese período de 12 horas despiertos durante el día, mientras que para otros ese intervalo de tiempo incluyó toda una noche de sueño de ocho horas.

Después de pasar despiertos todo el día, y pese a tener la oportunidad de deliberar conscientemente sobre el problema tanto como desearan, solo un mísero 20% de los participantes supo encontrar el atajo. Las cosas fueron muy diferentes para aquellos participantes que habían obtenido toda una noche de sueño, en la que se incluía un rico sueño REM a últimas horas de la madrugada. Casi el 60% de este grupo tuvo el momento «¡eureka!» y detectó el truco, lo que supone una percepción de la solución creativa tres veces mayor gracias al sueño.

No es de extrañar, por tanto, que nunca te hayan dicho: «Quédate despierto para encontrar una solución a tu problema». En cambio, sí que te habrán dicho: «Consúltalo con la almohada». Curiosamente, esta frase o alguna parecida existe en la mayoría de los idiomas (del francés *dormir sur un problème*, al suajili *kulala juu ya tatizo*), lo que indica que el beneficio del sueño onírico en la resolución de problemas es universal, común en todo el mundo.

La función sigue a la forma: el contenido del sueño importa

John Steinbeck escribió: «Un problema que parece difícil por la noche se resuelve a la mañana siguiente después de que el comité del sueño haya trabajado en él». ¿Debería haber cambiado «el comité del sueño» por «los sueños»? Todo parece indicar que sí. El contenido de los sueños, más que el soñar o el dormir por sí solos, determina el éxito en la resolución del problema. Aunque era algo que se sabía desde hacía tiempo, fue necesario que la realidad virtual nos lo demostrara, confirmando así lo que ya habían dicho Mendeléiev, Loewi y muchos otros solucionadores de problemas nocturnos.

Mi colaborador Robert Stickgold diseñó un experimento en el que los participantes exploraron un laberinto de realidad virtual computarizado. En una primera sesión de aprendizaje situó a los participantes en diferentes ubicaciones aleatorias dentro del laberinto virtual y les pidió que buscaran la salida explorando a través del método de ensayo y error. Para facilitar el aprendizaje, Stickgold colocó distintos objetos, como un árbol de Navidad, en lugares específicos del laberinto virtual para que sirvieran como orientación o puntos de anclaje.

Casi cien participantes en la investigación exploraron el laberinto durante la primera sesión de aprendizaje. A partir de entonces, la mitad de ellos tomó una siesta de noventa minutos, mientras que la otra mitad permaneció despierta y vio un video, todo monitoreado con electrodos colocados en la cabeza y el rostro. A lo largo del período de noventa minutos, Stickgold despertaba ocasionalmente a las personas que dormían y les preguntaba sobre el contenido de los sueños que estaban teniendo, y a los que permanecían despiertos les pedía que informaran sobre cualquier pensamiento que tuvieran en ese momento. Pasados los noventa minutos, y después de más o menos una hora para que los que habían dormido la siesta superaran el período de inercia del sueño, todos regresaron al laberinto virtual y fueron evaluados una vez más para comprobar si su rendimiento había mejorado respecto al aprendizaje inicial.

A estas alturas no te sorprenderá saber que los participantes que tomaron una siesta mostraron un rendimiento de memoria superior en la tarea del laberinto. Pudieron localizar las pistas de navegación con facilidad, encontrar su camino y salir del laberinto más rápido que aquellos que no habían dormido. El resultado novedoso, sin embargo, fue la diferencia que marcaron los sueños. Los participantes que durmieron e informaron haber soñado con elementos del laberinto y temas relacionados directamente con la experiencia mostraron una mejora casi diez veces superior en la ejecución de tareas al despertar que aquellos que también durmieron pero no soñaron con experiencias relacionadas con el laberinto.

Al igual que en sus estudios anteriores, Stickgold descubrió que los sueños de estos «navegantes» no eran una repetición precisa de la experiencia inicial de aprendizaje mientras estaban despiertos. Por ejemplo, el informe del sueño de un participante decía: «Estaba pensando en el laberinto y en tener personas como puntos de referencia, supongo, y eso me llevó a pensar en un viaje que hice hace unos años en el que fuimos a ver unas cuevas de murciélagos que son algo así como un laberinto». No había murciélagos en el laberinto virtual de Stickgold, ni tampoco se utilizaban personas como puntos de referencia. Claramente, el cerebro soñante no estaba simplemente recapitulando o recreando exactamente lo que le había sucedido en el laberinto. Más bien, el algoritmo del sueño consistía en seleccionar fragmentos destacados de la experiencia previa de aprendizaje para luego intentar ubicarlos en el catálogo de conocimiento preexistente.

Como un entrevistador perspicaz, el sueño se dedica a interferir en nuestra experiencia autobiográfica reciente para incluirla hábilmente dentro del contexto de experiencias y logros pasados, construyendo un tapiz rico en significado. «¿Cómo puedo entender y conectar lo que he aprendido recientemente con lo que ya sé y, al hacerlo, descubrir nuevas y reveladoras conexiones?». Además, «¿qué hice en el pasado que pueda ser útil para resolver en el futuro este problema que estoy experimentando?». A diferencia de la consolidación de la memoria, que ahora sabemos que es tarea del sueño no-REM, el sueño REM y el acto de soñar toman lo que hemos aprendido de una experiencia almacenada en la memoria y buscan aplicarlo a nuevas experiencias.

Cuando hablo de estos descubrimientos científicos en mis conferencias, algunos individuos cuestionan su validez basándose en leyendas sobre personas que, pese a dormir muy poco, demostraron una notable destreza creativa. Un nombre que surge frecuentemente en tales refutaciones es el del inventor Thomas Edison. Nunca sabremos si Edison dormía poco, como algunos afirman, incluido él mismo. Lo que sí sabemos, sin embargo, es que Edison habitualmente tomaba siestas durante el día. De hecho, entendió el brillo creativo de los sueños y lo usó despiadadamente como una herramienta, describiéndola como «la brecha genial».

Supuestamente, Edison colocaba una silla con reposabrazos al lado de su escritorio, encima del cual colocaba una libreta y un bolígrafo. Luego tomaba una olla de metal y la dejaba boca abajo en el suelo, justo debajo del reposabrazos derecho de la silla. Por si eso no fuera lo suficientemente extraño, apretaba con su mano derecha dos o tres balines de acero. Finalmente, Edison se acomodaba en la silla con la mano derecha apoyada en el reposabrazos, agarrando los balines. Solo entonces se relajaba y se dejaba llevar por el sueño. En el momento en que empezaba a soñar, su tono muscular se relajaba y soltaba los balines, que se estrellaban contra la olla de metal, despertándolo. A continuación anotaba todas las ideas creativas que inundaban su mente soñadora. Un genio, ¿no te parece?

Controlar tus sueños: lucidez

Ningún capítulo sobre los sueños puede considerarse completo si no se habla de la lucidez. Los sueños lúcidos ocurren en el momento en que un individuo se da cuenta de que está soñando. Sin embargo, el término se usa más coloquialmente para describir el control volitivo de lo que un individuo está soñando y la capacidad de manipular esa experiencia, o incluso las funciones de la misma, como la resolución de problemas.

El concepto de sueño lúcido fue considerado durante algún tiempo una farsa. Los científicos debatieron sobre su propia existencia. El escepticismo es comprensible. En primer lugar, la afirmación de que se puede controlar conscientemente un proceso normalmente no voluntario puede parecer disparatada, sobre todo referida a una experiencia como es soñar, ya de por sí bastante absurda. En segundo lugar, ¿cómo puede probarse objetivamente una afirmación subjetiva, especialmente cuando el individuo está profundamente dormido?

Hace cuatro años, un ingenioso experimento eliminó todas esas dudas. Los científicos colocaron dentro de un escáner de IRM a varios sujetos considerados soñadores lúcidos. Mientras estuvieron despiertos, los participantes apretaron primero su mano izquierda y luego la derecha una y otra vez. Los investigadores tomaron instantáneas de la actividad cerebral, lo que les permitió definir las áreas cerebrales precisas que controlaban cada mano. A los participantes se les permitió quedarse dormidos y entraron en la fase REM, en la que podían soñar. Durante el sueño REM, sin embargo, todos los músculos voluntarios están paralizados, lo que impide que quien sueña pueda actuar de forma consciente. Sin embargo, los músculos que controlan los ojos se libran de esta parálisis y le dan a esta etapa del sueño su frenético nombre. Los soñadores lúcidos pudieron comunicarse con los investigadores a través de estos movimientos oculares. De este modo, los movimientos oculares predefinidos informaban a los investigadores de la naturaleza del sueño lúcido (por ejemplo, el participante hacía deliberadamente tres movimientos oculares hacia la izquierda cuando tomaba el control del sueño lúcido; dos movimientos de los ojos hacia la derecha antes de apretar la mano derecha, etc.). Para los soñadores no lúcidos resulta difícil creer que tales movimientos deliberados de los ojos sean posibles mientras alguien está dormido, pero después de observar a un soñador lúcido hacerlo varias veces uno ya no puede negarlo.

Cuando los participantes señalaron el comienzo del estado de sueño lúcido, los científicos empezaron a tomar IRM de la actividad cerebral. Poco después, los participantes señalaron su intención de soñar moviendo su mano izquierda y luego la derecha, alternándolas una y otra vez, tal como hacían cuando estaban despiertos. Sus manos no se movían físicamente; no podían, debido a la parálisis del sueño REM. Pero se estaban moviendo en el sueño.

Esa fue la impresión subjetiva que comunicaron los participantes al despertar. Y los resultados de las IRM demostraron que no estaban mintiendo. Las mismas regiones del cerebro que estaban activas durante los movimientos voluntarios de las manos derecha e izquierda observados cuando los individuos estaban despiertos se iluminaron de manera similar en los momentos en que los participantes señalaron que estaban apretando sus manos durante el sueño.

No hay duda. Los científicos obtuvieron pruebas objetivas basadas en el cerebro de que los soñadores lúcidos pueden controlar cuándo sueñan y qué sueñan. Otros estudios que utilizan diseños similares de comunicación a través de los movimientos oculares han demostrado además que estas personas pueden deliberadamente llegar a un orgasmo controlado temporalmente durante el sueño lúcido, un resultado que, especialmente en los hombres, puede ser objetivamente verificado mediante (valientes) medidas fisiológicas de carácter científico.

No está claro si los sueños lúcidos son beneficiosos o perjudiciales, ya que más del 80% de la población en general no es consciente de sus sueños en el momento en que ocurren. Si obtener el control voluntario de los sueños fuera útil, seguramente la madre naturaleza habría dotado con esa habilidad a la mayor parte de la población.

Sin embargo, este argumento supone erróneamente que hemos dejado de evolucionar. Es posible que los soñadores lúcidos representen el siguiente estadio en la evolución del *Homo sapiens*. ¿Serán estos individuos seleccionados preferentemente en el futuro, en parte por esta inusual capacidad para soñar que les permite convertir la solución creativa de problemas a través de los sueños en un desafío consciente? ¿Conseguiremos aprovechar de una forma más deliberada las ventajas de este poder?

PARTE 4

DE LAS PASTILLAS PARA DORMIR A LA SOCIEDAD TRANSFORMADA

DE LAS PASTILLAS PARA DORMIR A LA SOCIEDAD TRANSFORMADA

12

Cosas que chocan durante la noche

Trastornos del sueño y muertes causadas por no dormir

Pocas áreas de la medicina ofrecen una variedad de trastornos tan inquietantes o sorprendentes como los relacionados con el sueño. Y decir esto no es poca cosa, si tenemos en cuenta lo trágicos que pueden ser los desórdenes en esos otros campos. Sin embargo, cuando consideramos que las rarezas del sueño incluyen ataques diurnos de sueño repentino y parálisis corporal, sonambulismo homicida, representación de sueños y percepción de abducciones extraterrestres, la afirmación comienza a sonar más válida. El más sorprendente de todos los trastornos tal vez sea una rara forma de insomnio que podría matar a una persona en unos meses, lo cual se ha constatado con la muerte de aquellos animales a los que se les ha impuesto una privación total del sueño.

Este capítulo no es en absoluto una revisión exhaustiva de todos los trastornos del sueño, de los cuales ahora se conocen más de cien. Tampoco pretende servir como guía médica para ninguna afección en particular, ya que no soy un facultativo especialista en medicina del sueño, sino un científico del sueño. Para aquellos que buscan consejos sobre los trastornos del sueño, les recomiendo informarse sobre las clínicas del sueño más cercanas.

En lugar de intentar confeccionar una lista rápida de las muchas decenas de trastornos del sueño que existen, he optado por centrarme en unos pocos: el sonambulismo, el insomnio, la narcolepsia y el insomnio familiar fatal. Trataré de ofrecer una visión científica de los mismos que nos sirva para acercarnos a los misterios del dormir y del soñar.

Sonambulismo

El término «sonambulismo» se refiere a los trastornos del sueño *(somnus)* que implican alguna forma de movimiento *(ambulare)*. Abarca condiciones tales como caminar dormido, hablar dormido, comer dormido, escribir mensajes de texto dormido, tener sexo dormido y, muy raramente, matar dormido.

Es comprensible que la mayoría de las personas crea que todos estos episodios suceden durante el sueño REM, cuando el individuo está soñando y representa específicamente lo soñado. Sin embargo, surgen durante la etapa más profunda del sueño no onírica (no-REM) y no cuando soñamos (REM). Si se despierta a un individuo de un episodio de sonambulismo y se le pregunta qué es lo que pasa por su mente, rara vez comunicará una experiencia onírica o mental.

Si bien aún no comprendemos del todo la causa de los episodios de sonambulismo, la evidencia existente sugiere que lo que los desencadena es un aumento inesperado en la actividad del sistema nervioso durante el sueño profundo. Esta sacudida eléctrica obliga al cerebro a desplazarse desde el sótano del sueño no-REM profundo hasta el ático de la vigilia, pero se queda atascado en algún punto intermedio. Atrapado entre los mundos del sueño profundo y la vigilia, el individuo queda confinado a un estado de conciencia intermedio, ni despierto ni dormido. En esta situación confusa, el cerebro realiza acciones básicas muy bien integradas en nuestro comportamiento habitual, como caminar hacia un armario y abrirlo, colocar un vaso de agua en los labios o pronunciar algunas palabras o frases.

Para un diagnóstico completo de sonambulismo puede ser necesario que el paciente pase una noche o dos en un laboratorio clínico de sueño. Se le colocan electrodos en la cabeza y en el cuerpo para medir las etapas de sueño, y una cámara de video infrarroja en el techo graba los episodios nocturnos. En el momento en que ocurre un episodio de sonambulismo, las imágenes de la cámara de video y el registro de las ondas cerebrales dejan de estar de acuerdo. Uno sugiere que el otro está mintiendo. Viendo el video, el paciente claramente está «despierto» y actuando. Unos pueden sentarse en el borde de la cama y empezar a hablar. Otros pueden intentar ponerse la ropa y salir de la habitación. Pero si se observa la actividad de las ondas cerebrales, se ve que el paciente, o al menos su cerebro, está profundamente dormido. Ahí están, claras e inconfundibles, las ondas eléctricas lentas de sueño no-REM profundo, sin signos de la actividad rápida y frenética propia de las ondas cerebrales de la vigilia.

No hay nada patológico en la mayor parte de los casos de sonambulismo o en hablar dormido. Es algo habitual en la población adulta, y todavía más común entre los niños. No está claro por qué los niños experimentan sonambulismo en mayor proporción que los adultos, ni por qué algunos niños dejan de tener estos episodios nocturnos mientras que otros los siguen presentando durante toda su vida. Lo primero se puede explicar simplemente por el hecho de que los niños tienen mayores cantidades de sueño no-REM profundo, y por tanto la probabilidad estadística de caminar y hablar dormidos es mayor.

La mayoría de estos episodios son inofensivos. No obstante, ocasionalmente el sonambulismo adulto puede devenir en un conjunto de conductas mucho más extremas, como las realizadas por Kenneth Parks en 1987. Parks, que por entonces tenía 23 años, vivía con su esposa y con su hija de cinco meses de edad en Toronto. Había estado sufriendo insomnio a causa del estrés del desempleo y las deudas de juego. Según todos los informes, Parks era un hombre no violento. Su suegra, con quien tenía una buena relación, lo llamaba «gigante amable» por su carácter dócil y por su considerable estatura y sus anchos hombros (medía 1.84 metros y pesaba cien kilos). Entonces llegó el 23 de mayo.

Después de quedarse dormido en el sofá alrededor de la una y media de la madrugada mientras veía la televisión, Parks se levantó y subió descalzo a su automóvil. Conforme a su ruta, se estima que Parks debió de conducir unos 22 kilómetros hasta el domicilio de sus suegros. Tras entrar en la casa, Parks subió las escaleras, apuñaló a su suegra con un cuchillo que había sacado de la cocina y estranguló a su suegro después de atacarlo de manera similar con el cuchillo (aunque sobrevivió). Luego Parks volvió a su automóvil y, tras despertarse y recuperar una conciencia plena, condujo hasta una comisaría y dijo: «Creo que he asesinado a varias personas... Mis manos...». Solo entonces se dio cuenta de que le chorreaba sangre por los brazos como resultado de haberse cortado sus propios tendones con el cuchillo.

Como no podía recordar más que vagos fragmentos del asesinato (por ejemplo, destellos de la cara de su suegra implorando ayuda), y como no tenía ningún motivo para haber hecho aquello y sí una larga historia de sonambulismo (al igual que otros miembros de su familia), el equipo de la defensa concluyó que Ken Parks había sufrido un grave episodio de sonambulismo cuando cometió el crimen. Arguyeron que no era consciente de lo que hacía y que, por lo tanto, no era culpable. El 25 de mayo de 1988, un jurado lo declaró inocente. Este tipo de defensa se ha intentado en varios casos posteriores, la mayoría de las veces sin éxito.

Es una historia trágica, e incluso hoy en día a Parks lo acompaña la sospecha de culpabilidad. No explico esto para asustar al lector ni para tratar de convertir los terribles acontecimientos de esa noche de finales de mayo de 1987 en material sensacionalista. Más bien, lo presento para ilustrar cómo los actos no voluntarios que surgen durante el sueño y sus trastornos pueden tener consecuencias legales, personales y sociales muy reales, y requieren la contribución de científicos y médicos para llegar a la justicia legal apropiada.

También quiero aclarar, para aquellos sonámbulos que lean con preocupación este capítulo, que la mayoría de los episodios de sonambulismo (por ejemplo, caminar dormido o hablar) se consideran benignos y no requieren intervención. La medicina solo intervendrá para proponer un tratamiento si el paciente afectado o quienes conviven con él sienten que el trastorno compromete su salud o representa algún riesgo. Hay tratamientos efectivos, y es una pena que Ken Parks no tuviese acceso a ellos antes de esa trágica noche de mayo.

Insomnio

Hoy en día, tal como se lamenta Will Self,[1] muchas personas sienten escalofríos al escuchar la frase: «Que tengas una buena noche de sueño». El culpable de ello es el insomnio, el trastorno del sueño más común. Muchas personas sufren de insomnio; otros, sin embargo, creen padecerlo cuando en realidad no es así. Antes de describir las características y las causas de este trastorno —en el siguiente capítulo ofreceré posibles opciones de tratamiento—, voy a explicar en primer lugar qué es y qué no es el insomnio.

Verse privado del sueño no es insomnio. En el campo de la medicina, la privación del sueño se considera como *a)* tener ganas de dormir y, pese a ello, *b)* no tener la oportunidad propicia para hacerlo; es decir, las personas privadas de sueño pueden dormir solo si disponen del tiempo necesario para hacerlo. El insomnio es lo opuesto: *c)* ser incapaz de generar sueño para dormir, a pesar de *d)* disponer de la ocasión propicia para hacerlo. Por lo tanto, las personas que padecen insomnio no pueden producir suficiente cantidad o calidad de sueño, a pesar de que disponen de tiempo suficiente para dormir (de siete a nueve horas).

Antes de continuar, vale la pena que nos refiramos a la llamada «percepción errónea del sueño», también conocida como insomnio paradójico. En ella, los pacientes afirman haber dormido mal durante toda la noche o incluso no haber dormido nada. Sin embargo, cuando se monitorea objetivamente a estos individuos usando electrodos u otros dispositi-

---

[1] Will Self es un novelista inglés que participa en un programa de radio de *The Guardian* narrando historias para ayudar a conciliar el sueño. *(N. del T.).*

vos, observamos que existe un desajuste. Los registros de sueño indican que el paciente ha dormido mucho mejor de lo que él mismo cree, y en ocasiones constatan una noche de sueño completa y saludable. Por tanto, las personas que padecen insomnio paradójico tienen la ilusión o la percepción errónea de que su sueño es deficiente, pero en realidad no es así. Como resultado, esos pacientes son tratados como hipocondríacos. Aunque el término puede parecer desdeñoso o condescendiente, los médicos de la especialidad del sueño lo toman muy en serio y hay intervenciones psicológicas que ayudan tras el diagnóstico.

Si analizamos de nuevo el concepto del insomnio real, observamos varios subtipos diferentes, de la misma manera que existen numerosas formas diferentes de cáncer. Una distinción divide el insomnio en dos tipos. El primero es el insomnio de conciliación, que es la dificultad para conciliar el sueño; el segundo es el insomnio de mantenimiento del sueño o dificultad para permanecer dormido. Como dijo el actor y humorista Billy Crystal al describir sus propias batallas con el insomnio, «duermo como un bebé, me despierto cada hora». El insomnio de conciliación y el de mantenimiento no son mutuamente excluyentes: puede sufrirse uno, otro o ambos. Independientemente de cuál de estos tipos de problemas para dormir se produzca, la medicina del sueño tiene cuadros clínicos muy específicos que deben revisarse para que un paciente reciba un diagnóstico de insomnio. Por ahora, estos son:

- Insatisfacción con la cantidad o calidad del sueño (por ejemplo, dificultad para conciliar el sueño o permanecer dormido y despertarse temprano por la mañana).

- Padecimiento significativo de angustia o deterioro diurno.

- Tener insomnio al menos tres noches a la semana durante más de tres meses.

- No sufrir trastornos mentales coexistentes o afecciones médicas que puedan ser causa del insomnio.

En realidad, lo que esto implica en términos descriptivos es la siguiente situación crónica: dificultad para conciliar el sueño; despertarse en mitad de la noche; despertarse demasiado temprano por la mañana; dificultad para volver a dormirse después de despertar; y, por último, sentirse agotado durante el día. Si alguna de estas características del insomnio te resulta familiar y la has experimentado durante varios meses, te sugiero que consideres buscar un facultativo especialista en medicina del sueño. Hago hincapié en un especialista del sueño y no necesariamente en tu médico de cabecera porque los médicos de cabecera, aunque son excelentes, sorprendentemente reciben muy poca formación específica sobre este asunto durante la carrera. Algunos de ellos son perfectamente aptos para recetar una pastilla para dormir, pero rara vez esa es la respuesta correcta, tal como veremos en el próximo capítulo.

El énfasis en la duración del problema del sueño —más de tres noches a la semana durante más de tres meses— es importante. Todos nosotros experimentamos dificultades para dormir de vez en cuando, lo que puede durar solo unas pocas noches. Esto es normal. Generalmente hay una causa obvia, como estrés laboral o el inicio de una relación social o sentimental. Sin embargo, una vez que estas cosas se estabilizan, la dificultad para dormir generalmente desaparece. Estos problemas agudos del sueño no suelen reconocerse como insomnio crónico, ya que para ello se requiere una duración constante de la dificultad para dormir, semana tras semana.

Incluso con esta definición estricta, el insomnio crónico es sumamente común. Aproximadamente una de cada nueve personas que encontramos por la calle cumple con los estrictos criterios clínicos para el insomnio, lo que se traduce en que más de cuarenta millones de estadounidenses luchan cada mañana para enfrentarse al nuevo día debido a las noches en blanco. Si bien las razones siguen sin estar claras, el insomnio es casi dos veces más común en mujeres que en hombres, y es poco probable que la simple falta de voluntad de los hombres para admitir que tienen problemas de sueño explique esta diferencia tan grande entre los dos sexos. La raza y la etnia también marcan una gran diferencia, ya que los afroamericanos y los hispanoamericanos sufren tasas más altas de insomnio que los caucásicos americanos. Algunos hallazgos demuestran importantes implicaciones en disfunciones de salud bien reconocidas en estas comunidades, como la diabetes, la obesidad y las enfermedades cardiovasculares, que sabemos que tienen vínculos con la falta de sueño.

Es probable que el insomnio sea un problema más generalizado y más serio incluso de lo que sugieren estas cifras. Si suavizamos los estrictos criterios clínicos y empleamos como guía solo los datos epidemiológicos, es probable que dos de cada tres personas que lean este libro tengan dificultades para conciliar el sueño o para permanecer dormidos toda la noche al menos una vez a la semana.

El insomnio es uno de los problemas médicos más apremiantes y frecuentes que enfrenta la sociedad moderna, sin embargo, pocos lo abordan de esta manera, reconociendo su peso y la importancia de actuar al respecto. Quizá la única estadística que uno necesita para darse cuenta de la gravedad del problema es que la industria de la «ayuda para dormir», que abarca los medicamentos de venta libre y con receta, mueve cada año en los Estados Unidos unos asombrosos 30 000 millones de dólares. Millones de personas desesperadas están dispuestas a pagar mucho dinero por una noche de sueño reparador.

Pero el aspecto económico no aborda la cuestión más importante: la causa del insomnio. La genética tiene un papel importante, pero no ofrece una respuesta completa. El insomnio muestra cierto grado de heredabilidad genética, con una estimación de las tasas de transmisión de padres a hijos del 28% al 45%. Sin embargo, en su mayoría el insomnio se asocia a causas no genéticas o a interacciones entre los genes y el ambiente (naturaleza y crianza).

Hasta la fecha, hemos descubierto numerosos desencadenantes de las dificultades para dormir, incluidos factores psicológicos, físicos, médicos y ambientales (y el envejecimiento es otro, como ya hemos comentado). El sueño deficiente causado por factores externos, como demasiada luz brillante por la noche, una temperatura ambiental equivocada, la cafeína, el tabaco y el consumo de alcohol —todos los cuales serán abordados con detalle en el próximo capítulo—, puede disfrazarse de insomnio. Sin embargo, su origen no proviene de ti y, por lo tanto, no es un desorden tuyo. Son influencias del exterior, y al solventarlas las personas duermen mejor, sin necesidad de cambiar nada de ellas mismas.

No obstante, otros factores se encuentran en el propio sujeto y actúan como causas biológicas innatas. Según los criterios clínicos descritos anteriormente, estos factores no pueden ser el síntoma de una enfermedad (por ejemplo, la enfermedad de Parkinson) o el efecto secundario de una medicación (por ejemplo, medicación para el asma). Para considerar que una persona sufre insomnio verdadero, la causa del problema del sueño debe ser exclusiva.

Los dos desencadenantes más comunes del insomnio crónico son de tipo psicológico: 1) preocupaciones emocionales o inquietud y 2) angustia emocional o ansiedad. En este mundo moderno de ritmo vertiginoso y sobrecargado de información, una de las pocas ocasiones en que dejamos de consumir información y reposamos interiormente es cuando nos vamos a dormir. No hay peor momento para hacer esto conscientemente. No es de extrañar que sea casi imposible conciliar o mantener el sueño cuando nuestros engranajes mentales y emocionales comienzan a darles vueltas, en ocasiones de forma ansiosa, a las preocupaciones diarias: cosas que hemos hecho durante el día, cosas que olvidamos hacer, cosas que deberemos afrontar en los próximos días o, peor aún, en un futuro lejano. Ese proceso dificulta sobremanera que las ondas cerebrales del sueño nos permitan sumergirnos apaciblemente en una noche de sueño reparador.

Dado que la angustia es una de las principales instigadoras del insomnio, los investigadores se han centrado en examinar las causas biológicas que subyacen al caos emocional. El responsable es el sistema nervioso simpático hiperactivo, que, como hemos analizado en capítulos anteriores, es el mecanismo de lucha o huida del cuerpo. El sistema nervioso simpático se activa ante las amenazas y el estrés agudo, lo que en nuestro pasado evolutivo posibilitaba desencadenar una respuesta legítima de lucha o huida. Las consecuencias fisiológicas son, entre otras, un aumento de la frecuencia cardíaca y del flujo sanguíneo; un aumento de la tasa metabólica; la liberación de químicos que gestionan el estrés, como el cortisol; y un aumento de la actividad cerebral, todo lo cual resulta beneficioso en momentos de verdadera amenaza o peligro. Sin embargo, la respuesta de lucha o huida no debería quedarse en posición de «encendido» durante prolongados períodos. Como ya hemos mencionado en capítulos anteriores, la activación crónica del sistema nervioso de lucha-huida causa innumerables problemas de salud, uno de los cuales es el insomnio.

Podemos explicar por qué un sistema nervioso de lucha-huida hiperactivo impide dormir bien apelando a varios de los temas que hemos explicado hasta ahora y a algunos otros. En primer lugar, el aumento en la tasa metabólica a causa de la actividad del sistema nervioso de lucha-huida, cosa habitual en pacientes con insomnio, provoca una temperatura corporal central más alta. Como explicamos en el capítulo 2, la temperatura corporal debe bajar unos cuantos grados para iniciar el sueño, lo cual resulta más difícil en pacientes que sufren un aumento de la tasa metabólica y de la temperatura interna, incluso en el cerebro.

En segundo lugar, encontramos altos niveles de la hormona cortisol, que promueve el estado de alerta, y de sus hermanas neuroquímicas: la adrenalina y la noradrenalina. Estos tres elementos químicos elevan el ritmo cardíaco. Normalmente, nuestro sistema cardiovascular se calma cuando hacemos la transición hacia el sueño, primero ligero y luego profundo. La actividad cardíaca elevada hace que esta transición sea más difícil. Estas tres sustancias químicas incrementan la tasa metabólica, aumentando también la temperatura corporal, que agrava el primer problema señalado anteriormente.

En tercer lugar, y relacionado con estas sustancias, se alteran los patrones de la actividad cerebral vinculados al sistema nervioso simpático del cuerpo. Los investigadores han colocado a personas sanas que duermen bien y a personas con insomnio en un escáner cerebral y han medido los cambios en los patrones de actividad mientras ambos grupos intentan conciliar el sueño. En las personas que duermen bien, las partes del cerebro relacionadas con las emociones (la amígdala) y con la retrospección de la memoria (el hipocampo) disminuyeron rápidamente sus niveles de actividad a medida que avanzaban hacia el sueño, al igual que las regiones de alerta básica situadas en el tallo cerebral. En cambio, esto no ocurrió en los pacientes insomnes. Sus regiones generadoras de emociones y sus centros de recolección de memoria se mantuvieron activos. Sucedió lo mismo en los centros básicos de vigilancia del tallo cerebral, que continuaron obstinadamente en estado de vigilia. Mientras tanto, el tálamo, la puerta sensorial del cerebro que necesita cerrarse para permitir el sueño, se mantuvo activo y abierto.

En pocas palabras, los pacientes con insomnio no eran capaces de desvincularse de un patrón de alteración, inquietud y actividad cerebral reflexiva. Imaginemos que cerramos la tapa de una computadora portátil y que, al volver más tarde, encontramos que la pantalla sigue encendida, que los ventiladores de refrigeración siguen funcionando y que la computadora permanece activa a pesar de haber cerrado la tapa. Normalmente esto se debe a que los programas todavía se están ejecutando, por lo que la lap-top no puede hacer la transición al modo de suspensión.

Los resultados de los estudios de imágenes cerebrales permiten afirmar que algo análogo ocurre en los pacientes con insomnio. Los ciclos reiterativos de los programas emocionales, así como los bucles de memoria retrospectivos y prospectivos, siguen funcionando en la mente, lo que impide que el cerebro entre en suspensión y cambie a «modo sueño». Es revelador que exista una conexión directa y causal entre la faceta de lucha-huida del sistema nervioso y todas estas regiones del cerebro relacionadas con la emoción, la memoria y la vigilancia. La línea de comunicación bidireccional entre el cuerpo y el cerebro equivale a un círculo vicioso y recurrente que fomenta la frustración del sueño.

El cuarto y último conjunto de cambios identificados se ha observado en la calidad del sueño de los pacientes con insomnio cuando finalmente logran dormirse. Una vez más, estos parecen tener su origen en el hiperactivo sistema nervioso de lucha-huida. Los pacientes con insomnio presentan una calidad de sueño inferior, reflejada en ondas cerebrales eléctricas menos potentes y menos intensas durante el sueño no-REM profundo. También tienen un sueño REM más fragmentado, salpicado por breves despertares de los que no siempre son conscientes, pero que causan una ínfima calidad del sueño. Todo lo cual significa que los pacientes con insomnio se despiertan con sensación de cansancio. En consecuencia, no son capaces de funcionar bien durante el día, ni cognitiva ni emocionalmente. De este modo, el insomnio es en realidad un trastorno a tiempo completo: un trastorno tanto nocturno como diurno.

Visto lo anterior, puedes comprender ahora el grado de complejidad fisiológica que subyace a esta enfermedad. No es de extrañar que las pastillas para dormir, que sedan tu cerebro superior o corteza, no sean ya recomendadas por la Asociación Médica Americana como un tratamiento de primera elección para casos de insomnio. Afortunadamente, se han desarrollado terapias no farmacológicas —de las que hablaremos con detalle en el próximo capítulo— que resultan más eficaces a la hora de restaurar el sueño natural de los pacientes, pues se dirigen a cada uno de los componentes fisiológicos del insomnio descritos anteriormente. Estas terapias suponen una verdadera esperanza para quien sufre de insomnio, y son altamente atractivas y recomendables.

Narcolepsia

Sospecho que ninguno de nosotros puede recordar acciones verdaderamente significativas en nuestra vida que no hayan sido gobernadas por dos reglas muy simples: tratar de realizar algo que nos agrade y mantenerse alejado de algo desagradable. Esta ley de aproximación y evasión dicta la mayor parte del comportamiento humano y animal desde muy temprana edad.

Las fuerzas que implementan esta ley son las emociones positivas y negativas. Las emociones nos llevan a hacer cosas, como su propio nombre sugiere (etimológicamente, el término *emoción* viene del latín *emotĭo*, que significa «movimiento o impulso», «aquello que te mueve hacia»). Las emociones respaldan nuestros logros, nos incitan a intentarlo de nuevo cuando fracasamos, nos mantienen a salvo de posibles daños, nos instan a lograr resultados beneficiosos y gratificantes, y nos impulsan a cultivar relaciones sociales y afectivas. En resumen, las emociones, en cantidades adecuadas, hacen que la vida valga la pena. Ofrecen una existencia saludable y vital en términos psicológicos y biológicos. Si desaparecen, la existencia se torna estéril, sin altibajos. Sin emociones nos limitaríamos a existir, no viviríamos. Por desgracia, esta última es la opción a la que, por razones que ahora exploraremos, muchos pacientes con narcolepsia se ven abocados.

Desde el punto de vista médico, la narcolepsia se considera un trastorno neurológico, lo que significa que sus orígenes se encuentran en el sistema nervioso central, específicamente en el cerebro. La enfermedad se presenta habitualmente entre los diez y los veinte años de edad. Hay una base genética para la narcolepsia, pero no se hereda: la causa genética parece responder a una mutación, por lo que el trastorno no se transmite de padres a hijos. Sin embargo, las mutaciones genéticas, al menos tal como las entendemos actualmente en el contexto de este trastorno, no explican todas las incidencias de la narcolepsia. Aún no se han identificado otros factores desencadenantes. La narcolepsia tampoco es privativa de los seres humanos, ya que muchos otros mamíferos la padecen.

Existen al menos tres síntomas fundamentales para este trastorno: *1)* somnolencia diurna excesiva, *2)* parálisis del sueño y *3)* cataplexia.

El primer síntoma, el de la somnolencia diurna excesiva, suele ser el más disruptivo y problemático para la calidad de vida cotidiana de los pacientes narcolépticos. Implica ataques de sueño diurnos: abrumadores e irresistibles impulsos de dormir, aunque se quiera permanecer despierto, ya sea en el trabajo, al volante o en una comida con la familia o con los amigos.

Sospecho que muchos de ustedes, tras leer esta última frase, estarán pensando: «¡Oh, Dios mío! ¡Tengo narcolepsia!». Es muy poco probable. Lo más probable es que estés sufriendo una privación crónica del sueño. Aproximadamente una de cada dos mil personas sufre narcolepsia, la misma proporción que la esclerosis múltiple. Los ataques de sueño que tipifican la somnolencia diurna excesiva suelen ser el primer síntoma en aparecer. Solo para que tengamos una idea de cómo es, sería una somnolencia equivalente a haber pasado despierto tres o cuatro días seguidos.

El segundo síntoma de la narcolepsia es la parálisis del sueño: la pérdida abrupta de la capacidad de hablar o moverse cuando nos despertamos. Es decir, una parálisis temporal de tu cuerpo.

La mayoría de estas situaciones ocurren durante el sueño REM. Recordarás que durante esta fase el cerebro paraliza el cuerpo para evitar que represente físicamente los sueños. Normalmente, cuando nos despertamos, el cerebro libera al cuerpo de la parálisis en perfecta sincronía con el momento en que se recupera la conciencia despierta. Sin embargo, puede haber raras ocasiones en que la parálisis del estado REM permanezca a pesar de que el cerebro haya terminado de dormir, más o menos como el último invitado que parece no querer reconocer que la fiesta ha terminado y que es hora de irse. El resultado es que empezamos a despertar, pero no somos capaces de abrir los párpados, girarnos, gritar o mover ninguno de los músculos que controlan nuestras extremidades. Poco a poco, la parálisis del sueño REM desaparece y recuperamos el control de nuestro cuerpo, incluidos párpados, brazos, piernas y boca.

No debe preocuparnos haber tenido un episodio de parálisis del sueño en algún momento de nuestra vida. No es exclusivo de la narcolepsia. Casi una de cada cuatro personas sanas sufrirá parálisis del sueño, lo que equivale a decir que es tan común como tener hipo. Yo mismo he experimentado parálisis del sueño varias veces y no sufro de narcolepsia. Sin embargo, los pacientes narcolépticos experimentan parálisis del sueño con mucha más frecuencia y severidad que los individuos sanos. Esto significa que si bien la parálisis del sueño es un síntoma asociado con la narcolepsia, no es exclusivo de la misma.

Es necesario detenernos aquí un instante. Cuando las personas experimentan un episodio de parálisis del sueño, a menudo este viene asociado con sentimientos de temor y con la sensación de que hay un intruso en la habitación. El miedo proviene de la incapacidad para actuar en respuesta a la amenaza percibida, como no poder gritar, levantarse y salir de la habitación, o prepararse para defenderse. Este conjunto de características de la parálisis del sueño creemos que explica muchas de las supuestas abducciones alienígenas. Rara vez oímos hablar de extraterrestres acosando a individuos a plena luz del día y con testigos presenciales. La mayoría de las supuestas abducciones extraterrestres suceden durante la noche; en las películas de Hollywood sobre extraterrestres, como *Encuentros en la tercera fase* o *E.T.*, las visitas de los alienígenas se suelen producir también por la noche. Es más, las víctimas que afirman haber sido abducidas refieren con frecuencia haber sentido que había alguien en la habitación (el *alien*). Finalmente, y esta es la clave, añaden que les inyectaron un «agente paralizador». En consecuencia, la víctima dice haber querido defenderse, huir o pedir ayuda, pero no haber sido capaz de ello. El atacante desde luego no es un alienígena, sino la parálisis del sueño REM al despertar.

El tercero y más asombroso de los síntomas fundamentales de la narcolepsia se llama cataplexia. La palabra proviene del griego *kata*, que significa «abajo», y *plexis*, que significa «ataque o convulsión»; es decir, un síncope. Sin embargo, un ataque catapléjico no es un síncope, sino una pérdida repentina del control muscular. Esto puede abarcar desde una ligera debilidad, en la que la cabeza se inclina, el rostro pierde tono, la mandíbula cae y se arrastran las palabras, hasta una repentina pérdida total del tono muscular, provocando que la persona se derrumbe.

Quizá recuerdes ese juguete que consistía en un animal —normalmente un burro— montado sobre un pequeño pedestal. Era similar a una marioneta, pero los hilos no estaban amarrados a las extremidades, sino que iban por dentro de la figura y estaban conectados a un botón inferior. Al presionar el botón, se relajaba la tensión interna del hilo y el burrito se desplomaba. Al soltarlo, por el contrario, los hilos internos se tensaban y el animal volvía a ponerse firme. El derrumbe que ocurre en el tono muscular durante un ataque de cataplexia, que hace que el cuerpo se desplome por entero, es muy similar al de este juguete, pero las consecuencias no son ninguna broma.

Por si esto no fuera lo suficientemente terrible, existe un factor añadido especialmente malévolo que destruye todavía más la calidad de vida del paciente. Los ataques catapléjicos no son aleatorios, sino que son detonados por emociones fuertes, ya sean positivas o negativas. Si le haces una broma a un paciente narcoléptico, este puede derrumbarse, literalmente. Si entras en una habitación y sorprendes a una persona con narcolepsia, tal vez mientras está cortando alimentos con un cuchillo afilado, probablemente también se derrumbe. Incluso darse un buen baño tibio puede ser una experiencia tan placentera que cause que las piernas de un paciente narcoléptico se doblen, provocando una caída potencialmente peligrosa.

Ahora extrapolemos esto y consideremos los peligros de ser sorprendidos por un bocinazo mientras estamos manejando un automóvil. O incluso el riesgo que puede comportar estar divirtiéndonos con nuestros hijos o disfrutando en un festival infantil de la escuela. En un paciente narcoléptico con cataplexia, cualquiera de estas situaciones puede hacer que el sujeto se derrumbe en la prisión de su propio cuerpo. Consideremos, asimismo, lo difícil que puede resultar tener una relación sexual amorosa y placentera con una pareja narcoléptica. La lista se vuelve interminable, con resultados predecibles y desgarradores.

A menos que estén dispuestas a aceptar estos ataques, lo cual en realidad no es una opción, estas personas deben abandonar toda esperanza de vivir una vida emocionalmente satisfactoria. Un paciente narcoléptico está confinado en una existencia monótona de asepsia emocional. Deben renunciar a cualquiera de las apetitosas emociones de las que todos nos alimentamos constantemente. Es el equivalente dietético de comer el mismo plato de potaje insípido día tras día. Es fácil imaginarse la pérdida de apetito ante una vida así.

Si ves a un paciente derrumbarse a causa de la cataplexia, pensarás sin duda que está inconsciente o profundamente dormido. Y no es cierto. Los pacientes están despiertos y continúan percibiendo el mundo exterior que los rodea. Lo que la emoción fuerte desencadena es la parálisis total (o en ocasiones parcial) del sueño REM, pero sin el sueño REM en sí mismo. Por lo tanto, la cataplexia es un funcionamiento anormal del circuito de sueño REM en el cerebro en el que una de sus características, la atonía muscular, se apodera inadecuadamente del individuo cuando está despierto y moviéndose, en lugar de dormido y soñando.

Desde luego, podemos explicarle esto a un paciente adulto, y disminuir así su ansiedad durante el episodio a través de la comprensión de lo que está sucediendo, y también podemos ayudarlo a controlar o evitar los altibajos emocionales para reducir los incidentes catapléjicos. Sin embargo, esto es mucho más difícil de lograr en un niño de diez años. ¿Cómo se pueden explicar un trastorno y unos síntomas tan viles a un niño con narcolepsia? ¿Y cómo se evita que un niño disfrute de la montaña rusa normal de la existencia emocional, que es parte natural e integral del crecimiento y del desarrollo del cerebro? Es decir, ¿cómo evitar que un niño sea un niño? No hay respuestas fáciles a estas preguntas.

Sin embargo, estamos empezando a descubrir la base neurológica de la narcolepsia y, con ello, del sueño saludable. En el capítulo 3 describí las partes del cerebro involucradas en el mantenimiento de la vigilia normal: las regiones de activación y alerta del tallo cerebral y la puerta sensorial del tálamo, que se encuentran en la parte superior y adoptan una forma parecida a una bola de helado (tálamo) sobre un barquillo (tallo cerebral). A medida que el tallo cerebral se apaga durante la noche, elimina su influencia estimulante sobre la puerta sensorial del tálamo. Al cerrarse la puerta sensorial, dejamos de percibir el mundo exterior y nos dormimos.

Sin embargo, lo que no hemos mencionado es cómo sabe el tallo encefálico que es hora de apagar las luces, por así decirlo, y dar por finalizada la vigilia para empezar a dormir. Se necesita un interruptor que desconecte la influencia activadora del tallo cerebral y que, al hacerlo, permita que el sueño empiece. Ese interruptor, el interruptor de «dormir-despertar», está ubicado justo debajo del tálamo, en el centro del cerebro, en una región llamada hipotálamo. Es la misma zona que alberga el reloj biológico de 24 horas, lo cual no es una gran sorpresa.

El interruptor de «dormir-despertar» situado en el hipotálamo tiene una línea de comunicación directa con las regiones de la central eléctrica del tronco encefálico. Al igual que un interruptor de luz eléctrica, puede encender (despertar) o apagar (dormir). Para hacer esto, el interruptor de sueño-vigilia libera un neurotransmisor llamado orexina. La orexina es algo así como el dedo químico que le da al interruptor para ponerlo en posición de «despierto». Cuando la orexina se libera en el tronco encefálico, el interruptor se mueve inequívocamente activando los centros generadores de vigilia del tallo encefálico. Activado por el interruptor, el tallo cerebral empuja la puerta sensorial del tálamo, permitiendo que el mundo perceptivo inunde el cerebro, y conduciendo al individuo a una vigilia completa y estable.

De noche sucede lo contrario. El interruptor de «dormir-despertar» deja de liberar orexina en el tallo cerebral. El «dedo químico» ha «apagado» el interruptor, eliminando la influencia de la planta de energía del tronco encefálico. La actividad sensitiva que se lleva a cabo en el interior del tálamo se cierra mediante un sellado de la puerta sensorial. Perdemos el contacto perceptivo con el mundo exterior y dormimos. Luces apagadas, luces encendidas: este es el trabajo neurobiológico que, controlado por la orexina, realiza el interruptor de sueño-vigilia en el hipotálamo.

Si le preguntamos a un ingeniero cuáles son las propiedades esenciales de un interruptor eléctrico básico nos responderá con contundencia: debe ser definitivo. Es decir, o está completamente encendido o está completamente apagado. No puede fluctuar entre las posiciones de «encendido» y «apagado». De lo contrario, el sistema eléctrico no será estable o predecible. Desgraciadamente, a causa de los niveles anormales de orexina, esto es justo lo que le sucede al interruptor de «dormir-despertar» en las personas con narcolepsia.

Los científicos han examinado minuciosamente los cerebros de los pacientes narcolépticos tras su fallecimiento. Durante estas investigaciones *post mortem*, descubrieron una pérdida de casi el 90% de todas las células que producen orexina. Peor aún, el número de sitios de acogida o receptores de orexina que cubren la superficie de la planta de energía del tallo cerebral presentaba una reducción significativa en los pacientes narcolépticos.

Esta falta de orexina, junto al reducido número de receptores encargados de recibirla, hace que el estado de sueño-vigilia del cerebro narcoléptico sea inestable, como un interruptor defectuoso. El cerebro de un paciente narcoléptico se tambalea precariamente en un punto medio, oscilando entre el sueño y la vigilia.

La deficiencia de orexina es la causa cardinal del primer y principal síntoma de la narcolepsia, que es la somnolencia diurna excesiva y los ataques de sueño sorpresivos que pueden ocurrir en cualquier momento. Sin el fuerte dedo de la orexina empujando el interruptor hasta la posición de «encendido» definitivo, los pacientes narcolépticos no son capaces de mantenerse plenamente despiertos durante el día. Por la misma razón, tienen un pésimo sueño por la noche, entrando y saliendo constantemente de un letargo entrecortado. Al igual que un interruptor estropeado que encendiera y apagara la luz continuamente, tanto de día como de noche, la experiencia de sueño y vigilia de un paciente narcoléptico se mantiene errática a lo largo de las 24 horas.

Pese al excelente trabajo de muchos de mis colegas, la investigación de posibles tratamientos efectivos para la narcolepsia no está dando frutos. Si bien hemos encontrado formas efectivas de combatir otros trastornos del sueño, como el insomnio y la apnea del sueño, en el caso de la narcolepsia nos hemos quedado atrás. Esto se debe en parte a la rareza de la afección, lo que hace que no sea rentable para las compañías farmacéuticas invertir en su investigación.

Para el primer síntoma de la narcolepsia —los ataques de sueño durante el día—, el único tratamiento solía consistir en altas dosis de anfetamina, la droga que estimula la vigilia. Pero la anfetamina es poderosamente adictiva. Además es una droga «sucia», lo que significa que afecta a muchos sistemas químicos diferentes en el cerebro y el cuerpo, produciendo efectos secundarios terribles. Un medicamento más nuevo y más «limpio», llamado Provigil, se usa para ayudar a los pacientes narcolépticos a permanecer despiertos durante el día y tiene menos inconvenientes. Sin embargo, es marginalmente efectivo.

Los antidepresivos se recetan a menudo para ayudar con el segundo y el tercer síntoma de la narcolepsia —la parálisis del sueño y la cataplexia—, ya que disminuyen el sueño REM y, con ello, su parálisis característica, causa principal de estos dos síntomas. Sin embargo, los antidepresivos simplemente disminuyen su incidencia, no los erradican.

En general, las perspectivas de tratamiento para los pacientes narcolépticos en la actualidad son desoladoras y no hay cura a la vista. El desánimo de los enfermos y sus familias radica principalmente en la lentitud con que progresa la investigación académica del tratamiento, mientras que la de las compañías farmacéuticas podría avanzar de forma mucho más rápida. Por ahora, los pacientes solo pueden intentar mejorar su calidad de vida sobrellevando lo mejor posible su dolencia.

Tal vez hayas llegado a la misma conclusión a la que llegaron muchas compañías farmacéuticas al conocer cuál era el papel de la orexina y del interruptor de sueño-vigilia en la narcolepsia: ¿sería posible aplicar una ingeniería inversa del conocimiento y, en lugar de aumentar la orexina para ofrecer a los pacientes narcolépticos una vigilia más estable durante el día, tratar de apagar el interruptor por las noches, ofreciendo así una nueva forma de inducir el sueño a los pacientes con insomnio? Las compañías farmacéuticas están tratando de desarrollar compuestos que puedan bloquear la orexina por la noche, forzándola a colocar el interruptor en la posición de «apagado» e induciendo así potencialmente el sueño de forma más natural que los problemáticos sedantes que utilizamos actualmente.

Desgraciadamente, la primera de estas drogas, Suvorexant (de la marca Belsomra), no ha demostrado ser la receta mágica que muchos esperaban. En los ensayos clínicos obligatorios realizados por la FDA, los pacientes se durmieron solo seis minutos antes que los que tomaron placebo. Si bien las formulaciones futuras pueden ser más eficaces, los métodos no farmacológicos para el tratamiento del insomnio descritos en el próximo capítulo siguen siendo una opción muy superior para quienes no consiguen dormir.

Insomnio familiar fatal

Michael Corke dejó de poder conciliar el sueño y lo pagó con su vida. Antes de que el insomnio se apoderara de él, Corke, profesor de música en una escuela secundaria en New Lexon, al sur de Chicago, era un individuo activo y un devoto esposo. A los cuarenta años empezó a tener problemas para dormir. Al principio, pensó que era culpa de los ronquidos de su esposa. En respuesta a esto, Penny Corke decidió dormir en el sofá durante las siguientes diez noches. El insomnio de Corke no solo no disminuyó, sino que empeoró. Después de meses de dormir mal, decidió buscar ayuda médica. Ninguno de los doctores que examinaron inicialmente a Corke pudo identificar el origen de su insomnio, y algunos le diagnosticaron trastornos no relacionados con el sueño, como esclerosis múltiple.

El insomnio de Corke empeoró paulatinamente, hasta que llegó un momento en que se vio completamente incapaz de dormir. Ni un pestañeo. Ninguna medicación, ni siquiera los sedantes más potentes, podía lograr que su cerebro abandonara aquella vigilia permanente. Si hubieras visto a Corke en aquel entonces, habrías comprendido lo desesperado que estaba por dormir. Su sola mirada provocaba cansancio. Sus precarios parpadeos eran dolorosamente lentos, como si quisiera cerrar los ojos y no volver a abrirlos en varios días. Todo él transmitía una desesperada ansia de sueño.

Después de ocho semanas consecutivas sin dormir, las facultades mentales de Corke se desvanecieron rápidamente. Este declive cognitivo vino acompañado de un igualmente rápido deterioro del cuerpo. Sus habilidades motoras se vieron tan severamente comprometidas que apenas podía caminar. Una tarde, Corke debía dirigir un concierto de la orquesta escolar. Tardó largos, dolorosos y heroicos minutos en recorrer el pasillo de la orquesta y subir al atril del director ayudado por un bastón.

Poco antes de que se cumplieran los seis meses sin dormir, Corke estaba postrado en la cama y se acercaba a la muerte. A pesar de ser todavía joven, sus condiciones neurológicas se asemejaban a las de un individuo anciano en las etapas finales de la demencia. No podía bañarse ni vestirse solo. Presentaba abundantes alucinaciones y delirios. Su capacidad de generar lenguaje había desaparecido casi por completo y se resignó a comunicarse a través de movimientos de cabeza rudimentarios y extrañas expresiones inarticuladas cada vez que podía reunir suficiente energía. Tras varios meses más sin dormir, su cuerpo y sus facultades mentales se desmoronaron por completo. Poco después de cumplir 42 años, Michael Corke murió de un raro trastorno genético heredado llamado insomnio familiar fatal (IFF). No hay tratamientos ni cura alguna para esta dolencia. Ningún paciente diagnosticado con el trastorno ha sobrevivido más de diez meses. Es una de las enfermedades más misteriosas de los anales de la medicina, y nos ha enseñado una impactante lección: la falta de sueño mata al ser humano.

Cada vez sabemos más sobre la causa del IFF. En gran parte tiene que ver con los mecanismos habituales de generación de sueño. El culpable es una anomalía en un gen llamado PRNP, que significa proteína priónica. Todos nosotros tenemos proteínas priónicas en nuestro cerebro que realizan funciones útiles. Sin embargo, este defecto genético da lugar a una versión maligna de la proteína, produciendo una mutación que se propaga como un virus.[2] En esta versión genéticamente corrupta, la proteína comienza a atacar y a destruir ciertas partes del cerebro, lo que provoca una acelerada degeneración cerebral a medida que la proteína se propaga.

Una de las regiones que ataca esta proteína dañina, y además de forma integral, es la del tálamo, la puerta sensorial del cerebro que debe cerrarse para que la vigilia termine y comience el sueño. Cuando los científicos realizaron exámenes *post mortem* de los cerebros de los primeros pacientes que sufrieron IFF, descubrieron un tálamo salpicado de agujeros, casi como un bloque de queso suizo. Las proteínas priónicas se habían infiltrado en todo el tálamo, degradando por completo su integridad estructural. Esto se veía con especial claridad en las capas exteriores del tálamo, que forman las puertas sensoriales que deben cerrarse cada noche.

Debido a este ataque de las proteínas priónicas, la puerta sensorial del tálamo se atasca, quedándose permanentemente «abierta». Los pacientes no pueden desconectar la percepción consciente del mundo exterior y, por tanto, no consiguen sumergirse en el misericordioso mundo del sueño que tan desesperadamente necesitan. Por muchas pastillas o drogas para dormir que se utilicen, la puerta sensorial no se cierra. Además, las señales enviadas desde el cerebro hacia el cuerpo que nos preparan para dormir —la reducción de la frecuencia cardíaca, de la presión sanguínea y de la tasa metabólica, y la disminución de la temperatura corporal central— deben pasar por el tálamo en su camino hacia la médula espinal, para luego enviarse hacia los diferentes tejidos y órganos del cuerpo. Pero esas señales se ven frustradas por el daño que

---

[2] El insomnio familiar fatal forma parte de un grupo de trastornos de la proteína priónica que también incluye la enfermedad de Creutzfeldt-Jakob, la también llamada enfermedad de las vacas locas, aunque esta última implica la destrucción de diferentes regiones del cerebro que no están directamente asociadas con el sueño.

sufre el tálamo, lo que aumenta la imposibilidad de conciliar el sueño.

Actualmente, las perspectivas de tratamiento son pocas. Ha despertado cierto interés un antibiótico llamado doxiciclina, que parece desacelerar la tasa de acumulación de proteínas dañinas en otros trastornos priónicos, como la enfermedad de Creutzfeldt-Jakob. Los ensayos clínicos para esta terapia potencial están ahora en proceso.

Más allá de la búsqueda de un tratamiento y una cura, esta enfermedad plantea también un problema ético. Como el IFF se hereda genéticamente, hemos podido rastrear retrospectivamente parte de su legado a través de generaciones anteriores. Ese linaje genético se remonta a Europa, y específicamente a Italia, donde una gran cantidad de familias la padecen. El cuidadoso trabajo detectivesco de cronología genética nos ha llevado hasta un médico veneciano de fines del siglo XVIII que al parecer sufrió este trastorno. Sin lugar a dudas, el gen se remonta incluso más allá de este individuo. Sin embargo, más importante que rastrear el pasado de la enfermedad es predecir su futuro. La certeza genética plantea una pregunta que resulta difícil de contestar: si tu genética determina que un día podrías verte afectado por esta incapacidad absoluta de dormir, ¿te gustaría saberlo? Además, si conocieras cuál iba a ser tu destino y aún no hubieras tenido hijos, ¿cambiaría eso tu decisión respecto a tener descendencia, sabiendo que eres portador de esos genes y que tienes la posibilidad de evitar la trasmisión de esta enfermedad? No resulta fácil responder a ninguna de estas preguntas, y ciertamente la ciencia no está en condiciones de ofrecer una respuesta, lo que supone añadir un plus de crueldad a esta terrible enfermedad.

Privación de sueño frente a privación de alimentos

El IFF sigue siendo la evidencia más sólida que tenemos de que la falta de sueño es mortal para el ser humano. No obstante, podemos decir que no es científicamente concluyente, ya que puede haber otros procesos relacionados que contribuyan a la muerte y que sean difíciles de distinguir de la falta de sueño. Se han dado casos de personas que murieron tras una prolongada privación total del sueño, como Jiang Xiaoshan. Se cree que permaneció despierto durante 11 días seguidos para poder ver todos los partidos de la Eurocopa de 2012, sin dejar de ir a trabajar diariamente. A los 12 días su madre lo encontró muerto en su departamento, aparentemente por falta de sueño. Asimismo, Moritz Erhardt, un empleado del Bank of America, sufrió un ataque epiléptico que le arrebató la vida tras una aguda privación del sueño por el exceso de trabajo. Sin embargo, se trata de casos concretos que resultan difíciles de validar y verificar científicamente.

No obstante, los estudios de investigación en animales han proporcionado una evidencia definitiva de la naturaleza letal de la privación total del sueño. El estudio más contundente, perturbador y éticamente cuestionable fue el publicado en 1983 por un equipo de investigación de la Universidad de Chicago. Su pregunta experimental era simple: ¿es necesario el sueño para vivir? Al evitar que las ratas durmieran durante varias semanas, llegaron a una respuesta inequívoca: en promedio, tras 15 días sin dormir, las ratas mueren.

Se obtuvieron dos resultados adicionales. En primer lugar, la muerte se producía igual de rápido con la privación total del sueño que con la privación total de alimentos. En segundo lugar, las ratas perdían la vida casi tan rápido por la privación selectiva del sueño REM que por la privación total del sueño. La ausencia absoluta de sueño no-REM desencadenó el mismo fatal desenlace, pero se requirió más tiempo antes de que se produjera la muerte: 45 días en promedio.

No obstante, se presentó un problema. A diferencia de lo que ocurre con la inanición, donde la causa de muerte se identifica fácilmente, los investigadores no pudieron determinar por qué las ratas habían muerto después de la ausencia de sueño, a pesar de lo rápido que había llegado la muerte. Algunas pistas surgieron de las evaluaciones realizadas durante el experimento y otras *post mortem*.

En primer lugar, a pesar de comer mucho más que los congéneres que dormían, las ratas privadas de sueño empezaron rápidamente a perder masa corporal durante el estudio. En segundo lugar, ya no podían regular su temperatura corporal central. Cuanto mayor era la privación del sueño, más frías se volvían, alcanzando la temperatura ambiente. Era un estado peligroso. Todos los mamíferos, incluidos los humanos, viven al borde de un acantilado térmico. Los procesos fisiológicos del cuerpo de los mamíferos solo pueden operar dentro de un rango de temperatura notablemente estrecho. Exceder por arriba o por debajo esos umbrales térmicos que definen la vida conduce rápidamente hacia la muerte.

No era una coincidencia que estas consecuencias metabólicas y térmicas se produjeran conjuntamente. Cuando la temperatura corporal central disminuye, los mamíferos responden aumentando su tasa metabólica. La energía consumida libera calor para calentar el cerebro y el cuerpo, de forma que se alcance un nivel térmico compatible con la vida. Pero en el caso de las ratas privadas de sueño ese esfuerzo era inútil. Como una vieja estufa de leña cuyo respiradero se ha dejado abierto sin tener en cuenta la cantidad de combustible que se va a añadir al fuego, el calor simplemente se esfumaba por la parte superior: las ratas metabolizaban desde adentro hacia afuera en respuesta a la hipotermia.

La tercera y quizá más reveladora consecuencia de la pérdida de sueño fue el cambio en el grosor de la piel. La privación del sueño dejó a estas ratas literalmente raídas. Aparecieron úlceras sobre su piel y heridas en sus patas y sus colas. No solo el sistema metabólico de las ratas empezó a implosionar, también lo hizo su sistema inmunitario.[3] No podían siquiera de-

---

[3] Cuando se publicaron estos hallazgos, una conocida revista de moda femenina contactó con Allan Rechtschaffen. La persona que escribía el artículo quería saber si la falta total de sueño ofrecía a las mujeres una forma emocionante, nueva y efectiva de perder peso. Ante la audacia de la pregunta, Rechtschaffen intentó redactar una respuesta a la altura. Admitió que la privación total forzada del sueño en ratas da como resultado la pérdida de peso, así que sí, la privación aguda del sueño durante días y días conducía a la pérdida de peso. La

fenderse de la más básica infección producida en su epidermis o debajo de ella, como veremos.

Por si estos signos externos de degradación de la salud no fueran lo suficientemente impactantes, el daño interno revelado por la autopsia resultó ser igualmente espantoso. El patólogo descubrió un paisaje de absoluta angustia fisiológica. Las complicaciones iban desde líquido en los pulmones y hemorragia interna hasta úlceras que perforaban el revestimiento del estómago. Algunos órganos, como el hígado, el bazo y los riñones, habían disminuido físicamente en tamaño y peso. Otras partes, como las glándulas suprarrenales que responden a las infecciones y al estrés, se mostraban notablemente agrandadas. Los niveles circulantes de la hormona corticosterona, relacionada con la ansiedad y liberada por las glándulas suprarrenales, se habían disparado en las ratas sin sueño.

¿Cuál había sido entonces la causa de la muerte? Ahí estaba el problema: los científicos no tenían ni idea, puesto que no todas las ratas sufrieron la misma señal patológica de fallecimiento. La única característica común era la muerte misma (o la alta probabilidad de que ocurriera, lo que llevaba a los investigadores a sacrificar a los animales).

En años posteriores, otros experimentos —los últimos de ese tipo que se realizaron, ya que los científicos albergaban dudas acerca de la ética de los mismos (a mi juicio con razón)— resolvieron finalmente el misterio. El elemento determinante fue la septicemia, una infección bacteriana tóxica y sistémica (de todo el organismo) que atravesó el torrente sanguíneo de las ratas y devastó todo su cuerpo hasta causarles la muerte. Sin embargo, lejos de tratarse de una infección pro-

---

periodista se mostró encantada con aquellas palabras. Sin embargo, Rechtschaffen ofreció una puntualización: además de la extraordinaria pérdida de peso, también se observaron otras consecuencias en las ratas, como heridas en la piel que supuraban líquido linfático, llagas que habían eviscerado sus patas, una decrepitud que se parecía al envejecimiento acelerado, un funcionamiento organico catastrófico (y finalmente fatal) y un colapso del sistema inmunológico, «por si acaso la apariencia y una vida más larga también formaban parte de los objetivos de sus lectoras». Al parecer, la entrevista terminó poco después.

veniente del exterior, las responsables del golpe mortal eran simples bacterias del propio intestino de las ratas. Si estas hubieran podido fortalecer su sistema inmunitario a través del sueño, habrían podido reprimir fácilmente el ataque.

La científica rusa Marie de Manacéïne había informado de las mismas consecuencias mortales de la privación continuada del sueño en la literatura médica un siglo antes. Ella notó que los perros jóvenes morían a los pocos días cuando se les impedía dormir (debo confesar que para mí estos estudios son difíciles de leer). Varios años después de los experimentos de Manacéïne, unos investigadores italianos llegaron a los mismos resultados, pero además observaron en la autopsia realizada a los perros una degeneración neuronal en el cerebro y en la médula espinal.

Tuvieron que pasar otros cien años antes de que los científicos de la Universidad de Chicago descubrieran finalmente por qué la falta de descanso es causa de una muerte rápida. Tal vez hayas visto esas pequeñas cajas rojas de plástico que hay en las paredes de algunos lugares de trabajo especialmente peligrosos y en las que está escrito: «Rompa el cristal en caso de emergencia». Si impones una ausencia total de sueño a un ser vivo, ya sea una rata o un ser humano, estarás provocando una emergencia, y encontrarás el equivalente biológico de este cristal hecho añicos esparcido por todo el cerebro y el cuerpo, hasta que se produzca un efecto fatal. Esto es lo que finalmente entendimos.

No, espera, ¡solo necesitas 6.75 horas de sueño!

Reflexionar sobre las consecuencias mortales que conlleva la privación del sueño —a largo plazo en el caso de que sea crónica; a corto plazo en el caso de que sea aguda— nos permite abordar la controversia que ha suscitado un reciente estudio sobre el sueño que muchos diarios, sin molestarse en consultar con los científicos, han interpretado de forma incorrecta. El estudio en cuestión fue realizado por investigadores de la Universidad de California en Los Ángeles y versaba sobre los hábitos de sueño de determinadas tribus preindustriales. Utilizando dispositivos de pulsera que monitoreaban la actividad, los investigadores rastrearon el sueño de tres tribus cazadoras-recolectoras que no se han visto afectadas por la cultura moderna industrial: el pueblo tsimané de Sudamérica y las tribus san y hadza de África, de las que ya hemos hablado previamente. Al evaluar los hábitos de sueño día tras día a lo largo de muchos meses, los hallazgos fueron los siguientes: las personas de estas tribus dormían un promedio de seis horas en verano y aproximadamente 7.2 horas durante el invierno.

Respetables medios de comunicación presentaron los hallazgos como una prueba de que en realidad los seres humanos no necesitan ocho horas completas de sueño, sugiriendo así que podemos sobrevivir bien con seis horas o menos. Por ejemplo, el titular de un importante periódico estadounidense decía: «Un reciente estudio sobre los cazadores-recolectores acaba con la idea de que estamos diseñados para necesitar ocho horas al día de sueño».

Otros medios se permitían cuestionar a la baja la suposición equivocada de que las sociedades modernas solo necesitan siete horas de sueño: «¿Realmente necesitamos dormir siete horas por noche?».

Tras haber leído la información científica que he presentado en este capítulo, te preguntarás cómo es posible que medios prestigiosos y respetados puedan realizar estas afirmaciones. Repasemos cuidadosamente los hallazgos y veamos si llegamos a la misma conclusión.

Si leyeras el estudio comprobarías que los integrantes de las tribus se daban entre 7 y 8.5 horas por noche para dormir. Más aún, los dispositivos de pulsera, que no son un medidor infalible ni preciso del sueño, estimaron que pasaban entre 6 y 7.5 horas de ese tiempo durmiendo. Por lo tanto, el tiempo que dedican al sueño los miembros de estas tribus es casi idéntico a lo que la Fundación Nacional del Sueño (National Sleep Foundation) y los Centros para el Control y Prevención de Enfermedades recomiendan para todos los humanos adultos: de siete a nueve horas en la cama.

El problema es que algunas personas confunden el tiempo dormido con el tiempo dedicado a dormir. Sabemos que muchas personas en el mundo moderno solo se dan entre 5 y 6.5 horas de sueño, lo que normalmente significa que solo obtendrán entre 4.5 y 6 horas de sueño real. De modo que el hallazgo no prueba que el sueño de las tribus cazadoras-recolectoras sea similar al de los que vivimos en sociedades postindustriales. Al contrario, lo que prueba es que ellos se dan más oportunidades para dormir que nosotros.

En segundo lugar, supongamos que las mediciones del reloj de pulsera son perfectamente exactas y que estas tribus obtienen un promedio anual de solo 6.75 horas de sueño por día. El siguiente error es utilizar esos datos para llegar a la conclusión de que los humanos, de forma natural, necesitan solo 6.75 horas de sueño. Ahí radica el problema.

Si te fijas en los dos titulares de prensa que he citado, advertirás que ambos usan la palabra «necesitar». Pero ¿de qué necesidad estamos hablando? El presupuesto (incorrecto) que se hizo fue el siguiente: el sueño que la tribu obtiene es el que todo ser humano necesita. Este razonamiento falla en dos aspectos. La necesidad no viene definida por lo que se obtiene (como nos enseña el trastorno del insomnio), sino más bien por si esa cantidad de sueño es o no suficiente para lograr todo lo que el sueño hace. La necesidad más obvia sería la de conseguir llevar una vida sana. Si nos fijamos en el promedio de vida de estos cazadores-recolectores, vemos que es de solo 58 años, a pesar de que son mucho más activos físicamente que nosotros, apenas padecen de obesidad y no consumen alimentos procesados que erosionan la salud. Por supuesto, no tienen acceso a la medicina y a la sanidad modernas, lo que hace que la esperanza de vida de los que vivimos en naciones industrializadas del primer mundo supere a la suya en más de una década. Pero es revelador que, según los datos epidemiológicos, podamos predecir que cualquier adulto que duerma un promedio de 6.75 horas por noche vivirá solo hasta los sesenta años: muy cerca del promedio de vida de estas tribus.

Sin embargo, lo que es más profético es lo que normalmente mata a las personas en estas tribus. Si sobreviven a las altas tasas de mortalidad infantil y adolescente, una causa común de muerte en la etapa adulta es la infección. Los sistemas inmunes débiles son una consecuencia conocida de la falta de sueño, como hemos visto con gran detalle. También debo señalar que uno de los fallos mortales más comunes del sistema inmune de los individuos de las tribus de cazadores-recolectores son las infecciones intestinales, algo que comparte una intrigante vinculación con las infecciones del tracto intestinal que mataron a las ratas privadas de sueño en los estudios anteriores.

Además de no reconocer esa relación entre la menor esperanza de vida y el poco tiempo de sueño que los investigadores midieron, el otro error en el que muchos incurrieron se produjo a la hora de responder a la pregunta de por qué estas tribus duermen lo que parece ser muy poco según lo que sabemos gracias a miles de estudios.

Todavía no conocemos todos los motivos, pero un factor que probablemente contribuye a ello lo encontramos en el nombre que les damos a estas tribus: cazadoras-recolectoras. Una de las pocas formas universales de forzar a los animales de todo tipo a dormir menos de lo normal es limitar los alimentos. Cuando la comida escasea, el sueño se reduce, ya que los animales intentan mantenerse despiertos para alimentarse durante más tiempo. Parte de la razón por la que en estas tribus cazadoras-recolectoras no hay obesos es porque están constantemente buscando alimentos, que por otra parte son escasos, de forma que pasan gran parte de su vida despiertos intentando alimentarse. Por ejemplo, hay días en que los hadzas obtienen 1 400 calorías o menos, y habitualmente comen entre trescientas y seiscientas calorías diarias menos que las que consumimos en las culturas occidentales modernas. Por tanto, una gran parte del tiempo a lo largo del año lo pasan en un estado próximo a la inanición, lo que puede tener consecuencias biológicas que reduzcan el tiempo de sueño, aun cuando la necesidad de dormir es mayor que cuando los alimentos son abundantes. Por lo tanto, concluir que los humanos, ya sea en sociedades modernas o preindustriales, necesitan menos de siete horas de sueño parece ser una presunción equivocada, si no un mito sensacionalista.

¿Dormir nueve horas por noche es demasiado?

La evidencia epidemiológica sugiere que la relación entre el sueño y el riesgo de mortalidad no es proporcional. Es decir, no es cierto que cuanto más tiempo durmamos, menor será el riesgo de muerte (y viceversa). Al contrario, el riesgo de muerte crece una vez que la cantidad media de sueño rebasa las nueve horas diarias, dando como resultado una forma de J invertida e inclinada:

Dos puntos son dignos de mención a este respecto. En primer lugar, si analizamos con detalle esos estudios, comprobaremos que las causas de muerte en individuos que duermen nueve horas o más incluyen infección (por ejemplo, neumonía) y cánceres de inmunidad activa. Sabemos por lo dicho anteriormente en este libro que la enfermedad, especialmente la enfermedad que activa una vigorosa respuesta inmune, genera más sueño. Por tanto, las personas enfermas deberían dormir más tiempo para poder aprovecharse de los beneficios saludables que aporta el sueño en su lucha contra la enfermedad. Lo que pasa es que algunas enfermedades, como el cáncer, son demasiado resistentes y, por mucho que se duerma, no pueden ser vencidas a través del sueño. Eso ha llevado a creer que dormir demasiado conduce a una muerte prematura, en lugar de a la conclusión más plausible de que la enfermedad era inmune a cualquier esfuerzo, también al de la benéfica extensión del tiempo de sueño para derrotarla. Digo «más plausible», en lugar de «igualmente plausible», porque no se han descubierto mecanismos biológicos que demuestren que el sueño es perjudicial en modo alguno.

Es importante que se entienda bien lo que digo. No estoy sugiriendo que dormir 18 o 22 horas todos los días, si eso es fisiológicamente posible, sea mejor que dormir nueve horas al día. Es improbable que el sueño funcione de una manera tan lineal. Hay que tener en cuenta que la comida, el oxígeno y el agua muestran también una relación en forma de J invertida con respecto al riesgo de mortalidad. Comer en exceso acorta la vida. La hidratación extrema puede provocar aumentos fatales en la presión sanguínea asociados con un accidente cerebrovascular o un ataque cardíaco. Demasiado oxígeno en la sangre, lo que se conoce como hiperoxia, es tóxico para las células, especialmente las del cerebro.

El sueño, como la comida, el agua y el oxígeno, puede compartir esta relación con el riesgo de mortalidad cuando se lleva al extremo. Después de todo, la vigilia en la cantidad correcta es evolutivamente adaptativa, al igual que el sueño. Tanto el sueño como la vigilia proporcionan ventajas de supervivencia sinérgicas y fundamentales, aunque a menudo diferentes. Existe un equilibrio adaptativo entre ambos. En los humanos, para un adulto medio, ese equilibrio se cifra en unas 16 horas de vigilia y alrededor de ocho horas de sueño.

13

iPad, sirenas de fábrica y tragos

¿Qué te impide dormir?

Muchos de nosotros estamos agotados. ¿Por qué? ¿Qué es lo que hace que la vida moderna pervierta nuestros patrones de sueño instintivos, limitando nuestras posibilidades de dormir y erosionando la capacidad de hacerlo durante toda la noche? Para aquellos de nosotros que no tenemos un trastorno del sueño, las razones que subyacen a esta deficiencia del sueño pueden parecer difíciles de precisar, e incluso cuando parecen claras suelen ser erróneas.

Más allá del tiempo excesivo que empleamos en los desplazamientos y de la «postergación del sueño» causada por la televisión y el entretenimiento digital a última hora de la noche —circunstancias estas que no carecen de importancia en la limitación del tiempo que dedicamos a dormir tanto nosotros como nuestros hijos—, cinco factores clave han cambiado de forma decisiva la cantidad y la calidad de nuestro sueño: *1)* la constante luz eléctrica, así como la luz LED, *2)* la regulación de la temperatura, *3)* la cafeína (tratada en el capítulo 2), *4)* el alcohol y *5)* las tarjetas para checar en el trabajo. Este conjunto de fuerzas diseñadas por la sociedad es el responsable de que muchas personas tengan la sensación de que padecen insomnio desde el punto de vista médico.

El lado oscuro de la luz moderna

El 255-257 de Pearl Street, en el Bajo Manhattan, no muy lejos del puente de Brooklyn, es un lugar modesto, pero acogió uno de los cambios más trascendentes de la historia de la humanidad. Aquí Thomas Edison construyó la primera planta de energía del mundo. Por primera vez, la humanidad tenía un método para desengancharse del ciclo natural de 24 horas de luz y oscuridad de nuestro planeta. Con el movimiento de un interruptor dispusimos de la capacidad para controlar nuestra luz ambiental y, con ella, nuestras fases de vigilia y de sueño. Nosotros, y no el movimiento de rotación del planeta Tierra, decidiríamos ahora cuándo era de «noche» y cuándo era de «día». Somos la única especie que ha logrado iluminar la noche de un modo tan espectacular.

Los humanos somos criaturas primordialmente visuales. Más de un tercio de nuestro cerebro tiene como función procesar información visual, muy por encima de lo que se dedica a los sonidos, los olores o lo que guarda relación con el lenguaje y el movimiento. Para los primeros *Homo sapiens*, la mayoría de las actividades cesaban después de la puesta de sol. Tenían que hacerlo así, ya que dependían de la visión aportada por la luz del día. El advenimiento del fuego y su limitado halo de luz posibilitó extender algunas actividades más allá del crepúsculo. Pero el efecto fue moderado. Se ha documentado que tribus de cazadores-recolectores como los hazdas y los san realizaban alrededor del resplandor de la hoguera a primeras horas de la noche actividades sociales como el canto y la narración. Sin embargo, las limitaciones prácticas de la luz del fuego anularon cualquier influencia significativa sobre los patrones de sueño y vigilia.

Las lámparas de gas y aceite, y, antes de ellas, las velas, permitieron mejorar la calidad de las actividades nocturnas. Si contemplamos una pintura de Renoir de la vida parisina del siglo XIX veremos el ya extendido alcance de la luz artificial. La luz que, proveniente de las linternas de gas, salía de las casas y llegaba a las calles, empezó a iluminar distritos enteros de la ciudad. En este momento, la influencia de la luz artificial empezó a reestructurar los patrones del sueño humano, cosa que con el tiempo no haría sino intensificarse. Los ritmos nocturnos de sociedades enteras, no solo de los individuos o las familias, se vieron rápidamente afectados por la luz nocturna, dando así inicio a nuestra tendencia a acostarnos cada vez más tarde.

Para el núcleo supraquiasmático —el reloj de 24 horas del cerebro—, lo peor estaba por venir. La planta eléctrica de Edison en Manhattan permitió la adopción masiva de luz incandescente. Edison no creó el primer foco incandescente; ese honor le correspondió al químico inglés Humphry Davy, en 1802. Pero a mediados de la década de 1870, la Edison Electric Light Company empezó a desarrollar un foco fiable que se pudiera comercializar en masa. Los focos incandescentes y, décadas después, los fluorescentes, permitían que los humanos modernos ya no pasáramos la mayor parte de la noche en la oscuridad, como lo habíamos hecho durante milenios.

Cien años después de Edison, empezamos a comprender los mecanismos biológicos por los cuales los focos eléctricos lograron transformar nuestro tiempo natural y la calidad de nuestro sueño. El espectro de luz visible (lo que nuestros ojos pueden ver) abarca una amplia gama, desde longitudes de onda más cortas (aproximadamente 380 nanómetros), que percibimos como violetas y azules más fríos, hasta longitudes de onda más largas (alrededor de setecientos nanómetros), que percibimos como amarillos más cálidos y rojos. La luz del sol contiene una poderosa combinación de todos estos colores (como se puede apreciar en la icónica portada del álbum de Pink Floyd, *Dark Side of the Moon*).

Antes de Edison y de las lámparas de gas y aceite, al ponerse el sol desaparecía la luz, lo cual era detectado por el reloj de 24 horas situado dentro del cerebro (el núcleo supraquiasmático descrito en el capítulo 2). La desaparición de la luz del día informa a nuestro núcleo supraquiasmático que es de noche y que, por tanto, es hora de soltar el pedal de freno de nuestra glándula pineal, lo que le permite a esta liberar grandes cantidades de melatonina que le indican a nuestro cerebro y a nuestro cuerpo que es hora de irse a la cama. El sueño normal y el cansancio precedente sobrevienen habitualmente horas después de que anochezca.

La luz eléctrica puso fin a este orden natural de cosas. Se redefinió el significado de la medianoche. La luz artificial, incluso la más moderada, engaña al núcleo supraquiasmático haciéndole creer que el sol aún no se ha puesto. La luz eléctrica hace que en tu cerebro se le imponga un potente freno a la melatonina, que de otro modo habría sido liberada con el anochecer.

Así pues, la luz artificial que baña las estancias interiores de nuestro mundo moderno, detendrá el avance del tiempo biológico, que viene determinado de forma natural por la oleada nocturna de melatonina. El sueño en los humanos modernos retrasa su inicio, que tendría lugar naturalmente entre las ocho y las diez de la noche, tal como lo observamos en las tribus de cazadores-recolectores. La luz artificial en las sociedades modernas nos engaña para creer que todavía es de día, y lo hace usando una mentira fisiológica.

El grado en que la luz eléctrica de la tarde retrasa tu reloj interno de 24 horas es importante: por lo general, de dos a tres horas cada noche, en promedio. Pongamos un ejemplo: digamos que estás leyendo este libro a las 11 de la noche en la ciudad de Nueva York, después de haber estado rodeado de luz eléctrica toda la noche. Tu reloj en la mesita de noche quizás indique que son las 11, pero la omnipresencia de la luz artificial ha puesto pausa a tu tictac interno dificultando la liberación de melatonina. En términos biológicos, has sido arrastrado hacia la costa oeste del continente, hasta la hora de Chicago (diez de la noche) o incluso hasta la de San Francisco (ocho de la noche).

La noche artificial y la luz nocturna pueden enmascararse como una forma de insomnio: la incapacidad de empezar a dormir poco después de meterse en la cama. Al retrasar la liberación de melatonina, la luz artificial de la noche hace que sea considerablemente menos probable que puedas conciliar el sueño en un tiempo razonable. Una vez que apagas finalmente la luz, resulta más difícil que el sueño llegue pronto. Pasará algún tiempo antes de que la creciente marea de melatonina, guiada por la oscuridad que acaba de empezar, pueda sumergir al cerebro y al cuerpo en sus concentraciones máximas; en otras palabras, antes de que seas biológicamente capaz de dar inicio a un sueño estable y robusto.

¿Qué ocurre con la pequeña lámpara de noche? ¿Cuánto puede realmente influir en tu núcleo supraquiasmático? Resulta que mucho. Incluso se ha demostrado que hasta una pizca de luz tenue —de ocho a diez luxes— retrasa la liberación de melatonina nocturna en humanos. La más débil de las lámparas de noche produce el doble: de veinte a ochenta luxes. Una sala de estar sutilmente iluminada, donde la mayoría de la gente suele pasar varias horas antes de acostarse, arroja unos doscientos luxes. A pesar de representar solo entre el 1% y el 2% de la intensidad de la luz del día, este nivel ambiental de iluminación incandescente puede provocar una reducción del 50% de la melatonina en el cerebro.

Y cuando parecía que las cosas ya no podían ir peor para el núcleo supraquiasmático debido a las lámparas incandescentes, en 1997 un nuevo invento agravó la situación: los diodos emisores de luz azul o LED azules. Por esta invención, Shuji Nakamura, Isamu Akasaki e Hiroshi Amano ganaron el Premio Nobel de Física en 2014. Fue un logro notable. Las luces LED azules ofrecen ventajas considerables con respecto a las lámparas incandescentes, ya que generan menos demanda de energía y prolongan la vida útil de los focos. Pero pueden acortar inadvertidamente nuestras vidas.

Los receptores de luz en el ojo que informan al núcleo supraquiasmático de que es «de día» son más sensibles a la luz de onda corta dentro del espectro azul, que es justo el punto en el que los LED azules son más potentes. Como consecuencia, la luz LED azul vespertina tiene el doble de impacto dañino en la supresión nocturna de la melatonina que la luz cálida y amarilla de los antiguos focos incandescentes, incluso cuando sus intensidades coinciden.

Por supuesto, pocos de nosotros miramos de frente el resplandor de una lámpara LED cada noche. Pero sí miramos cada noche las pantallas de las computadoras portátiles, de los teléfonos inteligentes y de las tabletas, a veces durante muchas horas y a menudo con estos dispositivos a solo unos centímetros de nuestras retinas. Una encuesta reciente realizada a más de 1500 adultos estadounidenses descubrió que el 90% de las personas utilizan regularmente algún tipo de dispositivo electrónico portátil hasta una hora antes de acostarse, lo cual tiene un impacto enorme en la liberación de melatonina y, por lo tanto, en la capacidad de iniciar el sueño.

Uno de los primeros estudios descubrió que el uso de un iPad —una tableta electrónica enriquecida con luz LED azul— durante las dos horas previas a ir a la cama bloqueaba los niveles de melatonina, que de otro modo aumentarían en un significativo 23%. Un informe posterior fue aún más concluyente. Unos adultos sanos vivieron durante un período de dos semanas en un ambiente de laboratorio estrictamente controlado. El período de dos semanas se dividió en dos mitades, cada una de las cuales ofrecía una variante experimental a la que todos se sometieron: *1)* cinco noches leyendo un libro en un iPad durante varias horas antes de irse a la cama (no se permitió el uso de ninguna otra aplicación, como correo electrónico o internet), y *2)* cinco noches de lectura de un libro impreso en papel durante varias horas antes de acostarse.

En comparación con la lectura de un libro impreso, leer en un iPad suprimió la liberación de melatonina en más del 50% por la noche. De hecho, la lectura del iPad retrasó el aumento de la melatonina hasta en tres horas, en relación con el aumento natural que se producía en estas mismas personas cuando leían un libro impreso. Al leer en el iPad, su pico de melatonina y, por lo tanto, las órdenes de dormir, no llegaron hasta las primeras horas de la madrugada, en lugar de antes de la medianoche. Como era de esperar, tardaron más en conciliar el sueño después de la lectura en el iPad que después de leer el libro impreso.

Pero, más allá de este desfase en la liberación de melatonina, ¿la lectura en el iPad cambió realmente la cantidad o la calidad del sueño? La respuesta es que sí, y lo hizo de tres formas. En primer lugar, los individuos perdieron cantidades significativas de sueño REM. En segundo lugar, se sintieron menos descansados y más somnolientos al día siguiente. Y en tercer lugar, como si se tratara de un efecto de resaca digital, los participantes sufrieron un retraso de noventa minutos en sus niveles más altos de melatonina días después de haber dejado de utilizar el iPad.

El uso de dispositivos LED durante la noche afecta a nuestros ritmos de sueño naturales, la calidad de nuestro sueño y el nivel de alerta en el que estamos durante el día. Las consecuencias para la salud pública y para la sociedad, de las que hablaremos en el penúltimo capítulo, no son menores. Todos hemos visto a niños pequeños usando tabletas electrónicas a cualquier hora del día... y de la tarde. Los dispositivos son maravillosos artilugios tecnológicos. Enriquecen las vidas y la educación de nuestros jóvenes. Pero esa tecnología también está llenando sus ojos y cerebros de una poderosa luz azul que tiene un efecto dañino en el sueño: ese sueño que los cerebros en desarrollo tan desesperadamente necesitan para florecer.[1]

Debido a su omnipresencia, las soluciones para limitar la exposición a la luz artificial de la tarde conllevan un gran desafío. Un buen comienzo es contar con una luz tenue y suave en las habitaciones donde pasas las horas de la noche. Evita las luces de techo potentes. Por la noche debe prevalecer la

---

[1] Para aquellos que se preguntan por qué la luz azul fría es la luz visible más potente a la hora de frenar la liberación de melatonina, la respuesta se encuentra en nuestro pasado ancestral. Los seres humanos, así como al parecer todos los organismos terrestres, emergieron de la vida marina. El océano actúa como un filtro de luz, eliminando la mayor parte de la luz de longitud de onda amarilla y roja. Lo que queda es la luz de longitud de onda azul más corta. Esa es la razón por la que el océano, y nuestra visión cuando estamos sumergidos bajo su superficie, parece azul. Por lo tanto, gran parte de la vida marina evolucionó dentro del espectro de luz visible azul, incluida la evolución de la vista acuática. Nuestra sensibilidad hacia la luz azul fría es, por tanto, una herencia de nuestros antepasados marinos. Por desgracia, este giro evolutivo del destino nos ha vuelto a colocar bajo el tormento de una nueva era de luz LED azul, que desajusta nuestro ritmo de melatonina y, por lo tanto, nuestro ritmo de sueño y vigilia.

iluminación ambiental. Algunas personas especialmente concienciadas incluso usan lentes amarillos durante la tarde y la noche para ayudar a filtrar la luz azul, que es la más dañina para la melatonina.

Igualmente importante es mantener la oscuridad completa durante toda la noche. La solución más fácil es colocar cortinas opacas. Por último, puedes instalar un software en tus computadoras, teléfonos y tabletas que atenúe gradualmente la dañina luz LED azul a medida que avanza la noche.

Adiós al alcohol antes de dormir

A falta de pastillas para dormir, que requieren receta médica, el más extendido de todos los «somníferos» es el alcohol. Muchas personas creen que el alcohol les ayuda a conciliar el sueño más fácilmente, o incluso que les ofrece un sueño más profundo durante toda la noche. Ambas cosas son decididamente falsas.

El alcohol pertenece a una clase de drogas llamadas sedantes. Dentro del cerebro se une a los receptores que evitan que las neuronas activen sus impulsos eléctricos. Decir que el alcohol es un sedante a menudo confunde a las personas, ya que el alcohol en dosis moderadas ayuda a las personas a animarse y volverse más sociables. ¿Cómo puede animarte un sedante? La respuesta se reduce al hecho de que el efecto socializador es causado por la sedación de una parte de tu cerebro, la corteza prefrontal, durante la primera fase de la embriaguez. Como hemos visto, esta región del lóbulo frontal del cerebro humano ayuda a controlar nuestros impulsos y restringe nuestro comportamiento. El alcohol inmoviliza en primer lugar esa parte de nuestro cerebro. Como resultado, nos «relajamos», volviéndonos menos contenidos y más extrovertidos. Pero lo que se produce físicamente es una sedación cerebral.

Si le damos al alcohol un poco más de tiempo, empezará a sedar otras partes del cerebro arrastrándolas a un estado de aturdimiento, al igual que lo sucedido en la corteza prefrontal.

A medida que aumenta el efecto aletargante del alcohol, empezamos a notarnos más espesos y lentos, señal de que el alcohol empieza a sedar nuestro cerebro. Nuestra voluntad y capacidad de permanecer conscientes disminuyen, lo que hace que podamos perder más fácilmente la conciencia. Sin embargo, estamos evitando deliberadamente el término «dormir» porque la sedación no significa dormir. El alcohol hace que te relajes durante la vigilia, pero no induce al sueño natural. Al ingerir alcohol, el estado de las ondas cerebrales eléctricas no es el del sueño natural; más bien, es similar a una forma ligera de anestesia.

Sin embargo, este no es el peor efecto que tiene para el sueño el último trago antes de ir a dormir. Además de con la sedación artificial, el alcohol desbarata el sueño de un individuo de dos maneras adicionales.

Primero, el alcohol fragmenta el sueño, salpicando la noche con breves despertares. El sueño infundido por el alcohol no es continuo y, por tanto, no es reparador. Por desgracia, la mayoría de estos despertares nocturnos pasan desapercibidos para el que duerme, ya que no los recuerda. De esta manera, los individuos no relacionan el consumo de alcohol de la noche anterior con el agotamiento del día siguiente causado por la interrupción constante del sueño no detectada. Presta atención a esta relación casual, ya sea en ti mismo o en los demás.

En segundo lugar, el alcohol es uno de los supresores más eficaces del sueño REM que conocemos. Cuando el cuerpo metaboliza el alcohol, produce subproductos químicos llamados aldehídos y cetonas. Los aldehídos en particular bloquearán la capacidad del cerebro para generar sueño REM. Vendrían a provocar como una versión cerebral del paro cardíaco, ya que evitan las pulsaciones de las ondas cerebrales, que de otro modo alimentarían la capacidad de soñar. Las personas que consumen alcohol, ya sea por la tarde o por la noche, incluso en cantidades moderadas, se están privando de la oportunidad de soñar mientras duermen.

En pruebas realizadas a alcohólicos se ha podido demostrar que, cuando beben, apenas presentan sueño REM. Pasar largos períodos sin soñar genera una tremenda acumulación de presión para obtener sueño REM. Tan grande, de hecho, que puede acabar infligiendo a estos individuos una aterradora consecuencia: la agresiva intrusión de sueños mientras están completamente despiertos. La presión reprimida del sueño REM irrumpe con fuerza en la conciencia despierta, causando alucinaciones, delirios y desorientación general. El término técnico para este aterrador estado psicótico es *delirium tremens*.[2]

Si el adicto ingresa en un programa de rehabilitación y se abstiene de tomar alcohol, el cerebro empezará a disfrutar del sueño REM, realizando un desesperado esfuerzo por recuperar aquello que hacía tiempo ansiaba. A este efecto se le conoce como rebote del sueño REM, y se ha observado también en los individuos que han intentado superar el récord mundial de privación de sueño (antes de que esta hazaña potencialmente mortal fuera prohibida).

Sin embargo, como confirma un estudio, no es necesario consumir alcohol de forma abusiva para que se produzca la interrupción del sueño REM. Recordemos que una de las funciones del sueño REM es ayudar en la integración y asociación de la memoria: el tipo de procesamiento de la información necesario para desarrollar reglas gramaticales en el aprendizaje de un nuevo idioma o la síntesis de grandes cantidades de hechos interconectados. Los investigadores reclutaron a un gran grupo de estudiantes universitarios para un estudio de siete días. Los participantes fueron asignados a una de las tres condiciones experimentales previstas. El día 1, todos los participantes aprendieron una nueva gramática artificial, algo semejante a un nuevo lenguaje de programación o una nueva forma de álgebra. Se trataba del tipo de tarea de memoria que promueve el sueño REM. En ese primer día, todo el mundo aprendió el nuevo material con un alto nivel de competencia, alcanzando una precisión del 90%. Una semana después, los participantes fueron evaluados para ver qué parte de esa in-

---

[2] V. Zarcone, «Alcoholism and sleep», *Advances in Bioscience and Biotechnology*, 21, 1978, pp. 29-38.

formación había sido consolidada tras las seis noches de sueño que habían tenido entremedio.

Lo que distinguía a los tres grupos era el tipo de sueño que tenían. En el primer grupo, el de control, a los participantes se les permitió dormir de forma natural y completa durante todas las noches intermedias. En el segundo grupo, los experimentadores emborracharon ligeramente a los estudiantes justo antes de que estos se acostaran la primera noche después del aprendizaje diurno. Les dieron a los participantes dos o tres tragos de vodka mezclado con jugo de naranja, fijando la cantidad específica de alcohol en sangre en función del sexo y el peso corporal. En el tercer grupo les permitieron a los participantes dormir de forma normal la primera y la segunda noche, y luego los emborracharon de manera similar antes de que se acostaran la tercera noche.

Debemos tener en cuenta que los tres grupos abordaron el estudio el primer día estando sobrios, y se evaluaron al séptimo día estando también sobrios. De esta manera, cualquier diferencia de memoria entre los tres grupos no podría explicarse por los efectos directos del alcohol sobre la formación de la memoria o sobre el recuerdo posterior, sino por una disfunción en la consolidación de la memoria producida en el período intermedio.

El último día, los participantes que habían dormido de manera natural recordaron todo lo que habían aprendido inicialmente, incluso mostraron una mejora de la abstracción y de la retención del conocimiento en comparación con los niveles iniciales de aprendizaje, tal como esperaríamos tras un buen sueño. Por el contrario, aquellos que durmieron habiendo ingerido alcohol la primera noche tras la prueba sufrieron lo que puede describirse de forma prudente como amnesia parcial: habían olvidando más del 50% de todo lo aprendido siete días antes. Esto concuerda bien con una evidencia que mostramos previamente: el requisito no negociable del cerebro de dormir la primera noche después del aprendizaje con el propósito de procesar la memoria.

La verdadera sorpresa provino de los resultados del tercer grupo de participantes. A pesar de tener dos noches completas de sueño natural después del aprendizaje inicial, su sueño rociado con alcohol en la tercera noche causó casi el mismo nivel de amnesia: el 40% del conocimiento que habían adquirido durante el primer día fue olvidado.

El trabajo nocturno del sueño REM, que normalmente asimila el conocimiento complejo de la memoria, se había visto interferido por el alcohol. Más sorprendente, tal vez, fue constatar que el cerebro no había terminado de procesar ese conocimiento después de la primera noche de sueño. Los recuerdos permanecen peligrosamente vulnerables a cualquier interrupción del sueño —incluida la provocada por el alcohol— hasta tres noches después del aprendizaje, a pesar de intercalar dos noches completas de sueño natural.

Pongamos un caso práctico: un estudiante que se aplica diligentemente para un examen el lunes siguiente. Estudia a fondo todo el miércoles anterior. Sus amigos lo invitan a salir esa noche a tomar algo, pero él sabe cuán importante es dormir, así que se niega. El jueves, sus amigos de nuevo lo invitan a salir, pero él los rechaza otra vez y duerme profundamente una segunda noche. Finalmente llega el viernes, es decir, la tercera noche tras la sesión de aprendizaje. Sus amigos vuelven a salir de fiesta, y él, que se siente confiado por haber dedicado al sueño dos noches y piensa que el recuerdo de lo aprendido ya se habrá afianzado en su cerebro, decide darse un respiro. Tristemente, no es así. Incluso entonces, al bloquear el sueño REM, el consumo de alcohol borrará mucho de lo que había estudiado y afianzado conceptualmente.

¿Cuánto tiempo pasará antes de que esos nuevos recuerdos finalmente queden asegurados? En realidad, todavía no lo sabemos, aunque hay estudios en curso que abarcan varias semanas. Lo que sí sabemos es que en la tercera noche el sueño todavía no ha terminado de afianzar esos recuerdos recién adquiridos. Cuando presento estos hallazgos a mis estudiantes universitarios, los oigo lamentarse. El consejo políticamente incorrecto, que por supuesto nunca daría, es tomar una copa por la mañana. De esta manera, cuando se vayan a dormir por la noche, el alcohol ya estará fuera de su sistema.

Dejando de lado los consejos banales, ¿cuál es la recomendación cuando se trata de dormir y beber alcohol? Es difícil no parecer puritano, pero la evidencia es demasiado fuerte con respecto a los efectos nocivos del alcohol en el sueño. Mucha gente disfruta de una copa de vino con la cena, incluso con algún licor después. Pero su hígado y sus riñones tardan muchas horas en degradar y expulsar ese alcohol, incluso si se trata de personas con enzimas de acción rápida para la descomposición del etanol. El alcohol nocturno interrumpirá su sueño, de modo que, aunque pueda resultar antipático, el mejor y más sincero consejo que podría darles es que se abstuvieran de consumir alcohol.

Enfriamiento nocturno

El ambiente térmico, específicamente la temperatura corporal, es quizás el factor que menos tenemos en cuenta de entre los que determinan la facilidad con la que nos dormiremos por la noche y la calidad de nuestro sueño. La temperatura ambiente, la ropa de cama y lo que nos pongamos para dormir definen la envoltura térmica de nuestro cuerpo por la noche. La temperatura ambiental ha variado drásticamente en la época moderna. Este cambio ha modificado el tipo de sueño de nuestros contemporáneos, distinguiéndolo del de culturas preindustriales, así como del de los animales.

Para iniciar con éxito el sueño, tal como se describe en el capítulo 2, la temperatura corporal necesita disminuir alrededor de un grado Celsius. Por esta razón, siempre nos resultará más fácil conciliar el sueño en una habitación que esté demasiado fría que en una que esté demasiado caliente, ya que en la primera el cerebro y el cuerpo se ven arrastrados a una temperatura más baja, adecuada para dormir.

La disminución en la temperatura corporal es detectada por un grupo de células termosensibles situadas dentro del hipotálamo. Estas células viven justo al lado del reloj de 24 horas del núcleo supraquiasmático, y por buenas razones. Una vez que la temperatura corporal desciende por la noche, las células termosensibles envían rápidamente un mensaje conciliador al núcleo supraquiasmático (que se añade al mensaje que indica que está oscureciendo), animándolo a que inicie la oleada vespertina de melatonina y, con ella, la orden de dormir. Por lo tanto, los niveles nocturnos de melatonina están controlados no solo por la disminución de la luz al atardecer, sino por la disminución de la temperatura que coincide con la puesta del sol. Así pues, la luz ambiental y la temperatura, de forma sinérgica aunque independiente, dictan los niveles de melatonina nocturna ideales para dormir.

El cuerpo no se muestra pasivo a la hora de permitir que el frío de la noche lo adormezca, sino que participa activamente. Una forma de controlar la temperatura corporal central es a través de la superficie de la piel. La mayor parte del trabajo térmico lo realizan en particular tres partes del cuerpo: las manos, los pies y la cabeza. Estas tres zonas son ricas en vasos sanguíneos entrecruzados, conocidos como anastomosis arteriovenosas, que se encuentran cerca de la superficie de la piel. Al igual que cuando se tiende la ropa en un tendedero, esta masa de vasos permite que la sangre se extienda a través de una vasta superficie de la piel y entre en estrecho contacto con el aire que la rodea. Las manos, los pies y la cabeza son dispositivos de radiación extraordinariamente eficientes que, justo antes del inicio del sueño, eliminan el calor corporal en una decisiva secuencia de ventilación térmica que disminuye la temperatura corporal central. Las manos y los pies tibios ayudan a refrescar el núcleo del cuerpo, lo que induce a dormir de una manera rápida y eficiente.

No es una coincidencia evolutiva que hayamos desarrollado el ritual de refrescarnos con agua una de las partes más vascularizadas de nuestro cuerpo, la cara, y que además utilicemos para ello las manos, cuya superficie también está altamente vascularizada. Podría pensarse que la sensación de tener el rostro limpio nos ayuda a dormir mejor, pero la limpieza facial no altera ni modifica nuestro descanso. Sin embargo, el gesto invita a dormir, pues el agua, ya sea fría o caliente, ayuda a disipar el calor de la superficie de la piel a medida que se evapora, enfriando así el núcleo interno del cuerpo.

El gesto habitual de sacar las manos y los pies de debajo de la colcha mientras dormimos durante la noche responde a la necesidad de descargar el calor de nuestras extremidades cuando el núcleo se calienta demasiado. Quien tenga hijos probablemente haya observado el mismo fenómeno a media noche: sus bracitos y sus pies cuelgan de la cama de maneras divertidas (y entrañables), a diferencia de cuando los llevamos a dormir, tan arropados. La rebelión de las extremidades ayuda a mantener fresco el cuerpo, permitiendo conciliar el sueño y seguir dormido.

La relación entre sueño y enfriamiento corporal se vincula de manera evolutiva con el flujo y reflujo de la temperatura durante las 24 horas del día. El *Homo sapiens* (y, por tanto, los patrones de sueño modernos) evolucionaron en las regiones ecuatoriales del África oriental. A pesar de experimentar solo modestas fluctuaciones en la temperatura media anual (+/- 3 °C), estas áreas presentan importantes diferencias térmicas entre el día y la noche, tanto en invierno (+/- 8 °C) como en verano (+/- 7 °C).

Las culturas preindustriales, como la de la tribu nómada gabra, en el norte de Kenia, y la de los cazadores-recolectores de las tribus hadza y san, han permanecido en armonía térmica con este ciclo diurno y nocturno. Duermen en cabañas porosas, sin sistemas de refrigeración ni calefacción, utilizan muy poca ropa de cama y van semidesnudos. Duermen así desde el nacimiento hasta la muerte. Dicha exposición voluntaria a las fluctuaciones de la temperatura ambiente es un factor importante —junto con la falta de luz nocturna artificial— que determina una calidad del sueño oportuna y saludable. La ausencia de control de la temperatura y de exceso de ropa nocturna propician una forma de liberalidad térmica que, lejos de perjudicarlos, favorece las necesidades del sueño.

En marcado contraste, las culturas industrializadas han suspendido su relación con el aumento y la disminución natural de la temperatura ambiental. El control de la temperatura en los hogares, a menudo con calefacción central y aire acondicionado, además del uso de cubrecamas y pijamas, determina un patrón térmico con mínimas variaciones. Al vernos privados de la disminución natural de la temperatura, nuestros cerebros no reciben la instrucción de enfriamiento dentro del hipotálamo que facilita la liberación de melatonina. Además, a nuestra piel le cuesta «exhalar» el calor necesario para poder bajar la temperatura central y hacer la transición al sueño.

La temperatura ideal del dormitorio para conciliar el sueño es de 18.3 °C, contando con ropa de cama estándar y alguna prenda de dormir. Esto puede sorprenderle a muchos, ya que parece demasiado fría para resultar confortable. Desde luego, esa temperatura específica puede variar en función de cada individuo y de su propia fisiología, edad y género. Pero al igual que las recomendaciones calóricas, es un buen objetivo para el ser humano medio. La mayoría de nosotros establecemos la temperatura ambiental de la casa y del dormitorio a un nivel más alto de lo óptimo para dormir, y esto probablemente contribuye a una cantidad y una calidad del sueño inferiores. Una temperatura por debajo de 12.5 °C puede ser perjudicial para lograr dormir, a menos que se use ropa de cama y prendas abrigadas. Sin embargo, la mayoría de nosotros caemos en la categoría opuesta, con una temperatura media de 21 °C. Los médicos del sueño que tratan pacientes con insomnio a menudo preguntan acerca de la temperatura ambiente, aconsejando a sus pacientes bajar entre tres y cinco grados la temperatura a la que están acostumbrados.

Cualquier persona que no crea en la influencia que la temperatura puede tener en el sueño puede explorar algunos experimentos verdaderamente curiosos sobre este tema que se extienden por toda la literatura de investigación. Los científicos, por ejemplo, calentaron suavemente los pies o el cuerpo de las ratas para hacer que la sangre subiera a la superficie de la piel y emitiese calor, disminuyendo así la temperatura corporal central. Las ratas se durmieron mucho más rápido de lo normal.

En una versión humana más extravagante del experimento, los científicos construyeron un traje térmico para dormir no muy diferente en apariencia a un traje de neopreno. El traje estaba recubierto por una intrincada red de tubos finos o venas que atravesaban el cuerpo como un mapa de carretera, cubriendo las partes principales: brazos, manos, torso, piernas y pies. Y al igual que en la red de carreteras, que está controlada por diferentes autoridades locales o estatales, cada zona del cuerpo recibió su propio suministro de agua por separado. Al hacerlo así, los científicos podían elegir de manera selectiva por qué partes del cuerpo circularía el agua, controlando de ese modo la temperatura en la superficie de la piel en áreas individuales del cuerpo. Mientras, el participante yacía tranquilamente en la cama.

El calentamiento selectivo de pies y manos con tan solo un incremento de aproximadamente medio grado Celsius provocó un aumento local de la sangre en estas zonas corporales, lo que disminuyó la temperatura central del cuerpo. El resultado de todo este ingenioso mecanismo fue que el sueño se apoderó de los participantes en un tiempo significativamente más corto, haciendo que se durmieran un 20% más rápido de lo habitual, a pesar de que estas personas jóvenes y sanas eran ya de por sí de sueño rápido.[3]

No satisfechos con su éxito, los científicos asumieron el reto de mejorar el sueño en dos grupos mucho más problemáticos: las personas de la tercera edad, que generalmente tienen más dificultades para conciliar el sueño, y los pacientes con insomnio clínico, cuya capacidad para conciliar el sueño es especialmente compleja. Al igual que los jóvenes, los ancianos se durmieron un 18% más rápido de lo normal cuando utilizaron el traje térmico. La mejora en los insomnes fue aún más impresionante: una reducción del 25% en el tiempo en que tardaron en quedarse dormidos.

Es más, a medida que los investigadores continuaron aplicando enfriamiento a la temperatura corporal durante toda la

---

[3] R.J. Raymann y Van Someren, «Diminished capability to recognize the optimal temperature for sleep initiation may contribute to poor sleep in elderly people», *Sleep* 31, n.º 9, 2008, pp. 1301-1309.

noche, la cantidad de tiempo de sueño estable aumentó, mientras que el tiempo de vigilia disminuyó. Antes de la terapia de enfriamiento corporal, estos grupos tenían un 58% de probabilidades de despertarse en la segunda mitad de la noche y presentaban problemas para volverse a dormir, un sello distintivo clásico del insomnio de mantenimiento. Este porcentaje bajó a tan solo un 4% al recibir la ayuda térmica del traje. Incluso la calidad eléctrica del sueño, en especial en lo referente a las profundas y poderosas ondas cerebrales del sueño no-REM, se vio potenciada en todos estos individuos por la manipulación térmica.

Sabiéndolo o no, probablemente todos hayamos utilizado esta manipulación de la temperatura como ayuda para dormir. Para muchos es un lujo darse un baño caliente por la noche antes de acostarse. Creemos que nos ayuda a quedarnos dormidos más rápido, lo cual es verdad, pero por la razón opuesta a lo que la mayoría de la gente imagina. No nos dormimos más rápido a causa del calor. Por el contrario, el baño caliente provoca que la sangre se concentre en la superficie, que es lo que le da esa apariencia enrojecida a la piel. Cuando salimos del baño, los vasos sanguíneos dilatados de la superficie ayudan a expulsar el calor interior y tu temperatura central desciende rápidamente. En consecuencia, como nuestro interior está más fresco, conciliamos el sueño con mayor rapidez. En adultos sanos, los baños calientes antes de dormir pueden inducir entre un 10% y un 15% más de sueño no-REM profundo.[4]

Un hecho alarmante

Además del daño de la luz artificial al anochecer y de la temperatura constante, la era industrial inflige otro golpe nocivo a

---

[4] J.A. Horne y B.S. Shackell, «Slow wave sleep elevations after body heating: proximity to sleep and effects of aspirin», *Sleep* 10, n.º 4, 1987, pp. 383-392. Ver también J.A. Horne y A.J. Reid, «Night-time sleep EEG changes following body heating in a warm bath», *Electroencephalography and Clinical Neurophysiology* 60, n.º 2, 1985, pp. 154-157.

nuestro descanso: el despertar forzado. Con la aparición de las grandes fábricas, surgió un desafío: ¿cómo garantizar la llegada masiva de una gran fuerza laboral al mismo tiempo al comienzo de un turno?

La solución vino en forma de sirena, sin duda la versión más antigua (y más ruidosa) del reloj despertador. El ruido de la sirena inundaba los barrios de los trabajadores con el objetivo de arrancar del sueño a un gran número de personas a la misma hora de la mañana, día tras día. Un segundo pitido indicaba el comienzo del turno de trabajo. Más tarde, este invasivo mensajero conquistó los dormitorios bajo la forma del despertador moderno (y el segundo pitido fue reemplazado por la banalidad de las máquinas para fichar).

Ninguna otra especie tiene esta costumbre antinatural de terminar el sueño de forma prematura y artificial, sin duda por una buena razón.[5] Solo hay que comparar el estado del cuerpo después de ser despertado abruptamente por una alarma con el observado tras despertar de forma natural. Los participantes arrancados del sueño de forma artificial sufren un aumento en la presión sanguínea y una aceleración de la frecuencia cardíaca causada por un estallido de actividad del sistema nervioso simpático de lucha-huida.[6]

La mayoría de nosotros desconocemos un peligro aún mayor que acecha dentro del despertador: el *snooze* (botón de repetición o pausa). Por si sobresaltar literalmente a tu corazón de esta manera no fuera suficientemente nocivo, esta función hace que el ataque cardiovascular se repita una y otra vez en un corto espacio de tiempo. Si tienes en cuenta que muchos reproducen esta situación cinco días a la semana, podrás hacerte una idea del abuso continuado que sufrirán el corazón y el sistema nervioso a lo largo de una vida. Un buen consejo para alguien que tenga dificultades para dormir es despertarse

---

[5] Ni siquiera los gallos, pues estos animales no solo cantan al amanecer, sino durante todo el día.

[6] K. Kaida, K. Ogawa, M. Hayashi y T. Hori, «Self-awakening prevents acute rise in blood pressure and heart rate at the time of awakening in elderly people», *Industrial Health* 43, n.º 1, enero de 2005, pp. 179-185.

a la misma hora todos los días, sin importar si es entre semana o fin de semana. De hecho, es una de las formas más efectivas de ayudar a las personas con insomnio a dormir mejor. Esto conlleva para muchas personas, inevitablemente, el uso de un despertador. Quien use un reloj de alarma, debería eliminar la función de repetición para adquirir el hábito de despertarse solo una vez y así evitar que su corazón sufra repetidamente un *shock*.

Uno de mis pasatiempos es coleccionar los más innovadores y ridículos despertadores con la esperanza de catalogar las formas brutales en que los humanos despertamos nuestros cerebros. Uno de esos relojes tiene una serie de bloques geométricos que encajan en sus huecos respectivos. Cuando la alarma suena por la mañana, no solo estalla un agudo pitido, sino que las piezas saltan por los aires esparciéndose por toda la habitación. La alarma no se apaga hasta que los bloques se vuelven a colocar en sus respectivos orificios.

Mi favorito, sin embargo, es la trituradora. Por la noche ponemos un billete de veinte euros en la parte trasera del despertador. Cuando la alarma suene por la mañana, dispondremos de solo unos segundos para despertarnos y apagar la alarma antes de que nuestro dinero desaparezca. El brillante economista Dan Ariely ha sugerido un sistema aún más diabólico en el que tu reloj despertador está conectado por wifi a tu cuenta bancaria. Por cada segundo que permanezcas dormido, la alarma enviará diez euros a una organización política... que desprecies especialmente.

El hecho de que hayamos concebido formas creativas e incluso dolorosas de despertarnos por la mañana lo dice todo sobre lo mal que duermen nuestros modernos cerebros. Aprisionados entre noches electrificadas y desquiciados horarios matutinos, privados de ciclos térmicos de 24 horas y atiborrados de cafeína y alcohol, muchos de nosotros nos sentimos agotados y ansiamos algo que parece imposible: toda una noche de profundo descanso. La evolución de nuestros entornos, tanto interiores como exteriores, generan condiciones poco propicias para nuestro sueño. Adaptando un concepto agrícola del maravilloso escritor y poeta Wendell Berry,[7] la sociedad moderna ha tomado una de las soluciones más perfectas de la naturaleza, el sueño, y lo ha dividido en dos problemas: *1)* la falta de él durante las noches, lo que ha provocado *2)* una incapacidad para permanecer plenamente despiertos durante el día. Estos problemas han obligado a muchas personas a buscar medicamentos para dormir de venta con receta. ¿Es inteligente hacer algo así? En el próximo capítulo, proporcionaremos respuestas científica y médicamente pertinentes.

---

[7] «El ingenio de los expertos agrícolas estadounidenses queda aquí muy bien demostrado: pueden tomar una solución y dividirla claramente en dos problemas». De Wendell Berry, *The Unsettling of America: Culture & Agriculture*, 1996, p. 62.

14

Perjudicar o favorecer tu sueño

¿Pastillas o terapia?

En el último mes, casi diez millones de personas en los Estados Unidos han ingerido algún tipo de ayuda para dormir. El tema más relevante al respecto, y en el que se va a centrar este capítulo, es el abuso de las pastillas para dormir. Las pastillas, que no proporcionan un sueño natural, pueden dañar la salud y aumentan el riesgo de sufrir enfermedades potencialmente mortales. Por ello, exploraremos otras alternativas que pueden ayudarte a mejorar tu sueño y a combatir el molesto insomnio.

¿Deberías tomar dos de estas antes de irte a la cama?

Ningún medicamento para dormir, ya sea del pasado o del presente, ya sea legal o ilegal, induce el sueño natural. No me malinterpretes; nadie está diciendo que después de tomar las pastillas prescritas por el médico no vayamos a dormir. Pero decir que experimentaremos un sueño natural sería una afirmación igualmente falsa.

Los antiguos medicamentos para dormir, denominados «sedantes hipnóticos», como el diazepam, eran contundentes. En lugar de ayudarnos a dormir, nos sedaban. Comprensiblemente, muchas personas confunden lo primero con lo segundo. La mayoría de las nuevas pastillas para dormir presentan características semejantes, aunque con efectos ligeramente más leves.

Tanto las antiguas como las nuevas apuntan hacia el mismo objetivo cerebral que el alcohol —los receptores que impiden que las células de tu cerebro se activen—, y, por lo tanto, forman parte de la misma clase general de drogas: los sedantes. Las pastillas para dormir, en efecto, noquean las regiones más altas de la corteza cerebral.

Si comparamos la actividad natural de las ondas cerebrales de sueño profundo con la inducida por las modernas pastillas para dormir, como el zolpidem (nombre comercial: Ambien) o la eszopiclona (nombre comercial: Lunesta), vemos que la calidad de esta última es deficiente. El tipo de «sueño» eléctrico que producen estas drogas carece de las ondas cerebrales más profundas y más grandes.[1] Además, producen una serie de efectos secundarios no deseados, incluyendo aturdimiento al día siguiente, desmemoria diurna, amnesia parcial matutina de lo sucedido por la noche y tiempos de reacción más lentos durante el día que pueden afectar a habilidades motrices, como manejar.

Incluso en el caso de las pastillas con un efecto más limitado, estos síntomas acaban generando un círculo vicioso. La somnolencia matutina puede llevar a las personas a tomar más tazas de café o té para revitalizarse con cafeína durante el día y la noche. Esa cafeína, a su vez, hace que sea más difícil para el individuo quedarse dormido por la noche, lo cual empeora el insomnio. Eso lleva a menudo a aumentar la dosis en media pastilla o una pastilla entera para combatir los efectos de la cafeína por la noche, pero esto solo amplifica el aturdimiento del día siguiente a causa de la resaca de la droga. Puede que entonces el individuo decida aumentar el consumo de cafeína, lo que no hace sino perpetuar la espiral descendente del sueño.

Otro efecto profundamente desagradable de las pastillas para dormir es el insomnio «de rebote». Cuando las personas dejan de tomar estos medicamentos, con frecuencia experi-

---

[1] E.L. Arbon, M. Knurowska y D.J. Dijk, «Randomised clinical trial of the effects of prolonged release melatonin, temazepam and zolpidem on slow-wave activity during sleep in healthy people». *Journal of Psychopharmacology* 29, n.º 7, 2015, pp. 764-776.

mentan una peor calidad de sueño, a veces incluso peor que la que los llevó inicialmente a tomar pastillas para dormir. La causa del insomnio de rebote es un tipo de dependencia en la que el cerebro altera el equilibrio de sus receptores como reacción al aumento de la dosis del fármaco, en un intento de volverse algo menos sensible para poder contrarrestar la presencia de la sustancia química extraña dentro del cerebro. Este hecho se conoce también como tolerancia a los medicamentos. Pero cuando se suspende la medicación, se produce un proceso de abstinencia, y una de sus consecuencias es el desagradable empeoramiento del insomnio.

Esto no debería sorprendernos. Después de todo, la mayoría de las pastillas para dormir recetadas son un tipo de drogas físicamente adictivas. La dependencia aumenta con el consumo continuado, y la retirada del medicamento produce abstinencia. Por supuesto, cuando los pacientes dejan la droga por una noche y duermen pésimamente a consecuencia del insomnio de rebote, a menudo vuelven a tomar el medicamento la noche siguiente. Pocas personas se dan cuenta de que tanto esa noche de insomnio severo como la necesidad de retomar la droga se deben, parcial o totalmente, al uso persistente de las pastillas para dormir.

La ironía es que muchas personas experimentan solo un ligero aumento en el «sueño» con estos medicamentos y que el beneficio es más subjetivo que objetivo. Recientemente, un equipo de destacados médicos e investigadores examinó todos los estudios publicados hasta la fecha sobre las más novedosas pastillas sedantes que la gente toma para dormir.[2] Analizaron 65 estudios independientes de fármacos y placebos, en los que participaron casi 4 500 personas. En general, los participantes sentían que se dormían más rápido y más profundamente, con menos despertares, en comparación con el placebo. Pero eso no es lo que mostraron las grabaciones reales de su sueño. No

---

[2] T.B. Huedo-Medina, I. Kirsch, J. Middlemass *et al.*, «Effectiveness of non-benzodiazepine hypnotics in treatment of adult insomnia: meta-analysis of data submitted to the Food and Drug Administration», *BMJ* 345, 2012, e8343.

hubo diferencia en la forma en que se dormían. Tanto el placebo como las pastillas para dormir redujeron el tiempo que tardaban las personas en quedarse dormidas (entre diez y treinta minutos); ese cambio no fue estadísticamente diferente entre ambos grupos. En otras palabras, las pastillas para dormir no ofrecieron un beneficio objetivo superior al que ofrecía el placebo.

Resumiendo los hallazgos, el comité declaró que las pastillas para dormir solo producían «leves mejorías en la latencia subjetiva y polisomnográfica del sueño», es decir, el tiempo que tarda una persona en conciliar el sueño y quedarse dormida. El comité concluyó el informe afirmando que el efecto de los medicamentos para dormir actuales era «bastante pequeño y de dudosa importancia clínica». Incluso la pastilla contra el insomnio más nueva, llamada suvorexant (nombre comercial: Belsomra), ha demostrado ser muy poco efectiva, como ya dijimos en el capítulo 12. Las versiones futuras de tales drogas podrían ofrecer mejoras significativas en el sueño, pero por ahora los datos científicos sobre estas pastillas sugieren que no son la respuesta para devolver el sueño profundo a aquellos que luchan por generarlo por sí mismos.

Pastillas para dormir: el malo, el feo y el malo

Las actuales pastillas para dormir son muy poco útiles, pero ¿pueden ser dañinas o incluso mortales? Numerosos estudios tienen algo que decir sobre este punto, aunque la gente en general desconoce sus hallazgos.

El sueño profundo natural, como hemos visto, ayuda a cimentar nuevas trazas de memoria dentro del cerebro, para lo que se requiere un fortalecimiento activo de las conexiones entre las sinapsis que forman el circuito de memoria. Recientes estudios en animales se han centrado en analizar cómo esta función esencial de almacenamiento se ve afectada durante la noche por el sueño inducido con fármacos. Después de someter a los animales a un período de intenso aprendizaje, los investigadores de la Universidad de Pensilvania les administraron una dosis adecuada del medicamento Ambien o un placebo, examinando posteriormente los cambios que se producían en el recableado cerebral tras el sueño en ambos grupos. Como era de esperarse, con el uso del placebo el sueño natural consolidó las conexiones de la memoria dentro del cerebro que se habían formado durante la fase de aprendizaje inicial. El sueño inducido por Ambien, sin embargo, no solo no logró igualar esos resultados —a pesar de que los animales durmieron la misma cantidad de tiempo—, sino que provocó el debilitamiento (desconexión) del 50% de las conexiones de las células cerebrales originalmente formadas durante el aprendizaje. Con ello, lo que hizo el sueño de los que habían tomado Ambien fue borrar recuerdos, en lugar de grabarlos.

Si continúan apareciendo hallazgos similares que incluyan a los humanos, las compañías farmacéuticas van a tener que reconocer que los consumidores de pastillas para dormir, aunque puedan conciliar el sueño más rápido, seguramente se despertarán con pocos recuerdos del día anterior. Esto es especialmente preocupante, ya que la edad media de los usuarios de medicamentos recetados para el sueño está disminuyendo, y al mismo tiempo están aumentando las consultas pediátricas relacionadas con el sueño y el insomnio. Tanto los médicos como los padres deberían pensar dos veces antes de ceder a la tentación de la prescripción de pastillas para dormir. De lo contrario, los cerebros jóvenes, que mantienen el proceso de conexión hasta cerca de los veinte años, se embarcarán en la desafiante tarea del desarrollo neuronal y del aprendizaje bajo la influencia saboteadora de estas pastillas.[3]

---

[3] Relacionado con esto, existe una preocupación adicional por el uso de pastillas para dormir en mujeres embarazadas. Un reciente estudio sobre Ambien realizado por un equipo de destacados expertos mundiales declaró: «El uso de zolpidem [Ambien] debe evitarse durante el embarazo. Se cree que los bebés nacidos de madres que toman medicamentos sedantes-hipnóticos como zolpidem [Ambien] pueden estar en riesgo de dependencia física y mostrar síntomas de abstinencia durante el período posnatal». (J. MacFarlane, C.M. Morin y J. Montplaisir, «Hypnotics in insomnia: the experience of zolpidem», *Clinical Therapeutics* 36, n.º 11, 2014, pp. 1676-1701.

Más allá del recableado cerebral, lo más preocupante son los efectos que las pastillas para dormir tienen en todo el cuerpo; efectos que no son ampliamente conocidos, pero que deberían serlo. Los más controvertidos y alarmantes son los destacados por el doctor Daniel Kripke, médico de la Universidad de California en San Diego. Kripke descubrió que las personas que usan medicamentos recetados para dormir son significativamente más propensas a morir tempranamente y a desarrollar cáncer que las que no lo hacen. Debo señalar que Kripke (al igual que yo) no tiene ningún interés personal en ninguna compañía farmacéutica en particular, y, por lo tanto, no puede ganar o perder económicamente en función de si su dictamen sobre determinada pastilla es positivo o negativo en relación con la salud.

A principios de la década de 2000, tanto las tasas de insomnio como las prescripciones de pastillas para dormir se dispararon, lo cual también indicaba que había muchos más datos disponibles. Kripke examinó grandes bases de datos epidemiológicos. Quería explorar si existía una relación entre el uso de pastillas para dormir y las enfermedades o el riesgo de mortalidad. Sí lo había. A partir de las investigaciones, un mismo mensaje surgió de los análisis una y otra vez: las personas que tomaban somníferos tenían una probabilidad significativamente mayor de morir a lo largo de los períodos de estudio (generalmente unos cuantos años) que los que no los tomaban, por las razones que pronto expondremos.

Sin embargo, a menudo era difícil realizar una comparación adecuada con estas primeras bases de datos, ya que no había suficientes participantes o factores medibles que se pudieran controlar para desentrañar el efecto real de la píldora para dormir. En 2012, sin embargo, sí los hubo. Kripke y sus colegas establecieron una comparación bien controlada, examinando a más de 10 000 consumidores de pastillas para dormir, la mayoría de los cuales tomaba zolpidem (nombre comercial: Ambien), aunque algunos tomaban temazepam (nombre comercial: Restoril). Los contrastó con 20 000 individuos que respondían a variables de edad, raza, sexo y antecedentes similares, pero que no tomaban pastillas para dormir. Además, Kripke controló muchos otros factores que podrían contribuir inadvertidamente a la mortalidad, como el índice de masa corporal, el historial de ejercicio, el tabaquismo y el consumo de bebidas alcohólicas. Como vemos en la figura 15, analizó la probabilidad de enfermedad y muerte en un período de dos años y medio.

Las personas que tomaban pastillas para dormir tenían 4.6 veces más probabilidades de morir durante este corto período de dos años y medio que aquellas que no usaban pastillas para dormir. Kripke descubrió además que el riesgo de muerte aumentaba con la frecuencia de uso. Las personas clasificadas como usuarios frecuentes, aquellos que tomaban más de 132 píldoras por año, tenían 5.3 veces más probabilidades de morir durante el período de estudio que los participantes de control que no estaban usando pastillas para dormir.

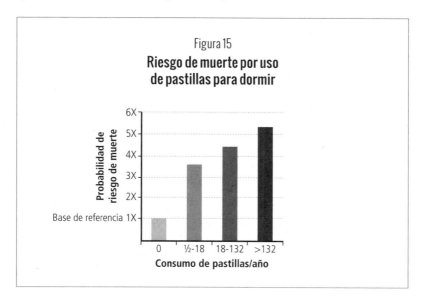

Figura 15
Riesgo de muerte por uso de pastillas para dormir

Para las personas que ocasionalmente usaban pastillas para dormir, el riesgo de muerte fue más alarmante. Incluso los usuarios muy ocasionales, aquellos que se encuentran en el rango de solo 18 píldoras por año, tenían 3.6 veces más probabilidades de morir en algún momento del período de evaluación que los no usuarios. Kripke no es el único investigador que asocia estos medicamentos con el riesgo de mortalidad. Existen en la actualidad más de 15 estudios de este tipo en todo el mundo que muestran altas tasas de mortalidad en consumidores de pastillas para dormir.

¿Qué mata a las personas que utilizan pastillas para dormir? Esta pregunta es la más difícil de responder a partir de los datos disponibles, aunque está claro que las fuentes son muchas. En un intento por encontrar respuestas, Kripke y otros grupos de investigación independientes han evaluado ahora datos de estudios que incluyen casi todas las pastillas para dormir más comunes, incluyendo zolpidem (Ambien), temazepam (Restoril), eszopiclona (Lunesta), zaleplon (Sonata) y otras drogas sedantes, como triazolam (Halcion) y flurazepam (Dalmane).

Una de las causas más frecuentes de mortalidad parece ser una tasa de infección más alta de lo normal. Ya se explicó en capítulos anteriores que el sueño natural es uno de los impulsores más poderosos del sistema inmune, lo que ayuda a prevenir la infección. ¿Por qué entonces las personas que están tomando pastillas para dormir, que supuestamente «mejoran» el sueño, sufren tasas más altas de diversas infecciones? Es posible que el sueño inducido por medicamentos no proporcione los mismos beneficios inmunológicos que el sueño natural. Esto sería muy preocupante para los ancianos, puesto que es el grupo más propenso a sufrir infecciones. Junto con los recién nacidos, los ancianos son los individuos inmunológicamente más vulnerables de nuestra sociedad. También son los usuarios más activos de las pastillas para dormir, representando más del 50% de las personas a quienes se les recetan tales medicamentos. En virtud de esta relación azarosa, sería hora de que la medicina reevaluase la frecuencia de prescripción de pastillas para dormir en las personas de la tercera edad.

Otra causa de muerte relacionada con el uso de pastillas para dormir es un mayor riesgo de sufrir accidentes automovilísticos mortales. Lo más probable es que esto sea causado por el sueño no reparador que inducen los fármacos o por la resaca que algunos padecen, lo que puede hacer que estos individuos se encuentren demasiado somnolientos para manejar. El mayor riesgo de caídas nocturnas es otro factor de mortalidad, particularmente en los ancianos. Otras asociaciones adversas incluyen mayores tasas de enfermedad cardíaca y accidente cerebrovascular.

Luego irrumpió el cáncer. Estudios anteriores habían insinuado una relación entre los medicamentos para dormir y el riesgo de mortalidad por cáncer, pero no se habían analizado en profundidad. El estudio de Kripke consiguió solventar estas deficiencias, e incluyó además la nueva y más relevante medicación para dormir, Ambien. Las personas que tomaban pastillas para dormir tenían entre un 30% y un 40% más de probabilidades de desarrollar cáncer dentro del período de estudio de dos años y medio que aquellas que no las tomaban. Los medicamentos más antiguos, como el temazepam (Restoril), evidenciaban una asociación más fuerte, con un aumento del riesgo de cáncer del 60% con dosis leves o moderadas. Los consumidores de altas dosis de zolpidem (Ambien) ofrecían casi un 30% más de probabilidades de desarrollar cáncer a lo largo de los dos años y medio que duraba el estudio.

Curiosamente, los experimentos con animales realizados por las propias compañías farmacéuticas sugieren el mismo peligro carcinogénico. Si bien los datos de las compañías farmacéuticas enviados al sitio web de la FDA son algo oscuros, al parecer han aparecido tasas más altas de cáncer en ratas y ratones que recibieron estas conocidas pastillas para dormir.

Pero estos hallazgos no prueban que las pastillas para dormir causen cáncer. Al menos no por sí mismas. Hay explicaciones alternativas. Por ejemplo, podría ser que el mal sueño que los individuos estaban sufriendo antes de tomar estos medicamentos, y que los llevó a empezar el consumo de los mismos, los predispusiera a tener problemas de salud. Además, cuanto más problemático es el sueño previo de un individuo, más probabilidades hay de que el consumo de pastillas sea mayor, lo que podría explicar las relaciones entre las dosis y el cáncer observados por Kripke y otros.

Pero también es posible que las pastillas para dormir causen la muerte y el cáncer. Para obtener una respuesta definitiva, necesitaríamos un ensayo clínico expresamente diseñado para examinar estos riesgos particulares de morbilidad y mortalidad. Irónicamente, tal ensayo nunca se puede llevar a cabo, ya que el comité de ética podría considerar que el peligro de muerte y los riesgos carcinogénicos asociados con las pastillas para dormir son demasiado altos.

¿No deberían las compañías farmacéuticas ser más transparentes acerca de las evidencias actuales sobre los riesgos que rodean el uso de las pastillas para dormir? Por desgracia, la industria farmacéutica puede ser notoriamente inflexible, sobre todo cuando un medicamento ha sido ya aprobado tras superar las pruebas básicas de seguridad y ha comenzado a generar unos beneficios exorbitantes. Ten en cuenta que las películas originales de *Star Wars*, unas de las más taquilleras de todos los tiempos, tardaron más de cuarenta años en acumular 3 000 millones de dólares en ingresos. Ambien tardó solo 24 meses en generar 4 000 millones de dólares, descontando el mercado negro. Esta cifra enorme puede darnos una idea del poder de influencia que posee la industria farmacéutica en la toma de decisiones.

Tal vez la conclusión más conservadora y menos polémica acerca de todas estas pruebas es que ningún estudio hasta la fecha ha demostrado que las pastillas para dormir salven vidas. Y, después de todo, ¿no es esa la meta de los medicamentos y los tratamientos farmacológicos? Mi opinión científica, aunque no médica, es que las evidencias existentes justifican al menos tratar con la mayor sinceridad posible a cualquier paciente que esté considerando tomar una píldora para dormir. De esta manera, la gente puede apreciar los riesgos y tomar decisiones informadas. Por ejemplo, ¿ha cambiado tu percepción sobre el uso de pastillas para dormir después de conocer los datos que te he presentado?

Quiero aclarar que no soy antimedicación. Deseo fervientemente que exista un medicamento capaz de ayudar a las personas a obtener un sueño verdaderamente natural. Muchos de los científicos de las compañías farmacéuticas que crean medicamentos para dormir lo hacen con las mejores intenciones y con un sincero deseo de ayudar a aquellos para quienes el sueño es problemático. Lo sé porque he conocido a muchos de ellos en mi carrera. Y, como investigador, estoy dispuesto a ayudar a la ciencia a explorar nuevos medicamentos en estudios independientes cuidadosamente controlados. Si finalmente se desarrollara un fármaco efectivo y los datos científicos demostraran que sus beneficios superan con creces cualquier riesgo para la salud, lo apoyaría. El problema es que en la actualidad todavía no existe tal medicamento.

No tomes dos de esas, mejor prueba esto otro

Paralelamente a la búsqueda de fármacos que mejoren el sueño, asistimos a una oleada de nuevos métodos no farmacológicos que persiguen el mismo fin. Más allá de las técnicas de estimulación eléctrica, magnética y auditiva que hemos expuesto previamente (y que aún se encuentran en una fase embrionaria), existen numerosos métodos basados en el comportamiento que resultan efectivos para mejorar el sueño, especialmente si se está sufriendo de insomnio.

Actualmente, el más eficaz es la terapia cognitivo-conductual para el insomnio o TCC-I, que la comunidad médica está adoptando cada vez más como tratamiento de primera elección. Trabajando con un terapeuta durante varias semanas, los pacientes reciben un conjunto de técnicas personalizadas para acabar con los malos hábitos de sueño y abordar las ansiedades que impiden dormir. La TCC-I se basa en los principios básicos de higiene del sueño que describo en el apéndice, complementados con medidas individualizadas para cada paciente en función de sus problemas y su estilo de vida. Algunas son obvias, otras no lo son tanto, y otras resultan directamente paradójicas.

Las medidas obvias implican reducir la ingesta de cafeína y alcohol, eliminar la tecnología de pantallas de los dormitorios y conseguir que estos últimos sean frescos. Además, los pacientes deben *1)* establecer una hora fija para acostarse y levantarse, incluso los fines de semana, *2)* irse a la cama solo cuando tienen sueño y evitar quedarse dormidos en el sofá por las tardes o por las noches, *3)* no permanecer despiertos en la cama durante un largo rato; al contrario, salir de la cama y hacer algo tranquilo y relajante hasta que regrese el impulso de dormir, *4)* evitar tomar siestas durante el día si tienen dificultades para dormir por la noche, *5)* reducir los pensamientos y preocupaciones que provocan ansiedad aprendiendo a desacelerar la mente antes de acostarse y *6)* retirar los relojes de la habitación para evitar la ansiedad de mirar la hora por la noche.

Una de las medidas de la TCC-I más paradójicas que se usan para ayudar a los pacientes con insomnio es restringir en un principio el tiempo que pasan en la cama, limitándolo incluso a un máximo de seis horas de sueño. Al mantener a los pacientes despiertos durante más tiempo, se desarrolla una enorme presión para dormir: una mayor abundancia de adenosina. Bajo esta mayor presión del sueño, los pacientes se duermen más rápido y logran una forma más estable y sólida de dormir durante toda la noche. De esta forma, el paciente puede recuperar la confianza psicológica de poder autogenerar un sueño saludable, rápido y estable noche tras noche: algo que no ha logrado durante meses o incluso años. Al restablecer la confianza de un paciente en este aspecto, el tiempo en la cama aumenta gradualmente.

Si bien todo esto puede sonar un poco artificial o incluso dudoso, los lectores escépticos o aquellos que normalmente se inclinan por los medicamentos deberían evaluar primero los beneficios comprobados de la TCC-I antes de descartarla por completo. Los resultados, que ahora se han reproducido en numerosos estudios clínicos en todo el mundo, demuestran que la TCC-I es más efectiva que las pastillas para dormir a la hora de abordar numerosos aspectos problemáticos del insomnio. La TCC-I ayuda de forma consistente a las personas a conciliar más rápidamente el sueño por la noche, a dormir más tiempo y a obtener una calidad de sueño superior, disminuyendo de forma significativa la cantidad de tiempo que pasan despiertos por la noche.⁴ Lo más importante es que los beneficios de la TCC-I persisten a largo plazo, incluso después de que los pacientes dejan de trabajar con su terapeuta del sueño. Esta sostenibilidad contrasta con el insomnio de rebote que experimentan las personas cuando dejan de tomar pastillas para dormir.

Es tan poderosa la evidencia que privilegia la TCC-I por encima de las pastillas para dormir en todos los niveles, y tan limitados, cuando no inexistentes, son los riesgos de seguridad asociados a ella (a diferencia de lo que ocurre con las pastillas para dormir), que en 2016 el American College of Physicians (Colegio Americano de Médicos) hizo una emblemática recomendación. Un comité de distinguidos médicos y científicos del sueño evaluaron todos los aspectos de la eficacia y la seguridad de la TCC-I en relación con las pastillas para dormir estándar. Publicada en la prestigiosa revista *Annals of Internal Medicine* (Anales de Medicina Interna), la conclusión de esta exhaustiva evaluación de todos los datos existentes fue la siguiente: la TCC-I se debe usar como tratamiento de elección preferente para todas las personas con insomnio crónico, no las pastillas para dormir.⁵

Se puede encontrar más información sobre la TCC-I en el sitio web de la National Sleep Foundation (Fundación Nacional del Sueño).⁶ Si tienes insomnio o crees tenerlo, haz uso de este recurso antes de acudir a las pastillas para dormir.

---

⁴ M.T. Smith, M.L. Perlis, A. Park *et al.*, «Comparative meta-analysis of pharmacotherapy and behavior therapy for persistent insomnia», *American Journal of Psychiatry* 159, n.º 1, 2002, pp. 5-11.

⁵ Dichos comités establecen diferentes niveles respecto a la importancia de su recomendación clínica (leve, moderada o fuerte). Esta calificación ayuda a guiar e informar a los médicos a la hora de aplicar su decisión médica. La calificación del comité para la TCC-I fue de muy recomendable.

⁶ https://sleepfoundation.org

Buenas prácticas generales de sueño

Aquellos de nosotros que no padecemos insomnio u otros trastornos del sueño, podemos intentar dormir mejor utilizando lo que llamamos buenas prácticas de «higiene del sueño», para lo cual puede obtenerse una lista de 12 consejos clave en el sitio web de los Institutos Nacionales de Salud y también en el apéndice de este libro.[7] Los 12 consejos son excelentes, pero si solo puedes seguir uno de ellos todos los días, elige este: irse a la cama y despertarse a la misma hora todos los días, pase lo que pase. Es quizá la forma más efectiva de ayudar a mejorar tu sueño, aunque tengas que usar un reloj despertador.

Por otra parte, dos de las preguntas más frecuentes que recibo de la gente en general sobre el mejoramiento del sueño se refieren al ejercicio y la dieta.

El sueño y el ejercicio físico tienen una relación bidireccional. Muchos de nosotros conocemos el sueño profundo que se experimenta tras una actividad física sostenida, como una caminata diaria, un paseo prolongado en bicicleta o incluso un día agotador de trabajo en el jardín. Los estudios científicos al respecto, que se remontan a la década de 1970, respaldan en parte esta percepción subjetiva, aunque tal vez no tanto como cabría esperar. Uno de estos primeros estudios, publicado en 1975, muestra que el aumento progresivo de los niveles de actividad física en varones sanos da como resultado un aumento progresivo de la cantidad de sueño no-REM profundo que obtienen en las noches posteriores. En otro estudio, se comparó a corredores activos con no corredores de la misma edad y sexo. Aunque los corredores tenían cantidades algo mayores de sueño no-REM profundo, no representaba una diferencia significativa en relación con los no corredores.

---

[7] «Tips for Getting a Good Night's Sleep», NIH Medline Plus. Acceso en https://www.nlm.nih.gov/medlineplus/magazine/issues/summer12/articles/summer12pg20.html (o simplemente busca en internet: «12 tips for better sleep», NIH).

Estudios más amplios y precisos ofrecen noticias algo más positivas, pero con un interesante matiz. En adultos jóvenes y saludables, el ejercicio aumenta con frecuencia el tiempo total de sueño, especialmente del sueño no-REM profundo. También profundiza la calidad del sueño, ofreciendo una mayor actividad de ondas cerebrales eléctricas. En adultos de mediana edad y ancianos, incluidos aquellos pacientes que presentan una pobre cantidad de sueño y aquellos con insomnio clínicamente diagnosticado, se encontraron mejoras similares, si no más importantes, en cuanto a la duración y a la eficiencia del sueño

Por lo general, estos estudios implican medir en un principio varias noches de sueño, después de lo cual se les impone a los participantes un régimen de ejercicio a lo largo de varios meses. Con posterioridad, los investigadores examinan si ha habido mejoras en el sueño. Por lo general las hay. Mejoran tanto la calidad como la cantidad total del sueño. Además, el tiempo que los participantes tardan en quedarse dormidos suele ser menor, e informan que se despiertan menos veces durante la noche. En uno de los estudios más minuciosos realizados hasta la fecha, tras un período de cuatro meses de mayor actividad física, los ancianos insomnes dormían en promedio casi una hora más cada noche.

Sorprendió, sin embargo, la falta de una relación estrecha entre el ejercicio y el sueño posterior de un día para otro. Es decir, los sujetos no dormían consistentemente mejor por la noche en los días que se ejercitaban en comparación con los días en que no se les exigía que hicieran ejercicio, como podría esperarse. Tal vez es menos sorprendente la relación inversa entre el sueño y el ejercicio del día siguiente. Cuando el sueño era malo la noche anterior, la intensidad y la duración del ejercicio resultaban mucho peores al día siguiente. Cuando el sueño era estable, los niveles de esfuerzo físico crecían al día siguiente. En otras palabras, dormir puede tener más influencia en el ejercicio que el ejercicio en el sueño.

A pesar de ello, sigue habiendo una clara relación bidireccional, con una tendencia significativa a dormir cada vez mejor con niveles crecientes de actividad física, y una fuerte influencia del sueño en la actividad física diurna. Los participantes también se sienten más alerta y enérgicos como resultado de la mejora del sueño, lo que hace que los signos de depresión disminuyan proporcionalmente. Es evidente que una vida sedentaria no ayuda al sueño profundo. Todos deberíamos intentar practicar algún tipo de ejercicio regular para ayudar a mantener no solo la condición física de nuestro cuerpo, sino la cantidad y calidad de nuestro sueño. El sueño, a cambio, aumenta la condición física y la energía, poniendo en marcha un ciclo positivo y autosuficiente de actividad física mejorada (y también de salud mental).

Un breve apunte con respecto a la actividad física: trata de no hacer ejercicio justo antes de acostarte. La temperatura corporal puede permanecer alta durante una o dos horas después del esfuerzo físico. Si esto ocurre demasiado cerca de la hora de acostarse, puede ser difícil bajar la temperatura central lo suficiente como para iniciar el sueño debido al aumento de la tasa metabólica inducido por el ejercicio. Lo mejor es que hagas tu entrenamiento al menos dos o tres horas antes de apagar la luz de la mesita de noche (espero que no de LED).

Tratándose de la dieta, existen investigaciones que muestran cómo impactan la comida que tomas y tus patrones de alimentación en tu sueño nocturno. Una severa restricción calórica, como consumir solo ochocientas calorías diarias durante un mes, dificulta dormir normalmente y disminuye la cantidad de sueño no-REM profundo durante la noche.

El tipo de alimentos que comes también tiene un impacto en tu sueño nocturno. Comer alimentos altos en carbohidratos y bajos en grasas durante dos días disminuye la cantidad de sueño no-REM profundo, pero incrementa la cantidad de sueño REM, en comparación con una dieta de dos días baja en carbohidratos y alta en grasa. En un cuidadoso estudio llevado a cabo con adultos sanos, una dieta de cuatro días alta en azúcares y otros carbohidratos, pero baja en fibra, generó una disminución del sueño no-REM y un mayor número de despertares nocturnos.

Es difícil hacer recomendaciones definitivas para el adulto promedio, especialmente porque los estudios epidemiológicos a gran escala no han demostrado asociaciones consistentes entre comer grupos de alimentos específicos y la cantidad o calidad del sueño. Sin embargo, para un sueño saludable, la evidencia científica sugiere que debemos evitar irnos a la cama demasiado llenos o demasiado hambrientos, así como las dietas excesivamente altas en carbohidratos (más del 70% de toda la ingesta de energía), especialmente azúcares.

15

Sueño y sociedad

Lo que la medicina y la educación están haciendo mal; lo que Google y la NASA están haciendo bien

Hace cien años, menos del 2% de la población estadounidense dormía seis horas o menos por la noche. Al día de hoy, el porcentaje sube casi hasta el 30 por ciento.

Una encuesta de la Fundación Nacional del Sueño realizada en 2013 abordó detalladamente esta deficiencia de sueño. Más del 65% de la población estadounidense adulta no logra obtener el sueño recomendado, que es de entre siete y nueve horas diarias durante la semana. Si observamos datos globales, las cosas no parecen muy distintas. En el Reino Unido y en Japón, por ejemplo, entre el 39% y el 66%, respectivamente, de todos los adultos dicen dormir menos de siete horas. La profunda tendencia a descuidar el sueño se extiende por todos los países desarrollados, razón por la cual la OMS ha calificado la falta de sueño como una epidemia de salud global. Uno de cada dos adultos en los países desarrollados (aproximadamente ochocientos millones de personas) no cubrirá las necesidades de sueño la próxima semana.

Es importante resaltar que muchos de estos individuos no dicen querer o necesitar menos sueño. Si observamos las horas de sueño en las naciones del primer mundo durante el fin de semana, los números son bien diferentes. Los adultos que duermen ocho horas o más pasan de un escaso 30% a casi un 60%. Cada fin de semana, una gran cantidad de gente trata desesperadamente de recuperar la deuda de sueño que acumularon durante la semana. Como hemos aprendido una y otra vez a lo largo del curso de este libro, el sueño no es como un sistema de crédito bancario. El cerebro nunca puede recuperar todo el sueño del que se ha visto privado. No podemos acumular deuda sin recibir una penalización, ni tampoco pretender pagarla posteriormente.

Más allá de la consideración individual, ¿debemos preocuparnos como sociedad? Si alteramos nuestra actitud frente al sueño incrementando su cantidad, ¿se producirá algún cambio en nuestras profesiones y empresas, en la productividad comercial, en los salarios, en la educación de nuestros hijos o incluso en nuestra naturaleza moral? Ya seas un as de los negocios, un empleado, el director de un hospital, un médico o un enfermero, un burócrata o un militar, un legislador o un trabajador social, alguien que espera recibir algún tipo de atención médica a lo largo de su vida o un padre, la respuesta es «sí, sin duda». Y por más razones de las que puedes imaginar.

Más abajo mostramos una serie de ejemplos claros acerca del impacto que causa el sueño insuficiente en el tejido social. Esto es: el sueño en el lugar de trabajo, la tortura (sí, tortura), el sueño en el sistema educativo y el sueño en el sistema de salud.

El sueño en el lugar de trabajo

La privación del sueño degrada muchas de las facultades esenciales para la mayoría de los empleos. Entonces, ¿por qué valoramos tanto a los empleados que duermen poco? Elogiamos al ejecutivo de alto nivel que envía correos hasta la una de la madrugada y que se queda en la oficina hasta las 5:45; festejamos al «guerrero» del aeropuerto que ha tomado siete aviones y ha viajado a través de cinco husos horarios diferentes en los últimos ocho días.

En muchos ambientes empresariales sigue existiendo una arrogancia artificial, aunque muy potente, respecto al sueño, pues se le considera como algo inútil. Es algo que resulta extraño si tenemos en cuenta lo sensible que se muestra el mundo profesional respecto de otras áreas de la salud, la seguridad y la conducta del empleado. Como ha señalado mi colega de Harvard, el doctor Czeisler, existen innumerables políticas laborales referidas al tabaco, el abuso de sustancias, el comportamiento ético y la prevención de lesiones y enfermedades. Pero el sueño insuficiente, otro factor dañino y potencialmente letal, se tolera comúnmente e incluso se fomenta. Esta mentalidad ha persistido en parte porque en ciertos negocios los directivos creen erróneamente que el tiempo invertido en una tarea es proporcional a la productividad de la misma. Esto no era cierto ni siquiera en la era industrial. Es una burda falacia, que además sale muy cara.

Un estudio realizado en cuatro importantes compañías estadounidenses demostró que el sueño insuficiente puede costar hasta 2 000 dólares por empleado al año en pérdida de productividad. Esa cantidad se eleva hasta los 3 500 dólares por empleado en aquellos casos de severa falta de sueño. Puede parecer poca cosa, pero supone una pérdida neta de capital para estas compañías de 54 millones anuales. Preguntemos a los directivos si les gustaría corregir un problema que les cuesta a sus empresas más de cincuenta millones de dólares al año en pérdidas y votarán unánime y rápidamente.

Un informe independiente de la RAND Corporation sobre el costo económico del sueño insuficiente ofrece una impresionante llamada de atención a los consejeros y directivos.[1] Los individuos que duermen en promedio menos de siete horas por noche causan un gasto fiscal importante al país, comparado con los empleados que duermen más de ocho horas por noche. En la figura 16 se muestran los costos del sueño inadecuado en los Estados Unidos y Japón, que son de 411 000 millones y 138 000 millones anuales respectivamente. El Reino Unido, Canadá y Alemania les siguen.

---

[1] «RAND Corporation, Lack of Sleep Costing UK Economy Up to £40 Billion a Year», acceso en http://www.rand.org/news/press/2016/11/30/index1.html

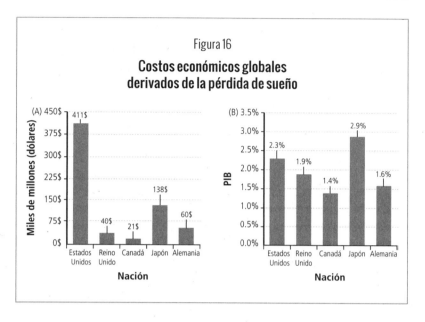

Figura 16
Costos económicos globales derivados de la pérdida de sueño

Evidentemente, estos datos están sesgados por el tamaño de cada país. Una manera estándar de apreciar el impacto es mirar el producto interno bruto (PIB), una medida general de la producción de beneficios o de la salud económica de un país. Visto de esta manera, las cosas parecen aún más sombrías, como se describe en la figura 16B. El sueño insuficiente priva a la mayoría de los países de más del 2% de su PIB, lo que representa el costo total del Ejército de cada país. Es casi lo mismo que se invierte en educación. Si eliminásemos la deuda nacional de sueño, casi podríamos duplicar el porcentaje del PIB que se dedica a la educación de nuestros hijos. Un motivo más para considerar al sueño como un importante factor financiero e incentivarlo a escala nacional.

¿Por qué las personas causan tanto daño a sus empresas y a las economías nacionales cuando no duermen lo suficiente? Muchas de las compañías de Fortune 500 en las que doy charlas están interesadas en los ICR: indicadores clave de rendimiento o indicadores medibles, como los ingresos netos, la velocidad en el cumplimiento de objetivos o el éxito comercial. Las características de los empleados que determinan estas medidas son muchas, pero habitualmente incluyen: creatividad, inteligencia, motivación, esfuerzo, eficiencia, efectividad cuando se trabaja en grupos, así como estabilidad emocional, sociabilidad y honestidad. Todas estas características se ven sistemáticamente frustradas por un sueño insuficiente.

Los primeros estudios demostraron que una menor cantidad de sueño predice una tasa laboral más baja y una velocidad de realización de tareas más lenta. Es decir, los empleados soñolientos son empleados improductivos. Las personas privadas de sueño también generan menos soluciones para los problemas que encuentran en su trabajo, y las que generan son más imprecisas.[2]

Desde entonces, hemos diseñado nuevas pruebas a fin de explorar los efectos de la falta de sueño en el esfuerzo, la productividad y la creatividad de los empleados. Después de todo, la creatividad es alabada como el motor de la innovación empresarial. Si brindamos a los participantes la posibilidad de elegir entre tareas de diferentes niveles de esfuerzo, desde tareas sencillas (por ejemplo, escuchar mensajes de voz) hasta tareas difíciles (por ejemplo, ayudar a diseñar un proyecto complejo que requiera una resolución de problemas reflexiva y una planificación creativa), veremos que los individuos que durmieron menos en los días anteriores habitualmente asumen menos riesgos. Optarán por la salida más fácil, generando menos soluciones creativas.

Desde luego, cabe la posibilidad de que las personas que deciden dormir menos sean las mismas que prefieren no afrontar desafíos y que una cosa no tenga nada que ver directamente con la otra. La asociación no es prueba de causalidad. Sin embargo, si repetimos el mismo experimento con estas personas dos veces, una cuando han dormido toda la noche y otra cuando no han dormido, podremos determinar los efec-

---

[2] W.B. Webb y C.M. Levy, «Effects of spaced and repeated total sleep deprivation», *Ergonomics* 27, n.º 1, 1984, pp. 45-58.

tos de la pereza causada exclusivamente por la falta de sueño.[3] No dormir, entonces, es un factor causal.

Así pues, los empleados que duermen poco no impulsarán el negocio con innovación productiva. Si observamos a un grupo de personas que montan en bicicletas estáticas, todos parecen pedalear, pero el paisaje nunca cambia. La ironía que los empleados no advierten es que cuando no duermen lo suficiente son menos productivos y, en consecuencia, necesitan trabajar más tiempo para lograr un objetivo. Esto implica que tendrán que trabajar más tiempo y quedarse hasta más tarde en la oficina, que llegarán a casa más tarde, que se irán a la cama más tarde y que, al día siguiente, tendrán que despertarse más temprano, creando así un círculo vicioso. ¿Por qué tratar de hervir una olla de agua a fuego lento cuando podrías hacerlo en la mitad de tiempo a fuego alto? La gente a menudo me dice que no disponen de suficiente tiempo para dormir porque tienen mucho trabajo. Sin querer ser de ninguna manera agresivo, les respondo diciendo que tal vez la razón por la que todavía tienen mucho que hacer al final del día es precisamente porque no duermen lo suficiente por la noche.

Curiosamente, los participantes en los estudios anteriores no perciben menor esfuerzo ni tampoco menor efectividad en el desafío laboral cuando no han dormido lo suficiente, a pesar de que ambas cosas son ciertas. Parecen no ser conscientes de su bajo rendimiento laboral; un tema este, el de la errónea percepción de nuestra propia capacidad cuando nos vemos privados de sueño, del que hemos hablado anteriormente en este libro. Incluso las rutinas diarias más sencillas que requieren solo un pequeño esfuerzo, como el vestirse cuidadosamente o con estilo para ir al trabajo, disminuyen luego de una noche de pérdida de sueño. A la gente también le gusta menos

---

[3] M. Engle-Friedman y S. Riela, «Self-imposed sleep loss, sleepiness, effort and performance», *Sleep and Hypnosis* 6, n.º 4, 2004, pp. 155-162; y M. Engle-Friedman, S. Riela, R. Golan *et al.*, «The effect of sleep loss on next day effort», *Journal of Sleep Research* 12, n.º 2, 2003, pp. 113-124.

su trabajo cuando ha dormido poco, lo cual tal vez no sea sorprendente teniendo en cuenta cómo la falta de sueño afecta negativamente a nuestro estado de ánimo.

Los empleados que duermen poco no solo son menos productivos, menos creativos, menos felices y más perezosos, también son menos éticos. En los negocios, la reputación puede ser un factor decisivo. Un negocio con empleados que duermen mal es más vulnerable al riesgo del descrédito. Ya hemos descrito los experimentos de escaneo cerebral que muestran que el lóbulo frontal, fundamental para el control de los impulsos emocionales, se desconecta debido a la falta de sueño. Como resultado, los participantes se muestran más volátiles emocionalmente y más precipitados en la toma de decisiones. Este mismo resultado se puede predecir también para los ámbitos laborales de más alto nivel.

Los estudios han mostrado que los empleados que duermen seis horas o menos son significativamente más corruptos y más propensos a mentir al día siguiente que aquellos que duermen seis horas o más. El fundamental trabajo del doctor Christopher Barns, investigador de la Foster School of Business de la Universidad de Washington, ha descubierto que cuanto menos duerme un individuo, más probabilidades hay de que falsifique facturas o reclamos de reembolso y que mienta para obtener entradas gratuitas. Barns también descubrió que los empleados que duermen poco son más propensos a culpar a otros compañeros de trabajo por sus propios errores, o incluso a atribuirse el mérito de éxitos ajenos.

El déficit ético vinculado a la falta de sueño también se abre paso en el ámbito laboral bajo otro aspecto, la llamada holgazanería social. El término se refiere a quienes deciden esforzarse menos cuando trabajan en grupo que cuando trabajan solos. Son personas que ven en el esfuerzo colectivo una oportunidad para esconderse tras el arduo trabajo de los demás y relajarse. Participan menos en la tarea y lo que hacen suele ser incorrecto o de menor calidad que cuando trabajan solos. Los empleados soñolientos, por lo tanto, eligen el camino más fácil y egoísta cuando trabajan en equipo, dando cuenta de su holgazanería social.[4] Esto no solo conduce a una menor productividad grupal, sino que, como es lógico, a menudo despierta resentimientos y conflictos entre los miembros del equipo.

Los empresarios deberían saber que muchos de estos estudios informan de efectos negativos en los resultados comerciales sobre la base de reducciones muy modestas en la cantidad de sueño de un individuo, tal vez diferencias de veinte a sesenta minutos entre un empleado que es honesto, creativo, innovador, cooperador y productivo, y uno que no lo es.

Si examinamos los efectos de la deficiencia del sueño en los directores ejecutivos y los encargados, la historia es igualmente impactante. Un líder ineficaz puede provocar múltiples consecuencias, cuyo impacto reciben aquellos que están bajo sus órdenes. A menudo pensamos que un líder es bueno o malo día tras día, de manera estable. No es así. Las diferencias en el desempeño del liderazgo individual fluctúan drásticamente de un día para otro. Entonces, ¿qué explica los altibajos en la capacidad de un líder para llevar a cabo su tarea de dirección diaria? Las horas de descanso son un factor determinante.

Un estudio engañosamente simple pero inteligente hizo un seguimiento del sueño de distintos directores ejecutivos a lo largo de varias semanas y contrastó los resultados con el desempeño de su liderazgo en el trabajo según lo juzgado por los empleados que dependían de ellos. (Debo señalar que los propios empleados no sabían cómo había dormido su jefe cada noche, con lo que se anuló cualquier sesgo de conocimiento). Cuanto menor era la calidad del sueño registrada, más informaban los empleados de forma precisa de un deficiente autocontrol y de un comportamiento agresivo hacia ellos.

Hubo otro resultado igualmente curioso: cuando el jefe dormía mal, al día siguiente los empleados, aunque hubiesen descansado bien, se involucraban menos en sus trabajos. Era

---

[4] C.Y. Hoeksema-van Orden, A.W. Gaillard y B.P. Buunk, «Social loafing under fatigue», *Journal of Personality and Social Psychology* 75, n.º 5, 1998, pp. 1179-1190.

un efecto de reacción en cadena, en el que la falta de sueño del superior se transmitía como un virus a la estructura empresarial, infectando incluso a empleados bien descansados, que mostraban entonces una reducción en su productividad.

Reforzando esta reciprocidad, desde entonces hemos descubierto que los gerentes y directivos que no duermen bien resultan menos carismáticos y tienen más dificultades para motivar a sus subordinados. Por desgracia para los patrones, un empleado que no ha dormido bien percibirá erróneamente a un líder bien descansado como si fuera menos motivador y carismático de lo que en realidad es. Ya podemos imaginar la multiplicación de las consecuencias negativas para un negocio si tanto el líder como los empleados están sobrecargados de trabajo y duermen mal.

Si conseguimos que los empleados, los encargados y los directivos lleguen al trabajo bien descansados, convertiremos a trabajadores poco efectivos en personas productivas, honestas y útiles que se motivan, se apoyan y se ayudan mutuamente. Unos miligramos de buen sueño se traducen en kilos de buenos negocios.

Aumentar la cantidad de sueño también reporta beneficios económicos para los trabajadores. En general, quienes duermen más ganan más dinero, como descubrieron los economistas Matthew Gibson y Jeffrey Shrader al analizar el salario de los trabajadores en los Estados Unidos. Examinaron municipios con una posición socioeducativa y profesional similar dentro de una misma zona horaria, pero situados en extremos opuestos del territorio, lo que hacía que hubiera diferencias significativas entre las horas de luz diurna que recibían. Los trabajadores de las localidades situadas más al oeste obtenían luz solar hasta más tarde y, en consecuencia, se acostaron, en promedio, una hora más tarde que aquellos que vivían en el este. Sin embargo, todos los trabajadores de ambas regiones tenían que despertarse a la misma hora cada mañana, ya que todos estaban en el mismo huso horario. Por lo tanto, los trabajadores del oeste tenían menos oportunidades de dormir que los trabajadores que vivían en el este.

Desglosando muchos otros factores e influencias potenciales (por ejemplo, la riqueza de la región, los precios de la vivienda, el costo de la vida, etc.), encontraron que una hora de sueño adicional arrojaba salarios significativamente más altos: los del este eran entre un 4% y un 5% más elevados que los del oeste. Este rendimiento de la inversión de sesenta minutos en sueño no es trivial. El aumento salarial promedio en los Estados Unidos es de alrededor del 2.6%. La mayoría de las personas tienen una gran motivación para obtener ese aumento y se frustran cuando no lo logran. Ahora imagina casi duplicar ese aumento salarial, no trabajando más horas, ¡sino durmiendo más!

Lo cierto es que la mayoría de las personas estarían dispuestas a sacrificar su sueño por un salario más alto. Un estudio reciente de la Universidad de Cornell encuestó a cientos de trabajadores estadounidenses. Les dieron a elegir entre ganar 80 000 dólares al año en un trabajo con un horario que les permitiría dormir aproximadamente ocho horas o ganar 140 000 dólares al año en un trabajo en el que tendrían que hacer horas extras, no disponiendo de más de seis horas de sueño por noche. Por desgracia, la mayoría de las personas optaron por la segunda opción: un salario más alto y menos sueño. Resulta irónico, teniendo en cuenta que, como hemos visto anteriormente, se pueden tener ambas cosas.

Evidentemente, la orgullosa y arrogante actitud empresarial que ve en la falta de sueño un modelo de éxito se ha revelado errónea en todos los niveles de análisis que hemos explorado. El sueño sano es sin duda un buen negocio. A pesar de ello, muchas empresas siguen mostrándose deliberadamente contrarias al sueño a la hora de estructurar su actividad. Esta actitud provoca que sus negocios se queden estancados debido a la falta de innovación y productividad, y fomenta la infelicidad, la insatisfacción y la mala salud de sus empleados.

Sin embargo, cada vez más empresas con visión de futuro cambian sus costumbres laborales para adaptarlas a estos hallazgos de la investigación, e incluso dan la bienvenida a científicos como yo para que expliquemos a sus directivos y trabajadores las virtudes de dormir más. Por ejemplo, empresas como Procter & Gamble Co. y Goldman Sachs Group Inc. ofrecen a sus empleados cursos gratuitos de «higiene del sueño». En algunos edificios han instalado una costosa iluminación de alta calidad para ayudar a los trabajadores a regular sus ritmos circadianos, mejorando así la liberación programada de melatonina.

Nike y Google han establecido unos horarios laborales más relajados, lo que permite a sus empleados adaptar las horas de trabajo diarias a sus ritmos circadianos individuales y a la naturaleza de su cronotipo, ya sea noctámbulo o madrugador. El cambio en la mentalidad es tan radical que estas mismas corporaciones punteras permiten a sus trabajadores dormir durante la jornada laboral. En sus instalaciones existen salas de relajación con «tumbonas para la siesta». Los empleados pueden dormir en las llamadas zonas «chist», lo que redunda en la productividad y en la creatividad, a la vez que mejora el bienestar y reduce el absentismo.

Dichos cambios reflejan una profunda ruptura con los días draconianos en que cualquier empleado que fuera sorprendido pestañeando era castigado o directamente despedido. Lamentablemente, la mayoría de los directores generales y gerentes todavía son reacios a aceptar la importancia de un empleado bien dormido, pues consideran que se trata de un «enfoque blandengue». Pero no deberían equivocarse: empresas como Nike y Google son tan astutas como rentables. Favorecen el sueño porque saben que se traduce en ganancia económica.

Hay una organización que conoce mejor que ninguna otra los beneficios ocupacionales del buen dormir. A mediados de la década de 1990, la NASA afinó la ciencia del descanso en el trabajo en beneficio de sus astronautas. Descubrieron que siestas de tan solo 26 minutos de duración ofrecían una mejora del 34% en el rendimiento de la tarea y un aumento de más del 50% en el estado de alerta general. Estos resultados hicieron que la NASA inculcara la cultura de la siesta en los trabajadores terrestres de la organización.

Cualquiera que sea la escala que usemos para medir el éxito comercial —márgenes de ganancias, liderazgo de mercado, eficiencia, creatividad de los empleados o satisfacción y bienestar del trabajador—, crear las condiciones necesarias para que los empleados duerman lo suficiente por la noche o en el lugar de trabajo durante el día debe considerarse como una nueva forma de inversión inyectada fisiológicamente.

El uso inhumano de la pérdida de sueño en la sociedad

Los negocios no son el único lugar donde la privación del sueño y la falta de ética se unen. Los gobiernos y los ejércitos presentan una mancha aún más vergonzosa.

Horrorizado por el daño físico y mental causado por la privación prolongada del sueño, en la década de 1980 Guinness dejó de reconocer cualquier intento de superar el récord mundial de privación del sueño. Incluso empezó a eliminar los registros de privación del sueño de sus anales por temor a que alentaran futuros actos de abstinencia deliberada del sueño. Por razones similares, los científicos tienen una evidencia limitada de los efectos a largo plazo de la privación total del sueño (más allá de una o dos noches). Creemos que es moralmente inaceptable imponer esa condición a los humanos, y también a cualquier otra especie.

Algunos gobiernos no comparten estos mismos valores morales y privan de sueño a las personas contra su voluntad como una forma de tortura. Puede parecer extraño incluir en este libro este pasaje ética y políticamente peligroso. Pero lo abordo porque muestra de forma extraordinaria cómo la humanidad debe reevaluar sus puntos de vista sobre el sueño, empezando por el nivel más alto de la estructura social (el Gobierno), y porque proporciona un claro ejemplo de cómo podemos esculpir una civilización cada vez más admirable si en vez de maltratar el sueño lo respetamos.

Un informe de 2007 titulado «Leave No Marks: Enhanced Interrogation Techniques and the Risk of Criminality» (Sin dejar huellas: técnicas de interrogatorio mejoradas y riesgo de la delincuencia) ofrece una inquietante descripción de tales prácticas en la actualidad. El documento fue compilado por Physicians for Human Rights (Médicos por los Derechos Humanos), un grupo que tiene como objetivo acabar con la tortura humana. Tal como indica el título del informe, muchos de los modernos métodos de tortura están diseñados para no dejar evidencia de agresión física. La privación del sueño es el paradigma de este objetivo, y, mientras escribo este libro, todavía se utiliza para los interrogatorios en países como Birmania, Irán, Irak, Estados Unidos, Israel, Egipto, Libia, Pakistán, Arabia Saudita, Túnez y Turquía.

Como experto en el funcionamiento del sueño, abogo por la abolición de esta práctica basándome en dos hechos claros. El primero, y menos importante, responde simplemente a una cuestión de pragmatismo. En el contexto de un interrogatorio, la privación del sueño es una medida inapropiada para el propósito de acceder a una inteligencia clara y, por lo tanto, fiscalizable. Como hemos visto, la falta de sueño, incluso en cantidades moderadas, degrada la facultad mental necesaria para obtener información válida. Esto incluye la pérdida del recuerdo preciso de la memoria, la inestabilidad emocional que impide el pensamiento lógico e incluso la comprensión verbal básica. Peor aún, la privación del sueño fomenta una conducta desviada, generando tasas más altas de mentira y deshonestidad.[5] La privación del sueño coloca al individuo en un estado que tiene similitudes con el estado de coma, generando una disposición cerebral muy poco útil para el propósito de obtener datos creíbles: se trata de una mente desordenada, de la que emergerán falsas confesiones, lo que desde luego podría ser la intención real de algunos captores. La prueba proviene de un estudio científico reciente que demuestra que una noche de privación de sueño duplicará o incluso cuadruplicará la

---

[5] C.M. Barnesa, J. Schaubroeckb, M. Huthc y S. Ghummand, «Lack of sleep and unethical conduct», *Organizational Behavior and Human Decision Processes* 115, n.º 3, 2011, pp. 169-180.

probabilidad de que una persona confiese ser culpable de algo que no ha hecho. Por lo tanto, simplemente privando del sueño a una persona se pueden cambiar actitudes, comportamientos y hasta creencias fuertemente arraigadas.

Una afirmación elocuente pero angustiante de este hecho es la vertida por el exprimer ministro de Israel, Menajem Beguin, en su autobiografía *White Nights: The Story of a Prisoner in Russia* (Noches blancas: historia de un prisionero en Rusia). En la década de 1940, muchos años antes de que asumiera el cargo, en 1977, Beguin fue capturado por los soviéticos. En la prisión fue torturado por la KGB, lo que incluyó una prolongada privación del sueño. Sobre esta experiencia, que la mayoría de los gobiernos describen generosamente como la práctica del «control del sueño de los prisioneros», escribe:

> En la cabeza del prisionero interrogado comienza a formarse una neblina. Está mortalmente cansado, sus piernas se tambalean y tiene un único deseo: dormir, dormir un poco, no levantarse, acostarse, descansar, olvidar [...]. Cualquiera que haya experimentado este deseo sabe que ni siquiera el hambre o la sed son comparables con él [...]. Me encontré con prisioneros que firmaron lo que se les ordenó que firmaran solo para obtener lo que el interrogador les prometía. No les prometía su libertad. Si firmaban les prometía un sueño ininterrumpido.

El segundo y más firme argumento para la abolición de la privación de sueño forzada es el daño físico y mental permanente que inflige. Por desgracia, aunque en consonancia con lo que quieren los interrogadores, el daño causado no es obvio desde el exterior. Mentalmente, la privación de sueño a largo plazo durante muchos días eleva los pensamientos suicidas y los intentos de suicidio, que se producen en porcentajes muchos más altos en los prisioneros en comparación con la población general. Además, el sueño intensifica el carácter incapacitante de la depresión y la ansiedad. Físicamente, la privación prolongada del sueño aumenta la probabilidad de sufrir problemas cardiovasculares, como el ataque cardíaco o el derrame cerebral; debilita el sistema inmunológico, lo que aumenta el riesgo de cáncer y de infección; y provoca infertilidad.

Diversos tribunales federales de los Estados Unidos han condenado estas prácticas, dictaminando que la privación del sueño viola tanto la Octava como la Decimocuarta Enmienda de la Constitución de los Estados Unidos, que ofrecen protección contra el castigo cruel e inhumano. Su razonamiento es sólido e incuestionable: «dormir» debe considerarse una «necesidad vital básica».

Sin embargo, el Departamento de Defensa de los Estados Unidos revocó estas decisiones, autorizando interrogatorios de veinte horas a detenidos en la Bahía de Guantánamo entre 2003 y 2004. Este tratamiento sigue siendo válido hasta el día de hoy, como lo indica el *US Army Field Manual* (Manual de campo revisado del Ejército de los Estados Unidos), que en el apéndice M señala que el sueño de los detenidos puede limitarse a solo cuatro horas de sueño cada 24 horas, durante un máximo de cuatro semanas. Debo decir que no siempre fue así. Una edición anterior de 1992 de la misma publicación sostenía que la privación prolongada del sueño era un ejemplo claro e inhumano de «tortura mental».

Privar a un ser humano del sueño sin su consentimiento y sin la debida atención médica es una herramienta de barbarie psicológica y biológica. El índice de mortalidad a largo plazo es el mismo que el del hambre. Ya es hora de acabar con la tortura, incluida la consistente en privar del sueño, una práctica inaceptable e inhumana que recordaremos con la más profunda de las vergüenzas en los años venideros.

Sueño y educación

Más del 80% de las escuelas públicas de secundaria en los Estados Unidos inician sus clases antes de las ocho y cuarto de la mañana. Casi el 50% comienza antes de las siete y veinte. En el caso de este último horario, los autobuses escolares habitualmente empiezan a recoger a los niños a las cinco y cuarto de la mañana. En consecuencia, algunos niños y adolescentes deben despertarse entre las cinco y cuarto y las cinco y media, o incluso antes, cinco días a la semana durante años. Es una locura.

¿Quién puede concentrarse para aprender algo despertándose tan temprano? Hay que tener en cuenta que para un adolescente las cinco y cuarto no es lo mismo que para un adulto. Como dijimos anteriormente, existe un desajuste entre el ritmo circadiano en los adolescentes y el de los adultos que puede oscilar entre una y tres horas. Así que la pregunta que realmente deberías hacerte si eres un adulto sería esta: ¿podría concentrarme y aprender algo tras haberme despertado a la fuerza a las tres y cuarto de la madrugada un día tras otro? ¿Estaría de buen humor? ¿Sería fácil llevarme bien con mis compañeros de trabajo y comportarme con gracia, tolerancia, respeto y una actitud agradable? Evidentemente, no. ¿Por qué entonces se lo exigimos a los millones de niños y adolescentes de las naciones industrializadas? Sin duda, este no es un modelo óptimo de educación. Y tampoco favorece una buena salud física o mental en nuestros jóvenes.

Impuesto por el horario escolar, este estado de privación crónica del sueño es especialmente preocupante si tenemos en cuenta que la adolescencia es la edad más vulnerable al desarrollo de trastornos mentales crónicos tales como depresión, ansiedad, esquizofrenia y tendencias suicidas. Interrumpir innecesariamente el sueño de un adolescente puede determinar un punto de inflexión entre el bienestar psicológico y la enfermedad psiquiátrica de por vida. Es esta una afirmación grave, pero no la escribo con ligereza o sin tener evidencias que la respalden. En la década de 1960, cuando buena parte de las funciones del sueño aún se desconocían, unos investigadores privaron de sueño REM (y, por tanto, de la experiencia onírica) a un grupo de jóvenes, permitiéndoles solo el sueño no-REM.

Los desafortunados participantes del estudio pasaron todo el tiempo en el laboratorio con electrodos colocados en sus cabezas. Por la noche, cada vez que entraban en el estado de sueño REM, un asistente entraba en el dormitorio y los despertaba. Los adormilados participantes se pasaban entonces entre cinco y diez minutos intentando resolver problemas matemáticos. Después volvían a dormir, pero, en cuanto ingresaban en la fase REM, el procedimiento se repetía. Hora tras hora, noche tras noche, durante una semana entera. El sueño no-REM se mantuvo en gran parte intacto, pero la cantidad de sueño REM se redujo a una fracción de su cantidad habitual.

No fueron necesarias las siete noches de privación de sueño antes de que los efectos sobre la salud mental empezaran a manifestarse. Al tercer día, los participantes mostraban signos de psicosis. Se tornaron ansiosos y malhumorados, y empezaron a alucinar. Escuchaban y veían cosas que no eran reales. También se volvieron paranoicos. Algunos creían que los investigadores habían urdido una trama para envenenarlos. Otros se convencieron de que los científicos eran agentes secretos y que el experimento era una conspiración maquinada por el Gobierno.

Solo entonces los científicos se dieron cuenta de las conclusiones del experimento: el sueño REM es lo que se interpone entre la racionalidad y la locura. Describe estos síntomas a un psiquiatra sin informarle sobre el contexto de privación de sueño REM y el clínico dará diagnósticos claros de depresión, trastornos de ansiedad y esquizofrenia. Pero todos estos jóvenes gozaban de buena salud solo días antes. No estaban deprimidos, no sufrían trastornos de ansiedad o esquizofrenia ni tenían antecedentes de tales afecciones, ya fueran personales o familiares. Los estudios sobre los intentos de superar el récord mundial de privación del sueño a lo largo de la historia muestran esta misma huella de inestabilidad emocional, así como de algún tipo de psicosis. Es la falta de sueño REM —la fase fundamental que tiene lugar en las últimas horas de sueño, y que es precisamente la que arrebatamos a nuestros niños y adolescentes a través de los tempranos horarios escolares— la que marca la diferencia entre un estado mental estable y uno inestable.

Los horarios escolares no siempre han sido tan irracionales biológicamente. Hace un siglo, las escuelas de los Estados Unidos empezaban a las nueve de la mañana, lo que hacía que el 95% de todos los niños se despertara sin despertador. Ahora ocurre precisamente lo contrario. La situación actual entra en conflicto directo con la necesidad evolutivamente preprogramada de los niños de dormir durante estas preciosas horas matinales ricas en sueño REM.

Un psicólogo de Stanford, el doctor Lewis Terman, famoso por ayudar a confeccionar el test del cociente intelectual (CI), dedicó su carrera de investigación al mejoramiento de la educación de los niños. A partir de la década de 1920, Terman documentó estadísticamente todo tipo de factores que promovían el éxito intelectual en los niños. Uno de los factores que descubrió fue dormir lo suficiente. Tal como dejó escrito en sus artículos y en su libro *Genetic Studies of Genius* (Estudios genéticos del genio), Terman descubrió que, independientemente de su edad, cuanto más duerme un niño, más capacidad intelectual tiene. Además, constató que el tiempo de sueño suficiente estaba estrechamente relacionado con un horario escolar razonable: un horario en armonía con los ritmos biológicos innatos de los cerebros jóvenes, aún en fase de maduración.

Si bien los datos obtenidos no permitían a Terman determinar la causa y el efecto, sí le convencieron de que dormir era una cuestión fundamental para la educación y el desarrollo saludable del niño. Como presidente de la Asociación Estadounidense de Psicología, recomendó encarecidamente que los Estados Unidos no siguieran la tendencia que estaba emergiendo en algunos países europeos, donde las clases se iniciaban cada vez más temprano, a las ocho de la mañana, o incluso a las siete, en lugar de a las nueve.

Terman creía que este cambio hacia un modelo de educación que obligaba a madrugar dañaría profundamente el crecimiento intelectual de nuestra juventud. A pesar de sus advertencias, casi cien años después los sistemas educativos de los Estados Unidos han adelantado los horarios de inicio de la escuela, mientras que muchos países europeos han hecho todo lo contrario.

Ahora contamos con evidencias científicas que respaldan las conclusiones de Terman. Un estudio realizado con más de 5000 escolares japoneses descubrió que los participantes que dormían más tiempo obtenían mejores calificaciones en todos los ámbitos. Los estudios realizados con población infantil en laboratorios del sueño demuestran que los niños que descansan mejor desarrollan un CI superior: los que obtuvieron resultados más brillantes dormían habitualmente de cuarenta a cincuenta minutos más que los que desarrollaron un CI más bajo.

Los exámenes de gemelos idénticos muestran cómo la extraordinaria influencia del sueño puede alterar el determinismo genético. En un estudio que empezó el doctor Ronald Wilson en la Escuela de Medicina de Louisville en la década de 1980 y que continúa hasta nuestros días, se evaluaron cientos de pares de gemelos a una edad muy temprana. Los investigadores se centraron específicamente en aquellos en los que uno dormía habitualmente menos horas que el otro y rastrearon su desarrollo durante las siguientes décadas. A los diez años, el gemelo con el patrón de sueño más largo era superior en sus capacidades intelectuales y educativas: obtenía calificaciones más altas en las pruebas estandarizadas de lectura y comprensión, y poseía un vocabulario más amplio que el que tenía menos horas de sueño.

Tal evidencia asociativa no prueba por sí sola que el sueño sea el responsable de estos beneficios educativos tan significativos. Sin embargo, al combinarla con la evidencia causal —abordada en el capítulo 6— que relaciona el sueño con la memoria, podemos hacer una predicción: si el sueño es realmente tan útil para el aprendizaje, aumentar el tiempo de sueño retrasando los horarios escolares debería ser revolucionario. Tiene que ser así.

En los Estados Unidos, un número cada vez mayor de escuelas ha empezado a rebelarse contra el modelo de horarios de inicio temprano, empezando la jornada escolar en horas biológicamente más razonables. Uno de los primeros casos se dio en el municipio de Edina (Minnesota). Aquí, el horario de inicio de clases para los adolescentes se cambió de las 7:25 a las 8:30. Más llamativo que los 43 minutos de sueño adicional que estos adolescentes informaron que recibieron, fue el cambio en el rendimiento académico, que se cuantificó usando una medida estandarizada llamada Prueba de Evaluación Escolar o SAT.

En el año anterior a este cambio de horario, la nota promedio en el SAT de los estudiantes con mejores resultados fue un muy respetable 605. El siguiente año, después de cambiar el horario de inicio a las ocho y media, esa calificación promedio se elevó a un 761 para el mismo grupo de estudiantes de primer nivel. Las notas SAT de matemáticas también mejoraron, pasando de 683, en el año anterior al cambio de horario, a 739 en el año posterior. Si lo sumamos todo, tendremos como resultado que retrasar los horarios de inicio de las clases, permitiendo a los estudiantes dormir más y estar mejor alineados con sus ritmos biológicos inalterables, arrojó un beneficio neto de 212 puntos en el SAT. Eso implica que los alumnos podrán acceder a mejores universidades, lo que alterará positivamente sus trayectorias vitales posteriores.

Si bien algunos han cuestionado la precisión o el nivel de repercusión de este caso, otros estudios sistemáticos bien controlados y mucho más amplios han demostrado que lo que pasó en Edina no es una casualidad. Numerosos condados en varios estados de los Estados Unidos han cambiado el inicio de las clases a una hora posterior, lo que ha provocado que sus estudiantes hayan conseguido calificaciones significativamente más altas. Como era de esperar, se produjeron mejoras en el rendimiento durante todo el día; sin embargo, los progresos más espectaculares se observaron en las clases de la mañana.

Está claro que un cerebro cansado y dormido es poco más que un filtro de memoria agujereado no apto para recibir, absorber o retener eficientemente la materia que se le pretende enseñar. Persistir en este esquema es perjudicar a nuestros niños con una amnesia parcial. Al obligar a los cerebros jóvenes a madrugar, no les dejamos atrapar el gusano, si el gusano en cuestión es el conocimiento o las buenas calificaciones.[6] Por lo

---

[6] El autor hace referencia al refrán inglés «*The early bird catches the worm*», que significa literalmente: «Los pajarillos madrugadores atrapan los gusanos». (*N. del T.*).

tanto, estamos creando una generación de niños desfavorecidos y frustrados por la privación del sueño. Está claro que la elección más inteligente es retrasar el inicio del horario escolar.

En este ámbito de la relación entre el sueño y el desarrollo cerebral, resulta especialmente preocupante una tendencia que se observa en las familias de bajos ingresos y que tiene una gran incidencia en la educación. Los niños de bajo nivel socioeconómico tienen menos probabilidades de ser llevados a la escuela en automóvil, en parte porque sus padres a menudo trabajan en el sector servicios, donde la jornada laboral suele empezar a las seis de la mañana o antes. Por lo tanto, estos niños dependen de los autobuses escolares y deben despertarse más temprano que aquellos a los que sus padres pueden llevar en coche. Al disponer de menos horas de sueño, se agudiza su desventaja respecto a los niños de familias más acomodadas. Un círculo vicioso que se perpetúa de generación en generación y del que resulta muy difícil escapar. Necesitamos desesperadamente métodos eficaces de intervención que nos permitan acabar con esta situación claramente injusta.

Los estudios realizados también han revelado que el aumento del tiempo de sueño gracias al retraso del horario escolar incrementa extraordinariamente la asistencia a clase, reduce los problemas conductuales y psicológicos, y disminuye el consumo de drogas y alcohol. Además, los horarios más tardíos suponen que la escuela termine más tarde. Esto protege a muchos adolescentes de los peligros de ese período de tiempo, situado entre las tres y las seis de la tarde, en que ellos han acabado las clases, pero sus padres no han regresado todavía del trabajo. Se ha demostrado que durante esas horas sin supervisión hay muchas más probabilidades de que los jóvenes puedan cometer delitos y abusar del alcohol u otras sustancias. El retraso del horario escolar acorta este período, reduciendo sus consecuencias adversas y, por lo tanto, disminuyendo su costo económico (un ahorro que podría reinvertirse para compensar cualquier gasto adicional producido por el retraso del horario).

Se ha constatado que empezar las clases más tarde comporta una consecuencia todavía más profunda que los investigadores no habían previsto: la expectativa de vida de los estudiantes se incrementa. La principal causa de muerte entre los adolescentes son los accidentes de tráfico,[7] y, como hemos visto, en este tema la más mínima falta de sueño puede resultar decisiva. Cuando el distrito escolar de Mahtomedi, en Minnesota, cambió su horario de inicio de clases de las siete y media a las ocho, hubo una reducción del 60% en los accidentes de tráfico con conductores de entre 16 y 18 años de edad. El condado de Teton, en Wyoming, promulgó un cambio aún más drástico en la hora de inicio de clases, pasando de las 7:35 a las 8:55, que era una hora mucho más razonable biológicamente. El resultado fue sorprendente: una reducción del 70% en los accidentes de tráfico protagonizados por conductores de entre 16 y 18 años.

Para ponerlo en contexto, la llegada de la tecnología de antibloqueo de frenos (ABS), que evita que las ruedas de un automóvil se bloqueen y patinen tras una frenada brusca, permitiendo que el conductor siga manteniendo el control sobre el vehículo, redujo las tasas de accidentes un 25%. Fue considerada una revolución. Aquí hay un simple factor biológico: descansar suficientemente reduce las tasas de accidentes entre los adolescentes en más del doble de esa cantidad.

Estos hallazgos están disponibles para todo el mundo y deberían llevarnos a realizar una profunda revisión del horario escolar. En lugar de ello, se ha hecho todo lo posible para ocultarlos. A pesar de los ruegos públicos de la Academia Americana de Pediatría y los Centros para el Control y la Prevención de Enfermedades, el cambio está siendo lento y lleno de dificultades. Necesitamos hacer mucho más.

Los horarios de los autobuses escolares representan un obstáculo importante para el cambio de los horarios escolares, al igual que la rutina de deshacerse de los niños temprano por la mañana para que los padres puedan empezar a trabajar a pri-

---

[7] Centros para el Control y la Prevención de Enfermedades, «Teen Drivers: Get the Facts», Prevención y Control de lesiones: seguridad de vehículos motorizados, acceso en http://www.cdc.gov/motorvehicle safety/teen_drivers/teen-drivers_factsheet.html

mera hora. Por mucho que simpaticemos con estos motivos, no creo que constituyan excusas de suficiente envergadura como para mantener un modelo anticuado que, según los datos, resulta claramente dañino e inapropiado. Si el objetivo de la educación es educar a los más jóvenes sin poner en peligro sus vidas, con el modelo actual de horarios escolares les estamos fallando a nuestros hijos de una manera imperdonable.

Si no cambiamos, perpetuaremos el círculo vicioso de un sistema educativo que, lejos de maximizar el potencial intelectual de los estudiantes, les impone, generación tras generación, un estado semicomatoso, privándoles del sueño durante años y atrofiando su crecimiento físico y mental. Esta dañina espiral solo está empeorando. Los datos obtenidos durante el último siglo de más de 750 000 escolares de entre 5 y 18 años revelan que en la actualidad los más jóvenes duermen dos horas menos por noche que lo que dormían hace cien años los estudiantes de su misma edad.

Una razón más para convertir el sueño en una prioridad a la hora de pensar en la educación y en la vida de nuestros hijos es la relación existente entre la deficiencia del sueño y la epidemia de TDAH (trastorno por déficit de atención con hiperactividad). Los niños con este diagnóstico presentan irritabilidad, mal humor, distracción y falta de atención en el aprendizaje diurno, y tienen una inclinación significativamente mayor a la depresión y a las ideas suicidas. Si combinas estos síntomas —incapacidad de mantener la atención, aprendizaje deficiente, conducta difícil e inestabilidad emocional— y les retiras la etiqueta del TDAH, obtendrás la sintomatología típica de la falta de sueño. Dicho de otro modo: si llevas al médico a un niño que duerme mal y le describes estos síntomas sin mencionarle la falta de sueño, el doctor no te dirá que tu hijo duerme demasiado poco, sino que tiene un TDAH.

La situación es más grave de lo que podría parecer. La mayoría de las personas conocen el nombre de los medicamentos que se utilizan habitualmente para el TDAH: Adderall y Ritalin. Sin embargo, pocos saben que el Adderall es anfetamina mezclada con ciertas sales y que el Ritalin está compuesto por un estimulante similar, llamado metilfenidato. La anfetamina y el metilfenidato son dos de los medicamentos más eficaces que conocemos para evitar el sueño y mantener el cerebro de un adulto (o de un niño, en este caso) completamente despierto. Y eso es lo último que necesita un niño así. Como ha señalado mi colega el doctor Charles Czeisler, hay personas en prisión cumpliendo largas condenas por haber sido sorprendidas vendiendo anfetaminas a menores en la calle; sin embargo, parece que no tenemos ningún problema en permitir que las compañías farmacéuticas hagan publicidad en horas de máxima audiencia de drogas basadas en anfetaminas como el Adderall o el Ritalin. Si nos ponemos cínicos, es como dejar que los traficantes de droga realicen libremente su actividad en pleno centro de la ciudad.

De ninguna manera estoy cuestionando el TDAH, y, ciertamente, no todos los niños que lo sufren duermen poco. Pero sabemos que hay niños, muchos niños tal vez, que no duermen lo suficiente o que sufren un trastorno del sueño inadvertido a los que se diagnostica erróneamente un TDAH. Eso hará que se les administren medicamentos basados en anfetaminas durante unos años que son cruciales para su desarrollo.

Un ejemplo típico de trastorno del sueño no diagnosticado es el trastorno del sueño en el niño por obstrucción respiratoria, o apnea del sueño infantil, que se asocia al ronquido intenso. Las adenoides y las amígdalas excesivamente grandes pueden bloquear el paso de las vías respiratorias de un niño a medida que sus músculos respiratorios se relajan durante el sueño. El ronquido es el sonido del aire que se afana por ser aspirado hacia los pulmones a través de una vía respiratoria semicolapsada. La falta de oxígeno resultante fuerza por reflejo al cerebro a despertar al niño brevemente durante toda la noche para que pueda obtener varias respiraciones completas, restaurando la saturación total de oxígeno en sangre. Sin embargo, esto impide que el niño disfrute de largos períodos de sueño no-REM profundo. Su trastorno respiratorio le impone una privación del sueño crónica, noche tras noche, durante meses o incluso años.

A medida que la privación crónica del sueño se acumule en el tiempo, el niño presentará cada vez más un comportamiento típico del TDAH, a nivel cognitivo, emocional y académico. Los niños que tienen la fortuna de recibir un diagnóstico certero, y aquellos a quienes se les extirpan las amígdalas, demuestran en la mayor parte de los casos que no tienen TDAH. En las semanas posteriores a la operación, el sueño de un niño se recupera, y con él, el funcionamiento psicológico y mental normal. Su «TDAH» está curado. Gracias a investigaciones recientes, estimamos que más del 50% de todos los niños con diagnóstico de TDAH sufre en realidad un trastorno del sueño, aunque solo una pequeña fracción llegará a saberlo. Los gobiernos deberían llevar a cabo una importante campaña de salud pública (sin influencias de los grupos de presión de la industria farmacéutica) para que se tome conciencia sobre este asunto.

Más allá de la problemática específica del TDAH, el panorama resulta cada vez más claro. Ante la falta de directrices gubernamentales y la deficiente comunicación por parte de nosotros los investigadores de los datos científicos existentes, muchos padres permanecen ajenos al estado de privación de sueño que afecta a sus hijos, por lo que a menudo subestiman esta necesidad biológica. Una encuesta reciente de la Fundación Nacional del Sueño confirma este punto: más del 70% de los padres cree que sus hijos duermen lo suficiente, cuando, en realidad, menos del 25% de los niños de entre 11 y 18 años obtiene la cantidad necesaria de sueño.

Como padres, tenemos una visión un tanto negativa sobre la necesidad e importancia del descanso de nuestros hijos. A veces, incluso castigamos o estigmatizamos su deseo de dormir, y eso incluye sus desesperados intentos por compensar, durante el fin de semana, la falta de sueño que el sistema escolar les impone. Espero que podamos romper con esta tendencia, que se transmite de padres a hijos, de descuidar el sueño de los más pequeños, un sueño que sus cerebros agotados y cansados anhelan desesperadamente. Cuando el sueño es abundante, las mentes florecen; cuando es deficiente, se marchitan.

El sueño y el cuidado de la salud

Si estuviésemos a punto de recibir tratamiento médico en un hospital, sería bueno poder preguntarle al médico: «¿Cuánto durmió en las últimas 24 horas?». La respuesta del médico determinaría, con un alto grado de fiabilidad, si acabaremos siendo víctimas de un grave error médico que incluso puede llevarnos a la muerte.

Todos sabemos que los enfermeros y médicos trabajan muchas horas seguidas. De hecho, nadie trabaja más que los médicos durante sus años de formación como residentes. Sin embargo, pocas personas conocen el motivo de que esto sea así. ¿Por qué forzamos a los médicos a aprender su profesión de esta forma tan agotadora y sin dormir? La respuesta tiene su origen en el valorado médico William Stewart Halsted, quien también era un consumado adicto a las drogas.

Halsted fundó el programa de formación quirúrgica del Hospital Johns Hopkins de Baltimore (Maryland) en mayo de 1889. Como jefe del departamento de Cirugía, su influencia fue considerable. Sin embargo, sus ideas sobre cómo los médicos jóvenes debían formarse eran peculiares. Tenían que hacer una residencia de seis años, literalmente. El término «residencia» proviene de la creencia de Halsted de que los médicos deben vivir en el hospital durante gran parte de su formación, lo que les permite familiarizarse plenamente con las técnicas quirúrgicas y el conocimiento médico en general. Los residentes novatos tenían que soportar los largos turnos consecutivos, tanto de día como de noche. Para Halsted, el sueño era un lujo prescindible que reducía la capacidad de trabajar y aprender. Era difícil rebatir la postura de Halsted, ya que él mismo ponía en práctica lo que predicaba, siendo famoso por su aparente capacidad sobrehumana de permanecer despierto durante varios días, al parecer sin fatiga.

Pero Halsted escondía un oscuro secreto que no salió a la luz sino hasta años después de su muerte y que ayudó a explicar tanto la estructura maníaca de su programa de residencia como su capacidad para olvidarse del sueño. Halsted era adicto a la cocaína. Adquirió ese lamentable hábito años antes de su llegada al Johns Hopkins.

Al inicio de su carrera, Halsted había realizado investigaciones sobre la capacidad de las drogas de bloquear los nervios y su uso como anestésico para aliviar el dolor en los procedimientos quirúrgicos. Una de esas drogas era la cocaína, que evita que el impulso de las ondas eléctricas llegue a los nervios del cuerpo, incluidos aquellos que trasmiten el dolor. Esto es bien conocido por los adictos a esta droga, ya que su nariz y, a menudo, toda su cara se adormecen tras esnifar varias rayas de la sustancia, casi como si un dentista entusiasta les hubiese inyectado demasiada anestesia.

No pasó mucho tiempo antes de que Halsted empezara a experimentar él mismo con la cocaína, después de lo cual se apoderó de él una incesante adicción. Si uno lee el informe académico de Halsted sobre los resultados de su investigación en el *New York Medical Journal* del 12 de septiembre de 1885, le resultará difícil comprenderlo. Varios historiadores médicos han sugerido que la escritura es tan desconcertante y frenética que indudablemente escribió la obra cuando estaba bajo el efecto de una fuerte dosis de cocaína.

En los años previos y posteriores a su llegada al Johns Hopkins, sus colegas notaron que el comportamiento de Halsted resultaba extraño e inquietante. Se excusaba del quirófano durante la supervisión de las intervenciones quirúrgicas, dejando que los jóvenes médicos completaran la operación por su cuenta. En otras ocasiones, Halsted no era capaz de operar por sí mismo porque las manos le temblaban demasiado, cosa que trataba de hacer pasar como una consecuencia de su adicción al tabaco.

Halsted necesitaba ayuda desesperadamente. Avergonzado y nervioso porque sus colegas pudieran descubrir la verdad, ingresó en una clínica de rehabilitación usando su segundo apellido. Fue el primero de muchos intentos infructuosos por dejar su adicción. Durante una estancia en el Hospital Psiquiátrico Butler, en Providence (Rhode Island), Halsted se sometió a un programa de rehabilitación que incluía ejercicio, una dieta saludable, aire fresco y morfina para ayudar con el dolor y con la abstinencia de la cocaína. Cuando acabó el programa de «rehabilitación», además de a la cocaína, era adicto a la morfina. Se cuenta incluso que Halsted enviaba sus camisas a la lavandería en París y que, cuando se las devolvían, el paquete contenía algo más que camisas blancas.

Halsted aplicó su tendencia a permanecer despierto a causa del consumo de cocaína al programa de cirugía del Hospital Johns Hopkins, imponiendo exagerados períodos de insomnio a sus residentes durante su entrenamiento. El agotador programa de residencia, que persiste de una u otra forma en todas las facultades de medicina de los Estados Unidos hasta la fecha, ha dejado un reguero de pacientes maltrechos o muertos, y probablemente también de residentes. Esto tal vez pueda sonar injusto, teniendo en cuenta el maravilloso trabajo que realizan nuestros jóvenes doctores y residentes, pero es algo que se puede demostrar.

Muchas facultades de medicina suelen exigir a los residentes trabajar treinta horas. Si se tratara de horas semanales, podría parecer poco, pero estamos hablando de trabajar treinta horas seguidas. Peor aún, muchas veces estos turnos de treinta horas se combinan con otros turnos de 12 horas intercalados.

Las consecuencias nocivas están bien documentadas. Los residentes que trabajan turnos de treinta horas consecutivas cometen un 36% más de errores médicos graves, como prescribir dosis incorrectas de medicamentos u olvidar instrumental quirúrgico dentro del paciente, que los que trabajan 16 horas o menos. Además, después de un turno de treinta horas sin dormir, los residentes cometen un 460% más de errores de diagnóstico en la unidad de cuidados intensivos que cuando descansan lo necesario. A lo largo de su residencia, uno de cada cinco residentes cometerá un error médico relacionado con el insomnio que causará un daño significativo en el paciente. Uno de cada veinte residentes matará a un paciente debido a la falta de sueño. Dado que actualmente hay más de 100 000 residentes en programas de formación en los Estados Unidos, muchos cientos de personas (hijos, hijas, esposos, esposas, abuelos, abuelas, hermanos, hermanas) pierden la vida innecesariamente cada año porque a los residentes no se les permite dormir lo necesario. Mientras escribo este capítulo, un nuevo estudio ha descubierto que los errores médicos son la tercera causa de muerte entre los estadounidenses, solo después de los ataques cardíacos y del cáncer. El insomnio, sin duda, tiene un papel fundamental en la pérdida de estas vidas.

Los propios médicos jóvenes pueden formar parte de las estadísticas de mortalidad. Después de un turno continuo de treinta horas, los residentes exhaustos tienen un 73% más de probabilidades de pincharse con una aguja hipodérmica o de cortarse con un bisturí, arriesgándose a sufrir alguna enfermedad infecciosa.

Una de las estadísticas más paradójicas es la de la conducción de automóviles bajo los efectos del sueño. Cuando un residente privado de sueño termina un turno prolongado, como el de la rotación en la sala de urgencias tratando de salvar la vida de víctimas de accidentes automovilísticos, y luego se sube a su propio coche para regresar a casa, sus posibilidades de verse involucrado en un accidente automovilístico aumentan en un 168% debido a la fatiga. En consecuencia, podría encontrarse de nuevo en la misma sala de urgencias del mismo hospital, pero ahora como víctima de un accidente automovilístico causado por un microsueño.

Los médicos titulados y sus asistentes sufren el mismo quebranto en sus habilidades médicas después de dormir de manera insuficiente. Por ejemplo, si eres un paciente sometido al bisturí de un médico que no ha tenido la oportunidad de dormir al menos seis horas la noche anterior, tendrás un 170% más de probabilidades de que ese cirujano cometa un grave error quirúrgico, a resultas del cual podrías sufrir algún daño en un órgano o una hemorragia mayor.

Si vas a someterte a una operación, harías bien en preguntarle a tu médico cuánto ha dormido la noche anterior, y si la respuesta no te convence, cancelar la intervención. Todos los años de experiencia no pueden ayudar a un médico a «aprender» a superar la falta de sueño ni a desarrollar una capacidad de recuperación suficiente. La madre naturaleza ha pasado millones de años implementando esta necesidad fisiológica esencial. Pensar que la valentía, la fuerza de voluntad o unas pocas décadas de experiencia pueden eximir a un cirujano, o a cualquier otra persona, de una necesidad evolutivamente tan antigua conlleva una arrogancia que, como demuestra la evidencia, cuesta vidas.

La próxima vez que veas a un médico en un hospital, ten en cuenta el estudio al que hemos hecho referencia, según el cual después de 22 horas sin dormir el rendimiento humano se sitúa al mismo nivel que el de alguien que esté ebrio. ¿Acaso aceptarías ponerte en manos de un médico que, delante de ti, sacara una botellita de whisky y bebiera unos tragos antes de prestarte atención médica? Tampoco yo. Entonces, ¿por qué deberíamos jugar a una ruleta rusa médica igualmente irresponsable en el contexto de la privación del sueño?

¿Por qué estos hallazgos y muchos otros similares no han provocado que se lleve a cabo una revisión responsable de los horarios de trabajo de residentes y médicos en el sistema de salud estadounidense? ¿Por qué no somos capaces de ofrecer a nuestros médicos agotados y propensos a cometer errores el sueño que necesitan? Después de todo, ¿acaso no forma parte de nuestros objetivos como sociedad lograr la más alta calidad en la atención médica?

Por supuesto, las instituciones médicas alegan diversas razones para seguir justificando el desprecio por el sueño de la vieja escuela. El planteamiento más habitual utiliza un argumento similar al de William Halsted: si no se hicieran turnos agotadores, tardaríamos demasiado en formar a los residentes y no aprenderían con la misma eficacia. Entonces, ¿por qué en varios países de Europa occidental la jornada laboral de los médicos residentes no puede superar las 48 horas semanales y no se les imponen largos períodos de insomnio? ¿Acaso reciben una peor formación? Los datos demuestran que no es así, pues muchos de estos programas médicos europeos, como los del Reino Unido y Suecia, se encuentran entre los diez primeros puestos con mejores resultados de salud en la práctica médica, mientras que la mayoría de los institutos de los Estados Unidos se sitúan entre los puestos 18 y 30 del mundo. De hecho, varios estudios en los Estados Unidos han demostrado que cuando se limitan los turnos de los residentes a no más de 16 horas, con al menos una oportunidad de descanso de ocho horas antes del siguiente turno,[8] la cantidad de errores médicos graves —aquellos que tienen potencial de causar daño en un paciente— cae en más de un 20%. Además, los errores de diagnóstico cometidos por los residentes se reducen entre un 400% y un 600 por ciento.

Sencillamente, no existe ningún argumento basado en evidencias para insistir en el modelo actual de formación médica, un modelo precario en horas de sueño que, además de resultar ineficaz para el aprendizaje, pone en peligro la salud y la seguridad de los jóvenes médicos y de los pacientes por igual. Que los máximos responsables de la política sanitaria lo sigan aplicando estoicamente solo puede entenderse como un caso más de «ya tomé mi decisión, no me confundas con los hechos».

En términos más generales, creo que como sociedad debemos trabajar para desmontar nuestra actitud negativa hacia el sueño, que puede resumirse con las palabras que una vez dijo un senador estadounidense: «Siempre he aborrecido la necesidad de dormir. Al igual que la muerte, doblega incluso a los hombres más poderosos». Esta actitud transmite a la perfección la concepción moderna del sueño como algo indeseable, molesto y debilitador. Aunque el senador en cuestión es un personaje de televisión llamado Frank Underwood, de la serie *House of*

---

[8] Según esta descripción, cabría pensar que los residentes tienen entonces la fantástica posibilidad de dormir ocho horas. Por desgracia, esto no es así. Durante esas ocho horas en que libran del trabajo, los residentes deben regresar a su hogar, comer, pasar algo de tiempo con sus familiares, realizar el ejercicio físico que deseen, dormir, bañarse y volver al hospital. Es difícil imaginar que, en medio de todo eso, puedan encontrar más de cinco horas para dormir. Turnos de un máximo de 12 horas, con un descanso de 12 horas, es lo máximo que deberíamos pedirle a un residente o, para el caso, a cualquier médico.

Cards, creo que los guionistas pusieron el dedo en la llaga del problema del descuido del sueño.

Desgraciadamente, se trata de una negligencia que ha causado algunas de las peores catástrofes globales registradas en la historia de la humanidad. Piensa en la desastrosa fusión del reactor en la central nuclear de Chernóbil el 26 de abril de 1986. La radiación que se desencadenó fue cien veces más poderosa que la de las bombas atómicas lanzadas en la Segunda Guerra Mundial. Sucedió a la una de la madrugada, y fue culpa de la falta de sueño de los operadores, que trabajaban de forma extenuante. En las décadas posteriores, miles de personas murieron a causa de los efectos a largo plazo de la radiación, y decenas de miles más sufrieron toda una vida de problemas de salud y desarrollo de enfermedades. También podemos mencionar el petrolero *Exxon Valdez*, que encalló en el arrecife Bligh, en Alaska, el 24 de marzo de 1989, rasgando su casco. Se estima que se derramaron entre diez y cuarenta millones de galones de petróleo crudo en un área de 2 000 kilómetros de la costa circundante. Murieron más de 500 000 aves marinas, 5 000 nutrias, 300 focas, más de 200 águilas calvas y 20 orcas. El ecosistema costero nunca se ha recuperado. Los primeros informes sugirieron que el capitán estaba en estado de ebriedad mientras conducía el barco. Sin embargo, más tarde se reveló que el capitán estaba sobrio y que había delegado el mando al tercer oficial de cubierta, que solo había dormido seis horas en las 48 horas precedentes, lo que provocó un catastrófico error de navegación.

Ambas tragedias se podrían haber evitado. Lo mismo puede decirse respecto de todas las estadísticas relacionadas con la falta de sueño presentadas en este capítulo.

16

Una nueva estrategia para dormir en el siglo XXI

Una vez que aceptamos que nuestra falta de sueño es una lenta forma de autoeutanasia, ¿qué podemos hacer al respecto? En este libro he descrito los problemas y las causas de nuestra falta colectiva de sueño. Pero ¿cuáles son las soluciones? ¿Cómo podemos cambiar realmente?

Para mí, abordar este tema implica dos pasos lógicos. El primero es entender por qué el problema de la deficiencia de sueño es tan resistente al cambio y, por tanto, persiste y sigue empeorando. En segundo lugar, debemos desarrollar un modelo estructurado de tal modo que nos permita actuar efectivamente sobre cada uno de los obstáculos que seamos capaces de identificar. No hay una solución única y mágica. Después de todo, no existe solo una razón por la que la sociedad, colectivamente, está durmiendo poco. A continuación, en la figura 17, presento una nueva visión del sueño en el mundo moderno; una hoja de ruta que abarca numerosos niveles de posibilidad de intervención.

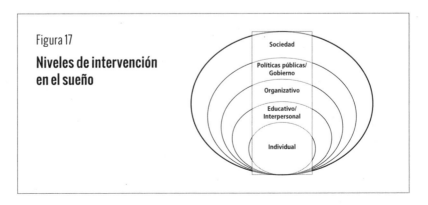

Figura 17

Niveles de intervención en el sueño

Sociedad
Políticas públicas/Gobierno
Organizativo
Educativo/Interpersonal
Individual

Transformación individual

Para conseguir que una persona duerma más podemos utilizar métodos pasivos, que no requieren esfuerzo del individuo y que son, por tanto, preferibles, y métodos activos, que sí requieren el esfuerzo del individuo. He aquí varias posibilidades que no resultan descabelladas y que están basadas en métodos científicos que se ha comprobado que mejoran la cantidad y la calidad del sueño.

Muchos de mis colegas investigadores afirman que la llegada de la tecnología a nuestros hogares y dormitorios nos está privando de un sueño precioso, y yo estoy de acuerdo. Las evidencias presentadas en este libro, como los efectos nocivos de los dispositivos LED durante la noche, demuestran que esto es cierto. En consecuencia, los científicos presionan para que el sueño siga siendo analógico, por así decirlo, tratando de dejar la tecnología al margen pese a encontrarnos en un mundo cada vez más digital.

En este punto, en cambio, no estoy de acuerdo. Efectivamente, el futuro del sueño pasa por un retorno al pasado, en el sentido de que debemos lograr un sueño regular y abundante como el que teníamos hace un siglo, pero, a mi juicio, ir en contra de la tecnología, en lugar de unirnos a ella, es una equivocación. En primer lugar, es una batalla perdida: nunca conseguiremos introducir de nuevo al genio tecnológico en su botella, y tampoco necesitamos hacerlo. Por el contrario, podemos usar esta poderosa herramienta a nuestro favor. Estoy casi seguro de que dentro de entre tres y cinco años habrá disponibles, a precios razonables, dispositivos que permitirán controlar con precisión tanto los ciclos circadianos de los individuos como sus patrones de sueño. Cuando eso suceda, podremos armonizar esos rastreadores de sueño individuales con nuestros revolucionarios aparatos domésticos, por ejemplo, los que tienen que ver con la regulación de la temperatura y con la iluminación. Mientras escribo esto, ya se está trabajando en ello.

Se nos presentan dos emocionantes posibilidades. En primer lugar, tales dispositivos podrían comparar el sueño de cada miembro de la familia en cada habitación con la temperatura detectada por el termostato en cada una de esas habitaciones. Usando algoritmos de aprendizaje automático aplicados a lo largo del tiempo, podremos ser capaces de indicar de forma inteligente al termostato central cuál es el punto adecuado para cada miembro de la familia en cada habitación, en función de la biofisiología calculada por los dispositivos de rastreo del sueño —quizá dividiendo el diferencial cuando hay dos o más personas por habitación—. Por supuesto, inciden muchos factores en el hecho de que una noche sea buena o mala, pero la temperatura es uno de ellos.

Más aún, podríamos programar una paz circadiana natural y aumentar la temperatura a lo largo de la noche para que esté en armonía con las expectativas de cada cuerpo, en lugar de mantener una temperatura nocturna constante, que es lo que ahora ocurre en la mayoría de los hogares. Con el tiempo podríamos fabricar de manera inteligente un ambiente térmico personalizado que se adapte a los ritmos circadianos de cada uno de los individuos que hay en la habitación, acabando así con el modelo fijo que utilizan la mayoría de las personas que tienen termostatos domésticos. Ambos cambios no requerirían ningún esfuerzo por parte del individuo, y acelerarían el tiempo de inicio del sueño, incrementarían el tiempo total del mismo y, como vimos en el capítulo 13, mejorarían la calidad del sueño no-REM de todos los miembros del hogar.

La segunda solución pasiva tiene que ver con la luz eléctrica. Muchos de nosotros sufrimos sobreexposición a la luz nocturna, en particular a la luz LED azul predominante en nuestros dispositivos digitales. Esta luz digital disminuye la producción de melatonina y retrasa el inicio del sueño. ¿Qué pasaría si pudiéramos convertir ese problema en una solución? Pronto deberíamos ser capaces de diseñar focos LED con filtros que puedan variar la longitud de onda de la luz que emiten, que va desde el amarillo cálido, menos dañino para la melatonina, hasta la intensa luz azul, que la inhibe poderosamente.

Junto con los rastreadores de sueño, capaces de evaluar con precisión nuestros ritmos biológicos personales, podríamos instalar en el hogar estos nuevos focos. Los focos (e incluso otros dispositivos de pantalla LED, como los iPad) recibirían instrucciones para disminuir gradualmente la luz azul dañina a medida que avanza la noche según el ritmo natural de sueño de cada individuo (o grupo de individuos). Podríamos hacer esto de forma dinámica, en tiempo real, a medida que los individuos se movieran de una habitación a otra. Y de nuevo bastaría con dividir inteligentemente la diferencia en función de la mezcla biofisiológica de los que se encuentran en la habitación. De este modo, los propios cerebros y cuerpos de los individuos, medidos y traducidos a través de los dispositivos incorporados a la red del hogar, modularían sinérgicamente la luz y, con ello, la liberación de melatonina necesaria para una óptima regulación del sueño. Se trata de una visión médica y personalizada del sueño.

Por la mañana, podríamos revertir este proceso llenando las estancias de una potente luz azul que «apagase» la producción de melatonina. Esto nos ayudaría a despertarnos más rápido y a sentirnos más alerta y más alegres cada mañana.

Incluso podríamos utilizar esta misma técnica de manipulación de la luz para dar un ligero empujón al ritmo de sueño-vigilia con el fin de lograr una variación biológicamente razonable (más o menos de treinta o cuarenta minutos), cuando así se deseara por una necesidad puntual. Por ejemplo, si tuviéramos una reunión más temprano de lo habitual a mitad de semana, esta tecnología, sincronizada con nuestro calendario en línea, empezaría ya el lunes a adelantar gradualmente nuestro ritmo circadiano para que nos fuéramos a dormir a una hora un poco más temprana. De esta forma, el madrugón del miércoles no resultaría tan duro ni causaría tanta confusión biológica a nuestro cerebro y nuestro cuerpo. Esto sería igualmente aplicable para ayudar a las personas a superar el *jet lag* cuando viajan entre husos horarios, y todo a través de los dispositivos personales emisores de LED con los que la gente ya viaja: teléfonos, tabletas, computadoras portátiles.

¿Por qué limitarnos al entorno del hogar o a la infrecuente circunstancia del *jet lag*? Los automóviles podrían adoptar estas mismas soluciones de iluminación para ayudar a regular el estado de alerta durante los viajes matutinos de cada día. Algunas de las tasas más altas de accidentes por conducción somnolienta ocurren a primeras horas de la mañana. ¿Qué pasaría si los habitáculos de los coches pudieran bañarse con luz azul durante los traslados matutinos? Los niveles deberían regularse para no distraer al conductor ni a los demás usuarios de la carretera, pero recordarás que, como vimos en el capítulo 13, no se necesita una luz especialmente brillante (luxes) para obtener un impacto medible en la supresión de melatonina y alcanzar un estado de vigilia mayor. Esta idea podría ser particularmente útil para aquellas zonas de los hemisferios norte y sur donde este problema es más agudo. En el ámbito laboral, aquellos que tienen la suerte de tener su propia oficina podrían personalizar su iluminación utilizando los mismos principios. Pero incluso los que trabajan en cubículos, que no son tan diferentes de los habitáculos de un automóvil, podrían adaptar el espacio en función de sus necesidades personales.

Si bien los beneficios que aportarían estos cambios todavía se han de demostrar, podemos ya aportar algunos interesantes datos de la NASA, una agencia con la que colaboré en temas de trastornos del sueño al inicio de mi carrera y que ha mostrado siempre un gran interés hacia la importancia de dormir adecuadamente. Los astronautas de la Estación Espacial Internacional viajan a través del espacio a 28 000 km/h, completando una órbita alrededor de la Tierra cada noventa o cien minutos. Como resultado, experimentan el «día» durante aproximadamente cincuenta minutos, y la «noche» durante otros tantos minutos. A pesar de que se prepara a los astronautas para disfrutar de un amanecer y un anochecer 16 veces al día, esto causa estragos en sus ritmos de sueño-vigilia, provocando terribles problemas de insomnio y somnolencia. Piensa que si cometes un error en tu trabajo en la Tierra, tu jefe puede reprenderte. Pero si cometes un error dentro de un largo tubo de metal que flota a través del vacío del espacio con cargamentos y misiones que cuestan cientos de millones de dólares, las consecuencias pueden ser mucho peores.

Para combatir este problema, hace algunos años la NASA empezó a colaborar con una gran compañía eléctrica para crear el tipo de focos especiales que he descrito antes. Dichos focos debían instalarse en la estación espacial para facilitar a los astronautas un ciclo mucho más parecido al de la Tierra, de 24 horas de luz y oscuridad. Con la luz ambiental regulada se consiguió una normalización de los ritmos biológicos de melatonina de los astronautas y, con ello, también de su sueño, lo que redujo los errores operativos asociados a la fatiga. Hay que reconocer que el costo de desarrollo de cada foco fue de alrededor de 300 000 dólares, pero numerosas compañías ya están trabajando arduamente para construir focos similares por una fracción de ese costo. Apenas ahora las primeras muestras están empezando a llegar al mercado. Cuando los costos se vuelvan equiparables a los de los focos estándar, estas y muchas otras posibilidades se harán realidad.

Las soluciones menos pasivas, que requieren que el individuo participe activamente en los cambios, son más difíciles de aplicar. Los hábitos humanos, una vez establecidos, difícilmente se modifican; basta recordar los innumerables propósitos de Año Nuevo, que siempre hacemos, pero nunca cumplimos. Las promesas de dejar de comer en exceso, hacer ejercicio regularmente o dejar de fumar son solo algunos ejemplos de hábitos que a menudo deseamos cambiar para prevenir problemas de salud, pero que rara vez mantenemos. Nuestra persistencia en dormir muy poco puede parecer igualmente una causa perdida, pero soy optimista y creo que algunas soluciones efectivas acabarán suponiendo una mejoría real de la calidad de nuestro descanso.

Educar a la gente sobre la importancia de dormir lo suficiente, ya sea a través de libros, conferencias o programas de televisión, puede ayudar a combatir el déficit de sueño. Lo sé de primera mano porque imparto una clase sobre la ciencia del sueño a cuatrocientos o quinientos estudiantes de pregrado cada semestre. Mis alumnos contestan a una encuesta anónima sobre el sueño al inicio y al final de cada curso. A lo largo de un semestre de clases, la cantidad de horas de sueño que informan aumenta en un promedio de 42 minutos por noche. Aunque pueda parecer poco, esto se traduce en cinco horas más de sueño cada semana, o 75 horas extras de sueño cada semestre.

Pero esto no basta. Por desgracia, estoy seguro de que una parte de mis estudiantes vuelven a su dañino hábito de dormir poco en los años posteriores. Como demuestra el hecho de que las advertencias científicas de que la comida basura conduce a la obesidad rara vez consiguen que una persona acabe prefiriendo el brócoli a una galleta, el conocimiento por sí solo no es suficiente. Se requiere algo más.

Un modo de conseguir que un nuevo hábito saludable se convierta en una costumbre permanente es la exposición a tus propios datos. La investigación en enfermedades cardiovasculares es un buen ejemplo. Si los pacientes disponen en sus casas de herramientas para hacer un seguimiento de los progresos que experimentan en su salud fisiológica gracias a un determinado plan de tratamiento —tales como monitores de presión sanguínea durante los programas de ejercicio, escalas que registran el índice de masa corporal durante las dietas o dispositivos de espirometría que registran la capacidad pulmonar respiratoria cuando se deja de fumar—, las tasas de cumplimiento de los programas de rehabilitación se incrementan. El seguimiento de los pacientes después de un año, o incluso después de cinco, evidencia que la mayoría de ellos han incorporado esos cambios positivos a su estilo de vida y a su comportamiento. Cuando uno puede medirse a sí mismo, el viejo dicho de «ver para creer» garantiza la permanencia de hábitos saludables a largo plazo.

Este mismo enfoque lo podemos aplicar también a nuestro sueño a través de dispositivos portátiles que rastreen con precisión cómo dormimos. Los teléfonos inteligentes pueden recopilar datos de salud de distintas fuentes: actividad física (número de pasos e intensidad del ejercicio), exposición a la luz, temperatura, frecuencia cardíaca, peso corporal, ingesta de alimentos, productividad laboral o estado de ánimo. Del mismo modo, podrían indicarnos de forma personalizada cómo el sueño pronostica de forma directa nuestra propia salud física y mental.

Si usáramos un dispositivo de este tipo, posiblemente descubriríamos que cuando una noche dormimos más al día siguiente comemos menos y de un modo más saludable; estamos más alegres, más felices y más positivos; mejoran nuestras relaciones y logramos mayor rendimiento en menos tiempo de trabajo. Descubriríamos, además, que durante los meses del año en que dormimos más horas enfermamos menos; el peso, la presión arterial y el consumo de medicamentos se reduce, y nuestras relaciones afectivas, así como nuestra vida sexual, mejoran.

La motivación derivada de estos datos, reforzada día tras día, mes tras mes y, finalmente, año tras año, podría cambiar para mejor los malos hábitos de sueño de muchas personas. No soy tan ingenuo como para pensar que provocaría un cambio radical, pero si con ello lográramos aumentar la cantidad de sueño entre 15 y 20 minutos cada noche, supondría una mejora importante de la expectativa de vida y un cuantioso ahorro económico, por nombrar solo dos beneficios. Podría convertirse en un factor decisivo para pasar de una visión centrada en el tratamiento, que es la que tenemos ahora, a una visión basada en la prevención: la prevención apunta a evitar la necesidad del tratamiento y resulta mucho más eficiente y barata a largo plazo.

Yendo aún más lejos, ¿qué pasaría si cambiamos la óptica del análisis por la óptica de la predicción? Para explicar el concepto, permíteme que vuelva al ejemplo de fumar. Se están realizando esfuerzos para crear aplicaciones de predicción a partir de una foto de tu rostro tomada con la cámara de tu teléfono celular. La aplicación te pregunta cuántos cigarros en promedio fumas al día. A partir de datos científicos sobre cómo la cantidad de tabaco afecta a tu salud externa —bolsas debajo de los ojos, arrugas, psoriasis, caída del cabello y dientes amarillentos—, la aplicación modifica tu rostro en la foto para ofrecerte una predicción de cómo será en diferentes momentos del futuro —dentro de un año, dos años, cinco años, diez años— si sigues fumando.

El mismo enfoque podría adoptarse para el sueño, pero teniendo en cuenta muchos aspectos diferentes, no solo los relacionados con la apariencia exterior, sino también con la salud interna del cerebro y el cuerpo. Por ejemplo, podríamos mostrar a las personas el creciente riesgo (aunque no determinista) de sufrir enfermedades como el alzhéimer o ciertos cánceres si continúan durmiendo muy poco. Los hombres podrían ver proyecciones sobre cuánto se encogerán sus testículos o se reducirán sus niveles de testosterona si su sueño sigue siendo precario. Se pueden hacer predicciones de riesgo similares sobre el aumento de peso corporal, la diabetes, las infecciones o el deterioro del sistema inmunitario.

Otra posibilidad puede consistir en ofrecer a las personas una predicción de cuándo deben recibir su vacuna contra la gripe en función de la cantidad de horas que han dormido durante la semana anterior. Como recordarás, en el capítulo 8 mencioné que dormir de cuatro a seis horas por noche la semana previa a la vacuna contra la gripe hace que la respuesta de los anticuerpos se reduzca a la mitad de lo requerido de manera normal, mientras que siete o más horas de sueño brindan sistemáticamente una respuesta de inmunización poderosa e integral. El objetivo sería proveer a los especialistas en atención médica y a los hospitales de actualizaciones en tiempo real del sueño de un individuo, semana tras semana. A través de estas notificaciones, el software identificaría cuál es el momento ideal para que una persona se vacune contra la gripe a fin de maximizar su protección.

De este modo, no solo mejoraría notablemente la inmunidad del individuo, sino de toda la comunidad, ya que el beneficio inmunológico se extendería a todo «el rebaño». Pocas personas se dan cuenta de que el costo financiero anual de la gripe en los Estados Unidos es de cerca de 100 000 millones de dólares (10 000 millones directos y 90 000 millones en pérdida de productividad laboral). Incluso si esta solución disminuyera las tasas de infección de la gripe en solo un pequeño porcentaje, ahorraría cientos de millones de dólares a través de una mejor eficacia de la inmunización, reduciendo la carga de los costos de los servicios hospitalarios tanto para pacientes hospitalizados como para pacientes ambulatorios. Al evitar la pérdida de productividad por enfermedad y absentismo durante la temporada de gripe, las empresas y la economía en general ahorrarían aún más —potencialmente miles de millones de dólares— y podrían ayudar a financiar el programa.

Se trata de una solución que podría ser aplicada globalmente. En cualquier lugar donde exista inmunización y la posibilidad de hacer un seguimiento del sueño de una persona, existiría también la posibilidad de conseguir ahorros significativos en los costos de los sistemas de atención médica, de los gobiernos y de las empresas, todo con el objetivo de ayudar a la gente a disfrutar de una vida más saludable.

Cambio educativo

Durante las últimas cinco semanas he realizado una encuesta informal con colegas, amigos y familiares de los Estados Unidos y de mi país de origen, el Reino Unido. También he recibido información de amigos y colegas de España, Grecia, Australia, Alemania, Israel, Japón, Corea del Sur y Canadá.

Les preguntaba qué tipo de educación recibieron en la escuela sobre temas de salud y bienestar. ¿Recibieron educación sobre la dieta? El 98% de ellos sí la recibió, y muchos todavía recordaban algunos detalles. ¿Recibieron información sobre drogas, alcohol, sexo seguro y salud reproductiva? El 80% dijo que sí. ¿Se resaltaba la importancia del ejercicio en la formación escolar y se realizaban prácticas de educación física obligatorias durante la semana? Sí, el 100% de ellos lo confirmó.

Esta información difícilmente constituye un conjunto de datos científicos, pero, aun así, demuestra que las personas consultadas recibieron alguna formación sobre dieta, ejercicio y salud. Ese tipo de educación parece formar parte de un plan educativo a escala mundial en la mayoría de los países desarrollados.

Cuando les pregunté a este mismo grupo de individuos si habían recibido educación sobre el sueño, la respuesta fue igualmente universal, pero en la dirección opuesta: ninguno de ellos había recibido ningún tipo de material educativo o de información sobre el sueño, ni siquiera cuando habían estudiado temas sobre salud y bienestar personal. Si estas personas constituyen una muestra representativa, esto sugiere que el sueño no tiene cabida en la educación de nuestros hijos. Generación tras generación, nuestras mentes jóvenes siguen ignorando los peligros inmediatos y el impacto de la falta de sueño en la salud, lo que para mí es un grave error.

Me gustaría trabajar con la OMS para desarrollar un sencillo módulo educativo que pueda implementarse en escuelas de todo el mundo. Podría adoptar muchas formas, según el grupo de edad: un cortometraje de dibujos animados, un juego de mesa en forma física o digital (que incluso pueda jugarse internacionalmente con «amigos por correspondencia») o un entorno virtual que ayude a explorar los secretos del sueño. Hay muchas opciones, todas ellas fácilmente adaptables a las distintas naciones y culturas.

El objetivo sería doble: cambiar las vidas de esos niños y, a través de la concienciación del sueño y de la mejora del mismo, conseguir que en el futuro esos niños transmitan a sus propios hijos unos valores saludables acerca del sueño. De esta manera, la valoración del sueño podría empezar a transmitirse de generación en generación, al igual que hacemos con los buenos modales o la moral. Desde un punto de vista médico, nuestras futuras generaciones no solo disfrutarían de una vida más larga, sino de un período de salud más prolongado, libre de las enfermedades y los trastornos propios de la edad avanzada que sabemos que son causados por la falta crónica de sueño. El costo de ofrecer estos programas de educación sobre el sueño representaría una pequeña fracción de lo que pagamos actualmente por el déficit global de sueño. Si estás en alguna organización, posees un negocio o eres un filántropo y estás interesado en ayudar a hacer realidad este deseo y esta idea, comunícate conmigo.

Cambio organizativo

Me voy a permitir ofrecer tres ejemplos bastante diferentes de cómo podríamos lograr la reforma del sueño en el ámbito laboral y en las industrias clave.

El primer ejemplo tiene que ver con los empleados. La gigantesca compañía de seguros Aetna, que cuenta con casi 50 000 trabajadores, ha instituido una opción de bonos por dormir más, a partir de los datos verificados por el rastreador de sueño. Como el presidente y director de Aetna, Mark Bertolini, describió: «Estar presente en el lugar de trabajo y tomar mejores decisiones tiene mucho que ver con nuestros fundamentos comerciales». Además, señaló: «Nadie puede estar preparado si está medio dormido». Si los trabajadores logran encadenar veinte noches de sueño de siete horas o más, reciben un bono de 25 dólares por noche, hasta un total de quinientos dólares.

Algunos pueden burlarse del sistema de incentivos de Bertolini, pero desarrollar una nueva cultura empresarial que se ocupe de todo el ciclo de vida de sus empleados, día y noche, además de ser prudente económicamente, da muestra de una especial sensibilidad hacia los trabajadores. Al parecer, Bertolini es consciente de que el beneficio neto para la compañía de un empleado bien dormido es considerable. El retorno de la inversión en sueño, en términos de productividad, creatividad, implicación laboral, energía, eficiencia, por no mencionar la felicidad, que hace que la gente desee trabajar y permanecer en la empresa, es innegable. La sabiduría basada en la experiencia de Bertolini lo ha llevado a abandonar los modelos de explotación que imponen a los empleados jornadas laborales de entre 15 y 18 horas, sumiéndolos en un sistema de usar y tirar que tiene repercusiones negativas en la productividad, las bajas médicas, la moral de los trabajadores y la estabilidad de la plantilla.

Aunque apoyo sin reservas la idea de Bertolini, introduciría algunas modificaciones. En lugar de bonos económicos, o como una alternativa a ellos, se podrían ofrecer días de vacaciones adicionales. Para muchas personas es más valioso el tiempo libre que una modesta ventaja en forma de dinero. Yo sugeriría un «sistema de crédito de sueño» que permita el intercambio de tiempo de dormir ya sea por bonos o por días de vacaciones adicionales. Existiría al menos una condición: el sistema de crédito de sueño no se calcularía simplemente sobre el total de horas cronometradas durante una semana o un mes. Como hemos visto, la continuidad del sueño —obtener de forma constante de siete a nueve horas de sueño cada noche, todas las noches, sin tener que esperar al fin de semana para recuperar las carencias generadas los días laborables— es determinante si se quieren recibir los beneficios físicos y mentales derivados del sueño. Por lo tanto, la puntuación del «crédito de sueño» debería calcularse en función de una combinación de cantidad y continuidad del sueño.

Quien padece insomnio no debe ser penalizado. Este método de seguimiento de las rutinas del sueño podría ayudar a identificar el problema, que se podría abordar a través de una terapia cognitivo-conductual desde sus teléfonos inteligentes. El tratamiento del insomnio podría incentivarse con los mismos beneficios, mejorando aún más la salud, la productividad individual, la creatividad y el éxito comercial.

La segunda propuesta de cambio se refiere a los turnos flexibles. En lugar de exigir horarios rígidos (es decir, el clásico de nueve a cinco), las empresas deberían adoptar una visión mucho más amplia de los horarios, más semejante a la forma de una U invertida aplastada. Todos deberían estar presentes durante unas horas clave para poder interactuar, digamos de 12 del día a tres de la tarde, pero con extremos flexibles para adaptarse a los cronotipos individuales. Los noctámbulos podrían empezar a trabajar más tarde (por ejemplo, al mediodía) y continuar hasta la noche, imprimiendo toda la fuerza de su capacidad mental y física a su trabajo. Los madrugadores, por el contrario, podrían iniciar y terminar su jornada laboral más pronto, evitando así que tengan que sufrir las horas finales del día de trabajo «estándar». Se producirían otros beneficios secundarios. Por ejemplo, el tráfico de las horas punta se reduciría tanto por las mañanas como por las tardes. Los ahorros indirectos de tiempo, dinero y estrés no resultarían despreciables.

Tal vez en tu trabajo te hayan ofrecido alguna variante de este sistema, sin embargo, mi experiencia en consultoría me dice que, si bien se puede sugerir la propuesta, rara vez los gerentes y directivos la consideran aceptable. Parece que la mentalidad dogmática es una de las mayores barreras para conseguir mejores prácticas comerciales (por ejemplo, el sueño inteligente).

La tercera idea para el cambio en el sueño dentro de la industria tiene que ver con la medicina. Tan urgente como la necesidad de inyectar más sueño en los horarios de trabajo, es la necesidad de repensar cómo el sueño incide en el cuidado del paciente. Puedo iluminar el concepto con un par de ejemplos concretos.

Ejemplo 1: dolor

Cuanto menos dormimos o cuanto más fragmentado es nuestro sueño, más sensibles nos volvemos al dolor de todo tipo. El lugar más común donde la gente experimenta dolor significativo y sostenido es generalmente el último lugar donde puede encontrar un sueño reparador: un hospital. Si has tenido la desgracia de pasar aunque sea una noche en el hospital, sabes bien de lo que hablo. Los problemas son especialmente complejos en la unidad de cuidados intensivos, donde se atiende a los pacientes más enfermos (aquellos que más necesitan dormir). El incesante sonido del equipo que pita y hace ruidos, las alarmas esporádicas y las pruebas frecuentes evitan que el paciente goce de un sueño reparador.

Los estudios de salud ocupacional realizados en las salas y pabellones de hospital concluyen que el nivel de contaminación acústica es equivalente al de un restaurante o un bar ruidoso, y eso durante las 24 horas. Resulta que entre el 50% y el 80% de todas las alarmas de cuidados intensivos son innecesarias o el personal las ignora. Como si no fuera ya bastante frustrante, no todos los exámenes y rondas que se hacen son sensibles a los horarios de los pacientes, y muchos son inoportunos para el sueño. Ocurren durante las horas de la tarde en que los pacientes podrían disfrutar de siestas naturales bifásicas, o temprano por la mañana, cuando los pacientes están inmersos en un profundo sueño.

No es sorprendente que los estudios demuestren constantemente lo mal que duermen los pacientes en las unidades de cuidados intensivos. A causa del ruido y del ambiente poco familiar, el sueño tarda más en iniciarse, y cuando lo hace se ve plagado de despertares, es menos profundo y contiene menos sueño REM en general. Para empeorar la situación, los doctores y enfermeros sobreestiman la cantidad de sueño que logran los pacientes. En definitiva, las dificultades que encuentran los pacientes para dormir de una forma mínimamente adecuada durante su convalecencia genera una situación inaceptable desde el punto de vista ético.

Esto se puede resolver. Debería ser posible diseñar un sistema de atención médica que privilegie el sueño como elemento central del cuidado del paciente. En uno de mis estudios de investigación, hemos descubierto que en el cerebro humano los centros relacionados con el dolor son un 42% más sensibles a la estimulación térmica desagradable (no perjudicial, por supuesto) tras una noche de privación de sueño que tras una noche de ocho horas de sueño. Es interesante observar que estas regiones cerebrales relacionadas con el dolor son las mismas en las que actúan los medicamentos narcóticos, como la morfina. El sueño parece ser un analgésico natural, por lo que sin él el cerebro percibe el dolor de forma más aguda, y, lo que es más importante, el individuo lo siente con más intensidad. Por cierto, la morfina no es un medicamento aconsejable. Presenta serios problemas de seguridad relacionados con la suspensión de la respiración, la dependencia y la abstinencia, junto con efectos secundarios terriblemente desagradables, que incluyen náuseas, pérdida de apetito, sudores fríos, picazón en la piel y problemas urinarios e intestinales, por no mencionar una forma de sedación que evita el sueño natural. La morfina también altera la acción de otros medicamentos, lo que produce problemáticos efectos de interacción.

A partir del extenso conjunto de investigaciones científicas del que ahora disponemos, deberíamos ser capaces de reducir las dosis de estupefacientes en los hospitales mejorando las condiciones del sueño. A su vez, esto disminuiría los riesgos para la seguridad, suavizaría la gravedad de los efectos secundarios y limitaría la interacción entre medicamentos.

Mejorar las condiciones del sueño de los pacientes no solo reduciría las dosis de los medicamentos, sino que estimularía su sistema inmunológico. Los pacientes internados podrían plantar una batalla mucho más efectiva contra la infección y acelerar la curación de heridas postoperatorias. Con la aceleración de las tasas de recuperación se acortarían las estadías de los pacientes en el hospital, lo que reduciría los costos de la atención sanitaria y las primas de los seguros médicos. Nadie quiere estar en el hospital más tiempo del necesario. Los administradores de los hospitales piensan lo mismo. El sueño puede ayudar.

Las soluciones para dormir no necesitan ser complicadas. Algunas son simples y baratas, y los beneficios deberían ser inmediatos. Podemos empezar eliminando los equipos ruidosos y las alarmas que no sean necesarios para el paciente. A continuación, debemos educar a los médicos, enfermeros y administradores hospitalarios sobre los beneficios del sueño profundo para la salud, ayudándolos a darse cuenta de la importancia que se debe otorgar al descanso de los pacientes. También podemos preguntarles a los pacientes sobre sus horarios habituales de sueño en el formulario de admisión del hospital, y luego estructurar las evaluaciones y pruebas conforme a sus ritmos habituales de sueño-vigilia tanto como sea posible. Cuando me estoy recuperando de una operación de apendicitis no quiero que me despierten a las seis y media de la mañana si suelo despertarme al cuarto para las ocho.

¿Otras medidas simples? Proporcionar a todos los pacientes tapones para los oídos y antifaces cuando ingresen en un pabellón, igual que las bolsas de viaje que te regalan en los vuelos largos. Por la noche se debe utilizar una iluminación tenue, sin LED, y durante el día, una iluminación brillante. Esto ayudará a mantener firmes los ritmos circadianos de los pacientes y, por lo tanto, un sólido patrón de sueño-vigilia. Nada de esto es especialmente costoso. La mayoría de las soluciones podría implementarse mañana mismo, y todo ello redundaría en beneficio del sueño del paciente.

Ejemplo 2: neonatos

Mantener a un bebé prematuro vivo y saludable es todo un desafío. La inestabilidad de la temperatura corporal, el estrés respiratorio, la pérdida de peso y las altas tasas de infección pueden provocar inestabilidad cardíaca, alteraciones del neurodesarrollo y la muerte. En esta etapa prematura de la vida, los bebés deberían dormir la mayor parte del tiempo, tanto de día como de noche. Sin embargo, en la mayoría de las unidades de cuidados intensivos neonatales, la iluminación fuerte a menudo permanece activada toda la noche, mientras que durante el día la intensa luz eléctrica daña los finos párpados de estos bebés. Imagina tratar de dormir con luz constante las 24 horas del día. Como es lógico dadas estas condiciones, los bebés normalmente no consiguen dormir. Vale la pena recordar cuáles son los efectos que se observan tanto en humanos como en ratas tras la privación del sueño: pérdida de la capacidad para mantener la temperatura corporal central, estrés cardiovascular, insuficiencia respiratoria y colapso del sistema inmune.

¿Por qué no estamos diseñando unidades de cuidados intensivos neonatales (UCIN) y programas de atención médica que fomenten una mayor cantidad de sueño y utilicen el dormir como una herramienta de salvamento que la madre naturaleza ha puesto a nuestra disposición? En los últimos meses hemos obtenido los hallazgos preliminares de una investigación de varias UCIN que han implementado condiciones de iluminación tenue durante el día y condiciones cercanas a la oscuridad total por la noche. En estas condiciones, la estabilidad, el tiempo y la calidad del sueño infantil mejoraron. Consecuentemente, se observaron mejoras de entre un 50% y un 60% en el aumento de peso neonatal y niveles de saturación de oxígeno significativamente más altos en sangre. Y, lo mejor, estos bebés prematuros que dormían bien fueron dados de alta del hospital cinco semanas antes.

También podemos utilizar esta estrategia en países subdesarrollados sin la necesidad de costosos cambios de iluminación, simplemente colocando una pieza de plástico oscuro —una cubierta que difumine la luz— sobre las cunas o las incubadoras. El costo es de menos de un euro, pero supondría una reducción de luxes que estabilizaría y mejoraría el sueño. Incluso algo tan simple como bañar a un niño pequeño en el momento adecuado antes de acostarse (en lugar de hacerlo a mitad de la noche) ayuda a fomentar un buen sueño. Ambos son métodos globalmente viables.

Debemos añadir que no hay nada que nos impida priorizar el sueño de maneras similares en todas las unidades pediátricas y para todos los niños en todos los países.

Cambios en las políticas públicas y en las asociaciones

Necesitamos mejores campañas públicas para educar a la población sobre la importancia del sueño. Una ínfima parte de nuestro presupuesto de seguridad en el transporte lo gastamos en campañas sobre los peligros de manejar con falta de sueño, en comparación con lo que gastamos en las innumerables campañas de concientización sobre accidentes relacionados con las drogas o el alcohol. Esto a pesar del hecho de que el cansancio es responsable de más accidentes que cualquiera de estos otros dos problemas, y es más mortal. Los gobiernos podrían salvar cientos de miles de vidas cada año si dieran más importancia a estas campañas. Además, se financiarían por sí mismas gracias al ahorro en las facturas de servicios de salud y emergencias que se derivan de los accidentes causados por la falta de sueño. Por supuesto, también ayudarían a reducir las primas de los seguros de salud y de automóvil.

Otra opción es establecer sanciones penales para quien conduzca bajo los efectos de la falta de sueño. Algunos estados tienen tipificado el delito de homicidio involuntario asociado a la falta de sueño, que es, por supuesto, mucho más difícil de probar que el nivel de alcohol en sangre. Después de haber trabajado con varias compañías automovilísticas, puedo afirmar que pronto tendremos tecnología inteligente dentro de los automóviles que nos permitirá saber si un accidente se debe a la falta de sueño basándose en las reacciones del conductor, en el aspecto de sus ojos, en su comportamiento en la conducción y en la naturaleza del choque. Cuando los dispositivos personales que rastrean el sueño se vuelvan más populares, estaremos muy cerca de desarrollar el equivalente a un alcoholímetro para la privación del sueño.

Sé que para algunas personas puede sonar desagradable. Pero no sería así si hubieran perdido a un ser querido por un accidente relacionado con la fatiga. Afortunadamente, el perfeccionamiento de la función de conducción semiautónoma en los automóviles puede ayudarnos a atenuar este problema. Los coches podrían utilizar las señales de fatiga para aumentar tu estado de alerta y, en caso necesario, tomar un mayor control del vehículo.

Transformar a toda una sociedad no es una tarea fácil ni rápida. Sin embargo, podemos tomar prestados métodos probados de otras áreas de la salud para mejorar el sueño de la sociedad. Ofrezco solo un ejemplo. En los Estados Unidos, muchas compañías de seguros de salud otorgan un crédito a sus clientes para que se inscriban a un gimnasio. Teniendo en cuenta los beneficios para la salud del aumento de la cantidad de sueño, ¿por qué no instituimos un incentivo similar para lograr un sueño más consistente y abundante? Las compañías de seguros de salud podrían utilizar dispositivos comerciales de rastreo o seguimiento del sueño; el individuo, por su parte, dispondría de un crédito de sueño en su perfil de cliente. Gracias a un sistema escalonado, y en función de expectativas razonables para cada grupo de edad, se fijaría una prima mensual más baja a mayor crédito de sueño. Al igual que el ejercicio, esto a su vez ayudaría a mejorar la salud de la sociedad en su conjunto, ampliando las expectativas de vida de la gente y reduciendo el costo de la atención médica.

Aunque el individuo pagaría menos por su seguro de salud, las compañías saldrían ganando, pues disminuirían significativamente la carga de gasto en sus asegurados, lo que permitiría mayores márgenes de ganancia. Todos ganarían. Por supuesto, al igual que pasa con los que se inscriben en un gimnasio, algunas personas se adherirían al programa y luego lo abandonarían, y algunas otras buscarían formas de burlar el sistema. Sin embargo, incluso si solo un 50% o un 60% de las personas aumentasen realmente su cantidad de sueño, se podrían ahorrar decenas o cientos de millones en costes de salud, además de salvarse cientos de miles de vidas.

Espero que esta serie de ideas transmitan optimismo y no el sensacionalismo fatalista con el que a menudo nos asaltan los medios de comunicación con respecto a la salud. Sin embargo, más que esperanza, lo que deseo es ofrecer buenas soluciones para que la gente pueda dormir por su cuenta; soluciones que tal vez algún lector se anime a convertir en una aventura comercial sin ánimo de lucro.

Conclusión

Dormir o no dormir

En un lapso de apenas cien años, los seres humanos hemos abandonado nuestra necesidad biológica de tener un sueño adecuado; una necesidad que la evolución pasó 3 400 000 años perfeccionando para ponerla al servicio de las funciones vitales. La aniquilación del sueño en las naciones industrializadas está teniendo un impacto catastrófico en nuestra salud, nuestra expectativa de vida, nuestra seguridad y nuestra productividad, así como en la educación de nuestros hijos.

Esta epidemia silenciosa de pérdida de sueño es el reto de salud pública más importante al que nos enfrentamos en el siglo XXI en los países desarrollados. Si deseamos evitar el riesgo fatal de descuidar el sueño, la muerte prematura que acarrea y la deteriorada salud a la que nos conduce, debe producirse un cambio radical en nuestra apreciación personal, cultural, profesional y social del sueño.

Creo que es hora de que reclamemos nuestro derecho a toda una noche de descanso, sin vergüenza y sin el estigma perjudicial de la flojera. Al hacerlo, podremos alcanzar el más poderoso elixir de bienestar y vitalidad que nos otorga nuestra biología. Entonces podremos recordar lo que se siente al estar realmente despiertos durante el día, rebosantes de la más profunda plenitud del ser.

Apéndice

12 consejos para un sueño saludable[1]

1. Sigue un horario de sueño. Acuéstate y despiértate a la misma hora todos los días. Como criaturas de hábitos, los seres humanos tenemos dificultades para adaptarnos a los cambios en los patrones de sueño. Dormir hasta más tarde los fines de semana no compensará por completo la falta de sueño durante la semana y hará que nos sea más difícil levantarnos temprano el lunes por la mañana. Establece una alarma para la hora de acostarte. Con frecuencia ponemos una alarma para despertarnos, pero no lo hacemos para irnos a dormir. Si solo eres capaz de recordar un consejo de la lista, que sea este.

2. El ejercicio es excelente, pero no a última hora. Intenta hacer ejercicio al menos treinta minutos la mayoría de los días, pero hazlo al menos dos o tres horas antes de acostarte.

3. Evita la cafeína y la nicotina. El café, las bebidas de cola, ciertos tés y el chocolate contienen cafeína estimulante, y sus efectos pueden tardar hasta ocho horas en desaparecer por completo. Por lo tanto, una taza de café al final de la tarde puede dificultar el sueño. La nicotina también es un estimulante, y a menudo provoca que los fumadores duerman muy poco. Además, frecuentemente los fumadores se despiertan pronto debido a la abstinencia de nicotina.

---

[1] Disponible en https://www.nlm.nih.gov/mdlineplus/magazine/issues/summer12/articles/summer12pg20.html

4. Evita las bebidas alcohólicas antes de acostarte. Tomar una copa o una bebida alcohólica antes de dormir puede ayudar a que te relajes, pero un consumo excesivo te quita sueño REM y te mantiene en las etapas más livianas del sueño. La ingestión excesiva de alcohol también puede contribuir a la alteración de la respiración por la noche. Cuando los efectos del alcohol desaparecen, tendemos a despertarnos en mitad de la noche.

5. Evita comer y beber mucho a altas horas de la noche. Un refrigerio ligero está bien, pero una gran comida puede causar indigestión, lo que interfiere en el sueño. Tomar demasiados líquidos por la noche puede causar despertares frecuentes para orinar.

6. Si es posible, evita medicamentos que retrasen o interrumpan tu sueño. Algunos medicamentos comúnmente recetados para el corazón y la presión arterial o los medicamentos para el asma, así como algunos remedios herbarios y de venta libre para la tos, los resfriados o las alergias pueden alterar los patrones de sueño. Si tienes problemas para dormir, habla con tu médico o tu farmacéutico para ver si los medicamentos que estás tomando podrían estar contribuyendo a tu insomnio y pregúntale si pueden tomarse en otro momento durante el día o más temprano por la noche.

7. No tomes la siesta después de las tres de la tarde. Las siestas pueden ayudar a compensar el sueño perdido, pero al final de la tarde pueden dificultar que concilies el sueño por la noche.

8. Relájate antes de dormir. No sobrecargues tanto tu día de manera que no tengas tiempo para relajarte. Una actividad reposada, como leer o escuchar música, debe formar parte de tu rutina antes de acostarte.

9. Toma un baño caliente antes de ir a dormir. El descenso de la temperatura corporal después de salir del baño puede

ayudarte a sentir sueño y a relajarte, y disminuye tu ritmo a fin de prepararte para dormir.

10. Dormitorio oscuro, dormitorio fresco, dormitorio sin aparatos. Deshazte de cualquier cosa en tu habitación que pueda distraerte del sueño, como ruidos, luces brillantes, una cama incómoda o temperaturas cálidas. Dormirás mejor si la temperatura de la habitación se mantiene fresca. Un televisor, un teléfono celular o una computadora en el dormitorio pueden ser una distracción que te prive del sueño necesario. Tener un colchón y una almohada cómodos puede ayudar a promover una buena noche de sueño. Las personas que tienen insomnio con frecuencia miran el reloj. Aleja el reloj de tu vista para no estar pendiente de la hora mientras tratas de conciliar el sueño.

11. Mantén una correcta exposición a la luz del sol. La luz del día es clave para regular los patrones diarios del sueño. Intenta tomar el sol a diario durante al menos treinta minutos. Si es posible, despiértate con la luz solar o usa luces muy brillantes por la mañana. Los expertos en sueño recomiendan que, si tienes problemas para conciliar el sueño, te expongas a la luz del sol de la mañana al menos una hora y apagues todas las luces antes de acostarte.

12. No te quedes en la cama despierto. Si sigues despierto veinte minutos después de acostarte, o si comienzas a sentirte ansioso o preocupado, levántate y realiza alguna actividad relajante hasta que sientas sueño. La ansiedad de no poder dormir puede hacer que te sea más difícil conciliar el sueño.

Permisos de las ilustraciones

Las figuras han sido proporcionadas por cortesía del autor, excepto las siguientes:

Fig. 3. Modificada de R. Noever, J. Cronise y R.A. Relwani, *Using spider-web patterns to determine toxicity*, NASA Tech Briefs 19 (4), 1995, p. 82.

Fig. 9. Modificada de https://www.ncbi.nlm.nih.gov/pmc/articles/PMC27671847fugure/F17.

Fig. 10. Modificada de http://journals.lww.com/pedorthopaedics/Abstract/2014/03000/Chronic_Lack_of_Sleep_is_Associated_With_Increased.1.aspx>.

Fig. 11. Modificada de https://www.cbssports.com/nba/news/in-multi-billon-dollar-business-of-nba-sleep-is-the-biggest-debt/.
Fuente: https://jawbone.com/blog/mvp-andre-iguodala-improved-game/.

Fig. 12. Modificada de https://www.aaafoundation.org/sites/default/files/AcuteSleepDeprivationCrashRisk.pdf.

Fig. 15. Modificada de http://bmjopen.bmj.com/content/2/1/e000850.full.

Fig. 16. Modificada de http://www.rand.org/content/dam/rand/pubs/research_reports/RR1700/RR1791/RAND_RR1791.pdf.

Agradecimientos

Este libro ha sido posible gracias a la extraordinaria devoción de mis compañeros científicos en el campo del sueño y de los estudiantes de mi propio laboratorio. Sin sus heroicos esfuerzos de investigación, habría sido un texto escaso y poco informativo. Sin embargo, los científicos y jóvenes investigadores representan solo la mitad de la ecuación que facilitó los hallazgos que se han presentado. La inestimable participación voluntaria de los sujetos de investigación y de los pacientes permitió realizar descubrimientos científicos fundamentales. Ofrezco mi más profundo agradecimiento a todas estas personas. Gracias.

Otras tres presencias resultaron indispensables para dar vida a este libro. Primero, la de mi inigualable editorial, Scribner, que creyó en este libro y en la noble misión de cambiar la sociedad. En segundo lugar, la de mis hábiles, inspiradoras y profundamente comprometidas editoras, Shannon Welch y Kathryn Belden. En tercer lugar, la de mi espectacular y omnipresente mentora en la sabiduría de escribir, y luminosa guía literaria, mi agente, Tina Bennett. Mi única esperanza es que este libro esté a la altura de todo lo que me has dado.